A Companhia dos Filósofos

A Companhia dos Filósofos
Roger-Pol Droit

Tradução
EDUARDO BRANDÃO

Martins Fontes
São Paulo 2002

Esta obra foi publicada originalmente em francês com o título
LA COMPAGNIE DES PHILOSOPHES
por Odile Jacob.
Copyright © Éditions Odile Jacob, janeiro 1998.
Copyright © 2002, Livraria Martins Fontes Editora Ltda.,
São Paulo, para a presente edição.

1ª edição
agosto de 2002

Tradução
EDUARDO BRANDÃO

Revisão gráfica
Sandra Regina de Souza
Andréa Stahel M. da Silva
Produção gráfica
Geraldo Alves
Paginação/Fotolitos
Studio 3 Desenvolvimento Editorial

Dados Internacionais de Catalogação na Publicação (CIP)
(Câmara Brasileira do Livro, SP, Brasil)

Droit, Roger-Pol
   A companhia dos filósofos / Roger-Pol Droit ; tradução Eduardo Brandão. – São Paulo : Martins Fontes, 2002. – (Mesmo que o céu não exista)

Título original: La compagnie des philosophes
Bibliografia..
ISBN 85-336-1599-X

   1. Filosofia – História 2. Filosofia – Introduções 3. Filósofos I. Título. II. Série.

02-4123   CDD-109.2

Índices para catálogo sistemático:
1. Filósofos : Tratamentos coletivos   109.2

Todos os direitos desta edição para o Brasil reservados à
Livraria Martins Fontes Editora Ltda.
Rua Conselheiro Ramalho, 330/340 01325-000 São Paulo SP Brasil
Tel. (11) 3241.3677 Fax (11) 3105.6867
e-mail: info@martinsfontes.com.br http://www.martinsfontes.com.br

Índice

INTRODUÇÃO 13

PRIMEIRA PARTE

OS QUE ACREDITAVAM NO VERDADEIRO,
OS QUE NÃO ACREDITAVAM

I – MODO DE FALAR, MANEIRA DE VIVER 23
Marco Aurélio, Pitágoras, Luciano
II – GREGOS SEMPRE RECOMEÇADOS 39
Heráclito, Demócrito
III – SILÊNCIOS E COMENTÁRIOS 56
Sócrates, Platão, Aristóteles
IV – NÃO ESQUECER A ÍNDIA 73
Georges Vallin, André Bareau
V – ESTRELAS CADENTES 90
Santo Agostinho, Guilherme de Ockham, Montaigne, Giordano Bruno, Pico della Mirandola
VI – RAZÃO CLÁSSICA 110
Descartes, Spinoza
VII – EXERCÍCIO DE DESILUSÃO 127
Hobbes, Gassendi, Jacques Esprit

VIII – PARADOXAIS LUZES 139
*Laurence Sterne, Berkeley, Madame du Châtelet,
dom Deschamps, Sade*

SEGUNDA PARTE

ALGUNS MORTOS: DEUS, REI, VERDADE...

IX – A OPERAÇÃO DE CATARATA 161
Kant, Volney

X – A MALA POSTAL E AS MARIONETES 177
Hegel, Schopenhauer

XI – BUSCADORES DE ABSOLUTO 190
Schelling, Wilhelm von Humboldt, Feuerbach

XII – CIÊNCIA, AMOR E COUVE-FLOR 200
Comte, Fourier, Joseph Ferrari, Proudhon

XIII – OS MARX E A PLEBE 214
Marx, Louis-Gabriel Gauny

XIV – RENASCENÇA ORIENTAL 227
Coronel De Polier, Renan, Sohravardi

XV – UM MAU RAPAZ 239
Nietzsche

XVI – NO ENTREMEIO 255
*Bergson, Maurice Blondel, Carlo Michelstaedter,
Jaurès, Georges Palante*

TERCEIRA PARTE

DEPOIS DAS GUERRAS

XVII – O IDIOTA DA TRIBO 275
Wittgenstein

XVIII – NAZISTA SEM QUERER? 284
Heidegger

XIX – COMBATE..	297
Cavaillès, Jankélévitch, Boris Vildé, Levinas, Arendt	
XX – O LUGAR VAZIO..	314
Bernard Groethuysen, Max Horkheimer, Sartre, Merleau-Ponty, Ernst Cassirer	
XXI – O JACARÉ E O ESPETÁCULO....................................	331
Althusser, Debord	
XXII – AMANHÃ A ÁSIA?..	346
Mêncio, Swami Prajnanpad	
XXIII – FOUCAULT NÃO É ELE MESMO............................	361
XXIV – SÃO DELEUZE...	378
Mais uma palavra..	397
Agradecimentos..	399
Fontes e referências...	401
Índice onomástico...	425

À memória do meu pai

*Há problemas gerais
que interessam a todo o mundo.
Estes, o filósofo deve ser capaz
de tratar na língua de todo o mundo.*

HENRI BERGSON
Como os filósofos devem escrever?

Introdução
A companhia dos filósofos

> Não vos enganeis:
> *as más companhias corrompem os bons costumes.*
>
> SÃO PAULO, *Primeira epístola aos coríntios*

É bom conviver com aventureiros. Este livro gostaria de fazê-lo compartilhar essa mesma constatação, mas em relação aos filósofos. Estes passam na maioria das vezes por gente cheia de prudência. Ilusão! Eles adoram correr riscos, estão sempre em busca de atitudes inéditas. Os filósofos são experimentadores de existência. Ao contrário do que se acabou acreditando, não são pessoas tranqüilas. Nem máquinas de idéias. Tampouco são uns distraídos ou uns cultivadores do vago. De que eles gostam? De aventurar-se onde ninguém ainda foi raciocinar. De abrir novas veredas através do espírito. De passar por caminhos intelectuais de cuja existência ninguém desconfiava, antes que eles os tomassem. De se convencer de que qualquer um pode fazer como eles.

Mesmo quando parecem plácidos, quando já estão estabelecidos, são adultos e até idosos, o encontro de um novo risco logo os faz correr como se fossem jovens. Por mais sérios que aparentem ser, por mais precavidos e acomodados que pareçam, os filósofos sempre são – em pensamento – mais ou menos brincalhões, apostadores, brigões, namoradores, exaltados, temerários, libertinos, gabolas... Não é fácil explicar em três palavras, nem mesmo enxergar de uma vez.

Recapitulemos. São, antes de mais nada, "pessoas". Por isso é possível viver em companhia deles. Não é exatamente o caso das idéias. Uma real familiaridade, uma espécie de proximidade corporal só é possível com conceitos, sistemas ou simplesmente livros. Claro, todos podem ter seus hábitos, seus caminhos, seus lugares prediletos num universo teórico, mais ou menos como numa cidade ou no campo. Mas ainda não é desse convívio que se trata. Este é apenas um costume, uma maneira de se localizar. Levar adiante um raciocínio, pegar o fio de um relato, saber situar-se num sistema abstrato, criar nele seus próprios atalhos, deliciar-se por encontrar aí uma perspectiva, tudo isso decorre dos encontros repetidos com as coisas e as noções. A proximidade dos filósofos é muito mais humana. Mesmo quando eles desapareceram há milênios, séculos ou décadas, deixaram vida nas teorias. Uma voz continua a fazer ouvir seu timbre no cerne dos sistemas. Os textos filosóficos são sempre habitados por uma maneira singular de se colocar na existência. Mesmo por trás da mais árida abstração é possível discernir uma postura, uma maneira de se afirmar, de se movimentar, de respirar imóvel ou de se agitar.

Eis o que vamos tentar esboçar. A lápis, rapidamente, para não perder o movimento. Esperando que você compartilhe algumas alegrias verdadeiras e vários encontros tentados ao acaso. De fato, os filósofos, temos de dizer mais uma vez, são uns "aventureiros". Às vezes eles esperam muito tempo antes de falar, espreitando silenciosamente o instante em que a evidência se explica, em que a banalidade se torna interessante. Muitas vezes eles se calam para que comecemos a escutá-los. Outras vezes, numa torrente de palavras, deixam escapar uma comparação, um exemplo, um termo inesperado que perturbam todo o conjunto. As aventuras, em companhia deles, sempre começam por palavras e percursos de idéias. Mas no caminho os acasos se multiplicam. O percurso muda à medida que andamos. Se nos viramos, a paisagem não é mais a mesma. Algumas frases simples encerram embaraços insuspeitos. Mesmo onde nenhum problema era assinalado surgem impasses. Mas – para compensar? – montanhas de dificuldades se dissipam em três palavras, terríveis interrogações se dissolvem num piscar de olhos.

Ou quase. Porque os filósofos não são, é claro, nem artistas nem mágicos. Definir, delimitar, esclarecer, demonstrar, argumentar, duvidar, desconfiar, estabelecer, refutar... Eis suas tarefas de sempre. Não há acessórios, nenhum dispositivo experimental. Nada mais senão a linguagem, e a exigência sem fim de dialogar consigo mesmo, assim como com os outros. Eles têm em comum a obstinação em não reconhecer outra soberania fora a da lógica, outra autoridade fora a da razão, outras leis fora as do entendimento. Sob mil formas, em contextos diversos, em épocas dessemelhantes, em culturas muito distantes umas das outras. Sempre, aventuras de palavra raciocinante os reúnem... e logo os opõem!

A função do guia

Com esses aventureiros, garimpeiros de verdades, amantes da razão, o autor deste livro convive há quase trinta anos – por opção, por paixão, por profissão. Não parou de lê-los, da juventude à idade adulta, de procurar compreendê-los, de tentar compartilhar com outros esses encontros a que deve o melhor da sua existência. Notas acumularam-se ao longo dos anos de ensino, nos colégios, depois no Colégio Internacional de Filosofia, nas conferências e viagens, acompanhando os trabalhos de pesquisa empreendidos posteriormente no âmbito do CNRS, alimentando principalmente numerosos artigos redigidos para o jornal *Le Monde* a partir de 1972. Essa exploração começou muito antes de a filosofia ser um objeto de moda. Dizia-se, na década de 1970, que a filosofia tinha morrido, que somente as ciências humanas iam sobreviver. Hoje parece que essas disciplinas é que vão mal. Tais flutuações não têm muita importância. Antes como depois dos modismos passageiros, qualquer que seja a audiência, a tarefa do guia é sempre a de deixar entrever uma aventura de pensamento, a de estimular a viver em companhia dos filósofos.

Para tanto, é efetivamente necessário freqüentá-los – não se satisfazer em cruzar com eles, não se deter no portão dos comentários autorizados. Não se contentar com ler as obras como objetos de saber, esperar, ao contrário, uma conivência especial para entrever, nesses homens desaparecidos há muito tempo, algo de ainda vivo. Convém aproximar-se deles, como para tentar ver se sua pele era seca ou os cabelos, abundantes. É preciso agir como se o importante fosse imaginar como eram as unhas, os pêlos, o alinhamento dos dentes ou a lentidão dos olhos deles. Simples imagens, evidentemente: a anatomia comparada dos metafísicos ou dos moralistas não é objeto deste volume.

Qual é precisamente a sua natureza? A lista do que ele não é seria longa. Não é um manual. Não é tampouco uma introdução, nem uma história da filosofia, nem uma enciclopédia. Este livro nasceu de uma série de escolhas. Ele reflete predileções pessoais, encontros inevitáveis e algumas paixões. Com as vantagens, mas também com os limites, de um ponto de vista subjetivo. Nem todos os filósofos nele figuram. Os que foram reunidos têm em comum o fato de terem parecido dignos de ser amados, ou admirados, ou entrevistos. Alguns são gênios gloriosos; outros, uns esquecidos dignos de interesse. Nunca foi cogitado organizá-los de acordo com uma perspectiva única. Cada leitor fica livre de identificar, a seu bel-prazer, nessa companhia um tanto ou quanto barroca, eventuais séries. O leitor encontrará igualmente cortes histológicos, breves desenhos animados, buquês de flores, memórias de leituras, pequenos fragmentos de história mundial, lições de sabedoria, lembranças íntimas, coisas assim.

As funções sem dúvida definem este livro melhor que os conteúdos. Ele é feito, primeiramente, para agradecer aos filósofos. Por gratidão, pelas alegrias proporcionadas, pelas surpresas, pelas vertigens às vezes. Pela maneira que têm de desconcertar, de desfazer as evidências. Ele é feito para agradecer-lhes, principalmente, por esses momentos em que eles resistem à compreensão, em que não se oferecem logo de saí-

INTRODUÇÃO

da, em que exigem ser esperados. Freqüentemente os filósofos permanecem opacos, antes de parecerem, um belo dia, todo iluminados.

Este livro é destinado igualmente a instruir – não temamos as velhas palavras. Informações existem para ser transmitidas. É necessário fornecer esclarecimentos, indicar leituras. As indicações que se encontrarão ao fio das páginas pretendem ser acessíveis a todos. Para pôr ordem em todas essas notas acumuladas ao longo dos anos, os *partis pris* foram os mais simples possíveis. A memória fornecida pelos múltiplos artigos publicados em *Le Monde* foi agrupada, desbastada, fundida, alisada, polida – reescrita ou reelaborada – até obter uma obra dona de uma coerência própria.

Contra a tristeza

Os esboços que você lerá são classificados, *grosso modo*, numa ordem cronológica, da Antiguidade ao século XX. Mas sua repartição não é uniforme, e a época contemporânea prevalece. Uma primeira parte vai dos primeiros filósofos aos do Século das Luzes. Na extrema diversidade dos sistemas e das épocas, a característica comum desses filósofos é, sem dúvida, a convicção geralmente compartilhada, salvo pelos céticos, é claro, de que é possível alcançar a verdade, possível construir sobre esse rochedo edifícios inabaláveis, possível atingir pelos meios da razão conhecimentos eternos, semelhantes aos que os espíritos sobre-humanos detêm.

Com Kant e seus sucessores, com a evidenciação da finitude do nosso espírito, com a descoberta de que o uso da nossa razão tem uma validade limitada ao domínio da experiência, abre-se um tempo de vertigens que se prolonga por todo o século XIX. Uma série de mortes são constatadas ou anunciadas: a do rei, a de Deus, a da verdade, a do sujeito. Esse período de derrocadas e de incertezas prepara uma redefinição do lugar dos filósofos e da filosofia.

É evidentemente o mesmo movimento que prossegue no século XX, entre os totalitarismos, as guerras mundiais e os massacres em massa. Nessa paisagem mais ou menos exuberante e desolada, parece que os filósofos não pararam de buscar um ponto a que pudessem retornar ou de que pudessem voltar a partir. Eles se perguntaram, por caminhos bem diferentes, como e com que bases continuar a filosofia, como marcar sua perenidade ou, ao contrário, como pensar depois de ter constatado sua aniquilação.

Isso já é excessivo, sem dúvida. Porque essa ordem grosseiramente cronológica, essas três partes, essa temática possível não devem sugerir uma visão particular e definitiva da história da filosofia. Algumas concepções relativas a essa história atuam, um pouco mais, um pouco menos, nesta obra. O autor percebe uma parte delas, outras provavelmente agem sem que ele se dê conta. Nada disso tem importância, do ponto de vista da função de estímulo que este volume deseja cumprir. Que a filosofia, em seu desenrolar, seja uma caminhada para o absoluto ou uma série de acasos e de ignorâncias, um perpétuo recomeçar ou um progresso pontuado de limiares e rupturas, ousaremos dizer que é coisa sem a menor importância. Pelo menos no que concerne à serventia prática que temos em vista para os usuários deste livro. Em vez de construir grandes considerações sobre a evolução do pensamento, gostaríamos de convidar o leitor a sentar-se e a fazer um esforço para deixar de ser triste.

De fato, a tristeza é uma "qualidade sempre danosa, sempre louca... sempre covarde e baixa". São expressões de Montaigne. Mas a idéia se encontra, noutros contextos, em Spinoza, em Nietzsche, em Deleuze. A questão não é se esforçar por ser alegre, nem por se regozijar artificiosamente. Mas sim compreender como a tristeza é uma vida diminuída, um encolhimento. Uma das questões chaves da filosofia é, então, perguntar não apenas o que podemos saber, mas também o que podemos fazer desses saberes em nossa existência, em que medida eles são capazes de guiá-la, estendê-la, sustentá-la em sua evolução.

O que se deseja que o leitor sinta? O compartilhamento de um instante, a vontade de ir mais longe, o prazer de dizer "ué, eu não sabia!", ou então "ah! nunca pensei!", ou ainda "que idéia!", e também a impressão de que começam aqui algumas sendas – que cada qual terá a liberdade de percorrer ou abandonar, sabendo que não são as únicas, que nem todas estão presentes, mas que pelo menos é um entroncamento em que nem tudo é trivial –, e também a sensação de que a filosofia não é necessariamente difícil, não está reservada a uns poucos, não está acessível só lá no fim dos corredores escuros de antiqüíssimas bibliotecas, das quais seria preciso ler todos os livros para começar a formular uma questão.

É o inverso. A experiência do pensamento passa, ao contrário, por uma relação direta com os textos, sem as glosas, sem os comentadores inesgotáveis. Ou os grandes textos têm de permanecer inacessíveis, mal são entrevistos, no fim da vida, pelos melhores especialistas, ou a filosofia pode existir, tal qual, para cada um, para quem se der ao trabalho de viver essa experiência. Numa espécie de festa e de prazer particular. Freqüente, pois, leitor, aqueles dentre os filósofos de que você gosta, aqueles que o tranqüilizam, que falam com você e o convencem, pelo simples fato de existirem, de o mundo não ser tão ruim quanto se diz. Não hesite: aproxime-se dos que mais o irritam, dos que o deixam com raiva, daqueles cuja existência mesma lhe parece quase impossível, dos que o fazem desconfiar que é difícil entender por que eles são tão diferentes de tudo o que você pode ser e sentir. Estes são sem dúvida ainda mais importantes.

Gentileza dos mortos e companhia

O leitor cruzará aqui e ali com alguns autores vivos, mas somente por seu trabalho de historiadores. A companhia dos filósofos, que aqui se encerra com Michel Foucault e Gilles

Deleuze, só reúne desaparecidos. Por que somente mortos? Dois motivos, bem diferentes. Em primeiro lugar, os contemporâneos encontrados ao longo dos anos, quer sejam filósofos *stricto sensu*, quer sua reflexão diga respeito à filosofia, se encontrarão, de uma forma diferente, numa outra obra. Assim, um próximo volume deverá reunir análises feitas "de viva voz", no decorrer de entrevistas concedidas ao autor por Henri Atlan, Alain Badiou, Jean Beaufret, Pierre Bourdieu, Cornelius Castoriadis, François Dagognet, Jacques Derrida, Jean-Toussaint Desanti, Michaël Dummett, Georges Dumézil, Umberto Eco, René Girard, Gilles-Gaston Granger, Jürgen Habermas, Michel Henry, Luce Irigaray, Roman Jakobson, Emmanuel Levinas, Claude Lévi-Strauss, Paul Ricoeur, Michel Serres, George Steiner, René Thom, Jean-Pierre Vernant. Entre outros.

Por outro lado, o fato de estar morto quase constitui uma vantagem do ponto de vista da relação entre a vida e a verdade. Existe, desse ponto de vista, uma gentileza dos mortos. Eles já não reservam surpresas inconcebíveis. A série das suas considerações está encerrada, mesmo que nem todos os seus escritos sejam conhecidos ou acessíveis. Rir deles não os irrita, mandar-lhes cartas nunca é urgente. Eles estão sempre disponíveis, benevolentes e silenciosos. Resumindo, uma excelente companhia.

Uma companhia, recordemos, é uma coletividade, um grupo, uma comunidade. Nesse ponto, os filósofos são como lobos: solitários, apreciadores de incursões sem parceiro, mas também sempre em muitos, agrupados em alcatéia, atentos a seus pares, ora rivais, ora irmãos.

A companhia evoca enfim a trupe da gente de teatro, atores e saltimbancos. Para que os filósofos desempenhassem seu papel, às vezes foi necessário maquiá-los um pouco. Não hesitamos em carregar as sobrancelhas, ressaltar as rugas ou empoar os cabelos ou as faces. Uma vez em cena, sob as luzes da ribalta, com o distanciamento da platéia, no fogo da ação, quase não dá para ver esses artifícios. Melhor: eles ajudam.

PRIMEIRA PARTE

OS QUE ACREDITAVAM NO VERDADEIRO, OS QUE NÃO ACREDITAVAM

I

Modo de falar, maneira de viver

> Nossa época encontra, após um longo eclipse, a idéia de que uma vida filosófica não é apenas uma questão de teoria, mas também de modificação de si. Importante, mas não sem risco.
>
> *A filosofia ensina a fazer, e não a dizer.*
> SÊNECA

Daria para acreditar que a filosofia tem sorte. Nunca o mundo foi tão difícil de pensar, ao mesmo tempo terrível e desconcertante. Se a velha dama conseguir usar direito sua herança, se não se furtar aos desafios inauditos deste tempo – poderio das técnicas, crise do sentido, entre outras coisas –, pode ser que renasça bem diferente. Diziam que ela estava acabada, extenuada, agonizante ou já enterrada... e ei-la toda promissora! O que se espera dela, após a derrocada das ideologias totalizantes, parece tão diverso e vital quanto o que se exige da democracia, sua irmã gêmea, quando caem as ditaduras. E quanto se pede à filosofia! Criar conceitos. Arrimar sabedorias. Elaborar métodos. Extrair significações. Manter vivas as dúvidas. Forjar argumentações. Reclamam-lhe, ao mesmo tempo, invenção e rigor, visão elevada, preocupação com o detalhe, fidelidade a seu passado e gosto pela aventura. Apesar dos vinte e cinco séculos de treino, é muito! Convocam a filosofia como um derradeiro expediente, como um último recurso, num tempo desajustado em que os fanatismos se exacerbam, em que o embrutecimento se expande.

Se a filosofia quisesse estar à altura da situação, que regras deveria se impor? "Nada deve estimular a restauração da velha casa, acadêmica e retórica; nem a complacência para com as manias fraseológicas; nem a ilusão de deter as chaves do saber e desempenhar o papel de ministra da rainha das ciências", pôde escrever Dominique Janicaud. O academicismo deve ceder lugar a um trabalho paciente, atento a não excluir nenhuma corrente de pensamento, nenhuma questão, nenhum tema, sob o mau pretexto de que seriam ilegítimos. Regra mínima: pôr fim aos anátemas entre clãs, às quizilas de igrejinhas, à cozinha regional dos problemas. Não cair, ao invés, na armadilha do ecletismo frouxo, nem dar alento à ilusão de um acordo unânime entre os filósofos. Agir simplesmente, com os meios à disposição, em favor de uma reflexão menos fragmentada, menos obstruída por compartimentos não raro factícios – menos pobre, se possível –, é a isso que cada um deve tender.

Não se deve sonhar com derrubar, de um só golpe, as barreiras, mas sim com fendê-las, alargar as brechas precárias e incentivar sua multiplicação. Deve-se ter a filosofia paciente, saber deixar o contágio das idéias agir, esperar que as antigas desconfianças caiam. Elas ainda são vivas: num mundo que se tornou "eficiente", para que perder horas e horas em companhia de velhos textos? Para que inquietar os jovens espíritos com problemas geralmente sem saída? A que pode corresponder o amor exigente, aparentemente ultrapassado, que continua animando certos professores, alguns alunos, a dedicar-se a esses exercícios de reflexão? O uso prático deles, em razão da sua generalidade, é evidentemente nulo – pelo menos se quem buscar esse uso se ativer às possibilidades de aplicação imediatas e concretas. A partir dessa constatação, os amantes da utilidade visível já concluíram pela necessidade de pôr fim a essa sobrevivência dos tempos antigos. No momento em que a Europa é, enfim, um grande mercado e o planeta, um só campo de concorrência econômica, seria hora de rentabilizar a formação. A filosofia, exotismo improdutivo, parece madura para desaparecer. Deixar-se-á que uns tantos eruditos guardem as questões de outrora dentro de uma vitrine hermética. Organizar-se-ão visitas guiadas, a título de lazer. O tempo será, enfim, empregado seriamente.

E se o inverso fosse verdade? Quanto mais se intensifica o ajuste estreito da formação às múltiplas técnicas das diversas profissões, mais a "profissão de viver", sua inquietante gratuidade e seus infinitos impasses devem ser levados em conta. Quando aumentam as especializações e os imperativos profissionais, convém, mais que nunca, abrir espaços em que se exerça, sem objetivo preestabelecido, a liberdade de espírito. Longe de ser um luxo atravancador e irrisório, o aprendizado individual da reflexão crítica é a condição não apenas da tolerância e do respeito aos outros, mas também da resistência a todas as formas de fanatismo ou de opressão. Em suma, essa escola da razão que a prática da filosofia constitui, mesmo se modesta e pouco erudita, contribui para formar os cidadãos e para tornar mais viva a democracia.

O lugar e o estilo desse ensino no âmbito das políticas educacionais de cada Estado nunca são insignificantes. Sem o transformar no lugar vital em que se jogaria a sorte da humanidade, seria um erro subestimar seu papel. Quer se trate da construção da Europa – se se quiser que esse nome, junto com a política agrícola, esteja realmente vinculado a uma cultura comum –, quer se trate das relações entre as civilizações e as concepções do mundo que dividem entre si o globo, a difusão das filosofias, o convívio com suas peculiaridades de espírito, com sua presença nos estudos mais diversos e na formação permanente dos adultos são hoje apostas maiores, cuja importância ainda não foi suficientemente percebida.

Os filósofos profissionais, em seu conjunto, são em parte responsáveis por essa indiferença. A situação é no mínimo paradoxal. De fato, constata-se que raramente a necessidade de filosofia foi tão viva. Enquanto as referências e as significações vacilam, práticos oriundos das mais diversas disciplinas – biólogos ou físicos, historiadores ou economistas – interrogam a longa tradição dos filósofos, buscam em suas obras ferramentas conceituais. Raramente, porém, os filósofos pareceram tão timoratos. Muitas vezes dão a impressão de estarem perplexos, aflitos, envoltos em alguns farrapos de um glorioso passado que os autorizaria a desprezar a época atual. Aristóteles, Leibniz, Hegel e tantos outros dedicavam-se ardorosamente a pensar os saberes do seu tempo, a meditar as comoções políticas do mundo em que viviam. Eles trabalhavam o conhecimento em todas as suas faces. Com que então nós teríamos como única tarefa consagrar a eles edições críticas, monografias e teses? Só?

De um modo geral, salvo raras exceções, a filosofia parece hoje mais preocupada em comentar seu passado do que em encarar o presente. A maioria dos pensadores contemporâneos ignoram as ciências que fazem este século, suas contribuições conceituais e seus desafios teóricos. Se um pensamento não é ocidental, a maioria deles se cala... Todavia, porque essas questões têm um duplo fundo, é preciso tomar também o cuidado de não despachar precipitadamente os filósofos para canteiros de obras úteis. Se é indispensável que eles mergulhem nas realidades das pesquisas científicas ou das relações internacionais, sempre deve subsistir, para que se constitua a reflexão filosófica, uma distância necessária, um afastamento das decisões urgentes, uma forma de "vacância".

É um belo vocábulo, "vacância". No plural, perde muito*. Deixou-se de entender por ele uma ausência, uma disponibilidade, uma falta de ocupação, um espaço em branco – sem titular nem obrigação. Vacância e vacuidade estão inter-relacionados, como um parêntese, sem conteúdo determinado nem função previsível, no cerne das atividades. Nesse vazio frágil, não se trata de maneira nenhuma de vacar a... uma tarefa definida, de se empregar em representar um papel ou concretizar um projeto. Vacar, pura e simplesmente, implica permanecer suspenso, à distância, sem emprego. Instalar-se nesse in-

---

* No francês, *vacances* = férias. (N. do T.)

tervalo precário, tentar permanecer nele, explorar sistematicamente sua estranheza, é sem sombra de dúvida uma das características mais constantes da atitude filosófica. Que seja necessário ao pensamento métodos, regras, objetos e objetivos, ou mesmo combates e liças, há de se convir. Mas sem dúvida ele necessita, antes de mais nada, como sua condição mais fundamental, de um grande ócio. Nenhuma reflexão se constitui sem se distanciar das tarefas imediatas, das solicitações do momento, assim como das convicções mais sólidas. Os filósofos, nesse sentido, estão sempre a vacar. E isso os ocupa muito. Em certo sentido, isso até os faz viver. Nossa época começa apenas a redescobrir, ainda espantada com essa simples evidência reencontrada, que a filosofia pode ser uma maneira de viver tanto quanto uma construção de discurso.

Mudar de vida

Não faz tanto tempo, se falássemos de sabedoria, de controle das paixões, de trabalho espiritual sobre si mesmo... a um professor, um pesquisador ou um estudante, ligado de perto ou de longe ao que chamamos, na universidade, de "filosofia", ele daria de ombros. A sabedoria era um ideal perecido. Era objeto de pesquisas históricas, uns poucos eruditos se consagravam a ela. A filosofia, a de verdade, tinha outras tarefas: montagem e desmontagem de sistemas conceituais. Quem se consagrava a ela tramava ou deslindava discursos específicos. Quanto ao mais, vivia como todo o mundo. Seu trabalho consistia em comentar textos, fazer análises dos cursos e dos livros, não em transformar seu comportamento nem o dos outros.

Esse tempo passa. Começou-se a ouvir novamente o sentido do proceder dos filósofos da Antiguidade que, durante um bom milênio, pensaram, agiram, falaram, escreveram tendo em mente uma imagem totalmente diferente da filosofia.

Do século de Péricles aos primeiros Padres da Igreja, o termo não designava as liças intelectuais e as especulações abstratas. Tornar-se filósofo era praticar uma mudança profunda, pactuada, voluntária, em sua maneira de ser no mundo. Era uma conversão paciente e contínua, que engajava todo o indivíduo, uma maneira de viver que implicava um longo e constante exercício sobre si. Era um trabalho, tão afetivo quanto intelectual, para se despojar da angústia, das paixões, do ilusório e do insensato. A tarefa do filósofo era mudar de vida. Acessoriamente, ele dava aulas ou escrevia textos, como um ponto de apoio nessa mudança ou para ajudar seus discípulos a empreendê-la.

Pierre Hadot, titular da cátedra de história do pensamento helenístico e romano no Collège de France, subverteu a imagem que tínhamos do pensamento, de Platão a santo Agostinho, e além deste. Ele lembrou como a filosofia, para os homens da Antiguidade, é muito mais maneira de viver do que matéria para discursos, muito mais ação cotidiana do que puro conhecimento. Isso é nítido nos estóicos e nos epicurianos. "A filosofia ensina a fazer, e não a dizer", escreve Sêneca. "Vazio é o discurso do filósofo, se não contribui para curar a doença da alma", diz uma sentença epicuriana. O que não significa, de forma alguma, que qualquer especulação está descartada e qualquer saber seja vão. Ao contrário. Mas as teorias mais elaboradas estão a serviço da vida filosófica. Elas constituem meios para caminhar rumo à sabedoria, nunca fins em si. A própria física deve contribuir para modificar a alma. Conhecendo a natureza, o filósofo toma consciência de ser uma parte ínfima de um cosmos infinito e se aplica assim a viver melhor em harmonia com ele. As múltiplas divergências entre as escolas não podem ocultar que todas elas têm origem e adquirem sentido numa concepção comum da filosofia: um ato permanente que empenha cada instante da vida, uma terapêutica incessante que visa a autonomia da liberdade interior, a serenidade de consciência cósmica do sábio que percebe a ordem do mundo.

OS QUE ACREDITAVAM NO VERDADEIRO

Os meios de alcançar essa sabedoria-horizonte são exercícios espirituais, meditação intensa e contínua sobre alguns princípios, tomada de consciência da finitude da vida, exame repetido de si, estabelecimento da consciência no presente, e somente nele. A tal preço, é bem possível que nenhum homem nunca tenha se tornado sábio!... O "filo-sofo" – aquele que deseja a sabedoria justamente porque sabe não a ter – persegue sem dúvida um ideal inacessível. O que não impede que se exercite nessa persecução, a cada hora e a cada palavra. Esquecer essa constante busca de um progresso espiritual é vedar-se, ao ver de Pierre Hadot, a compreensão da totalidade da filosofia antiga. A totalidade? Aí está uma afirmação surpreendente! Sócrates inaugura muito mais um estilo de vida do que uma doutrina. O diálogo socrático é antes de mais nada um exercício espiritual: ele leva o interlocutor a uma nova atitude mental. Seus circuitos e meandros são destinados a fazer o leitor progredir, não a lhe transmitir um saber. O próprio Platão, que tanto nos inclinamos a ler como um pensador sistemático, concebe a filosofia como uma conversão de todo o ser e a matemática como um meio de nos desligar do sensível. Aristóteles também não é um teórico puro: mais que um *corpus* de conhecimentos, a filosofia é, a seu ver, o resultado de uma transformação interior.

Essa concepção da filosofia persistiu por muito tempo. "A teoria tem de se tornar em nós natureza e vida", escreve o neoplatônico Porfírio, no século III d.C. Uma importante corrente do pensamento cristão herda os exercícios espirituais das escolas helenísticas e romanas, notadamente por intermédio de Justino e de Clemente de Alexandria. Toda a tradição que se alimenta de Orígenes identifica cristianismo com filosofia verdadeira. Finalmente, os Padres da Igreja retomam a concepção grega, cristianizando-a: os monges, do ponto de vista da exigência de vida, são para eles filósofos, e as grandes figuras da sabedoria pagã dos cristãos que não sabem serem-no. Justino Mártir, primeiro cristão a se apresentar como filósofo, escreve: "Todos os homens que viviam de acordo com o Logos, isto é, de uma maneira conforme à razão, eram, no fundo, cristãos, mesmo se passavam por ateus, como por exemplo, entre os gregos, Sócrates, Heráclito e outros do gênero." Essas afirmações não impediram que os Padres da Igreja duvidassem da capacidade dos filósofos pagãos de serem realmente virtuosos. A seu ver, os gregos entreviram um ideal de vida próximo, sob certos aspectos, do ideal do cristianismo, mas nunca puderam pô-lo efetivamente em prática. Reduzidos às suas próprias forças, eram incapazes, sem a Revelação, de alcançar o verdadeiro Bem. Somente a vida cristã possuía esse poder. As pesquisas de Juliusz Domanski mostraram como tal juízo contribuiu para restringir consideravelmente o alcance do exercício filosófico. Já não era admissível conseguir se governar por meio apenas da razão. O aprimoramento espiritual só adquiria sentido no horizonte da salvação cristã. A vida filosófica via-se, com isso, privada do ideal do governo de si que a vinha animando havia séculos. Ela acabou se reduzindo aos comentários eruditos dos textos de Aristóteles, pelos motivos sabidos: primado da teologia, subordinação do trabalho conceitual à dogmática religiosa, mas também porque sua mola propulsora interna estava como que privada de qualquer possibilidade de ação. Se o ideal do sábio desaparece em benefício do santo, se a própria idéia de uma virtude sem Deus perde sentido, a filosofia como prática de vida evidentemente se apaga.

Esse apagamento nunca foi completo nem definitivo. Ressurgências, reminiscências, sobrevivências são atestadas. Assim, o fim da Idade Média, com o desabrochar do humanismo, viu renascer a idéia de uma filosofia que não é apenas "conhecimento das coisas divinas e humanas", mas também "aplicação em viver bem segundo a lei da razão", de acordo com a fórmula de Jacó de Gostynin, comentador polonês de Aristóteles, do fim do século XV. Petrarca, por sua vez, recusou-se a chamar de filósofos "os professores sentados numa cátedra", e considera "mais importante querer o bem do que conhecer a verdade". Mas, apesar de tudo, a ruptura nunca foi totalmente reparada, a distinção entre espiritualidade e racionalidade raramente voltou a ser questionada. Por exemplo, quando, na Renascença, Inácio de Loiola redigiu seus *Exercícios espirituais*, dava continuação à longa tradição de exercícios herdada da Antiguidade, mas não mais se dizia filósofo. A mudança ocorrida ao longo da Idade Média ainda mantinha, a seu ver, a filosofia em seu papel de "servidora da teologia", que se limitava a fornecer o material lógico e conceitual de que esta necessitava.

Tendo se tornado discurso teórico e nada mais, a filosofia parece ter continuado a sê-lo mesmo quando Descartes, Spinoza e os autores da Idade Clássica rompem com a escolástica: eles opõem apenas, acredita-se, um novo discurso teórico ao discurso antigo. Talvez não seja tão simples assim. Podemos nos perguntar o que subsistiu, da antiga filosofia vivida, na filosofia abstrata. Ela não desapareceu sem deixar vestígios. O próprio Descartes sustenta que a verdadeira filosofia deve modificar a existência, e Spinoza, no fim da *Ética*, redescobre o árduo caminho da sabedoria. Mesmo se, desde Kant, os filósofos são antes de mais nada "artistas da razão", é possível discernir em Schopenhauer, em Nietzsche, em Bergson, em Wittgenstein, entre outros, o convite renovado a uma transformação radical da nossa maneira de viver. Pode ser que, hoje, a busca da sabedoria venha mais uma vez alcançar, prolongar e perturbar o desejo de lógica.

Por que hoje? A aids se espalha, o desemprego cresce, o fanatismo progride, a esperança regride, a complexidade aumenta. Em poucas palavras, haveria mais que nunca necessidade de clareza, de distância e de razão. Com o declínio da religião, a ameaça das seitas, a filosofia ressurge. Como a solidão se amplia e a palavra faz falta, o fórum da esquina é bem-vindo. Seja. Não é geral demais ainda? Sugiramos outra possibilidade. Quando Sócrates intervém na vida intelectual ateniense, como um desmancha-prazeres que se tornou necessário, existe um mercado de idéias. Os saberes se vendem, os sofistas cobram caro. As pessoas imaginam poder comprar moral na cidade. Surge então um velho diabo, que não sabe de nada, mas que pergunta se ainda não existiriam, sob os nomes de "justiça", de "bem", de "verdade"..., certas coisas invendáveis, ou até, em todos os sentidos possíveis e imagináveis, "impagáveis". E se, após a queda do comunismo, na época de mundialização dos mercados, de "cederromização" das enciclopédias, de "internetização" dos conhecimentos, essa interrogação voltasse à tona? Vai ver que a gente hoje se volta para a filosofia a fim de buscar outro horizonte, que não este já balizado pelos centros financeiros e pelas auto-estradas da informação. É apenas uma hipótese.

"Deixa os livros de lado"

Ela não deve ocultar um risco. Começando a redescobrir a filosofia como maneira de viver, pode-se exagerar no sentido oposto, descuidar do trabalho dos conceitos, esquecer o esforço teórico e o rigor intelectual. Para tornar a filosofia mais falante, mais prática, corre-se o risco de mutilá-la ou abastardá-la. Para transformá-la em existência e imergi-la no cotidiano, trata-se de não a trair! Convém ao contrário manter juntas as análises abstratas e os exercícios sobre si mesmo. Ou ainda, as notas em biblioteca e as experiências aventureiras. A articulação disso tudo não é nada simples. Este é, aliás, um velhíssimo dilema, um conflito interno à filosofia. "Deixa os livros de lado. Não te deixes mais distrair, isso já não te é permitido", já escrevia o imperador Marco Aurélio. Essa frase é enigmática. Um filósofo deveria abandonar os livros? De que a leitura deles pode desviá-lo? Que tem ele a fazer de melhor, de mais urgente, de mais vital, do que ir de obra em obra, meditando e anotando?

OS QUE ACREDITAVAM NO VERDADEIRO

Não venham dizer que isso foi há mais de mil e oitocentos anos e que um imperador romano, mesmo se filósofo, quando está à beira do Danúbio, no meio das legiões, metido numa interminável campanha militar, tem mais o que fazer do que ficar perambulando por sua biblioteca. Não é nem o comando do exército nem a preocupação de colmatar as brechas do império que o afastam dos livros e o impedem de neles beber. A própria vida filosófica lhe impõe renunciar às suas leituras.

Chefe de Estado ou simples cidadão, pobre ou rico, quem decide levar uma vida de filósofo – tal como a entendiam os estóicos de então – se esforça continuamente para pautar a ordem dos seus pensamentos, dos seus desejos e das suas decisões por alguns princípios simples da escola à que escolheu pertencer. Estóico, epicuriano ou cínico, seu objetivo não é portanto tornar-se autor, menos ainda distinguir-se por uma obra original ou uma teoria singular. Ele busca obstinadamente comportar-se de acordo com o que nossa razão pode saber da natureza, tanto humana como divina, de nossos deveres e de nossas necessidades, de nossas capacidades e de nossos limites, de nossas certezas e de nossas ilusões.

Por que, então, Marco Aurélio escreve? Por que motivo o texto dos seus *Pensamentos*, destinado somente a ele próprio, não à publicação, é perpassado por fórmulas tão notáveis e tão bem cunhadas? "Ontem um pouco de muco, amanhã múmia ou cinzas", ou: "E tudo aquilo a que se dá tanta importância na vida, vazio ou podridão, mesquinharia: cãezinhos que se mordem uns aos outros, crianças que brigam, riem e choram." Será que o imperador, arrumando seus livros, sentindo a morte se aproximar, se entrega à felicidade solitária de escrever? De jeito nenhum. Marco Aurélio não escreve nem por prazer, nem por gosto pela literatura. Seu trabalho de escritura é um exercício espiritual regrado, que visa um objetivo rigorosamente delimitado: repetir para si mesmo os princípios da vida filosófica segundo os estóicos. As três convicções principais que organizam essa conversão permanente são a de pertencer a um Todo cósmico em que cada elemento é solidário dos outros; a de ser livre, invulnerável e sereno, quando se compreendeu que só conta a pureza da consciência moral; e, enfim, a de reconhecer a toda pessoa humana um valor absoluto. Trata-se de gravar novamente em si, a cada momento, essas convicções, de reformulá-las incessantemente com nitidez, para combater a dispersão dos dias, a flutuação dos sentimentos, o jogo demasiado humano das lassidões e das insuficiências.

A doçura totalitária

A idéia de uma vida filosófica não está ao abrigo de outro risco. Ela pode sair à deriva, transformar-se em grilhão de prescrições estranhas, em regras tacanhas e sectárias. Os pitagóricos, por exemplo, se sujeitavam a certas normas difíceis: evitar os frouxos de riso, lavar primeiro o pé esquerdo, calçar primeiro o pé direito, não roer as unhas perto de um sacrifício, plantar malva mas nunca consumi-la. Essas prescrições tinham, evidentemente, um sentido simbólico, conhecido apenas dos iniciados, hoje quase sempre perdido. Os candidatos eram submetidos a uma série de ritos seletivos – a começar por cinco anos de silêncio! – antes de serem admitidos na confraria. Ir viver em Crotona, por volta de 500 a.C., na seita fundada por Pitágoras, não significava apenas exercitar seu pensamento nas análises geométricas ou na simbólica dos números, portanto. Era também inserir-se numa comunidade em que os bens pertenciam a todos, em que se ouvia o mestre, vestido de branco, falar atrás de uma cortina (podiam contemplá-lo cinco anos depois). Distantes ancestrais dos monges guerreiros, os pitagóricos exercitavam sua resistência, aprendiam a dormir pouco, a comer frugalmente. Mel, plantas, alguns cereais compunham sua dieta. Mas não favas. Alguns até preferiram morrer a transgredir essa proibição, relata Jâmblico por volta de 300 d.C. O mesmo autor, em sua extraordinária *Vida de Pitágoras*, explica de que maneira o filósofo persuadia até mesmo os animais a obedecer a tal lei. Atesta-o a comovente conversão de um boi sensato: "Vendo um dia um boi, em Trento, numa vasta pastagem, comendo favas verdes, [Pitágoras] foi ter com o boiadeiro e aconselhou-o a dizer ao boi que se abstivesse de favas. O boiadeiro caçoou dele, dizendo que não sabia falar a língua dos bois e que, se ele [Pitágoras] sabia, tinha lhe dado um conselho inútil, porque era o próprio boi que ele deveria advertir. Pitágoras aproximou-se e passou várias horas cochichando no ouvido do animal, e não apenas o manteve naquele instante voluntariamente afastado das favas, mas conta-se que em seguida o boi nunca mais as comeu; que viveu muito tempo em Trento, no templo de Hera, onde envelheceu; que era chamado por todo o mundo de 'o boi sagrado de Pitágoras' e que se alimentava dos alimentos próprios dos humanos, que os que vinham vê-lo lhe traziam."

O enigma das favas foi objeto de várias explicações. Pensou-se em seu papel no sorteio dos cargos públicos, nas cidades democráticas: tinha-se de ficar distante das favas porque, por causa delas, gente incompetente assumia responsabilidades políticas. O segredo, na seita, foi bem guardado. Atesta-o esta rude anedota: depois que os pitagóricos preferiram ser massacrados pelas tropas que os perseguiam a atravessar uma plantação de favas, o tirano Díon de Siracusa se dirige à última sobrevivente. Seu marido acaba de ser morto, ela está grávida, foi torturada. Dirá por que não se pode tocar nas favas? Em resposta, a corajosa mulher corta a língua com os dentes e atira-a na cara de Díon. Ah, a gente que tem segredos! O mais verossímil, hoje em dia, é que Pitágoras tenha sabido que a ingestão de favas podia ser mortal para certas pessoas, em razão de uma doença que sabemos ser genética e que está disseminada na bacia do Mediterrâneo. Verossímil, mas talvez, em certo sentido, demasiado racional.

Ora, no pitagorismo é outra coisa que conta, não a razão. Por trás do maravilhoso e do lendário, acrescentados mais tarde, discernem-se alguns traços que podem, ainda hoje, enternecer ou inquietar. Nossos filósofos ou nossos sábios não cochicham no ouvido dos bois ou dos touros. Nem mesmo os gurus mais desvairados pregam aos ruminantes. O relato, apesar de tudo, dá a impressão de descrever fatos de uma surpreendente proximidade. Cerca de oito séculos – de 500 a.C. a 300 d.C. – separam a existência efetiva de Pitágoras, de que sabemos muito pouca coisa, do texto de Jâmblico, um dos últimos mentores do neoplatonismo. Por mais que o imaginário desempenhe um grande papel nessa reconstrução, não nos livramos da sensação de que o modelo corresponde a uma realidade que ainda nos é familiar. Por quê? De onde vem a idéia de que ainda hoje, quem sabe, há pitagóricos entre nós?

Não considerar uma característica isoladamente. A preocupação dietética, a convicção de que cada alimento possui sua influência específica, a preferência vegetariana são apenas uma parte do quadro. Convém acrescentar o esoterismo, o ensino unicamente oral (o segredo! o segredo!), o uso constante de símbolos, os sinais de reconhecimento reservados aos adeptos. E também as convicções inarredáveis: existe uma ordem do mundo, indissociavelmente natural e moral; é preciso respeitar a hierarquia, divina e cifrada, tanto dos lugares como dos seres. Cumpre ressaltar ainda o fechamento do grupo, seu elitismo exacerbado, sua doçura proclamada e sua disciplina inflexível. E finalmente, por trás de tudo, apenas mencionado, o terror, para que os segredos sejam guardados e os mistérios preservados – "castigo e ordem". A política seria por essência autoritária: "Nunca se deve deixar o homem fazer o que quer, é sempre necessário que intervenham uma autoridade e uma regra que garantam a lei e a boa ordem, às quais cada um dos cidadãos deve se submeter, porque, quando é deixado a si mesmo e quando ninguém liga para ele, o ser vivo cai bem depressa no mal e no vício." Dessa lei divina, cósmica e numérica, nada escapa. A regra deve se aplicar a todos. Homem ou animal, ninguém é exceção. A vida pitagórica aparentemente ignora as nuances, e até algumas oposições maiores. Por exemplo, entre o privado e o público, o civil e o religioso, o natural e o cultural. Não se pode dizer que se trata de categorias simplesmente modernas: a democracia ateniense repousava, ao menos em parte, em clivagens desse tipo.

Essas diversas características dão um ar familiar aos que, em culturas e épocas assaz diferentes, acreditaram numa ordem secreta do mundo, no papel central de uma confraria de iniciados submetidos a uma disciplina física e moral rigorosa, pregaram a amizade e reinaram pelo ferro e pelo fogo. Encontramos entre os geômetras vegetarianos da antiga Grande Grécia a mesma inclinação autoritária de alguns dos nossos iluminados. Eles querem o bem de todos, a fraternidade, a harmonia. Não fariam mal a uma mosca. Mas, em nome de um suposto equilíbrio da natureza, cuja chave eles detêm, estão dispostos a dobrar todas as vontades. Nada seria capaz de impedi-los de combater e esmagar as ambições humanas julgadas contrárias à lei natural e divina que lhes foi revelada. Por respeito à vida "em geral", em nome do grande parentesco das espécies, acabarão talvez sacrificando vidas humanas para preservar vegetais ou defender insetos. É bom desconfiar do pacifismo de semblante cósmico. É melhor não se deixar cativar precipitadamente pela piedade que engloba sem discernimento samambaias e mosquitos. Sem dúvida os membros dessas seitas são, isoladamente, bons humanos. Mas sua convicção inabalável de ter como mestre "um guia doce para gente doce e justa" e de obrar com todo o direito pelo bem de todos deixa necessariamente pouco espaço aos outros, a seus erros e a suas liberdades. Em seu pensamento, não há lugar nem para o acaso nem para a indiferença e a neutralidade. Como tudo, no entender deles, é dotado de um sentido, eles eliminaram o incerto, o absurdo, o aleatório, o caótico, o contingente... Não dá para ver isso logo de cara. Mas permanece possível a – rápida – passagem da doçura totalitária ao terror real.

Em vez de temer essa ascendência dos filósofos sobre sua existência, também se pode ridicularizá-la, como fez Luciano, na segunda metade do século II da nossa era, compondo o irresistível diálogo satírico intitulado *Filósofos à venda*. Ele imagina que os melhores, os mais ilustres, os grandíssimos pensadores são vendidos como escravos. "Que uma boa sorte faça os compradores virem à feira! Vamos vender a quem der mais filósofos de toda espécie com sistemas de todos os tipos." Ter um filósofo em casa é, sem dúvida, menos prático do que ter um cozinheiro, uma arrumadeira ou um massagista, mas não é inútil. Aprender em domicílio, só para si, o sentido da existência, as leis da virtude, a ordem do mundo, as regras da Cidade ideal e tantas belas e boas verdades, é um luxo incomparável. Onde encontrar essa mercadoria rara? Nem pensar em aceitar um pensador de segunda mão ou um velho monitor! Zeus se encarrega. Seu fiel Hermes atrai os clientes. Os compradores desconfiam: esses raciocinadores muitas vezes são uns visionários ou uns charlatães. É melhor examinar bem, tanto mais que alguns deles alcançam preços exorbitantes. Sócrates ou Platão, por exemplo, custam tanto quanto uma vintena de escravos de qualidade. Já Aristóteles não ultrapassa o preço de três ou quatro lindas mocinhas. Pirro, que duvida de tudo, em primeiro lugar da servidão, custa menos que um trabalhador braçal sem qualificação. Heráclito e Demócrito figuram entre os encalhados. A vida filosófica tem suas surpresas.

II

Gregos sempre recomeçados

Eles não se livram de nós. A cada virada
da história intelectual européia, a herança deles
é remodelada pelo espírito da época.

O país do nosso desejo.
NIETZSCHE

Em vez de ver os gregos como inventores, seria melhor considerá-los como invenções. Cada época constrói os seus. Os gregos imaginados pelos romanos do Império não são os dos medievais, que diferem dos gregos dos humanistas da Renascença. Os de Montesquieu não são os de Rousseau. Hegel imagina a pátria primeira do pensamento ao passo que Heidegger, a resposta inicial ao apelo do ser. Entre outros. Portanto não se deveria dizer simplesmente que esses ancestrais sempre jovens definiram as regras do jogo, delimitaram o terreno, fabricaram as peças do que se chamou, deles em diante, de "filosofia". Eles próprios pertencem a uma espécie de exercício essencial que a história do pensamento no Ocidente não cessou de praticar. Brincar de gregos, se ouso dizer, é construir seu relato das origens, apresentar suas referências fundadoras, indicar os que devem ser escrutados e comentados, seja para juntar-se a eles, imitá-los, continuá-los, seja para evitar as armadilhas que eles não souberam desarmar. O estudo das representações da Grécia antiga na Europa, domínio apenas desbravado pouco tempo atrás, está hoje em plena expansão.

Sem entrar no detalhe dos trabalhos eruditos, é bom evocar quanto o caráter desses grandes pensamentos dos primórdios tornou-se móvel para nós, indistinto, quase fluido. Aos gregos já não corresponde, e já faz tempo, um conjunto de textos certos e de doutrinas sem sombras. Eles se tornaram nuvens, conjuntos imprecisos, zonas de probabilidades em que as pessoas se orientam em torno de alguns pontos de bifurcação. Paradoxo trivial: quanto mais se sabe deles, menos se tem certeza. À medida que se aperfeiçoou a crítica das fontes, que se desenvolveu a filologia comparativa, que se elaborou a reflexão sobre a pertinência das categorias tradicionalmente aplicadas aos autores da Antiguidade, as imagens dos gregos de certo modo se esfumaram. Sua inapreensível estranheza deixou de ser uma figura de estilo.

Tijolos celestes

Veja os pré-socráticos. Esses primeiros pensadores são tidos como os inventores de tudo: a física e as demonstrações de geometria, a exigência do verdadeiro e a retórica, as regras da razão, as ciladas da aparência. De leste a oeste, das cidades da costa jônica às do Sul da Itália e da Sicília, eles deram ao berço do Ocidente os limites da Grécia. Criaram, é verdade, coisas inauditas: a reflexão sobre os princípios e a vontade de ordenar de maneira inteligente a infinita diversidade do mundo; a busca de uma explicação racional das causas, desprovida de qualquer recurso direto à mitologia; os jogos de linguagem e os paradoxos lógicos. Em apenas um século e meio, eles lançaram os fundamentos da atitude científica, fixaram as linhas de força e as clivagens maiores da filosofia e percorreram, talvez, mais caminhos possíveis do que podemos conceber, muito tempo depois deles. Todavia, não se deve, simplificando excessivamente, fazer dos pré-socráticos os ancestrais dos enciclopedistas ou os ancestrais de qualquer racionalismo. Esses pensadores que se chamavam Tales, Anaximandro, Pitágoras, Xenófanes, Epicarmo... não se enquadram facilmente em nossas classificações. A etiqueta "pré-socráticos", sob a qual o estudo moderno os agrupou, é uma comodidade ao mesmo tempo enganadora e reveladora. São, para nós, pensadores de "antes de Sócrates", assim como os gregos, globalmente, se tornaram na era cristã de "antes de" Cristo. Anteriores a nossos pontos de referência, são em grande parte exteriores às clivagens que se tornaram familiares a nós. Devemos constatar que são tão poetas quanto eruditos, tão sábios quanto cientistas, tão magos quanto professores... Nossas categorias não convêm a eles. Só conseguimos submetê-los a elas de través, à força ou à custa de mal-entendidos. Quando a palavra deles foi proferida, tais contextos ainda não existiam. É por isso que a voz deles nos desconcerta, luminosa e obscura, habitada por um brilho curioso.

Os próprios textos deles não passam de fragmentos, "tijolos celestes disjuntos", diz Jean-Paul Dumont. Não temos de nenhum deles nenhuma obra inteira, *a fortiori* obras completas. Essa situação é perturbadora. Imaginemos que conhecêssemos, de Descartes ou de Spinoza, apenas algumas anedotas, os resumos que outros fizeram da sua filosofia – às vezes para combatê-las –, um pequeno número de parágrafos esparsos e incertos, citados aqui ou ali. Daria para termos uma idéia clara do seu sistema de pensamento? Muitos gregos antigos não são mais que um nome, ele próprio duvidoso. Sua doutrina se reduz a um ponto separado do corpo que lhe dava sentido, a alguns membros de frases esparsas e sem contexto. Seus trabalhos evocam essas estátuas de que só encontramos um dedo, essas cabeças de que as injúrias do tempo só pouparam uma testa ou um lobo de orelha. Essas peças soltas, uma vez reunidas, limpas, classificadas, ainda formam um conjunto considerável, mais de um milhar de páginas. Devemos ao filólogo alemão Hermann Diels (1848-1922) a coleta sistemática desses vestígios dispersos nos escritos de mais de trezentos "citadores", eles mesmos escalonados em mais de um milênio. Ele compilou, escola por escola, autor por autor, todos os materiais disponíveis. Editados pela primeira vez em 1903, remanejados ao longo de múltiplas edições sucessivas – as últimas foram revistas por W. Kranz –, *Die Fragmente der Vorsokratiker* (*Os fragmentos dos pré-socráticos*) revelaram uma Atlântida filosófica. Ruínas, decerto, mas onde ecoam vozes que têm a densidade dos meteoros e a força, ainda, do fogo de que provêm.

Deixe os arqueólogos com as suas lupas. Não se preocupe com o que foram ou deixaram de ser esses autores inclassificáveis. Leia. Perca-se ao redor dos templos desorganizados, sob o eco ensurdecedor dos gigantes – Parmênides, Heráclito, Empédocles –, o riso de Demócrito e o ser sem identidade dos sofistas. Deixe de lado as especulações musicais e astronômicas do pitagórico Filolau de Crotona ou as lições de sabedoria de Nausífanes, que foi o mestre de Epicuro. Pense nos cento e oitenta e três mundos cuja existência Pétron afirma ou na hipótese da "Anti-Terra". Ouça Parmênides, aquele que Platão chamou de "o pai da filosofia", julgando o parricídio tão necessário quanto impossível. Os cento e sessenta versos que nos restam do seu *Poema* estão, em certo sentido, na origem de toda a tradição ocidental, por sua afirmação de um pensamento do imutável, idêntico ele mesmo, esse pensamento, ao ser. Não se esqueça de Anaximandro, "um homem que dá arrepios", dizia Giorgio Colli. Pai fundador do pessimismo metafísico e moral, Anaximandro teria considerado a morte como a expiação da injustiça constituída pelo simples fato de viver. Outros esboçam um quadro menos sombrio: a morte seria o preço exato a pagar pelo fato de viver – de acordo com a justa necessidade do ser e do tempo, para os quais não há escapatória – e nada mais, nada de negro. Detenha-se também nas figuras de Heráclito e de Demócrito, que o imaginário resolveu opor, em inúmeros quadros muito distantes da existência real deles, atribuindo-lhes um semblante em lágrimas e uma cara zombeteira.

OS QUE ACREDITAVAM NO VERDADEIRO

Aquele que chora, aquele que ri

O Obscuro. Já era esse, para os gregos, o apelido de Heráclito, que viveu em Éfeso e devia ter uns quarenta anos em 500 a.C. Sua obscuridade se prende à forma lapidar da sua expressão e é ampliada pelo fato de que só subsistem tijolos esparsos do seu edifício. São pouco numerosos: cerca de cento e trinta. Seu tamanho varia de uma palavra a algumas linhas. Os eruditos, de um século para cá, passam-nas ao crivo, viram-nas e reviram-nas, interrogando-se sobre sua autenticidade. De fato, como sua obra se perdeu, só conhecemos Heráclito através dos autores que o citaram, às vezes a séculos de distância. O emaranhado das emboscadas parece ser inextricável. Os especialistas multiplicaram as edições críticas – Bywater (Oxford, 1877), Diels (Berlim, 1903, 1912, 1922), Diels-Kranz (Berlim, 1934), Marcovich (Florença, 1978), etc. – sem chegar a um texto bem estabelecido, muitas vezes por falta de uma inteligência filosófica global. Os filósofos, por sua vez, escrutaram os aforismos modelando-os conforme as suas idéias. O Heráclito de Hegel não é o de Nietzsche, a leitura de Heidegger é diferente dessas duas. Desde a última guerra, somente na França, os trabalhos de Kostas Axelos, de Clémence Ramnoux, de Abel Jeannière, de Jean Bollack e de Heinz Wismann, qualquer que fosse o interesse próprio de cada um deles, faziam crer, por sua dissonância, que a obscuridade permanecia.

Helenista escrupuloso, Marcel Conche comparou todas as edições anteriores, consultou os manuscritos nos casos duvidosos, remeteu-se ao contexto em que cada fragmento era citado, de Aristóteles a Clemente de Alexandria, de Diógenes Laércio a Jâmblico, de Plutarco a Eusébio. Cada fragmento, escrutado à lupa, é reposto em seu devido lugar. Cada tijolo, arrumado numa nova ordem, oferece a face que se ajusta aos outros, e os enigmas, um a um, cedem lugar à luz da verdade. "A sabedoria heraclitiana é um sol que não deixa nenhuma sombra", afirma esse sábio à guisa de provocação tranqüila... Sua leitura segue duas linhas de força. A primeira é a unidade dos contrários e sua inseparabilidade. Sem a noite, o dia não existiria, assim como a justiça não é concebível sem a injustiça. É essa, para Heráclito, a lei do mundo. Os homens persistem em desconhecê-la, porque o pensamento deles é unilateral. Mesmo se acumulam saberes múltiplos, permanecem ignorantes enquanto continuam a sonhar, a achar possível ter o belo sem o feio, a igualdade sem a desigualdade, a paz sem a guerra, a vida sem a morte, ou ainda a felicidade sem a infelicidade. A sabedoria do filósofo consiste primeiro em despertar para essa compreensão da totalidade. "Tudo é uno", diz ele. Lúcido diante do trágico, ele é sereno na plena aceitação da vida.

O pensamento de Heráclito também é uma filosofia do devir. O segundo eixo maior é a impertinência de todas as coisas: "Tudo cede e nada se mantém firme", "tudo flui". O mundo e o próprio sujeito não passam de mobilidade ininterrupta e movimento incessante. Essas afirmação também não se enquadrará na célebre crítica formulada por Platão no fim do *Crátilo*: como haveria um conhecimento estável do que é instável? Se tudo passa, é possível um saber? A armadilha não é uma armadilha. De fato, se tudo muda, a *lei* da mudança, porém, não muda. Tudo devém, salvo o devir. Ou ainda: é eternamente que nada é eterno.

Senão, nada de verdadeiro poderia ser dito. Ora, para Heráclito, o *logos*, isto é, o discurso verdadeiro, existe: é o do filósofo, do homem que se desfez de toda subjetividade para alcançar o universal. Este último pilar é inseparável dos dois outros. Os contrários são um, *salvo* o verdadeiro e o falso, sem o que a filosofia não tem existência possível. Se a linguagem é desqualificada para descrever as *coisas* que são, já que estas não cessam de ser instáveis enquanto as palavras são fixas, ela pode no entanto enunciar de forma válida a *lei* da sua instabilidade permanente.

Demócrito também não é uma glória menor. Mas esquecem-no. Séculos a fio seu renome foi considerável. Sêneca o vê como "o mais sutil de todos os antigos". Littré, em 1839, ainda vê nele "o mais sábio dos gregos antes de Aristóteles". De fato, sua influência direta ou indireta nunca cessou. Todos os pensamentos que recusam a Providência e concebem o mundo como uma mecânica sem começo nem finalidades pertencem à sua descendência. Marx consagrou seu primeiro trabalho a esse pai do atomismo, o jovem Nietzsche procurou reinventar sua fisionomia.

Por que abandonaram esse colosso no século XX? Como explicar que persistem em classificá-lo entre os *"pré*-socráticos", esses pensadores de "antes", anteriores à ruptura inaugural da filosofia, se ele foi contemporâneo de Sócrates e morreu sem dúvida depois dele? Como compreender que seja tão pouco lido, raramente citado, apenas estudado? É de Jean Salem o mérito de ter aprofundado essas questões. O descrédito de Demócrito é ainda mais curioso porque textos dele é que não faltam! Embora a maioria das suas obras são esteja evidentemente perdida, ainda possuímos boa quantidade de fragmentos. Em volume, três vezes mais que Heráclito, seis vezes mais que Parmênides. Ora, os trabalhos sobre Demócrito são raríssimos... Essa negligência também não pode ser fruto do mero acaso.

Crime principal desse transformador de universos: com os átomos ele não se livra apenas da Providência e de tudo o que poderia se parecer com ela, mas evacua do mundo o sentido e a finalidade. O cosmos não corresponde a nenhuma intenção. As coisas não têm razão última, nem causa primeira, nem origem. A existência dos humanos tampouco decorre de um plano inteligente. "Eles saíram da terra, como minhocas, sem nenhum autor e sem nenhuma razão", eis como o cristianíssimo Lactâncio, em suas *Instituições divinas*, resume alguns séculos mais tarde o "erro" de Demócrito.

Se esse pensamento não atrai, é porque se empenha, alegremente, em nos decepcionar. O que gostamos de acreditar? Que o mundo é sensato, que sua existência corresponde a um plano qualquer, que nossa vida possui uma finalidade. Para se empenhar em estabelecer o contrário não se tem de ser um espírito impertinente? Essa filosofia da necessidade não é o indício de uma mania importuna? Pior: de uma real loucura? Sustentar, como Demócrito, que "o universo não é obra de nenhum demiurgo" não é, pura e simplesmente, disparatar? Como decididamente não existe acaso, ninguém se espante com que a posteridade tenha atribuído a esse espírito forte, além da invenção da pedra angular, toda sorte de poderes incríveis, como o de saber amolecer o marfim.

Houve até quem se perguntou se ele não era o próprio Bolos, um democritiano, ocultista extravagante a quem devemos esta descoberta: as lagartas do repolho não suportam a pisada de uma mulher nua quando está menstruada. Portanto não é de espantar que a lenda de Demócrito, constituída ao que parece quatrocentos ou quinhentos anos depois da sua morte, entreteça lindamente loucura, sabedoria e riso. Eis a trama. Os habitantes de Abdera estão alarmados. Seu filósofo perdeu o senso comum: ele ri de tudo. Luto e gemidos o fazem rir, ele caçoa das dores e das aflições, cai na gargalhada a propósito de tudo, diverte-se sem parar. Não há dúvida, está louco. É preciso tentar de tudo para salvá-lo, porque está em risco não só sua saúde, mas a própria coesão da cidade, o equilíbrio de todos, a paz coletiva. Hipócrates em pessoa é chamado. Ele vem, examina, ouve e conclui: "Não é loucura, é um vigor excessivo da alma que se manifesta neste homem." Demócrito sofre de um excesso de ciência: é vítima da ignorância dos outros, de seus preconceitos, de sua inconsistência. Julgam-no louco somente porque ele ri da loucura dos homens, que passam ao largo da felicidade perseguindo quimeras. É este o sentido explícito: a loucura aparente do filósofo se revela sabedoria, o bom senso da opinião pública parece no fim das contas um delírio. Mas isso ainda não explica por que Demócrito é tão alegre. A lenda que reinventou os rostos dos dois atribui a ele o riso, enquanto Heráclito é reconhecido por suas lágrimas. Esse par contrastante foi matéria para todo tipo de quadros, notadamente na Renascença e na Idade Clássica. Assim, da desrazão comum de que os humanos são vítimas todo dia, um ri e o outro se lamenta. Seria uma simples questão de temperamento? Não.

Pode ser que dissolver a significação do mundo e da existência humana gere uma angústia que somente o riso é capaz de superar. Pode ser também que possamos aprender alguma coisa classificando os pensadores conforme riam ou não. Não se trataria, é claro, de procurar saber que indivíduo, mas que pensamento "ri". Diógenes e os cínicos, os céticos, Nietzsche, Foucault, Deleuze, por exemplo. São sérios por sua vez Platão, Aristóteles, Hegel, Heidegger e... quase todos. Rir seria o quê, para um pensamento? Brincar, desfazer as referências habituais, ir perdendo as referências que ele tenta constituir, descobrir que a verdade está faltando, concluir que isso não é nada aterrorizante, continuar assim, divertir-se inventando, persistir em desiludir, alegrar-se com a insondável profundidade da tolice, parar de desprezar, correr correr correr, deixar-se surpreender pelo que acontece, suportar sem reclamar o fato de não conhecer nada, abrir parênteses no tempo, considerar os saberes como curiosidades exóticas, aplicar-se com uma seriedade infinita em coisinhas à toa, declarar guerra ao tédio, ao medo, à hesitação, deixar de lado a morte e saber que ela está presente. Em suma, coisas bem difíceis.

A mais árdua: desfazer-se dos deuses e de tudo o que se assemelhe a um medo, uma súplica ou uma esperança. Será possível? Será desejável? A filosofia, desde Demócrito e os seus, não cessou de girar em torno dessas questões e de suas múltiplas variantes, de maneira direta ou indireta. Talvez, em certo sentido, ela não tenha parado de querer compreender e de querer recomeçar a relação que os gregos tinham com seus deuses. Mas como reencontrar essa distância soberana entre os olhares dos mortais e os dos corpos luminosos? Nas relações dos humanos com essas silhuetas míticas que nos parecem desconcertantes, é a própria definição do sujeito e da consciência que está em jogo.

Homens sem interior

No Olimpo faz bom tempo constantemente. Nem chuva nem neve: céu sereno, todos os dias. Os dias existem, muito embora não haja estações. Imortais, os deuses gregos não estão fora do tempo nem da Terra. De noite, eles vão para a cama e dormem. Pode-se mostrar onde nasceram: Apolo em Delos, Afrodite no mar Egeu. Eles comem, bebem, se cansam e suam. Invejam-se, implicam uns com os outros, tramam mil ardis em que se combinam mentira, deslealdade, esperteza. Dir-se-ia até que a morte é a única coisa que falta para serem homens. Mas não é tão simples assim. Na sempiterna repetição das auroras, os fatos e os gestos dos habitantes do Olimpo são recheados de enigmas. Os deuses dos gregos são embaraçosos. Eles não morrem nunca, mas se ferem, sofrem e precisam se tratar. Bem-aventurados por essência, têm acessos de cólera ou de dó, têm esperanças e temores, sempre se perturbam. De Xenófanes a Porfírio, passando por Platão, Aristóteles ou Epicuro, os filósofos tiveram de se haver com essa estranheza dos deuses. Sua principal interrogação refere-se à atividade divina. Se os deuses são perfeitos, dirão em substância Epicuro e seus discípulos, por que precisam agir? Eles desfrutam continuamente a sua beatitude, sem ter necessidade do que quer que seja – principalmente de um mundo, e ainda menos de sacrifícios feitos pelos homens, para os quais estão pouco ligando! Zeus e os seus, tal como os pinta Homero, seriam pois ficções de um aberrante absurdo, geradas por uma superstição imbecil. Erros nocivos, elas nutrem temores sem objeto e vãs esperanças, que constituem igual número de perturbações inúteis.

Mas se os deuses não fizessem verdadeiramente nada, replicou por exemplo Cícero, como poderíamos representá-los? Como se justificaria a existência deles e a nossa? E, sobretudo, se eles nunca nos dão atenção, recompensa, nem castigo, em que fundar a justiça e a moralidade? Sob o cenário de ópera-bufa germinam no Olimpo questões espinhosas: a inserção do divino no tempo, sua figurabilidade ou as dificuldades suscitadas por todo relato da atividade divina. Como lembraram Marcel Détienne e Giulia Sissa, não é por acaso que encontramos vestígios desses problemas nas querelas teológicas da Antiguidade tardia acerca do Gênese, entre Orígenes e Celso, por exemplo, ou nos debates da Renascença entre católicos e protestantes acerca das imagens de Deus, ou até, mais perto de nós, nas últimas disputas do século XIX entre defensores da geração espontânea e partidários da biologia pasteuriana.

Podemos encarar a relação entre os mortais e os deuses numa perspectiva inversa: o corpo dos olímpicos não é, como se diz, concebido à imagem do corpo humano. Claro, ele faz parte do mundo. Mas esses deuses não caíram na Terra. Ao contrário. É por contraste com o modelo fornecido por seu brilho resplandecente, sua vitalidade permanente e sua energia inalterável que a constituição dos homens se revela precária, frágil, deficiente. Portanto é mirando-se nessa figura do outro que um mortal toma consciência de si. Eis o que estabeleceram as análises empreendidas por Jean-Pierre Vernant: pelo outro e diante dele, sob seu olhar, um grego forja sua identidade. Esse outro pode ter os traços de um deus, usar a máscara da morte, oferecer-se no rosto do ser amado ou ainda ser constituído pelo espaço político da Cidade. Essas formas diversas constituem igual número de *vis-à-vis* ou de espelhos reveladores, nos quais cada um tenta discernir o reflexo de si. Os gregos das épocas arcaica e clássica têm pois do seu eu uma experiência "muito mais organizada do que a nossa". Esse eu não é uma interioridade fechada, voltada para si, impenetrável a outrem, um universo interior conhecível imediatamente e de dentro, pelo simples fato de se pensar a si mesmo. Não é uma consciência, no sentido moderno e cartesiano dessa noção. Devendo sempre refletir-se no outro para se conhecer, os gregos antigos não têm interioridade. Não são "pessoas", na acepção filosófica do termo.

Estranha religião, decididamente, para nós, esta dos gregos antigos. Nem revelação, nem livros sagrados. Nem mesmo dogma compulsório, que exigiria um ato de fé para aderir a ele. Tampouco preocupação com a imortalidade ou a salvação da alma do indivíduo, nesse culto cívico, desprovido de clero, em que cada cidadão também é oficiante. Os deuses múltiplos, cuja hierarquia complexa se ordena num conjunto coerente, não são pessoas: eles simbolizam poderes. O que cada um conhece a respeito deles, aprendeu com as fábulas que o ninaram desde a infância, e ouve confirmar-se pelos poemas enciclopédicos em que se forja a memória coletiva. Há duas maneiras de não conseguir apreender esse universo: seja atribuindo-lhe de uma maneira ou de outra nossos contextos espirituais forjados pelo monoteísmo e as religiões do Livro, seja reduzindo-o unicamente à mitologia, sem ver que as representações, os rituais e a organização social são indissociáveis aqui. Esses homens cujo rigor celebramos não viveram num caos religioso. Seu panteão não é esse agregado díspar, sua mitologia, esse conjunto feito de peças e de pedaços que uma perspectiva positivista estreita descrevia até há pouco.

Somente uma antropologia religiosa, comparativa, atenta ao arraigamento sociológico dos fatos, ao universo psicológico e às categorias mentais do homem religioso antigo, permite compreender em que a religião da Grécia antiga é um lugar de começos. "Órfã", essa religião é a única que não se integra no modelo das três funções – soberania, força guerreira, fecundidade – que o comparatismo de Georges Dumézil havia reconhecido nas religiões dos povos indo-europeus. Para entender, por exemplo, que sentido tinham para os gregos os sacrifícios, é preciso situá-los no conjunto do seu sistema religioso, ele próprio reinserido em seu sistema social. O sacrifício não é apenas uma festa solene em que os deuses estão presentes. É também uma carnificina, uma cozinha ritualizada cujos detalhes concretos cumpre estudar para perceber como uma potência teológica se inscreve concretamente no detalhe dos procedimentos alimentares. Entre os gregos, o sacrifício estabelece e confirma os lugares respectivos do sacrificante, da vítima e do deus. Na Índia védica, ele tende ao contrário a identificá-los. O homem grego não se entrega ao além, ele se situa em relação a ele, a boa distância. Foi o aparecimento das cidades que acarretou, na Grécia, o remanejamento completo da armadura religiosa herdada do acervo indo-europeu. O sacrifício, num sentido geral, confunde as fronteiras habituais do profano e do sagrado, do religioso e do social. Mas, entre os helenos, esse festim, em que a fumaça dos ossos é oferecida aos deuses e a carne assada compartilhada entre os homens, também atribui à ordem humana seu lugar limitado: a igual distância dos animais, que se entredevoram crus, e dos deuses imortais que um cheiro de carne contenta.

Para que se desenvolvam especulações teológicas, restam as margens do culto cívico. De fato, emerge sob diversas formas nesses contornos um misticismo que às vezes se torna fator de desordens. Os mistérios de Elêusis são quase integrados. As bacanais do culto de Dioniso introduzem novas tensões. O orfismo, com suas cosmogonias escritas, seu ideal ascético e suas práticas vegetarianas, se revela ainda mais exterior. Ora, é daí que vão nascer certas preocupações filosóficas maiores, como a inquietação com o divino, o desejo de imortalidade de uma alma individual. As análises de Jean-Pierre Vernant, retomadas aqui rapidamente, levam seu autor a concluir: "Para o oráculo de Delfos, 'conhece-te a ti mesmo' significava: sabe que não és deus e não cometas o erro de pretender sê-lo. Para o Sócrates de Platão, que retoma a fórmula por sua conta, ela quer dizer: 'conhece o deus que, em ti, é tu mesmo. Esforça-te para te tornar, na medida do possível, semelhante ao deus'."

A invenção do político

"Pertenço a essa classe odiosa de homens chamados democratas..." Quando Wordsworth faz essa confissão, em 1794, ele não ironiza, provoca. Até o fim do século XVIII, mesmo na pena dos filósofos, o termo "democrata" permanece pejorativo. Quando os discursos políticos da Revolução francesa buscam modelos, voltam-se para as virtudes latinas ("O mundo está vazio desde os romanos", proclama Saint-Just) ou para os rigores da Lacedemônia ("Esparta", diz Robespierre, "brilha como um raio em trevas imensas"), raramente para Atenas e seu regime democrático. Como estabeleceu Pierre Vidal-Naquet, o liberalismo burguês do século XIX, o radicalismo inglês em particular, é que farão da democracia ateniense do século V o centro de toda a história grega.

Trata-se sem dúvida de uma maneira bastante singular de recomeçar os gregos. De fato, como viu Moses Finley, do regime ateniense clássico aos nossos, tudo parece ser diferente. Em princípio, o povo governa aqui e lá. Mas, em Atenas, ele não representa a totalidade da população: os escravos, numericamente majoritários, são excluídos de qualquer forma de vida pública. Outra dessemelhança marcante: ser cidadão, na época de Péricles, não é simplesmente eleger, em intervalos regulares, dirigentes julgados competentes na técnica particular da direção dos negócios públicos. É exercer continuamente um poder coletivo de decisão e de controle *que não se delega*, salvo para alguma tarefa precisa, de duração limitadíssima. Essa democracia direta está evidentemente ligada às condições particulares da Cidade grega: o número restrito dos cidadãos, a pequena extensão do território facilitam a extraordinária politização da vida cotidiana, testemunhada por textos e instituições. O reinado da palavra, do voto imediato e contínuo, dos debates "cara a cara" – acompanhados por todos e em que qualquer um pode intervir –, não pode existir tal qual nos grandes Estados-nações contemporâneos.

A partir dessa constatação banal, Finley indaga: "O que devemos descobrir de equivalente a isso?" Que invenção política poderia pôr fim a essa apatia dos cidadãos modernos, cujo caráter "positivo" é afirmado por certos representantes da ciência política anglo-saxã (Seymour Martin Lipsel, W. H. Morris Jones)? O historiador não tem resposta pronta. Mas, para manter a exigência da sua questão, dá relevo a uma objeção tenaz: "Como o povo decidiria de tudo, se o mundo atual é muito mais complexo do que há vinte e cinco séculos num pequeno território da Ática?" Evidentemente, responde Finley, os problemas puramente técnicos se multiplicaram, e a dificuldade deles aumentou. Mas não se deve confundir tudo. Os oleiros, os marinheiros, os pequenos comerciantes da *Eclésia* – a assembléia ateniense – não eram mais competentes em finanças ou em estratégia do que a maioria dos nossos contemporâneos. E no entanto eles decidiam invadir a Sicília, tal como votavam o orçamento de uma cidade próspera. Entre a exposição dos dados pelos especialistas e a decisão política, os gregos sabiam que existe uma diferença que não deve ser desprezada.

Foi aí, aliás, que se concentraram as críticas formuladas contra a democracia. Anárcasis, na *Vida de Sólon* de Plutarco, se espanta ao ver que "entre os gregos, os hábeis falavam, mas eram os ignorantes que decidiam". A incompetência, a irresponsabilidade, a cegueira do povo são denunciadas freqüentemente. Em *Os cavaleiros* de Aristófanes, por exemplo, vemos o Conselho esquecer os debates quando descobre que o preço da anchova caiu... Essas deformidades não devem nos fazer esquecer o essencial: os gregos inventaram a política.

Que significa isso? Houve em outras partes, e de longa data, poderes e governos, realezas, impérios, cacicados, linhagens tradicionais, ou mesmo portos francos e cidades mais ou menos autônomas. Mas pertence especificamente aos gregos ter forjado a idéia de que decidir sua própria sorte era, para uma comunidade humana, uma tarefa elevada.

A descoberta deles está em compreender que o poder não descia do céu para os homens, mas subia da terra para ir além. Eles nunca viram a política como um trabalho sujo, uma tarefa necessária mas vagamente desprezível, como nossa época muitas vezes tende a fazer. Os riscos cotidianos da democracia lhes saltavam aos olhos. As taras dos dirigentes políticos não lhes eram estranhas. "Todos celerados!", diz um personagem de *As rãs* de Aristófanes. Enxergando nitidamente as deformidades das instituições e os defeitos dos homens, os gregos nunca caíram totalmente na rejeição da política, na indiferença explícita ou no desalento mortiço. É em nome da beleza da política, da nobreza essencial da sua tarefa, que eles podiam vilipendiar a baixeza dos comportamentos ou a perfídia das intenções.

Ver um grupo escolher seu destino, criar leis, estabelecer as regras da sua organização, fabricar os meios de se submeter a elas, instaurar as instâncias de controle, inventar a cada ocasião a decisão que o empenha e em que ele vai se reconhecer, apesar das hesitações, dos conflitos, das transações necessárias... é o que os gregos, ao que parece, achavam belo. A democracia não foi apenas elaborada, praticada e criticada pelos atenienses. Ela rondou diversamente a história européia, como uma ameaça, uma terra prometida ou um paraíso perdido. Tratemos de não nos esquecer disso, deixando-nos cativar pelo que cremos serem as imposições objetivas, as obrigações e as prudências de todo tipo. Nem sempre temos presente ao espírito que a mais bela das criações políticas gregas é o que poderíamos chamar de "princípio do qualquer um". Devemo-la aos atenienses. Quando se trata de tomar a palavra sobre uma questão política, a opinião de "um sujeito qualquer" vale necessariamente. Porque o sentido do que convém a todos está igualmente presente em cada um. Restrita entre os gregos apenas aos cidadãos – como se sabe –, essa igualdade da capacidade de juízo político será reconhecida a todos, em outro contexto, pela Revolução francesa. Num tempo em que as pessoas se convencem facilmente de que somente os especialistas são capazes de decidir, essa velha evidência – qualquer um pode falar – precisa ser redescoberta com urgência. Em nossos dias, é comum temer-se absurdamente que a opinião de um sujeito qualquer seja uma opinião "estrangeira", antinacional, ilegítima. Mais uma razão para lembrar essa simples igualdade de juízo que fez, dos gregos até nós, a beleza da política.

Seria apenas uma invenção nossa, mais uma vez uma história que nos contamos a partir dos gregos? Não é muito certo. A palavra dos democratas atenienses, se ouvidas com atenção, tem com que nos surpreender. Não é a dos buscadores de verdades inoxidáveis. Esses homens estão na Caverna, sabem disso, e não estão convencidos de que exista um lado de fora. Pensam à altura da sombra, no escuro e no movediço, não sob o fulgor do eterno. São pensadores da imanência: faladores do relativo, terapeutas empiristas, historiadores sem lição, trágicos das certezas já em ruína. Se são democratas é porque vivem no relativo, na derrocada do verdadeiro, na busca tateante do menos pior dos mundos. Não está errado recomeçar.

III

Silêncios e comentários

O ensino de Sócrates perdeu-se no silêncio.
O que Platão e Aristóteles verdadeiramente disseram é só um pouco mais acessível.
Conseqüência: infinitas explicações.

> *Os fatos do espaço lógico são o mundo.*
> WITTGENSTEIN

Lembra-se do *Diário do sedutor*? Kierkegaard apresenta-o como um manuscrito encontrado entre os papéis de Johannes, muito tempo depois de ele ter morrido. O texto não foi dissimulado num lugar qualquer. Numa gaveta da sua escrivaninha, Johannes deixara-o dentro de um *in quarto* que tinha por título *Commentarius perpetuus*, nº 4. Intrigado com esse nome, o narrador começa a ler, acaba fazendo uma cópia da história de Cordélia, que constitui o célebre diário. Já não se trata de um comentário contínuo. No entanto é nele que o relato se insere. A filosofia, em sua dívida para com Platão e Aristóteles, está numa situação comparável: mesmo as análises que parecem bem distantes desses primeiros mestres são pegas na rede sem fim dos comentários que suscitam. Saber qual dos dois predomina, em influência, em força, em posteridade múltipla, é uma questão impossível de se solucionar. Pode-se sustentar com Whitehead que toda a filosofia ocidental não passa de uma série de notas de rodapé para os textos de Platão. Replicarão, com certa razão, que Aristóteles foi no entanto, por séculos e séculos, o "mestre dos que sabem". O importante, afinal de contas, não é concluir por esta ou aquela predominância. Parece mais interessante notar que a acumulação ininterrupta de exegeses, reatamentos, prolongamentos e recomeços gerada por esses pensamentos intermináveis é ligada de maneira indefectível a uma palavra perdida, irrecuperável, desaparecida para sempre. Platão desconfiava da escrita, supõe-se que adotava um ensino oral cujos vestígios nos faltam. Do ensino de Aristóteles, só temos as notas preparatórias, não os textos acabados.

A voz de cada um deles parece ter se esquivado. A proliferação das glosas pode continuar indefinidamente: nunca alcançará o que se disse e foi tragado pelo silêncio. Na defasagem inicial entre a palavra viva e a fixidez dos vestígios escritos, instalam-se bibliotecas, sem preencher lacuna alguma. E olhem que, apesar dos pesares, Platão e Aristóteles são gente da escrita, homens de rolos transcritos e de notas breves, apreciadores de frases, escultores de estilo. E Sócrates? Como esquecer que, atrás e antes deles, como uma sombra, esse mestre da palavra permaneceu sem livro? Não é um autor, nem mesmo um arquiteto de idéias, é nada mais que uma interpelação, uma vida que requer o pensamento. Antes de ser um homem, Sócrates é um problema. Não tem doutrina, no meio de uma época em que elas abundam. Não sabemos aliás nem mesmo o que ele disse. Os ecos da sua palavra chegam até nós sempre transpostos, transformados pelo amor, pelo ódio ou pela tolice das testemunhas. Xenofonte nos apresenta um Sócrates que gosta de lugares-comuns tão chochos, que fica difícil entender como um homem tão vulgar teria podido mudar o curso do pensamento, subverter para sempre a vida de um gênio chamado Platão. Aristófanes, em *As nuvens*, mostra um Sócrates ávido, astuto, intempestivo, turbulento e mau-caráter. Aristóxenes, numa *Vida de Sócrates*, acode em reforço: considera o filósofo um "mestre em canalhices [...], um depravado inculto que pratica a usura". Resta Platão, que permanece evidentemente a fonte maior. Mas ele esconde Sócrates tanto quanto o revela, seja por amor, por pudor ou pelo efeito da sua própria força. Como abordar esse ateniense rude e singular que extrapola todos os textos? Talvez devamos parar de acreditar que "Sócrates nasceu velho, sem infância". Entre o jovem aparelhador de pedras que trabalhava na oficina do pai e o sábio que toma cicuta, há o trabalho sobre si mesmo de toda uma vida, a lenta travessia de uma crise interior, cujo fio a biografia deve tentar encontrar.

Sócrates pertence à cidade de Atenas por todas as suas fibras. Era soldado durante o cerco de Potidéia, depois durante a guerra do Peloponeso. Sob a expansão da democracia, pôde discernir no correr dos anos a gangrena da demagogia e a servidão do auditório. Prefere outro regime? Seria um erro acreditar apressadamente nisso. A missão de Sócrates consiste antes em chamar a Cidade de volta ao seu ideal, em fazer os atenienses alcançarem a autonomia. Para tanto, é preciso que cada um se volte para a "fonte interior de toda clareza" e descubra uma política da consciência no lugar de uma consciência política. Jacques Mazel mostrou quanto Sócrates age pelo recuo, pela suspensão, pela distância. Dissidente antes de mais nada. E quase místico: seu ensino racional prende-se a "algo de divino" que ultrapassa a racionalidade. Ele também é mais ou menos marcado pelo vínculo que une o filósofo aos sofistas. Esses ourives do discurso exploravam os poderes da retórica numa cidade inteiramente governada pelo verbo. Sócrates conhece o ilusionismo e os truques dessa gente. Usa-os. Mas também esvazia-lhes a arrogância e pega a ênfase deles na esparrela. No entanto isso nunca se formula num corpo de doutrina que fornecesse a armadura de uma moral. Sócrates permanece como uma casa vazia ou um curinga. É sempre por ele que o jogo pode ser reiniciado.

O ódio de Platão

Platão também é um enigma. Terá, neste ponto, tomado seu mestre como modelo? Em todo caso, ele nunca expõe diretamente uma doutrina que poderíamos ter certeza de ser a sua. São personagens diversos que, de diálogo em diálogo, encarnam as posições teóricas. Mas Platão não se instala, definitivamente, numa delas. Leibniz ou Hegel deploraram que assim seja, aliás: não há, falando propriamente, um sistema de Platão. Como explicar que esse mestre genial não transmita abertamente uma teoria que lhe seja própria? Assim sendo, arrasta-se Platão para o lado de Sócrates, do não-saber e do ceticismo. Será por que ele se recusa a oferecer claramente a todos uma doutrina exigente? Devemos supor, desta vez, como fez Plotino na Antiguidade, que seus textos se exprimem por enigmas ou, como crê Schleiermacher no século XIX, que eles misturam formulações esotéricas e escrita pública. A não ser, ainda, como sustenta de uns trinta anos para cá a escola de Tübingen, animada por H. J. Kramer e K. Gaiser, que o filósofo tenha reservado a seu ensino oral a exposição esotérica da sua doutrina dos princípios. Trata-se então, para os eruditos, de tentar reconstituir o "ensino oral" de Platão a partir de alguns indícios esparsos. É verdade que sua desconfiança em relação à escrita é explícita. "A maior salvaguarda é não escrever, mas aprender de cor, porque é impossível impedir o que está escrito de cair no domínio público", ele salienta desde a *Carta II*. Volta longamente sobre esse tema na *Carta VII* e em *Fedro*: o escrito petrifica o diálogo vivo. Como não responde, ele não pode trabalhar a alma ao mesmo título que o intercâmbio incessante entre mestre e discípulo.

Podemos ainda imaginar que Platão foi incapaz de ter um sistema. Porque seu tempo não se prestava a isso, dirá Hegel. Porque ele era mais poeta que matemático, dirão outros. Se fosse o caso, como se explicaria que esse pensamento tenha tido, ao longo dos séculos, tão numerosos adversários? Parece impossível opor-se a alguém que não tem nem concepção confessa nem dogma identificável. A não ser que se atribuam a ele as teses que se pretende atacar. Platão não burilou o platonismo? Pois bem, farão isso por ele! Combatendo-o, fabricam-no! Seu sistema ausente deixa proliferar as invenções, a não ser que as suscite em segredo. Mas como seus adversários se arranjam para fazer mais barulho com os silêncios de um filósofo do que com suas posições explícitas? O que nos ensinam, de seus inimigos sucessivos como do próprio Platão, essas construções? A filosofia mesma, a idéia que temos dela, o amor ou o ódio que ela suscita estão em jogo na longa história das oposições a Platão, que Monique Dixsaut tomou como fio condutor de úteis obras coletivas.

O que os filósofos lhe reprocharam, Aristóteles à frente, foi no fim das contas acreditar que tudo é discutível, que não há limite para a dialética, que é possível falar indefinidamente sobre a palavra, sem ancoragem na experiência ou na evidência sensível. Quando Guilherme de Ockham, no fim da Idade Média, classifica Platão de "phantasticus", isto é, extravagante, a mesma crítica se prolonga e se renova: a especulação platônica se desenvolveria num mundo imaginário em que o pensamento só conta com suas próprias forças e não se apóia em nada, salvo em si mesmo. Kant retomará a mesma crítica, atribuindo a Platão o que ele chama de "ilusão da pomba", que faz o entendimento puro acreditar que pode continuar a avançar no vazio.

Quem, depois de Kant, ainda procura combater Platão? O que se quer, em vez disso, é ultrapassá-lo ou superá-lo, como Nietzsche, desejoso de subverter a ordem das prioridades de Platão, ou como Bergson, querendo inverter a relação instaurada pelo filósofo entre inteligência geométrica e vida criadora. O paradoxo dessa obra "extravagante" é que dela só se escapa jogando-a contra ela mesma, tomando partido por este aspecto contra aquele, aliando-se a uma das suas faces para desfazer os opostos, em suma, arrimando-se no que se tenta largar. Portanto Platão e as paixões que ele engendra vão sempre dar pano para muita manga. Há algo de estranho na intensidade da atração ou da aversão que ainda hoje pode suscitar esse aristocrata ateniense que não gostava dos tiranos, mas tampouco dos democratas. Acusam-no facilmente de orgulho. Suspeitam-no de maldade. Com uma constância e uma violência notáveis. "Quanto mais eu leio a *República*, mais a detesto", escreve R. H. S. Crossman em 1937, enquanto Karl Popper, em 1945, vê no "ódio que habita Platão" um dos perigos que ainda ameaçam as democracias da nossa época. Como se o utopista que freqüentou o tirano Díon de Siracusa devesse necessariamente flertar com todo totalitarismo. Nada é menos certo!

Aristóteles sem fim

"O mestre dos que sabem"... É assim que Dante designava Aristóteles. A fórmula, isolada do seu contexto, pode ser entendida em vários sentidos. O primeiro poderia ser pejorativo. Denunciaria os procedimentos, rotineiros e dogmáticos, de um "mestre-escola" de classificações estereotipadas. Acreditando deter um saber, quando só possuem uma receita, seus discípulos seriam arrogantes e pedantes. Foi assim que, com freqüência, se percebeu a escolástica medieval, oriunda, entre outros, de Aristóteles, via seus comentadores muçulmanos e são Tomás de Aquino. A física matemática (Galileu, Descartes), a teologia cristã (Erasmo, Lutero), nos tempos modernos, se constituem, dizem elas, emancipando-se de Aristóteles. Não será de um avatar do aristotelismo? Hoje, está-se longe de considerar sua obra como um sistema fechado ou uma autoridade esterilizante. É de outra maneira que o filósofo aparece como "mestre dos que sabem". Mestre, porque foi o primeiro a ceder ao esclarecimento das condições lógicas do conhecimento, a se impor uma aclaração das exigências formais do raciocínio, a se submeter com humildade às leis da linguagem e da razão. Explorador múltiplo, prudente, aberto, esse espírito universal é o oposto de um dogmático. O que ele ensina, para quem quer compreender o mundo, é antes de mais nada uma exigência de método. Nesse sentido, sua obra constitui a matriz do pensamento ocidental. Cada um de nós "faz" Aristóteles como *monsieur* Jourdain faz prosa. Assim é quando distinguimos, por exemplo, quantidade e qualidade, matéria e forma, potencial e ato... ou quando desqualificamos uma afirmação porque ela nos parece conter uma contradição interna. Fundamentalmente, os conhecimentos científicos sempre dependem, queira-se ou não, do contexto intelectual delimitado pela estrutura do pensamento de Aristóteles. Verdadeiro e falso, verificável e inverificável, racional e irracional ainda são, *grosso modo*, definidos por meio das ferramentas que ele forjou e testou. Não deve causar espécie ver matemáticos escrutar Aristóteles hoje em dia, em busca da sua fecundidade. Assim, René Thom – cujos trabalhos abriram novos horizontes permitindo um enfoque matemático qualitativo das formas naturais – consagra a maior parte da sua reflexão a questões propriamente aristotélicas.

Os escritos de Aristóteles não têm por objeto apenas as questões de método e a análise dos critérios de validade dos raciocínios. Eles abrangem, sob a forma de uma enciclopédia explicada, a quase totalidade dos saberes do seu tempo, do teorético ao prático, da teologia à ética, passando pelas ciências físicas e pela zoologia. Sua preocupação de abarcar tudo, de reunir todos os saberes, de realizar experiências e observações para compreender os climas, a reprodução, a digestão, seu impulso fundador para a botânica e a biologia explicam em grande parte a constituição de uma massa de comentários específicos. Outra razão da existência destes, como já dissemos, é que possuímos de Aristóteles principalmente notas de aulas, brutas ou remanejadas por seus discípulos, em lugar de escritos redigidos para serem totalmente explícitos. Enfim, a primeira edição erudita desse *corpus*, a de Andrônico de Rodes (na segunda metade do século I d.C., isto é, quase três séculos depois da morte do filósofo), agrupou as obras de acordo com os domínios tratados, e não de acordo com sua ordem de elaboração. Para entender como puderam evoluir as idéias de Aristóteles, em que ordem lê-las, outros comentários ainda foram necessários. A história da filosofia se confunde em grande parte com essa série de transformações do conjunto denominado Aristóteles. Série absolutamente única: nela se sucedem e se entrecruzam comentadores gregos "aristotélicos", como Alexandre de Afrodísia, ou neoplatônicos (de Porfírio a Simplício), árabes (Avicena, Averróis), judeus (Maimônides), cristãos (de santo Agostinho à escolástica tardia). Aristóteles atravessa a Antiguidade e o cristianismo, faz os três monoteísmos se cruzarem, salienta que o mundo árabe foi o intermediário maior entre a herança grega e a primeira Renascença na Europa.

Será que tudo isso não pertence a um passado tão remoto que, à parte os historiadores, já não mereceria a séria atenção de ninguém? Podemos ainda "pensar com Aristóteles"? Essa é a pergunta formulada por Mohammed Allal Sinaceur durante um trabalho feito sob sua direção na UNESCO. Aparentemente, não faltam argumentos para guardar o preceptor de Alexandre no museu e deixar as ciências modernas continuarem eficazmente seus programas de trabalho. A rejeição de Aristóteles por Descartes, que afirma encontrar verdades sem as tomar emprestadas dele, não continua sendo atual? Melhor: não temos de resolver uma porção de questões mais urgentes, mais precisas, mais científicas do que as do velho mestre? Não devemos achar apressadamente nossa modernidade quite com o antigo. O mundo é sempre antigo, esgaravatando bem. Pensar com Aristóteles não significa pensar como ele, mas também contra ele. O próprio da aventura de Aristóteles não é apenas suscitar periodicamente uma restauração parcial das suas linhas de análise, como foi o caso no neotomismo de Étienne Gilson ou de Jacques Maritain, ou como a filosofia moral americana de hoje dá exemplos, notadamente com Alasdair Mac Intyre ou Martha Craven Nussbaum. De uma maneira mais radical, a abertura de novos caminhos para o pensamento deve passar, segundo certos contemporâneos, por uma longa e difícil confrontação com o próprio Aristóteles, deixando de lado a ganga dos comentários acumulados.

A ilustração mais notável dessa possibilidade é a gênese atormentada do pensamento de Heidegger através das suas *Interpretações fenomenológicas de Aristóteles*. Esse texto, que se acreditava perdido, redigido no outono de 1922 a pedido de Paul Natorp como dissertação preparada tendo em vista a nomeação do filósofo a um cargo de professor em Marburgo, prefigura o modo de pensar que se desenvolverá em 1927 em *Ser e tempo*. Heidegger expõe a necessidade de reouvir Aristóteles quebrando o jugo das interpretações elaboradas pela teologia cristã. Seu Aristóteles libertado, arrancado de uma tradição que o esclerosa e o obscurece deveria produzir um som mais autenticamente grego, ao mesmo tempo próximo e distante. Mas não se trata de maneira nenhuma, para Heidegger, de ater-se a um retorno. A "destruição" do que impede a escuta da palavra de Aristóteles é, ao contrário, a condição primeira de uma confrontação crítica com a própria essência da metafísica, de que Aristóteles constitui ao mesmo tempo a consumação grega e o fio condutor até Kant e Hegel. Na esteira das preocupações de Heidegger, várias novas pistas foram abertas nas pesquisas sobre Aristóteles.

A própria idéia de mundo é ambígua, essa é a contribuição dos trabalhos de Rémi Brague. O mundo, para os gregos, e singularmente para Aristóteles, é a natureza, o universo físico, e o conjunto das existências – coisas, viventes, homens, divino – nele presentes. Saber o que é o universo equivale por conseguinte a fazer, por conta própria, seu inventário. Ora, esse mundo, considerado do ponto de vista do seu conteúdo, possui outra dimensão, que permanece mascarada: a do mundo como abertura e presença, esse mundo em que "estamos". O enigma constituído pelo fato de que "estamos nele" não é percebido pelo olhar de Aristóteles, ou só o é por intermitência, e como que de viés. Fascinado com o conteúdo inesgotável do mundo, o pensamento grego, e todo o Ocidente com ele, esquecem nosso "ser-no-mundo", sua evidência e sua estranheza. Para toda a Grécia, não há conhecimento sem presença: poder dizer "eu sei" é estar presente e ver, em pessoa. Mas o que é ser "si mesmo"? Qual é essa presença no mundo que não escolhi, de que não sou a fonte e de que não disponho a meu bel-prazer? Essas questões permanecem impensadas. Aristóteles escruta tudo o que está no interior do mundo, mas não o mundo como fenômeno. "Os gregos pensam a totalidade do que está presente", nota Rémi Brague, "mas deixam de lado a totalidade da presença como tal." Ora, para os que ouviram a lição de Heidegger, "a presença não faz parte das coisas que ela torna presentes". Pensando o mundo, Aristóteles, se assim podemos dizer, gira em torno dessa questão da presença, sem ser capaz de abordá-la de frente. Assim, ela seria tanto o que nos separa de Aristóteles como o que separa a filosofia grega dela mesma.

Por outro lado, uma investigação minuciosa empreendida por Jean-François Courtine seguiu a interpretação dos tratados conhecidos sob o título de *Metafísica*. É bem sabido: o mestre grego nunca redigiu uma obra com esse nome. O próprio termo não é encontrado nesse conjunto de textos de ensino e de pesquisa aberta em que ele se interroga sobre o ser como ser, a essência, Deus, os primeiros princípios. O título atribuído após a morte do filósofo a essa obra multifacetada oculta mal um embaraço que não cessará de gerar novas glosas. *Ta meta physika*, em grego, pode de fato querer dizer: o que vem "após" a física (na ordem de uma série de estudos) ou então o que se situa "além" e que é de uma ordem bem diferente da ordem da matéria. A maioria dos comentadores gregos, de Alexandre de Afrodísia a Simplício, sublinha que os dois sentidos não se excluem. No entanto eles se interrogam sobre o objeto que convém atribuir ao saber assim visado. De fato, Aristóteles fala mais naturalmente de uma ciência buscada do que de uma ciência detida. E lhe dá uma pluralidade de nomes: "sabedoria" (*sophia*), "conhecimento da verdade", "filosofia primeira", "conhecimento das primeiras causas", "contemplação da essência". Ou ainda conhecimento divino, no duplo sentido de um saber de que o divino é objeto ou detentor.

Quando a obra de Aristóteles é restituída ao Ocidente medieval, por intermédio dos filósofos árabes, a discussão sobre o tema específico da reflexão metafísica se prolonga e se renova. Trata-se de Deus ou trata-se das causas? Eis o que Avicena se pergunta. É evidente que vários registros de questões, e até uma multidão de interrogações determinadas, pertencem ao domínio "da" metafísica. Mas é outra coisa que se trata de elucidar, na perspectiva de Avicena, e mais tarde na de santo Tomás de Aquino: o que unifica esse saber e torna assim legítima e fundada a pertinência a uma mesma disciplina de objetos necessariamente diversificados. A questão, se quiserem, equivale a definir e esclarecer o que sustenta ou suporta fundamentalmente essa "ciência", concebida como a mais elevada, e lhe permite constituir-se. Começa então um labirinto metafísico-teológico que atravessa pelo menos cinco séculos, de santo Tomás às escolas luteranas alemãs do século XVII e à sua posteridade em Wolff e Baumgarten (que Kant lerá), passando por Duns Scot e Francisco Suarez.

Assim, a perspectiva aristotélica se modifica radicalmente quando se constitui, em santo Tomás de Aquino, a teologia como "ciência divina", na qual os artigos de fé se identificam com os princípios do saber. A questão do "ser como ser" não pode mais se apresentar, nessa nova configuração, como primeira nem fundadora. Ela é necessariamente integrada à reflexão sobre o ser divino, de que participam, ao ver de santo Tomás, toda existência como todo saber. No entanto, assim que uma teologia se constitui de maneira autônoma distinguindo-se do saber filosófico, este, por contragolpe, pode virtualmente reivindicar em troca sua autonomia, e a metafísica tornar-se uma ontologia.

Este último movimento, de que todo o pensamento moderno traz a marca, se consuma na obra de Francisco Suarez

(1548-1615). Autor fecundo, hoje esquecido, esse jesuíta espanhol apelidado de *Doctor Eximius* (mestre excepcional) é o principal representante da filosofia neo-escolástica da Contra-Reforma. "Verdadeiro compêndio da escolástica", como escreverá Schopenhauer ainda em 1813, a suma constituída pelas *Disputationes metaphysicae* de Suarez, publicada em Salamanca em 1597, é um intermediário capital entre as tradições medievais e os tempos modernos. Esse ponto de passagem também é um ponto de transformação. Longe de ser um compilador mais ou menos eclético, Suarez modela e redesenha o conjunto das doutrinas que transmite. Ele subverte a subordinação da filosofia à teologia, sobre a qual repousava o pensamento medieval. Com ele, a metafísica não tem mais sua raiz no divino. Ela se torna autônoma, encontrando desde então o princípio de sua conduta no ser como ser, o que não se dá sem acarretar um refazimento do estatuto da teologia. Tornando possível a invenção da ontologia, sapando todo recurso à analogia do ser, essa obra assinala uma reviravolta. "Suarez é o pensador que mais influência exerceu sobre a filosofia moderna", dizia Heidegger.

Criações contínuas

Se alguém quisesse escrever uma história da filosofia concebida do prisma do comentário perpétuo, conviria reservar um lugar à parte para os neoplatônicos. Plotino, por exemplo, é um filósofo superabundante. Sua obra não é desmedidamente longa, mas a metafísica atinge nela uma espécie de profusão sem igual. Recriando Platão a pretexto de comentá-lo, Plotino inventa um amálgama único de força racional e fervor inspirado. A frieza cristalina do céu das idéias ele substitui por um princípio transbordante de vida. À trajetória quase puramente intelectual do mestre ele acrescenta a aventura amorosa da alma rumo ao bem. Esse raciocinador meticuloso, que enfrenta as discussões mais densas e as dificuldades mais técnicas, também é um místico que se deixa encantar pela experiência do êxtase. A seu ver, a filosofia prepara para essa união-fusão da alma com a presença, intensa e súbita, do bem absoluto. Ela guarda a sua lembrança. Mas não pode fazer as vezes dela. Porque não se limita a construir um discurso, mas a fazer viver uma experiência. É por isso que o texto de Plotino é ao mesmo tempo tão difícil e tão límpido, inseparavelmente: ele mede quanto o que é absolutamente simples nos parece fora de alcance. É por isso que, também, ele não parou de chamar a atenção e suscitar comentários. Desde a morte do sábio, em 270 d.C., sua obra alimentou regularmente o pensamento e a espiritualidade ocidentais. De santo Agostinho a Bergson, dos filósofos árabes a Goethe, Fichte e Schelling, passando pela Renascença, com Marsílio Ficino e os platônicos de Cambridge, seus leitores desenham uma trama tão diversa quanto poderosa. É verdade que nosso século, o menos platônico de todos, tende a esquecê-lo. A despeito dos trabalhos de Jean Guitton, Jules Moreau, Maurice de Gandillac, Jean Trouillard, Pierre Hadot, lê-se muito menos Plotino.

O público ainda não descobriu a "Antiguidade tardia", como se diz, em que se jogou para o Ocidente uma partida muito demorada, muito complexa e absolutamente decisiva: o encontro das tradições judaica e cristã com a racionalidade filosófica grega. Em nossas leituras, séculos capitais permanecem em branco. Como se, entre Epicteto e santo Tomás, não tivesse acontecido grande coisa. Como se o extraordinário trabalho de luta, de empréstimo, de interpretação que mobilizou gerações inteiras de intelectuais permanecesse entre parênteses. Para explorar essa mancha cega do olhar europeu, Jean Pépin é um dos guias mais seguros. Seus trabalhos sobre a alegoria iluminaram o encontro dos mundos intelectuais judeu e grego. Por alegoria, cumpre entender esse dispositivo geral pelo qual um relato, aparentemente fabuloso ou mítico, oculta outro sentido, que ele dissimula e desvenda ao mesmo tempo. Duas séries de questões estão implicadas aqui: compreender que necessidade leva um autor a se exprimir alegoricamente (seduzir, estimular a pesquisa, filtrar os ouvintes, etc.) e saber como interpretar a alegoria, por que caminhos decifrar seu sentido simbólico para restituir seu conteúdo filosófico ou religioso.

Acompanhar a tradição da alegoria de Fílon de Alexandria a Dante é constatar que ela se inscreve entre as duas raízes do Ocidente. Para os judeus helenizados (Fílon, Aristóbulo), como para os cristãos nutridos de cultura grega (Orígenes, Agostinho), a interpretação alegórica e suas riquezas são impostas pela pobreza literal das Escrituras. Para os defensores da tradição grega, e somente dela, como Celso ou Porfírio, convém mostrar que o próprio Homero é mais filósofo que Moisés. Nossa história poderia acompanhar os comentários de Platão até esse filósofo "de Damasco", Damáscio, que foi, por assim dizer, o último dos gregos. Em 529 d.C., ele dirige a escola de Atenas, quando um decreto de Justiniano proíbe os heréticos, os judeus e os pagãos de lecionar. Esse herdeiro da longa linhagem dos pensadores neoplatônicos exila-se então na Pérsia, junto ao rei Cosroés, com alguns companheiros, entre os quais Simplício. Não se sabe direito que fim levou depois de 532, mas resta-nos o essencial da sua reflexão. Ela é difícil e foi julgada algumas vezes ininteligível. Damáscio leva o pensamento aos limites do pensável e do dizível. Com uma constância obstinada, ele esbarra nas dificuldades fundamentais do platonismo. Para dar uma idéia, sem entrar no dédalo dos desenvolvimentos, digamos que ele se dá conta de que nosso mais elevado pensamento é a idéia do Todo, uma idéia que, por definição, não exclui nada e, portanto, engloba indefinidamente qualquer elemento. Essa exigência é aparentemente clara. Todo o procedimento do filósofo consiste em trazer à luz as dificuldades insuperáveis que esse procedimento esconde. Porque não podemos separar o princípio e a causa desse Todo do próprio Todo, senão haveria algo fora dele, o que é impossível. Mas tampouco podemos incluir o princípio na própria totalidade, já que nesse caso ele não mais seria sua causa. Por conseguinte, a questão da ordem (o nascimento dos mundos) e a da totalidade revelam-se incompatíveis. "A alma se dilacera pensando...", diz Damáscio. Nesse derradeiro esforço para confrontar o discurso a um exterior absolutamente indizível, a um silêncio radical, poder-se-ia ver como que uma imagem invertida do silêncio pelo qual tudo começou. Sem esquecer todavia que o movimento múltiplo das reflexões filosóficas da Antiguidade se estende num imenso período e que poucos elementos nos foram conservados.

Os restos do naufrágio

Não raro perdemos de vista que chamamos de Antiguidade mais de um milênio. Doze séculos separam os primeiros albores pré-socráticos dos últimos neoplatônicos. Ao longo deles, mundos mentais e sociais muito diferentes se enfrentaram, escolas de pensamento se sucederam ou se combinaram, e não dispomos da maioria dos textos. Numerosos filósofos antigos silenciaram para sempre – sem epitáfio, sem nem sequer a sepultura mínima de um nome mencionado em algum lugar. De muitos outros subsistem restos esparsos de uma voz perdida. Recensear todos os dados de que dispomos a partir desses filósofos foi a tarefa que Richard Goulet assumiu, com ajuda de uma centena de especialistas internacionais. Ele empreendeu a compilação do que se sabe – de todos os lados, de todas as formas – sobre os filósofos de expressão grega e latina. Acreditava-se estarem identificadas, na melhor das hipóteses, setecentas silhuetas de filósofos. Richard Goulet e os colaboradores do *Dictionnaire des philosophes antiques* [Dicionário dos filósofos antigos] contaram mais de quatro mil!

Já pensaram, quatro mil filósofos ao longo de mil e duzentos anos? Dá para perceber o imenso naufrágio de que foi vítima a literatura filosófica da Antiguidade? Decomposto, o papiro. Derretida, a cera. Quebradas, as tábulas. As bibliotecas? Incendiadas ou desaparecidas. Possuímos tão-somente uma ínfima parte dos milhares de tratados, notas de aulas e outros vestígios de uma vida intelectual e espiritual exuberante. Muitas vezes, de um filósofo não nos resta mais que o nome, algumas anedotas, uma afirmação citada, datas aproximadas. Em certos casos, ainda possuímos uma lista de títulos, às vezes esquelética, obras que lhe são atribuídas. No máximo, algumas citações, um fragmento, um resumo sucinto de doutrina chegaram até nós. Em comparação com o que houve, essa poeira, salta aos olhos, é infinitamente pouco.

De outro lado, esses restos geraram uma multidão impressionante de publicações. Dois séculos de filologia erudita produziram centenas de periódicos. E sua proliferação cresce. Às fontes habituais da erudição, como os grandes manuscritos, desbravados há muito, vieram somar-se novos dados, garimpados por exemplo nas descobertas da papirologia ou nas inscrições que os arqueólogos decifram. Informações sobre os filósofos gregos e latinos também emanam dos trabalhos recentes que exploram conjuntos de obras armênias, georgianas, hebraicas, siríacas ou árabes, até aqui mal conhecidas. Em poucas palavras, as peças do quebra-cabeça antigo multiplicaram-se e transformaram-se em nossos dias. A pesquisa corre o risco de ser esmagada sob seu próprio peso, paralisada por suas riquezas. Fazer o balanço de um autor ou de um tema é uma verdadeira façanha, quando os dados relativos a ele são disseminados nas mais díspares publicações, a que muitas vezes só se pode ter acesso em bibliotecas diferentes. Ainda não dispomos de um catálogo completo das fontes e das referências disponíveis.

Mesmo se os mapas nunca têm o encanto da paisagem nem o cadastro o sabor da aldeia, nada impede de ter desse dicionário erudito um uso sonhador. Cruzamos por exemplo com Axiotéia de Flionte, que Temístio relata ter se mudado de Arcádia para Atenas depois de ler a *República* de Platão, a fim de ir ouvir o filósofo na Academia, ocultando que era mulher. Descobrimos que vários discípulos de Epicuro, apesar da indiferença do seu mestre em matéria de política, meteram-se nos negócios públicos, como Apolofanes de Pérgamo, em homenagem ao qual sua cidade ergueu uma estátua, por tê-la salvado, precisa uma inscrição, de numerosos perigos. Se o nome de Apeles o atrai, saiba você que há outros quatro (sem contar Apeles de Quio, amigo e discípulo de Arcesilau), podendo escolher entre um neocético, um epicuriano, um discípulo de Crisipo e um gnóstico alexandrino que ensinou em Roma sob o imperador Cômodo.

Dá-nos como que uma vertigem diante do levantamento meticuloso desse vasto cemitério. Périplo em torno de pedras sepulcrais lascadas ou disjuntas, leitura das inscrições, algumas delas meio apagadas. Sombras passam, multidões de sombras pensantes, de século em século. Um vento morno leva para sempre suas palavras. Sabemos apenas que elas foram animadas pelo desejo louco de compreender, habitadas pelo sonho de se superar, à força de viver. Isso basta para fazer sonhar, entre os silêncios e os comentários.

IV

Não esquecer a Índia

Fora dos gregos não há filosofia? Muitos ainda pensam assim. Resta compreender de onde vem esse mito e por que caminhos dele se pode escapar.

Para buscar a verdade, não tem importância saber de onde vem uma idéia.
BUDA, *Majjhima Nikaya*

Um desenvolvimento contínuo de comentários caracteriza a filosofia indiana. O *bhasya*, que explicita o sentido das sentenças fundadoras de uma escola e compila interpretações sucessivas, logo alcança uma dimensão considerável. Seu papel é em parte idêntico ao que os discípulos de Platão ou de Epicuro atribuíam a seu trabalho de exegese. Trata-se sempre de restabelecer um sentido original ou de esclarecer uma passagem inicialmente obscura. Em sânscrito como em grego, a invenção conceitual se desenvolve regularmente sob a aparência de simples explicações. Explicitamente, trata-se apenas de comentar, de compreender melhor, de descobrir sob as fórmulas elípticas o exato encadeamento das idéias originais. De fato, novas problemáticas se constroem, rupturas se produzem. A continuidade proclamada se transforma sub-repticiamente em reorganização completa.

Esse fenômeno comum é particularmente nítido na Índia. De fato, nunca uma perspectiva inédita, posto à parte o budismo, se apresenta como uma novidade ou uma criação autônoma. Ao contrário, toda inovação teórica nega sua originalidade, insiste em seu acordo fundamental com todas as posições anteriores. Nossos filósofos tendem a aguçar as arestas. Eles sublinham os antagonismos, declaram guerra com a maior naturalidade, ostentam sem vergonha pretensas conquistas. Os da Índia valorizam a antiguidade, a conformidade com textos supostamente originários. Sustentam geralmente que não inventaram nada, protestam sua falta de originalidade. Isso não os impede de modo algum de desenvolver uma potência especulativa de extraordinária amplitude. As múltiplas facetas da filosofia indiana reservam infinitas surpresas aos que se dão ao trabalho de se interessar por ela. Mas continuamos não reconhecendo tal fato explicitamente.

Trata-se aliás, mais geralmente, de um esquecimento do Oriente. Pegue os manuais ocidentais de filosofia. Na maioria dos casos, a Índia não existe, a China está ausente, a Pérsia é ignorada, o Japão permanece desconhecido, os nomes árabes devem parecer impronunciáveis, os judeus também... A filosofia é supostamente – ou afirmadamente – grega de nascimento, européia por desenvolvimento, ocidental em essência. Sankara ou Abhinavagupta não são nem mencionados nem comentados, como tampouco Lao-tse, Mêncio ou Confúcio, muito menos Sohravardi, Algazali ou Ibn Gabirol. Filósofos de primeira importância são afastados de saída do domínio do que convém conhecer, das obras que se podem ler, das referências requeridas ou admitidas pela reflexão filosófica "normal". Essa exclusão pode agir silenciosamente: somente os filósofos gregos e seus descendentes são mencionados, nesse caso. Nem sequer se diz "só os gregos...". A natureza ocidental da filosofia é dada por um fato, um dado objetivo da cultura que, na quase totalidade dos livros de iniciação, não é objeto de um contrato explícito nem de uma justificação qualquer.

Quando se afirma alto e bom som que os gregos, e somente eles, inventaram a filosofia, tanto a palavra como a coisa, explicar tal exceção fica difícil: os "orientais" seriam poetas, sábios, místicos, cientistas sem verdadeira ciência, no máximo pensadores, mas não filósofos no sentido pleno do termo. Depois de ter posto todos esses autores no mesmo saco, sem examinar suas especificidades, depois de os ter suposto semelhantes ou aparentados a despeito das diferenças de época, língua ou cultura que os separam, decreta-se que os que pertencem ao "Oriente" são desconsiderados pela razão. O motivo do *handicap* deles não é claro. Por que eles não puderam, ou não souberam, filosofar? Isso continua difícil de compreender. Os gregos foram beneficiados por um "milagre". A questão da eventual dignidade filosófica dos "outros" é rapidamente despachada com um argumento de peso: Hegel, Husserl, Heidegger não pararam de repetir que a filosofia é encontrada entre os gregos e em mais nenhum lugar.

Mal examinamos certos tratados de lógica sânscritos, ou a concepção do absoluto segundo o vedanta, ou ainda a ontologia da luz entre os platônicos da Pérsia, e outros textos bem diversos, essas afirmações peremptórias do privilégio grego ficam esquisitas. Perguntamo-nos como se forjaram. Porque elas não provêm da Grécia antiga. De Platão e de Aristóteles aos eruditos de Alexandria, a idéia de que os bárbaros também foram filósofos – no Egito e na Índia, notadamente – é muito difundida. Até o século XVIII, por exemplo na grande *História da filosofia* de Jacob Brucker (1742), a expressão *philosophia barbarorum* figura sem parecer chocante ou contraditória. Ao contrário do que ainda se acredita com freqüência, a idéia da filosofia como privilégio exclusivo dos gregos nem sequer é uma idéia hegeliana! De fato, nos últimos anos de sua vida, o filósofo que sem dúvida mais contribuiu para instalar a Grécia no papel de terra natal da filosofia reconhece que os sistemas de pensamento da Índia merecem o nome de filosofias. Depois de ler os primeiros trabalhos eruditos que permitem formar uma idéia mais ou menos exata das escolas de pensamento indianas, os trabalhos de Henry Thomas Colebrooke, o mestre de Berlim, entre 1827 e 1831, modifica o teor das suas lições e assinala em suas notas pessoais que se trata efetivamente de "sistemas" dignos desse nome.

Constituiu-se um mito moderno em torno da filosofia como exclusivamente grega. A formação desse mito ainda não foi suficientemente esclarecida. Os românticos alemães, os irmãos Schlegel em particular, inflamaram-se pela língua e pelas formas de pensamento da Índia. Mas não são os únicos, nem de longe! A história intelectual do século XIX, nas duas margens do Reno, é balizada por incontáveis vestígios deixados por esta convicção que foi, por décadas e décadas, quase unanimemente compartilhada: a Índia é uma terra filosófica, e suas escolas teóricas são dignas da mesma atenção dada às dos gregos. Presente na Alemanha, de Novalis a Nietzsche e de Schopenhauer aos wagnerianos, essa convicção também é atestada na França, de Pierre Leroux a Charles Renouvier, de Victor Cousin a Quinet, Renan ou Taine. Como foi que ela desapareceu? Por que cedeu lugar à recusa, ao silêncio, quando não ao anátema?

Cumpre salientar o papel decisivo e desconhecido desempenhado pela descoberta do budismo, e o pânico que a ela seguiu-se, na constituição desse mito moderno de uma exclusividade da Grécia na invenção da filosofia. O entusiasmo da primeira geração romântica pela Índia, entre 1790 e 1820, é suscitado pelo bramanismo, e somente por ele. A doutrina do Buda é totalmente desconhecida então. Só a partir de 1820 é que se crê começar a discernir as características próprias do budismo. Como essa doutrina é totalmente desprovida da idéia de Deus, decretam-na atéia. Como ela quase não fornece nenhuma descrição positiva da libertação, concluem que tem por objetivo uma pura e simples aniquilação. Em vez de um recurso originário e fecundo, vêem nela um "culto do nada". A Ásia, a princípio materna e arcaica, revela-se, no imaginário europeu, niilista e ameaçadora. A história desconhecida desse pavor pode permitir explicar, pelo menos em parte, de que maneira o Oriente saiu da cena do ensino filosófico em que começava a fazer uma entrada notável.

De fato, uma pesquisa detalhada permite compreender como se formou essa representação do budismo – que hoje parece estranha, a tal ponto a imagem que dele temos é diferente –, e também para que ela serviu. A Europa dos anos 1840 a 1880 projetou nesse espectro inteiramente forjado as inquietudes ligadas à sua própria relação com o nada. Da metafísica à ética, do religioso ao político, da ascensão dos movimentos operários ao surgimento dos discursos racistas, do projeto cristão de conversão do mundo às constatações desencantadas do pessimismo, é possível encontrar, nas afirmações feitas no século XIX sobre o budismo, o eco direto ou abafado das preocupações de um século que não acaba de se debater com a Revolução francesa e com a revolução industrial. A opção "grega", que vai dominar o imaginário filosófico apenas a partir dos primeiros anos do século XX, decorre pois, antes de mais nada, de uma perspectivação histórica.

Esta não pode, por si só, modificar a situação. No entanto, existe um evidente efeito de reforço mútuo entre os diferentes fatores: a exclusão dos "orientais" do campo da filosofia justifica sua ausência das bibliotecas e das coleções de vulgarização filosóficas, e essa ausência facilita por sua vez sua exclusão. Parece contudo que a paisagem não é a mesma de uns dez anos atrás: certas obras de iniciação começam a conceder um lugar à Índia, à China, ao mundo árabe. Certas publicações eruditas consideraram de uma maneira diferente a contribuição dessas tradições intelectuais para uma filosofia aberta. Pesquisadores de uma nova geração procuram observar o pensamento europeu de fora. Eles vão acampar longe, em obras chinesas, sânscritas, árabes, hebraicas, para melhor enxergar o Ocidente. Não é uma escola. Suas ações não são coordenadas. Apesar de tudo, a presença deles assinala uma mudança e talvez anuncie verdadeiras mutações. Ganha espaço a idéia de que textos provenientes da Ásia também podem ser realmente filosóficos. Começa-se a entrever a multiplicidade das escolas e das questões, a perceber as singularidades filosóficas da Índia. Eis alguns exemplos.

"Soltar" as questões

Dos Vedas aos tratados dos lógicos budistas, o gigantesco conjunto do domínio sânscrito não constitui um bloco uniforme e homogêneo que seria "o pensamento indiano". De acordo com seu gênero, as obras se revelam mais ou menos conformes aos critérios que são, para nós, constitutivos do registro filosófico: demonstração argumentada, autonomia crítica em relação às revelações religiosas. Na verdade, na Índia como em outras partes, a posição dos filósofos permanece instável e fronteiriça. Eles não são "nem eremitas nem homens de ação", são antes marginais que, no entanto, permanecem na cidade, ao contrário dos ascetas que se retiram para as florestas. Em *L'Inde pense-t-elle?*, Guy Bugault salientou que a palavra deles caminha numa crista correspondente à linha divisória entre duas atitudes que podem, no limite, se acomodar, ambas, ao silêncio: a completa aceitação do mundo, a renúncia total.

A atenção a esses pontos de posição e de complementaridade é capital. Ela é indispensável à abordagem do budismo. Em certo sentido, o budismo apresenta um parentesco íntimo com a filosofia. Por outro lado, difere totalmente dela. Com efeito, essa "doutrina-medicina" tende a fazer o sofrimento cessar por meio de um treinamento de tipo psicossomático, que combina moralidade prática, recolhimento meditativo e discernimento intelectual, sem nunca dissociá-los. Esses três elementos estão em interação constante: o budismo não é um moralismo, nem um ioga "selvagem", nem um intelectualismo. Como nenhum dos três termos pode ser separado dos outros dois, as análises que chamamos teóricas não são feitas por si mesmas, nem são isoláveis sem desnaturação. Se às vezes os budistas são filósofos – e alguns o são magnificamente! –, é para se livrarem das questões filosóficas, não para se deleitar com elas. Trata-se, para eles, de dissolver as interrogações, de desfazer a possibilidade de emergência delas.

A célebre "vacuidade" búdica não significa outra coisa. Não se trata de uma doutrina que professa que somente o nada existe, o que seria absurdo, nem de uma interrogação incessante sobre o vazio, o que é insensato. "A vacuidade", escreve Nagarjuna, fundador da Escola dita do Meio (por volta do século II ou III), "é o fato de escapar de todos os pontos de vista; os que fazem da vacuidade um ponto de vista são incuráveis." Trata-se portanto de "fazer" o vazio evacuando metodicamente, ponto por ponto, as teses que se opõem. Mas sem substituí-las por nenhuma! Os seguidores da Escola do Meio se recusam a sustentar o que quer que seja. Basta-lhes mostrar que nada é sustentável. A dialética de Nagarjuna existe para deslindar as questões, nunca para responder a elas. Os problemas metafísicos servem muito mais para "soltar" do que para colocar, se assim podemos dizer, como se solta um papel de parede ou como se solta um fardo no chão. Convém desfazê-los e, assim, desfazer-se deles. Pensar aqui em Wittgenstein não é despropositado. "Quando se compreende que um problema está mal colocado, já não se pensa nem no problema nem nas respostas", nota Guy Bugault. Quem se incomodaria com a saúde do filho de uma mulher estéril ou com a dureza dos pêlos de tartaruga? Mas fica faltando mostrar que o fato de sustentar a existência (ou a inexistência!) do tempo, do espaço, do ato, do agente... constitui uma inépcia do mesmo tipo. A obra de Nagarjuna e os comentários dos seus discípulos se consagram a esse exercício difícil. Sua intenção não é conhecer mas extinguir. O objetivo, de acordo com os próprios termos do grande lógico e místico, é "o apaziguamento de todo gesto de pegar, o abençoado apaziguamento da proliferação das palavras e das coisas".

Seria única essa conduta? Não existem perspectivas comuns entre pensamentos aparentemente tão diversos quanto os de Platão, de Plotino, de Mestre Eckhart para o Ocidente, e de Nagarjuna, de Sankara, de Lao-tse para o Oriente? Não é possível discernir os traços filosóficos da experiência espiritual que constitui o fundamento comum da "perspectiva metafísica" que atravessa a história e as culturas? Essas questões guiaram os trabalhos de Georges Vallin que lhes seguiu o itinerário exigente e discreto. O Oriente de Vallin não é um lugar de fuga ou de esquiva – como tampouco o de Henry Corbin, de quem foi próximo. É ao contrário um lugar de englobamento e de integração. Nos comentários de Sankara sobre os Vendantas-Sutras, o filósofo descobre a abordagem intelectual mais rigorosa do Absoluto como realidade. Por definição, tal realidade não pode ser limitada por nada. Toda forma de dualidade, de oposição ou de dicotomia se absorve nela. Nela o divino já não é separado da carne, o espírito da matéria, Deus criador da sua criação. Essa "afirmação integrativa" reinsere no Absoluto a Natureza, mas também o negativo, o finito, o relativo, ou mesmo o mal e a destruição -- porque nada seria capaz de subsistir fora, ou separadamente.

Ao contrário de certos contra-sensos correntes, essa perspectiva não deve ser confundida com um panteísmo ou um naturalismo monista. "O caráter fundamental dos modelos teóricos que as diversas formulações do Não-Dualismo oriental nos oferecem", sublinha Georges Vallin, "consiste na afirmação simultânea e paradoxal da Tendência radical do Absoluto e de sua imanência integral ao mundo ou à manifestação." É por isso que as práticas metódicas do ioga não têm nada a ver com um "êxtase". Não se trata de sair de si mesmo, trata-se antes de entender que nunca entramos verdadeiramente em nós! O ego não passa de uma clausura ilusória... Essa luz permite repensar de forma crítica o Deus "unidimensional" do monoteísmo, que proíbe notadamente a integração do feminino no próprio ser do Absoluto. A primeira morte de Deus deveria ser datada do "advento do Deus pessoal, ético e criador do judaico-cristianismo". A história da filosofia também precisaria ser reescrita: seu declínio começaria com a revolta de Aristóteles contra Platão e a redução da metafísica à ontologia. Toda a aventura do pensamento ocidental poderia ser lida como uma fascinação insuperável pelo ego. Do Deus pessoal ao nada sartriano, passando pela questão da substância ou da morte do homem, a tragédia própria ao Ocidente seria a longa exploração do fato de que "o inferno é o ego". Sem subscrever todas as suas formulações, convém recordar que Georges Vallin foi, dentre os filósofos, um dos raríssimos, na França, a medir "a verdadeira revolução copernicana que é a descoberta dessas zonas metafísicas além dos limites que o Ocidente tradicional ou clássico atribuía à sua ontologia e à sua teologia". Ele tentou nos libertar da nossa desatenção, nos desembaraçar do nosso provincianismo e do nosso imperialismo. Evidentemente, ambos fazem sistema.

A outra margem

Para perceber a fineza dos detalhes e a riqueza das significações indianas, é preciso poder confrontar as abstrações e as realidades cotidianas, ser capaz de ligar os usos eruditos das noções chaves e, sob as mesmas palavras, as significações concretas sempre vivas no seio da mentalidade indiana de hoje. Evidentemente nem todo o mundo pode fazê-lo. Mas é o caso de Lakshmi Kapani. "O que se sabe dos seus *samskaras*?", dizia sua mãe quando se cogitava um eventual pretendente para uma das suas filhas. Essa questão costumeira possui vários sentidos. O primeiro é psicológico: quais são os pendores, as tendências, o caráter deste rapaz? É o mesmo que tem em qualquer outro lugar. O segundo sentido, em compensação, se arraiga na cultura da Índia: os *samskaras* serão desta vez o estatuto sociorreligioso, a educação, os hábitos transmitidos pelas tradições do grupo a que pertence o rapaz e sua posição na ordem comunitária. Formado pela raiz *kri* (fazer) e pelo prevérbio *sam* (conjunto, completamente), *samskri* significa "confeccionar, construir, elaborar, perfazer, purificar...", entre outras coisas. Donde, em sâns-*crito* (isto é, a língua "perfeita", do ponto de vista da Índia), as numerosíssimas significações da palavra *samskara*, que vai do vocabulário religioso às teorias do conhecimento. Uma pesquisa abrangendo um grande número de textos, do bramanismo antigo ao budismo e aos seis *darsanas* (os seis "pontos de vista" filosóficos do bramanismo), faz ver como o âmago das elaborações indianas aparentemente mais opostas é constituído pelo sentido da globalidade, da interdependência, das relações recíprocas, das continuidades. Isso não impede uma inversão do sentido do termo considerado. Na pena de Sankara, *samskrita* também significa, como nos textos anteriores do bramanismo, "perfeito", "purificado", "aperfeiçoado" pelos ritos. O que foi reunido, ligado, ordenado, é julgado qualitativamente superior. Ao contrário, o adjetivo privativo *asamskrita* designa o que é imperfeito, não purificado, etc. Ora, as conotações desses termos são exatamente inversas nos budistas. No vocabulário deles, o primeiro termo designa o que é forjado, causado ou condicionado, e portanto marcado por uma imperfeição radical. O *nirvana* é, aos olhos deles, *asamskrita*, isto é, perfeito, porque não produzido e não condicionado. Existe pois uma fratura capital entre a busca budista da libertação e as outras formas de pensamento renunciantes que se constituíram na cultura indiana, qualquer que seja o húmus comum em que todas elas nasceram.

Aliás, nem todos buscam a outra margem. A Índia está longe de se limitar às doutrinas da renúncia, por mais numerosas que sejam. A busca de uma transfiguração espiritual adquiriu aí uma amplitude e uma tonalidade sem equivalente em outras partes. Mas não se deve esquecer a vertente mundana e os três caminhos do desenvolvimento humano: prazer e estética (*kama*), riqueza e poder (*artha*), lei social e religiosa (*dharma*). Seu conjunto confirma que a inteligência indiana privilegia a idéia de junção das partes num todo, a interdependência dos elementos. A Índia liga em vez de separar. Unificação do diverso: é esse, acabamos de dizer, o núcleo de sentido da noção de *samskara*, em suas variadas acepções. Quando se está ligado ao mundo, tudo o que liga e junta é percebido de maneira tranqüilizadora e positiva. Quando se trata de escapar sem retorno desta vida, essas mesmas junções constituem obstáculos. O que o humano junta e o mantém ligado – a si mesmo, aos outros, às coisas –, a libertação deve desatar para se consumar. Na Índia coexistem efetivamente a consumação ativa da vida e a tentação de escapar sem retorno. De um lado, os vínculos, as ligações, os fatores de coesão e de captura, do outro a desvinculação, o desligamento, a libertação, o *nirvana*.

Comecemos por nos desfazer de um erro corrente. O *nirvana* não é um prazer extremo mas temporário, um gozo incomparável e delimitado, conforme um uso difundido pode levar a crer. Ele é por definição sem fim. Libertação sem retorno, o *nirvana* não se insere na sucessão dos instantes. Essa "extinção" é uma saída definitiva do tempo, do sofrimento, do descaminho e da ignorância que se supõe ser nosso quinhão a vida toda. Todavia, se nos ativermos a essas primeiras indicações, nada distingue esse "estado" da salvação e da vida eterna na concepção cristã. A beatitude dos eleitos contemplando eternamente a majestade divina corresponde *grosso modo* às mesmas características. Onde se situa a ruptura? Estará ela no fato de que o *nirvana* escapa a toda possibilidade de representação, já que ele seria totalmente diferente de tudo o que conhecemos? Tomar emprestado de nosso universo um elemento qualquer para descrever esse outro lugar absoluto é extraviar-se. Aqui também, místicos e lógicos de tradição cristã formularam observações análogas. No entanto eles se situam na perspectiva de uma salvação pessoal, da vida sem fim de uma alma individual. A libertação visada pelas doutrinas indianas se inscreve num contexto bem diferente.

Seu objetivo último é, de fato, escapar para sempre da repetição infinita dos renascimentos. Ser libertado não é viver eternamente! Ao contrário, é ter certeza de não mais renascer. O homem "nirvanado" escapa efetivamente da morte, mas na exata medida em que escapa para sempre do que chamamos de "vida". Só pode consegui-lo desfazendo a existência ilusória da sua unidade individual. Tendo dissipado a miragem da existência pessoal, o liberto pode desaparecer de entre os vivos. Nunca mais voltará a cair no sofrimento, sempre recomeçado, da existência. Esse contexto geral de pensamento é, de início, desconcertante. Estão ausentes as referências familiares – o Deus criador, a pessoa, a alma, o "eu". Não são as únicas dificuldades. A longa história das especulações indianas construiu-se em grande parte no prolongamento das dificuldades propriamente filosóficas que o *nirvana* pode levantar. Refletindo sobre o que o torna possível, como no que o impede de sê-lo, séculos e séculos de vida intelectual aguçaram análises e polêmicas. As discussões dizem respeito, entre outras coisas, ao estatuto da matéria, às relações entre o pensamento e o real, à dialética do ser e do não-ser. Perguntou-se, por exemplo, que fim leva o liberto. Quem não mais renascerá é pura e simplesmente aniquilado? Subsistirá ainda, numa forma impessoal e totalmente diferente da que podemos pensar: nem ser nem nada? Deve-se formular tal tipo de questão? Ou silenciar, deixar de lado uma interrogação ao mesmo tempo sem objeto e mal formulada?

Perguntou-se também o que ainda faz funcionar os corpos dos "libertos vivos", já que a "extinção" não coincide necessariamente com a parada das funções vitais. Por hipótese, os libertos passaram além de todas as oposições que organizam a existência e o pensamento humanos. Desejo e desgosto, alegria e pesar, bom e mau tornaram-se tão estranhos a eles quanto o frio e o quente. Como é que ainda têm uma atividade orgânica? Outras interrogações se organizaram de maneira mais sutil. Os budistas se deram conta por exemplo de que, se toda coisa produzida e condicionada é, por isso mesmo, impermanente, o *nirvana*, que por definição não poderia ser transitório, não pode ser produzido. Assim, todos os esforços empreendidos para alcançá-lo não poderiam ser as causas de uma libertação que seria sua conseqüência. Não é um pequeno paradoxo: toda a vida se organiza em torno do acesso derradeiro à libertação, mas nenhum dos esforços empreendidos para obtê-la pode produzi-la. Nada pode provocar o *nirvana*, sob pena de contradição! Os lógicos do "Caminho do Meio", os *madhyamikas*, são ainda mais corrosivos. Opor o *nirvana* ao ciclo dos nascimentos e das mortes, como uma margem à outra, observam, é permanecer prisioneiro de um pensamento dualista, perpetuar uma oposição radical e fundadora, quando se trata de extinguir todas elas! Conclusão: o *nirvana* não difere deste mundo. Descoberta da outra margem: só há esta. Aquela em que desembarcamos é a mesma de que partimos. O que não quer dizer que seja estritamente idêntica. "É menos o espetáculo do que o olhar do espectador que muda, inclusive o olhar que ele volta para si mesmo", escreve Guy Bugault no *Cahier de l'Herne* sobre o *nirvana*, publicado sob a direção de François Chenet.

A eternidade do instante

Essa mutação do olhar e do mundo vive-se mais do que se descreve. O budismo é, antes de mais nada, experimentação. "Tente, veja se funciona", eis sua atitude inicial. A doutrina não tem nada a ver com uma religião revelada, que se funda num texto habitado por uma autoridade divina. A pregação do Buda não procura substituir antigos erros teológicos por uma verdade da mesma ordem, simplesmente mais bem atestada ou mais autêntica. Sua intenção é aparentemente mais modesta: ajudar os humanos a seguir por um caminho descoberto por um homem. Não há nenhuma transcendência metida aí, se assim ousamos dizer. Tudo se joga num horizonte que nenhum Ser supremo freqüenta. Parece simples, e mais a nosso alcance talvez do que os enigmas de Deus. A ambição búdica ainda assim continua sendo, em certo sentido, desmedida, pois que consiste em pôr um fim definitivo ao sofrimento.

Quem teve essa idéia então? E por quê? E onde? Em que cultura? Em que época? Em outras palavras: que ser humano real ainda podemos discernir por trás da figura legendária e magnificada daquele que é dito "o Bem-Aventurado"? Estimulado por essas perguntas, André Bareau procurou obstinadamente distinguir as raras certezas relativas à existência histórica dessa figura que a história cobriu com tantos traços míticos. Dominando o sânscrito, o páli, o chinês e várias outras línguas, esse professor do Collège de France desapareceu prematuramente em 1993. Foi um dos raríssimos grandes eruditos a possuir uma visão exata do oceano de textos produzido pelos monges budistas. Ele se esforçou por encontrar neles os vestígios de uma voz. Uma voz apenas humana, sem prodígios cósmicos nem efeitos especiais, a "de um personagem estranhamente vivo, presente, humano, como se os narradores o tivessem conhecido diretamente e relatassem com fidelidade o que haviam visto". A voz de um guerreiro pobre nascido numa pequena aldeia do norte da Índia, a alguns quilômetros da atual fronteira do Nepal. Não um príncipe riquíssimo, mas um rapaz que foi criado duramente, em lugares rudes. Não era uma cabeça lisa de olhos fechados pelo torpor, mas um asceta miúdo e vivo, de perfil sem dúvida emaciado. Sua afirmação chave: "Tudo é dor" ("*sarvam duhkham*", diz o sânscrito). Ela justifica, quase por si só, o conjunto da doutrina e dos métodos. Seu sentido, apesar de tudo, pode se prestar à confusão. Se entendermos que a vida é um vale de lágrimas e o sofrimento, sua tonalidade permanente, confundiremos o budismo com um pensamento negro, pessimista, tendendo exageradamente a só ver o lado ruim da existência.

Erro, evidentemente. O pensamento do Buda não é um dolorismo. "Tudo é dor" significa: "Nada dura". Nem todos os instantes da existência são penosos. Toda vida, mesmo a mais infeliz, tem suas alegrias, seus tempos de acalmia. O que permite afirmar a presença universal da dor é apenas a idéia do caráter fugidio e limitado desses tempos felizes. Mesmo os mais fortes prazeres, as mais doces felicidades, os momentos mais serenos são considerados "dor" na medida em que devem necessariamente acabar um dia ou outro. Os corpos, em sua força e em sua fragilidade, são enganosos, pois. Nós os sonhamos imortais, e eles perdem o viço dia a dia. Nós os imaginamos belos, e não passam de sacos de lixo. Para desarmar o ardil, vários textos budistas insistem nas vísceras, nas excreções, nos corrimentos... "Esse bípede impuro e fedorento é rodeado de cuidados, logo ele, que é cheio de podridões de toda sorte e que deixa escorrer seus humores aqui e ali. Por causa desse corpo, quem pensaria magnificar-se ou desprezar outrem? Quem, pois, senão um cego?"

Clássico desprezo pelo corpo? Talvez não seja tão simples assim. O sonho de um corpo perfeito, inalterável, luminoso, cósmico, onipotente também habita o budismo, talvez mais intensamente do que outras tradições. Nesse desgosto manifesto, há um protesto contra a decrepitude. Nesse sentido, é raro salientarem isso, o budismo tem por ponto de partida uma forma singular de revolta contra a condição humana. O intolerável, para ele, é o efêmero. Dor fundamental: a eternidade permanece inacessível. Essa impossibilidade em que nos encontramos de viver uma duração infinita, parece que o budismo não a pode suportar. Que toda vida se acabe, isso é que é desumano. É disso que se trataria de escapar por meio da libertação. Mais vale o desligamento do que a aceitação dessa vida insuportável em que tudo é temporário, logo penoso. Em suma, o infinito ou nada. Seria esse, simplificando, o motivo inicial dessa vida de sabedoria.

Poder-se-ia ver nisso uma recusa desta característica essencial da nossa condição: a finitude. A lenda, como tantas vezes acontece, diz a verdade: indignando-se com encontrar um doente, um velho, depois um morto, aquele que virá a ser o

Buda se insurge contra o tempo. E contra a destruição do corpo pelo tempo. "Tudo é dor": não há corpo que não envelheça e não morra. Querer escapar dessa sorte... é humano ou inumano? Não dá para responder. A questão é saber se ser "humano" é possível sem aceitar profundamente submeter-se ao tempo e às rugas, sem gemidos nem esquivas. Mas não é possível saber se tal aceitação pode ser efetiva. É por isso que os budistas inventaram ou adotaram múltiplas maneiras de tapear o tempo, de ampliar suas fronteiras ou de contornar seu curso. A teoria da maturação dos atos é um bom exemplo disso. Todos conhecem o princípio: os atos dão frutos, eclodem automaticamente, e seus autores sofrem, a longo prazo, as conseqüências deles. Esse longo prazo supera o âmbito de uma vida. O justo atingido pelo infortúnio sofre as conseqüências das suas más ações precedentes. O mesmo ocorre, de maneira simétrica e inversa, com o criminoso que desfruta de uma felicidade insolente: ele agiu bem antes da sua existência presente. Assim são resolvidas várias dificuldades levantadas pela questão do mal, mas à custa de uma supressão das fronteiras naturais da existência delimitadas pelo nascimento e pela morte.

O fim da dor, logicamente, só pode ser o fim do tempo. É o que confirmam os textos: "Nem ida nem vinda, nem duração, nem falecimento, nem renascimento [...]: é o fim da dor." Donde uma série de interrogações limites que deliciam os lógicos: como, no tempo, agir para sair do tempo? Como descrever aquilo de que não se pode ter uma representação? Como desejar parar de desejar? Essas questões não têm nada, em si, de especificamente búdico. Também são encontradas, *mutatis mutandis*, nos Padres da Igreja. O mesmo não se poderia dizer dos gregos. A maneira mais característica que eles têm de tapear o tempo é se refugiar no instante, vivê-lo tão totalmente que toda perspectiva de passado e de futuro se abole. Epicuro, por exemplo, preconiza ater-se ao presente, à plenitude do prazer simples, ao bem-estar puro da ausência de perturbações, ancorar-se no presente, parar de ser agitado em vão por esperanças e temores para se aplicar em sentir-se existindo plenamente, aqui e agora, neste instante. Essa perfeição do presente é uma eternidade: "Como o estóico, o epicuriano encontra a perfeição no momento presente. Para ele, o prazer do momento presente não precisa durar para ser perfeito. Um só instante de prazer é tão perfeito quanto uma eternidade de prazer [...]. Do prazer epicuriano, como da virtude estóica, podemos dizer que sua quantidade e sua duração não alteram em nada sua essência: um círculo é um círculo, seja ele imenso ou minúsculo", nota Pierre Hadot. Para muitos buscadores ocidentais de sabedoria, nessa perfeição do instante reside uma forma de eternidade. A imersão no momento atual permite superar a fuga contínua do tempo, a dor do efêmero. Tal possibilidade tem para o budismo algo de estranho ou de impossível? A plenitude do prazer presente, sem outra consideração, lhe parece definitivamente ilusória e insatisfatória? Ou, por outros caminhos, ele alcança o instante como eterno?

V

Estrelas cadentes

De santo Agostinho a Giordano Bruno correm histórias de chamas e das fulgurâncias súbitas.

*O senhor tem razão.
Tudo isso é culpa desse tratante do Sol
que é fraco demais, Sol covarde, preguiçoso!*
BALZAC, *A busca do absoluto*

Podem-se considerar certos filósofos estrelas cadentes? Não seria irrazoável. Como elas, eles aparecem e somem imprevisivelmente rasgando a noite, consomem-se entrando na atmosfera, permanecem separados e ainda assim ligados por trajetos aleatórios. Do declínio do Império ao novo desenvolvimento da Europa, no decorrer de uma dezena de séculos, não se poderia fazer dessa comparação um uso sistemático. Apesar de tudo, ela pode fornecer à intuição um quadro para rabiscar o esboço de algumas trajetórias de fogo que estriaram a escuridão dos tempos.

O estômago de Agostinho

Santo e filósofo, é compatível? Agostinho é santo, oficialmente. Chegou até a encarnar, no Ocidente, o modelo da inteligência cristã. Todo leitor das *Confissões* sabe que sua vida está bem distante da insipidez das imagens pias. Nascido em Tagasta em 354 d.C., pertence ao povo númida. Sua cidade da infância, hoje Suk-Ahras, fica na Argélia, perto da fronteira tunisiana. É um "africano" contemporâneo dos últimos anos do

Império Romano, e da sua derrocada. Criança turbulenta, adolescente ladrão de pêras, foi um desmiolado por muito tempo. Nem todas as suas aventuras juvenis, mesmo se os historiadores discutem a sua quantidade e a sua precocidade, foram espirituais. Teve um filho aos dezessete anos e só com mais de trinta largou a bela anônima que foi seu amor. Ou que, a seu ver, não passou de uma etapa no seu percurso. Quando Agostinho amou a Deus, encerrou essa vida de antes. Salvo para chorá-la. Ou para mostrar, contando-a, as errâncias de uma alma dissipada, incapaz de repouso, sempre inquieta, enquanto não encontrou em si mesma o lugar do único bem soberano capaz de aplacá-la: o amor divino. Isso não basta para se tornar "oficialmente" santo? Talvez Agostinho não tivesse sido santificado se, nos quarenta últimos anos da sua vida, não houvesse posto suas vivas capacidades intelectuais a serviço da fé. Sagrado bispo de Hipona após sua conversão, percorre a África, torna-se grande caçador de heréticos, tendo o verbo por única arma. Desenvolve uma atividade doutrinal exuberante, que Henri-Irénée Marrou, sem se deixar enganar por tal esquematismo, resumia assim: "Filósofo da essência contra os maniqueus; doutor da Igreja contra os donatistas; teólogo da história contra os pagãos; paladino da graça contra os pelagianos." Os cerca de quarenta volumes das obras agostinianas acrescentam um sem-número de outras facetas a essas quatro características principais. Esse santo, sem sombra de dúvida, é um escritor genial.

É um filósofo? Se o termo designa os que não reconhecem outro poder além da razão, não se submetem a outra autoridade que não seja o entendimento, não aceitam por verdadeiro senão o inteligível, a resposta é negativa. Santo Agostinho refere-se unicamente a Platão, a Plotino, até aos estóicos? Essas indicações não implicam que ele se situe na mesma ótica desses filósofos ou que pertença à sua linhagem. Os "livros dos platônicos" contêm, a seu ver, "a filosofia perfeitamente verdadeira", mas ele julga a partir de um ponto de vista diferente do deles. Prova-o, entre cem outras, esta frase de *A cidade de Deus*: "Platão representa Deus de uma maneira que corresponde em muito à verdade ensinada por nossa religião." É evidente que o critério do verdadeiro mudou. Acaso isso significa que, para ler Agostinho, seja necessário compartilhar a sua fé? Que sua obra não pode dizer nada a um ateu de hoje? Claro que não: o interesse histórico desse pensamento, por si só, é considerável. Nele se opera a principal apropriação da Grécia pelo cristianismo. Agostinho vai ligar, e por muito tempo, de forma decisiva para a história do Ocidente, os conceitos herdados dos filósofos e as crenças da fé.

Com Agostinho nasce a subjetividade. *As confissões* inauguram uma novidade literária: a autobiografia espiritual. Elas também inovam no domínio psicológico, inventando a introspecção, que os gregos ignoravam. O aparecimento da interioridade modifica as relações do sujeito com o tempo, com a memória, com o desejo, com a culpa. Ao acabar de ler essa obra, Nietzsche não se equivocava ao escrever: "Com este livro, chega-se a ver o interior do estômago da cristandade." A segunda face dessa reviravolta dominada pelo pensamento agostiniano é o nascimento da história. O tempo, como os gregos o concebiam, era cíclico, repetitivo, privado de evolução sem retorno. Com *A cidade de Deus*, ele passa a ser uma reta orientada, traçada inteiramente entre uma origem e um fim. A história adquire então um sentido, na dupla acepção do termo: uma significação, uma direção. Com a emergência conjunta da subjetividade e da história, a panóplia européia se completa.

A serva de Deus

A Idade Média não é uma noite. Esta boa nova já foi anunciada muitas vezes. Terá sido verdadeiramente ouvida? Dá para duvidar. De fato, a velha imagem ainda habita uma multidão de espíritos: durante mil anos teriam reinado o obscurantismo e o embrutecimento dogmático, sufocando toda inteligência sob uma retórica artificiosa. Todos conhecem a continuação: chegou enfim o humanismo e a Renascença redescobriu a luz direta dos gregos, após as trevas demasiado longas. Os historiadores desmancharam essa miragem. Apesar de tudo, o domínio filosófico permaneceu relativamente à parte. A despeito de trabalhos como os de Étienne Gilson, tem-se desprezado com freqüência as filosofias da Idade Média, ignorando sua diversidade ou subestimando seu interesse conceitual. À primeira vista, é bem verdade, suas interrogações podem parecer desconcertantes.

Não é estranho, por exemplo, perguntar se uma mulher que já não é virgem pode recuperar a virgindade? Lembrem-se do que são Jerônimo escreveu a esse respeito: "Muito embora Deus possa tudo, Ele não pode restituir a virgindade a quem a perdeu." O que significa ao certo essa observação? Deve-se concluir dela que a onipotência de Deus bate em impossibilidades que a restringem? Isso equivaleria a sustentar que essa onipotência é relativa, o que é evidentemente contrário ao caráter absoluto dos atributos divinos... Convém pois passar além da primeira impressão. Saber efetivamente se Deus, para empregar os termos de Guillaume d'Auxerre, "pode restaurar a natureza de uma virgem fazendo que ela seja fechada, selada e íntegra como antes", não é para nós uma interrogação maior. Em compensação, as discussões relativas à extensão e aos limites da onipotência divina são apaixonantes por sua sutileza. As oscilações se inscrevem entre dois pólos principais: ou salienta-se que Deus faz apenas o Bem, mas essa afirmação depõe contra o caráter ilimitado da sua potência, ou se afirma que Deus pode tudo, inclusive o mal, a mentira e o engano... o que contravém à sua bondade!

Esse é o principal paradoxo suscitado pela questão da onipotência divina, que foi um dos caminhos medievais de reflexão. Esses itinerários confirmam a primazia bem conhecida da teologia sobre a filosofia, que se tornou sua "serva" no Ocidente europeu. Contradizem no entanto a opinião convencional que imagina a razão sufocada pelo dogma. Ao contrário, a dominação teológica aparece como um estímulo extraordinário a explorar novas possibilidades intelectuais. Considerando que não poderia existir limite à potência divina, a teologia exige que se encarem possibilidades contrárias à ordem habitual da natureza, ou mesmo à ordenação lógica dos discursos e do pensamento. Do século XII ao século XIV, a questão foi tratada notadamente por Alberto, o Grande, Boaventura, Duns Scot, Ockham, foi objeto de uma abordagem específica em Guillaume d'Auxerre, Hugues de Saint-Cher, Durand de Saint-Pourçain. Essas glosas têm uma fonte comum: as célebres *Sentenças* de Pierre Lombard. Redigida entre 1148 e 1152, a obra inventaria as questões, precisa as posições opostas, classifica os argumentos que sustentam ou refutam cada uma delas. Foi o manual de referência para o ensino da teologia. Nos três séculos que seguem sua redação, contam-se bem quatro mil e quatrocentos comentários das *Sentenças*! Eles formam um verdadeiro mundo, em que foi explorado em todos os sentidos a questão de saber o que Deus pode e não pode.

Uma vez posto que, por definição, ele pode tudo, as dificuldades começam. Como imaginar que ele apaga o passado, anulando o que aconteceu? Como conceber que uma virgem deflorada não apenas volte a ser virgem, mas nunca tenha sido deflorada? Deus pode fazer que o mundo nunca tenha existido? Ou, apesar de eterno, ele é constrangido pela ordem do tempo e é incapaz de desfazer o passado? Ou ainda: as verdades lógicas estão em seu poder? Ou, ao contrário, formam como que um limite à sua potência? Deus poderia tudo, salvo que um círculo seja quadrado? E na hipótese de que ele escapa do princípio de contradição, forçoso é admitir que isso se dá de uma maneira que nos é totalmente incompreensível. Teria Deus podido fazer um mundo melhor – diferente do nosso por sua organização, ou por sua substância mesma? Existem vários mundos? Globalmente, as respostas se esforçam para manter juntas duas necessidades antagônicas: a afirmação da potência absoluta de Deus, que abre a porta para o surgimento possível do caos, e a ordem do mundo – tempo, lógica, valores –, que limita necessariamente essa potência. Para tentar superar a contradição, vai se elaborar uma distinção entre a "potência absoluta", que permite que Deus, virtualmente, mude tudo a cada instante, e a "potência ordenada", que o leva a se submeter às regularidades que ele próprio instaurou.

Essas construções dizem respeito a um só tema e se restringem unicamente ao Ocidente cristão, durante os três últimos séculos da Idade Média. Seria um erro reduzir a multiplicidade das línguas e das tradições de então apenas a esse pólo histórico. Como mostrou Alain de Libera, um dos principais artífices da atual renovação dos estudos de filosofia medieval, para se ter uma visão geral, é preciso levar em conta tempos diferentes e uma pluralidade de centros. Diversos caminhos da filosofia passam por Bizâncio, Bagdá, Toledo, Paris. Entre outros lugares. O que seria necessário elaborar é um mapa celeste das idéias européias, de universidade em universidade, redesenhando as constelações. Não é nosso propósito. Para ele, bastam algumas silhuetas.

Ockham, velho principiante

Esse lógico temível foi um grande viajante. Da sua vida, não se conhece grande coisa. Guilherme nasceu em Ockham, no Surrey, em fins do século XIII. 1290? 1295? Não se sabe. Morreu em Munique um longo meio século depois, mas ignora-se de quê, em que disposição de espírito e até mesmo em que data exata. Provavelmente foi levado pela peste de 1349. Quem sabe iria se reconciliar com o papado? Nada é certo.

Não é fácil apreender esse franciscano. No entanto, ele é de uma probidade intransigente e rara, tanto em sua vida intelectual como em sua vida política. Seu percurso, pelo que dele se conhece, também tem o brilho súbito das estrelas cadentes, a breve retidão do seu rastro. É verdade que os meteoros, na sua época, eram tidos como prenunciadores de catástrofes... 1318: principiante em Oxford, faz-se notar por seu comentário, deveras inabitual, do *Livro das sentenças* de Pierre Lombard. Suas análises desconcertam. Não demorarão a parecer suspeitas. Já em 1324 tem de sair de Oxford. Lecionou portanto pouco mais de seis anos. E ainda assim sem ser professor. Era apenas *inceptor*, "iniciante". O que ficou sendo, donde seu apelido de *venerabilis inceptor* (literalmente, "velho principiante"), que seus discípulos conservarão, brincando com as palavras. A fórmula significará para eles "respeitável iniciador", desbravador a quem se presta homenagem por ter inaugurado um novo caminho. Em poucos anos e algumas centenas de páginas, Guilherme de Ockham efetuou no pensamento um verdadeiro trabalho de limpeza de terreno. Ele balizou de modo bem diferente os limites dos saberes, modificou as tarefas do filósofo, dissipou quimeras, esvaziou de boa parte de seu conteúdo aqueles pesados volumes que, com o nome de teologia e de metafísica, enchem as bibliotecas da Europa. Resta evocar como o fez. Ainda não chegamos lá. Encontramo-lo em Avignon, onde o papa João XXII manda examinar seus escritos. Não é condenado. Mas, durante os quatro anos da sua estada na França, ligou-se a um grupo de franciscanos, partidários da pobreza integral, contra João XXII, que no entanto apóia a ordem. Rompendo com o papa, Guilherme se une a Luís da Baviera, que também combate o papado, mas por motivos mais temporais. Os dois se encontram em Pisa e, mais tarde, em Munique. O filósofo-monge multiplica os panfletos contra o "herético" que ocupa o trono de Pedro. Em 1330, é excomungado. Embora retome e complete suas obras filosóficas anteriores, seus últimos anos na Alemanha se distinguem principalmente por textos políticos que parecem bem distantes das nossas preocupações.

Seu procedimento filosófico, este sim, nos interessa. Sob muitos aspectos, é surpreendentemente atual. Mas era preciso percebê-lo. Devemos a Joël Biard a publicação da obra magna de Guilherme de Ockham, a *Suma de lógica*, e a Pierre Alfiéri o esclarecimento de seu modo de pensar específico. Em que consiste? Trata-se de distinguir nitidamente entre a linguagem e as coisas. A filosofia deve trabalhar para não mais confundir os signos que nosso pensamento emprega com os objetos reais, para não mais tomar nossas maneiras de dizer por modalidades do ser. Operando essa distinção entre os discursos que se referem a coisas e os que só dizem respeito aos signos, Ockham, se assim podemos dizer, limpa os estábulos da metafísica. Com efeito, empregamos de maneira absolutamente diferente um termo aparentemente semelhante, quando dizemos que o homem atravessa a rua, que o homem é um animal racional ou que o homem é uma palavra de cinco letras. Trabalhar esse tipo de distinções e tirar, em tudo, todas as conseqüências desse trabalho, eis a tarefa da lógica. Longe de se limitar ao estudo das formas de raciocínio, a lógica, para Ockham, se confunde com a filosofia mesma. Ela não constitui verdadeiramente um domínio à parte, muito menos um saber supremo que olha os demais de cima, mas uma ferramenta crítica, que deve percorrer o conjunto dos conhecimentos. Transversal, sua intervenção também é polêmica. Ela dissolve problemas que se imaginava serem reais, faz surgir outros que não eram vistos. Ockham abala assim um vasto lance da tradição filosófica, de Platão a Duns Scot. De fato, aquilo que em sua época era chamado de "universais" (o conceito de homem ou de cavalo, por exemplo) não tem para ele nenhuma unidade e nenhuma existência reais. A "humanidade" ou a "cavalidade" não são essências que subsistem por si mesmas, ou no entendimento divino, sobre as quais seria pertinente indagar como elas se realizam neste ou naquele indivíduo (Sócrates ou Rocinante).

Puramente relativos a nosso espírito e à nossa linguagem, esses signos não remetem a nada de real. Já não há que perguntar, portanto: como o homem se encarna em Sócrates ou o cavalo em Rocinante? O que se deve procurar saber é como se passa de singularidades dispersas (Sócrates, Platão, Alcibíades, etc.) a esse conceito-signo que fabrica um universal, em outras palavras uma realidade apenas mental, que unifica numa série – os homens – indivíduos quanto ao mais únicos. Pierre Alfiéri mostrou como todo o pensamento do filósofo se organizava em torno de três conceitos: singular, série, signo. O mundo segundo Ockham é antes de mais nada descontínuo, atomizado, constituído de coisas singulares, isto é, únicas – esta pedra, esta árvore, este homem. Elas existem separadamente, pelo simples fato da potência absoluta de Deus. Cada coisa é uma pura singularidade que nós experimentamos. O problema então é encontrar o que, em nossa experiência, permite constituir séries – as pedras, as árvores, os homens – que dêem unidade mental a esses agrupamentos de unidades esparsas. Sendo cada série designada por um signo – os termos "pedra", "árvore", "homem" –, tratar-se-á de saber que combinações desses signos podem se referir adequadamente a esta ou àquela realidade singular. Os trasmundos do platonismo – e um grande número de questões filosóficas – são varridos. Essência e existência? Nenhuma diferença: se só existe o singular, só há essência do real. Pior, ou melhor: o possível não é um modo de ser. O que é simplesmente pensável não tem nenhuma realidade. Pior ainda, ou melhor ainda: a questão metafísica central do "ser como ser" não se deve nem sequer formular. Como o sentido do termo "ser" permanece radicalmente indeterminado, essa interrogação não tem pertinência nem conteúdo.

Com Ockham a ontologia é deixada em suspensão, se não é destruída. A metafísica já não é uma ciência, nem mesmo um domínio de discurso convenientemente constituído. A teologia, enfim, só pode ser negativa, na falta de qualquer experiência possível de Deus. Sem dúvida não se deve inscrever apressadamente o *venerabilis inceptor* nos debates dos tempos modernos, ou nos do nosso século. Lendo-o, porém, dizemo-nos que a filosofia tem tudo a ganhar com uma redescoberta da modernidade dos medievais.

O movimento de Montaigne

De onde vem o prazer de ler Montaigne? Do seu estilo? Isso é óbvio: sua pena tem aquela secura que atravessa o tempo. Da bonomia de um fidalgo que leva com sabedoria uma vida à sua medida? Da fina mescla de candura e rugosidade das suas frases? Nada disso basta. Em Montaigne é o filósofo que alegra. Dentre os grandes, ele é o mais singular, talvez, e um dos mais difíceis, com certeza. Sob a aparência indolente, também constitui um limite do pensamento europeu. "A filosofia nunca parece tão à vontade como quando combate nossa presunção e nossa vaidade, quando reconhece de boa-fé sua irresolução, sua fraqueza e sua ignorância." O amor ao saber e o sonho de possuí-lo, Montaigne substitui pela confissão da ignorância. Que sei? Pouco, pouquíssimo, três vezes nada, bagatelas. E será sempre assim. O pior dos erros é acreditar que possamos contemplar a verdade, quando "não temos nenhuma comunicação com o ser". Essa fórmula decisiva se encontra no fim da *Apologia de Raymond Sebond* (*Ensaios*, II, 12). O filósofo já não é aquele que nos força a voltar o olhar para as verdades eternas. Ele não vem, como Platão, nos arrancar da escuridão para nos expor, ao fim de um caminho escarpado, ao fulgor inicialmente insustentável de uma luz absoluta. Ao contrário, ele fica sentado ao nosso lado, para nos dizer que sempre tateamos nas flutuações, nos claros-escuros do pensamento e do corpo. Não saberemos nem o primeiro porquê, nem a chave do enigma. Paremos de sonhar: nunca poderemos enxergar fora do nosso olhar.

É todo o empreendimento do saber que Montaigne sapa: nossa razão não pode nos dar acesso a nenhuma certeza. "Seguros e convictos há apenas os loucos" (I, 26). Nenhum ponto fixo, nenhuma rocha nem diamante nos extrairá do fluxo incessante de nossos pensamentos, movediças como são as coisas: "E nós, e nosso juízo, e todas as coisas mortais vão fluindo e avançando sem cessar. Assim não se pode estabelecer nada de certo de um ao outro, estando o julgador e o julgado em contínua mutação e movimento" (II, 12). Esse deslizamento fluido e ininterrupto de todo o curso do mundo na verdade arruína tanto a metafísica como as ciências. Ele esvazia toda idéia de verdade, dissolve sujeito e objeto, não deixa nada subsistir. Em vez de celebrar o humanista suave e o cético tolerante, deve-se ver antes de mais nada como Montaigne é exigente e radical. Não resta grande coisa, nem do Homem, nem de Deus, depois de ele ter passado – nada a saber que valha a pena, em todo caso. Esse homem tão doce é extremamente perigoso. Nem Descartes nem Pascal se deixarão enganar por ele; tentarão depois dele, em parte contra ele, reconstruir diques ou navios, aportar em terras firmes, garantir pontos de referência.

Se a filosofia já não encontra verdades primeiras, qual é a sua tarefa? Escola de incerteza, aprendizado da ignorância, constatação de nossos limites. Seus maiores mestres não sabem nada: "A maioria só adotou a expressão da segurança por afetação" (II, 12). No que eles nos ensinam com maior arrogância, no fundo nem eles próprios crêem: "Não me convenço facilmente de que Epicuro, Platão e Pitágoras nos tenham oferecido como moeda sonante seus Átomos, suas Idéias e seus Números. Eles eram sensatos demais para fundamentar seus artigos de fé em algo tão incerto e tão discutível" (*ibid.*). Não concluamos daí que os filósofos querem nos tapear, nem que suas tentativas são inteiramente vãs. Eles constroem "ficções legítimas", invenções que possuem uma "agradável e sutil aparência". Do mundo como ele é nunca saberemos nada.

Mas não é esse um motivo para renunciar a construir do mundo, tanto por prazer como por necessidade, modelos explicativos elegantes e plausíveis, interpretações astuciosas e novas. Montaigne inteiro parece caber nesse gesto duplo: de um lado, uma franca ruptura com as metas e os ideais constitutivos, em nossa história, da filosofia e também das ciências. Conhecer é um empreendimento fadado ao fracasso, pela própria natureza do que somos. A idéia de verdade é um ardil, a certeza, uma desrazão. Somente a ignorância é nosso quinhão. Ela não se encontra apenas no começo da nossa investigação, como um estímulo inaugural ou uma lacuna a ser preenchida. Ela também é o termo das nossas buscas. Nunca conseguiremos suprimi-la: nossas mais grandiosas construções não passam de risíveis carcaças destinadas a perecer. Mas convém amar essas jangadas, aperfeiçoá-las enquanto podemos. Eis o outro lado: o da alegria de buscar, sabendo que não há outro ganho fora do prazer de julgar. Sapando a presunção, Montaigne nunca renuncia a exercer seu julgamento, a viver, a gozar, e para ele isso é, evidentemente, uma só coisa. Insuperável, nossa ignorância não é triste. Interminável, não é desalentadora. O fato de que a vida se esvaia sobre um fundo de não-saber, de impotência em conhecer, de impermanência de todas as coisas e de todas as situações, não é um motivo para cessar de achá-la bela, de querê-la apreender plenamente, de momento em momento, corpo e alma, tal como ela é: fugidia, humilde, magnífica. O homem entregue a si mesmo, nu, frágil, finito, é risível e irrisório, mas nada desprezível. "De nossas doenças, a mais selvagem é desprezar nosso ser" (III, 13).

É por isso que Montaigne é um filósofo da alegria. Ele o diz em termos que serão, quase literalmente, os de Spinoza, depois de Nietzsche, muito próximos dele neste ponto, por mais diferentes que sejam em outros. "É preciso estender a alegria, mas reduzir tanto quanto possível a tristeza" (III, 9). Há vilania em não sermos alegres, em não nos amarmos, embora nada sejamos, em nos descartarmos do gosto de existir, apesar de o ser permanecer impossível de ser compreendido por nós. Esse "pensamento, cuja intenção radical a filosofia ocidental desconhece, teria sido mais bem compreendido pelo Extremo Oriente", escreve Claude Lévi-Strauss. É verdade que entre Montaigne e os budistas, sem que nenhuma influência tenha se exercido, é identificável mais de uma correspondência. Poder-se-ia estudar o paralelismo das afirmações de um e outros. Elas concernem, por exemplo, ao reinado da aparência, à rejeição da metafísica, à coexistência da ignorância com a serenidade, à ausência de ascendência sobre as coisas, ao estatuto da vida animal, à compaixão para com o sofrimento, que nada tem a ver com a caridade cristã e seu quinhão de amor sacrificial. Mais que dos céticos gregos, é talvez dos lógicos budistas do Caminho do Meio que Montaigne parece mais próximo, notadamente quando afirma: "A maioria das ocasiões dos distúrbios do mundo são gramáticas." É principalmente em torno dos temas da impermanência, do transitório, do descontínuo que se encontram as afinidades mais fortes. Quando Montaigne escreve, no fim da *Apologia de Raymond Sebond*: "Não há nenhuma existência constante, nem do nosso ser, nem do ser dos objetos", a frase poderia passar por ser o resumo de muitas análises búdicas. É claro que subsistem diferenças consideráveis, mas Michel de Montaigne, mais ainda que Guilherme de Ockham, consoa com certos traços da Índia búdica.

O jovem Pico

Na idade em que outros ainda estão nos rudimentos, ele já compilava tratados de direito canônico. Aprende latim antes de todos os outros. Também sabe grego, convive, nos textos, com Platão, Aristóteles e seus comentadores. Entre estes, os árabes não lhe são estranhos. Aqui também o recurso aos textos originais o distingue. Além do árabe e do "caldaico" (aramaico?), esse bulímico começou a aprender hebraico, descobrindo as sutilezas da Cabala. Tem familiaridade com vários autores de que a maioria de seus contemporâneos ignora até o nome. No entanto, o jovem conde de Mirandola e Concordia não é apenas um devorador de bibliotecas, dotado de um apetite gargantuesco de leitura e de um estômago tão robusto que os mais pesados tratados escolásticos não lhe fazem mal. Esse erudito precoce é bem-apessoado e está à frente de uma das maiores fortunas da Itália naquele fim de *Quattrocento*. É enfim um apaixonado sincero, não só por algumas belas, mas também pela filosofia. Dedica-se a esta com uma constância e uma gravidade que, na sua situação, comovem e surpreendem ao mesmo tempo. Sua curta existência (morre aos 31 anos, provavelmente envenenado pelos inimigos de Savonarola) é inteiramente animada por um sincero ardor na busca da verdade.

Sua primeira intervenção na República das letras traz o sinal do exagero e da petulância. Aos 23 anos, esse desconhecido convoca, à sua custa, a Roma, em 1486, um concílio teológico privado em que os doutos podem vir da Europa inteira para discutir com ele cerca de novecentas teses extraídas por ele dos filósofos latinos, árabes, gregos, egípcios, caldeus e judeus. Nesse "projeto pasmoso", segundo a fórmula de Yves Hersant, as características do procedimento singular de Pico della Mirandola se revelam com nitidez: ele busca ao mesmo tempo a concórdia e o combate, sem cair com isso numa contradição. A concórdia não é o amálgama nem a confusão das doutrinas. Ao contrário, ela repousa na convicção de que há "em cada escola algo de notável que não lhe é comum com nenhuma outra". É por isso que é necessário conhecer todas elas, não deixar nenhuma de lado, abrir sem cessar o campo da filosofia a novas sabedorias, até então desconhecidas ou caídas no esquecimento. Essa acolhida enciclopédica deve trazer à luz a harmonia secreta que liga os pensamentos aparentemente mais opostos, sem que estes percebam. Uma vez despojadas do inessencial, reduzidas a seu núcleo fundamental, todas as escolas filosóficas – apesar das disparidades de proveniência, de época e de estilo – refletiriam no fim das contas uma mesma verdade. O jovem conde de Concordia convida pois a Europa erudita a debater com ele essa harmonia oculta entre todas as filosofias conhecíveis. Porque um combate é necessário, ao ver de Pico della Mirandola. Embora fale de "palestra intelectual", em referência à Grécia antiga, o espírito dos torneios medievais não está longe. Seu convite também é um desafio. Sua juventude não parece duvidar da vitória. Pico deseja pelejar, ainda que apresente seu desejo guerreiro como uma "forma mui honrada de luta, tão necessária para adquirir a sabedoria". A justa não ocorreu. O papa Inocêncio VIII vedou a discussão e instituiu uma comissão de inquérito para julgar as teses de Pico. Um ano depois, essas novecentas teses são condenadas à destruição. "A maioria delas não faz mais que reproduzir os erros dos filósofos pagãos [...], outras são capazes de excitar a impertinência dos judeus; muitas delas, enfim, a pretexto de filosofia natural, querem beneficiar artes inimigas da fé católica e do gênero humano", podemos ler no julgamento. Pico tem de se refugiar na França, onde será preso. Voltando à Itália sob a proteção de seu amigo Lourenço de Medici, será absolvido somente seis anos depois, pouco antes da sua morte, pelo novo papa Alexandre VI.

Os escritos que dele nos restam são de feitura extremamente variada: poemas, discursos, tratados, comentários das Escrituras, panfleto contra a astrologia... Pico é um dos filósofos que praticaram com maior facilidade a diversidade dos gêneros. A tal ponto que a unidade e a coerência do seu pensamento foram postas em dúvida. Seu texto mais conhecido, *Da dignidade do homem*, já traduzido em francês em 1958, é objeto de duas novas traduções, uma de Yves Hersant, a outra de Olivier Boulnois e Giuseppe Tognon. Destinado a servir de introdução às eruditas pelejas que foram censuradas, esse discurso nunca foi pronunciado, mas, depois da morte do autor, encontrou numerosos leitores. Não é apenas um texto luminoso, cujo charme e cuja elegância contrastam com a secura das teses reunidas sob o título de *Conclusiones*, mas também um escrito em que Pico della Mirandola desenvolve uma concepção da natureza e da liberdade humanas que pode parecer decididamente moderna. O que torna o homem admirável, a seu ver, é na verdade que ele deve se criar por si mesmo. A "natureza" do homem não é uma natureza: ela não contém nada, salvo a capacidade de se inventar e, com isso, de vir a ser tudo, do bestial ao divino. "Quem não admiraria esse camaleão que nós somos?", escreve. Mas não nos enganemos: essa autocriação do homem está bem distante do existencialismo e de uma concepção da liberdade análoga à de Sartre, por exemplo. É por obra de uma decisão divina que o homem, para Pico, se encarrega de si mesmo e do mundo. "Tu te defines a ti mesmo", ele faz dizer a uma voz que se dirige ao homem, mas é a voz de Deus.

Em vez de buscar no conjunto dos seus escritos os vestígios de uma modernidade ilusória, mais vale descobrir os signos da sua pertinência ao tempo da Renascença e do humanismo italianos, e as características que o singularizam. Apesar de próximo da escola dos platônicos de Florença e amigo de Marsílio Ficino, líder deles, Pico nunca foi de fato um deles. Sua assídua convivência com os escolásticos e sua idéia da concórdia das doutrinas levam-no a querer constantemente reconciliar Platão e Aristóteles. Nenhuma oposição fundamental os separaria. Em compensação, tudo opõe a seu ver o humanismo literário, carregado de retórica e de bonitezas inúteis, à meditação dos filósofos e à prosa rude que a traduz. Sua longa carta sobre o estilo dos filósofos, dirigida a um crítico que fustigava a inelegância deles, é um requisitório contra os encantos enganadores dos artifícios literários na análise filosófica. Pico defende a solidez do mármore contra o estuque e as fiorituras de gesso. Mas não sobra nenhum lugar disponível entre o jargão áspero que se esforça em perseguir a verdade e a beleza vã dos ornamentos. Ele não parece pensar que existe uma beleza própria do mármore perfeitamente polido.

O que o impede de vê-la é provavelmente seu senso do segredo. "O cuidado dos filósofos é esconder ao povo sua doutrina", escreve. O tema da filosofia oculta orienta seus passos. À parte da Lei entregue a Moisés, sua interpretação secreta precisa ser redescoberta. Sob a diversidade das doutrinas, sua concórdia se ancora numa sabedoria primordial, num saber originário e secreto que resta decifrar. Seu sétuplo comentário de cada uma das seis jornadas do Gênese, o *Heptaplus*, seu interesse pela Cabala e pelo esoterismo estão ligados ao fascínio por um segredo maior, uma chave da natureza e do mundo conhecida outrora e agora dissimulada nas entrelinhas. Sendo essa chave supostamente única e esse saber secreto idêntico em toda parte, a tentativa de Pico no sentido de abrir efetivamente a filosofia a outras tradições de pensamento redunda num fracasso. Pico della Mirandola sempre encontra um credo cristão no segredo dos tratados mais estranhos ao cristianismo. No início dos tempos modernos, seu mérito está em ter dado uma nova extensão a esse procedimento que foi, outrora, o dos Padres da Igreja. É igualmente seu limite.

O deboche cósmico

"Quanto mais alguém é inteligente, mais é tapeado." Teria sido essa a sua última frase. Ele a teria pronunciado distintamente, pouco antes de lhe porem o freio de madeira destinado a impedi-lo de falar, de berrar pela última vez. O homem está nu. Tem 52 anos. A multidão o rodeia. A fogueira consome um corpo que não parou de rir, de pensar, de se comover e de provocar. Foi em Roma, no dia 17 de fevereiro de 1600, no Campo dei Fiori. Giordano Bruno não cedeu diante da Inquisição. Não abjurou nada da sua visão do mundo. Seus livros foram queimados na Praça de São Pedro.

OS QUE ACREDITAVAM NO VERDADEIRO

Filippo Bruno nasce em Nola, perto de Nápoles, em 1548. Passa por ter sido uma criança dotada. Para entrar aos 17 anos na ordem dos dominicanos, Filippo troca de prenome, faz-se chamar Giordano, como o mestre que o iniciou na filosofia estudando os escritos de Averróis. Ávido de ler tudo e de experimentar tudo, ele quebra seus votos dez anos depois. E as viagens começam. De Veneza, onde publica aos 30 anos seu primeiro livro, hoje perdido, a Veneza, onde a Inquisição o prende catorze anos depois, seu caminho passa por Genebra, Lyon, Montpellier, Toulouse, Paris, Londres, Oxford, Paris, Wiesbaden, Marburgo, Praga, Frankfurt, Zurique. Três vezes excomungado: pelos calvinistas em Genebra, pelos luteranos em Wittenberg, pelos católicos em Roma. E sempre feliz na fuga. Ele multiplica os textos e as imprudências, faz um pouco de tudo, do teatro ao panfleto, do sarcasmo ao tratado. Até nos calabouços do fim, onde macera sete anos. Torturado talvez, mas sabendo não se renegar. Mal protegido pelos políticos, inimigo de todos os pedantes, apaixonado pela vida em todas as suas formas, estrelas, animais, trepadas, livros, Giordano Bruno fez da sua existência um romance picaresco.

Esse tragicômico é, em parte, um engodo. Seguindo a trajetória desse "cometa através da Europa" – a fórmula é de Hegel –, corremos o risco de nos esquecer de ler sua obra. O trajeto do nômade herético e mártir não nos deve afastar dos textos do filósofo. Eles são de leitura difícil. Seu conteúdo e sua forma desconcertam. Bruno não gosta das exposições sistemáticas. Filósofo de sangue quente, prefere os diálogos, as polêmicas, as formas poéticas, as alusões, as alegorias. Última dificuldade: lendo-o, não sabemos como classificá-lo. Um precursor? Parece evidente. Combatendo a autoridade de Aristóteles e a dogmática da Igreja, ele participa do sismo intelectual que assinala o advento dos saberes científicos modernos, de Copérnico, Kepler e Galileu, seus contemporâneos, até as Luzes. Aliás, ele imagina mais longe que os astrônomos do seu tempo. O universo, de acordo com Bruno, não tem centro. Nesse cosmos infinito, em incessante mutação, existe a seu ver uma multidão de mundos diversos. Um século antes de Fontenelle e de suas *Conversações sobre a pluralidade dos mundos habitados* (1686), esse "acadêmico sem academia" afirma que a vida no universo não constitui uma raridade. Porque Deus está em toda parte. Longe de ser uma causa primeira, separada, exterior, transcendente, ele forma, segundo Bruno, um princípio ativo no seio de cada coisa, por mais ínfima que seja. Esse Deus imanente que o mundo acompanha necessariamente ("*non c'è Dio senza mondo*", "não há Deus sem mundo"), anuncia o "Deus, isto é, a Natureza" de Spinoza.

É Leibniz também que Bruno prefigura. Em seu tratado intitulado *Da mônada*, ele sustenta que cada existência, ainda que elementar, contém em si a totalidade do divino. Alexandre Koyré, falando da visão "poderosa e profética" de Bruno, ou Ernst Cassirer, sublinhando que, para esse filósofo, "a força da razão constitui o único modo de acesso ao infinito", haviam visto em que seu pensamento estava voltado para o futuro. Se bem que lute contra os dogmas do seu tempo e meta a lenha na escolástica e nas "bobagens diplomadas", Bruno ainda assim permanece em débito com um ferramental intelectual herdado da tradição. Seus trabalhos sobre as artes da memória, inspirados principalmente em Raimundo Lúlio, pertencem a esse registro. Ele se inscreve, por outro lado, em diversas linhagens de pensadores do hermetismo, buscadores de gnose, teóricos da magia, vitalistas que atribuem a todo corpo físico uma alma viva. Tais intuições não levam a cálculos. Com isso, as interrogações cósmicas de Bruno não podem levar a conhecimentos científicos. Ele não é um homem de saber, no sentido que esse termo adquire depois de Galileu. É um visionário, uma chama ondulante. O advento da exatidão objetiva, das experimentações, das leis matemáticas, logo guarda esse gênero de magos no fundo de um armário...

OS QUE ACREDITAVAM NO VERDADEIRO

Para ler Bruno, sem dúvida é necessário deixar de lado – sem esquecê-los de todo – o rebelde mártir, o profeta das idéias novas ou o guardião dos velhos segredos. Lembrar-se constantemente de que ele inventa, ao escrever, novos dispositivos para o pensamento, entre irrisão e decisão, entre cósmico e cômico. James Joyce, sobre o qual Bruno exerceu uma influência determinante, faz dele, "mais que Bacon ou Descartes", "o pai da que chamamos filosofia moderna". Escritor de pensamento instável, fragmentado, em que a tolice e o divino se roçam, Bruno mistura escatologia e cosmologia, vocábulos eruditos e língua popularesca. *Candeeiro*, sua primeira obra conservada, publicada em italiano em Paris no ano de 1582, é uma longa e desbragada comédia, sem intriga que se sustente, mas de uma verve poderosa. Nela vemos, por exemplo, "pedantes mastigarem teorias, farejarem opiniões, escarrarem máximas, mijarem citações". Já se pressente nela a alcova dos libertinos: "Uma das mulheres dessa história disparará olhares celestes; ela lhes mostrará quão inflamados são seus suspiros, quão aquáticas suas meditações, quão terrestres seus desejos, quão aéreas suas besteiras"... Longe da filosofia? Não é certo. Bruno pensa rindo, chorando, injuriando, amando, maravilhando-se, mudando de tom, de registro, de frase. Ele quis ser tão mutável, múltiplo e imprevisto quanto o real. Por isso não apenas percorreu a Europa das universidades, das Igrejas e das cortes reais. Viajou antes de mais nada entre as línguas e as disciplinas, descentrando a escrita e o pensamento. Tal como o asno, que ele pinta ora repugnante, ocioso, arrogante, ora laborioso, resistente, obstinado, Giordano Bruno explora interminavelmente as margens em que saber e ignorância se encontram. Ele ainda arde.

VI

Razão clássica

Descartes e Spinoza encarnam o momento em que nada parece escapar do império da razão, abarcando das demonstrações matemáticas aos princípios da ação moral.

Houve uma fase notável no curso do sentimento geral. Foi quando o cometa por fim atingiu uma dimensão que superava a de qualquer outra aparição de que se tivesse conservado a lembrança.

EDGAR ALLAN POE, *Conversação de Eiros com Charmion*

Esse tempo do equilíbrio parece quase incrível. Mesmo marcando seus limites – algumas décadas apenas, relativamente poucos livros – ele parece desmedidamente perfeito. A ordem do mundo e a ordem do saber, os signos do verdadeiro e os signos do bem, a nitidez das idéias e a própria essência das coisas, o entendimento finito dos homens e o entendimento infinito de Deus, a geometria e o domínio das paixões, tudo isso se põe em movimento de repente, ao mesmo passo, como se a chave de tudo tivesse sido enfim encontrada. Como se espantar então com que os mestres desse grande estilo passem por heróis? Eles parecem reinventar o mundo, e dá certo! Os congestionamentos de pergaminhos desaparecem, os volumes empilhados de repente não têm mais peso, a tábua enfim parece rasa. Não passa de uma ilusão, é claro, mas de uma ilusão maravilhosa. Mais tarde saber-se-á de novo que a história sob a razão subsiste. Humanos, com suas esquisitices e suas experiências de acaso, ressurgirão de sob as demonstrações impecáveis e os teoremas impessoais. Enquanto isso, os bastidores parecem ter desaparecido.

OS QUE ACREDITAVAM NO VERDADEIRO

"Elefante ou pantera"

"A ação desse homem sobre seu tempo e sobre os novos tempos nunca será exagerada. É um herói: ele retomou as coisas desde o começo e redescobriu o solo da filosofia, ao qual ela retornou após um extravio de quase mil anos." Assim falava Hegel. Descartes era, a seu ver, "o verdadeiro iniciador da filosofia moderna", na medida em que havia estabelecido o pensamento como seu primeiro princípio. Bem mais tarde, Husserl, em 1929, pronunciando na Sorbonne as conferências que formaram suas célebres *Meditações cartesianas*, coloca por sua vez a fenomenologia no prolongamento do gesto inicial do "maior pensador francês". Esses elogios ombreiam com julgamentos sem apelação. Pascal, que lera Descartes com atenção, declara-o "inútil e incerto", enquanto Nietzsche, de passagem, julga-o "superficial". Heidegger quase se cala. Ele, que consagrou longos trabalhos a Aristóteles, a Leibniz, a Kant, a Nietzsche... não diz quase nada da posição de Descartes no destino da metafísica. Quase, porque em 1937, nos trezentos anos do *Discurso do método*, ele responsabiliza Descartes pela matematização do mundo que desencadeia a expansão desenfreada da técnica. Não é uma responsabilidade pequena. Heidegger, apesar de tudo, não é nada prolixo a respeito de Descartes.

Como o herói se separou do pensamento escolástico? Qual é seu diálogo noturno com a ontologia grega? A que sorte de inflexão ele submete os materiais tomados emprestados de Aristóteles? Examinando de perto esse gênero de questões, Jean-Luc Marion prolonga o procedimento de Heidegger e modifica a imagem de Descartes. A ruptura cartesiana também é uma continuidade. Não porque o filósofo do *cogito* retomava antigas teses formuladas antes dele, mas porque ele ataca, sabendo-o ou não, antigas questões. Descartes tem razão, portanto, de sustentar ao mesmo tempo que tudo na filosofia é antigo, inclusive sua doutrina, e que ele detém verdades que ninguém havia enxergado antes. Segundo Marion, ele realiza uma inversão na essência da metafísica. Antes dele, em santo Tomás ou em Suarez, por exemplo, ela é definida como contemplação do ente como tal, ou separado da matéria. Depois dele, em Kant notadamente, ela é definida em relação ao sujeito cognoscente: ela concerne aos primeiros princípios do uso do entendimento puro. O "prisma cartesiano" deslocou o acento do ente para o sujeito cognoscente. A esse Descartes majestosamente inscrito na história do ser e nas tribulações da ontologia, alguns podem preferir uma silhueta rústica, quase campestre, em que se conjugam de maneira inesperada um inventor de álgebra e um apreciador de travesseiros.

Bem jovem, o frágil René tinha de ficar de cama até tarde da manhã. Quando começou seus estudos, por volta dos onze anos, na Páscoa de 1607, os jesuítas do colégio de La Flèche autorizaram-no a conservar esse modo de vida. Nada mudou depois. Sem dúvida, durante suas viagens, houve exceções, rudes manhãs ativas, correrias e pressa. Mas sua regra o fazia, sempre que possível, ficar de manhã no sossego, deitado ou sentado na cama, muitas vezes de janela aberta. Poucas leituras, apenas uma ou outra nota. Um parêntese em que o pensamento se esclarece. *O discurso do método*, a *Dióptrica* e a *Geometria*, as *Meditações metafísicas* e outros textos fundamentais foram concebidos nessa confortável solidão, livre das manhãs agitadas.

Ele gostava de estar só. Organizava constantemente retiros: moradas protegidas dos importunos, mudanças de endereço, casas afastadas. Descartes não suportava ser "incomodado pelos vizinhos". As linhas gerais das suas idas e vindas estão bem estabelecidas: estudos na França (La Flèche, depois Poitiers), nove anos de viagem entre a Alemanha, os Países Baixos e a Itália (dos 24 aos 33 anos), depois vinte anos, e múltiplas residências, sob o céu neerlandês, entrecortadas por três voltas a Paris e à sua Touraine natal, enfim o último périplo, à Suécia, onde morreu aos 54 anos. Mas continuamos sem saber onde ele estava neste ou naquele ano. Perdemos seu rastro várias vezes. Ele se escondeu, se protegeu, se esquivou. Não era uma casualidade, nem uma simples neurose.

Foi antes de tudo uma moral. Descartes escolheu seus caminhos. Ele se aplicou a buscar a verdade com todas as forças do seu espírito. Essa exigência não podia se conciliar com o barulho e as conversas fúteis. Desde seu encontro em novembro de 1618 com o matemático Isaac Beeckman, o rapaz compreendeu efetivamente que física e geometria podiam se unir e até se unificar. Afirmou "nunca ter encontrado ninguém, salvo seu amigo, que utilizasse essa maneira de estudar e unisse com cuidado a física à matemática". O trabalho evoluiu, a intenção fundadora permaneceu: constituir a "ciência universal" que abrangesse "tudo o que é submetido à ordem e à medida". Apesar de tudo, seria um erro imaginar Descartes preocupado apenas com equações e metafísica. Ele se interessou pelas avalanches, descreveu a estrutura dos flocos de neve, pensou em mandar construir uma luneta suficientemente poderosa para ver "se há animais na Lua" e quis compreender por que, perto de Roma, as pessoas acreditaram ver certo dia vários sóis. Ao contrário de um preconceito ainda hoje difundido, ele possuía um senso agudo do concreto: "Estive um inverno em Amsterdam em que eu ia todos os dias ao açougue" pedir que o açougueiro levasse "ao meu domicílio as partes que eu queria anatomizar mais sossegadamente".

Solitário, esse apaixonado pela verdade nunca foi arrogante nem desdenhoso. O saber, a seu ver, devia se aplicar e se compartilhar: "A filosofia que eu busco [...] é o conhecimento das verdades que nos é permitido adquirir pelas luzes naturais e que podem ser úteis ao gênero humano." Ele escreveu em francês, para que todos pudessem ler, a começar pelas mulheres, que não sabiam latim. Ele sugeriu a simplificação da ortografia, o que "daria muito mais comodidade aos estrangeiros para aprender nossa língua". Esforçou-se por expor claramente suas meditações, "de tal sorte que mesmo os que não estudaram possam entendê-las". As hierarquias sociais não o embaraçavam: ensinou matemática a Jean Gillot, que foi no início seu criado. Alguns anos depois escreveu a Huygens: "É o primeiro e quase o único discípulo que já tive, e o melhor espírito para a matemática." Descartes também ajudou Dirck Rembrandtzs a se tornar astrônomo. Esse sapateiro tinha vindo vê-lo por amor à matemática. Escorraçado pelos domésticos, foi recebido pelo filósofo na sua segunda visita e publicou, mais tarde, trabalhos estimados.

A biografia de Geneviève Rodis-Lewis nos permite compreender, com a ajuda desses exemplos e de alguns outros mais, o que foi a "generosidade" de Descartes. Sua rejeição das mundanidades não será, no fim das contas, outra face dessa virtude? Quando da última viagem do filósofo a Paris, sua notoriedade estimula um grande número de curiosos a visitá-lo sem nenhum motivo verdadeiro, só para entrever sua fisionomia. "De modo que tenho motivos para crer que eles só me queriam na França como um elefante ou uma pantera, por causa da raridade, e não por ser útil a alguma coisa", escreveu a Chanut, no dia 31 de março de 1649. Por trás do herói generoso, ao lado do filósofo que se dizia ele próprio "mascarado", adivinhamos, a partir de alguns fatos, uma existência mais complicada. Durante os primeiros meses de vida, Descartes esteve gravemente enfermo. Achavam que não iria sobreviver. Sua mãe morreu antes de ele fazer um ano, ao pôr no mundo outro filho, que só viveu três dias. O filósofo parece ter ignorado esse nascimento e acreditado que sua mãe havia morrido alguns dias depois de tê-lo posto no mundo. Sua ama-de-leite, em compensação, teve uma vida longa, e ele proveio à sua subsistência. No momento em que ele próprio agonizava, assegurou-se de que não faltaria nada a ela.

Gostaríamos de saber mais da sua filha Francine, nascida em 1635 de suas relações com Hélène, uma criada. Descartes parece ter cuidado muito bem da criança. Quando Francine morreu de escarlatina aos cinco anos, ele estava prestes a levá-la à França para que recebesse uma boa educação. Essa vida curta, muitos poucos notaram, foi contemporânea das páginas mais fortes do metafísico. René escreveu aliás, quando Francine tinha três anos e meio: "Parece-me que agora estou mais longe da morte do que estava na minha juventude." Coincidência apenas? Por outro lado, terão prestado uma atenção suficiente no cachorro que Descartes, tido por considerar os animais como simples máquinas, chama lindamente de "Monsieur Grat"? Ele o manda a Paris em 1648, "para cruzar com uma cadelinha". Sua correspondência com o inglês H. More reconhece a existência, no cachorro, de *affectus*, que se manifestam por movimentos do rabo, sem no entanto constituir uma verdadeira linguagem... Já se pensou o suficiente na ironia do destino que o fez ser enterrado na Suécia num cemitério para crianças "mortas antes do uso da razão"? Quem sabia que seus despojos enfrentaram várias desventuras antes de serem inumados, em 1819, na igreja de Saint-Germain-des-Prés? Faltava o crânio, roubado na Suécia por um capitão que o admirava, vendido várias vezes, finalmente comprado por um químico, oferecido à França em 1821 e possuído hoje pelo Museu do Homem...

Que ia fazer na Suécia? Por que ia ao "país dos ursos, entre rochedos e geleiras"? Para responder ao convite de Elizabete da Boêmia, com quem manteve uma bela amizade intelectual, e da rainha Cristina da Suécia, que queria se instruir em filosofia. Embarcou pois para Estocolmo em setembro de 1649, com a intenção de passar o inverno. A rainha Cristina, de pé antes do raiar do dia, pede-lhe para "estar na sua biblioteca todas as manhãs às 5 horas". Descartes pegou um resfriado e entregou a alma a Deus no dia 11 de fevereiro de 1650, às 4 horas. Talvez não seja indicado, para os filósofos, acordar cedo.

A chave de uma vida feliz

Seu último projeto: compreender os mecanismos das nossas paixões, permitindo-nos assim governá-las. Se soubéssemos que processos íntimos engendram alegrias ou tristezas, que engrenagens geram a inquietude ou garantem, ao contrário, a tranqüilidade do espírito, sem dúvida poderíamos fazer que não fôssemos mais duradouramente perturbados, subsistindo por isso mesmo num contentamento quase contínuo. É uma velha ambição, como se viu: toda a filosofia antiga se organizou em torno do projeto fundamental de "mudar a vida" pelo exercício cotidiano do pensamento, aplicando-se a modificar emoções e desejos. De Descartes, a posteridade reteve principalmente a evidência fundadora do "eu penso", a certeza das idéias claras e distintas, a exigência metódica, a evidenciação das verdades lógicas, um procedimento baseado na razão e em seus poderes próprios, em vez de na autoridade da tradição. Seus leitores, pouco a pouco, esqueceram ou desprezaram a intenção prática final da sua obra.

No entanto o filósofo é explícito, como sempre. Que propõe ele, no dia 21 de julho de 1645, à sua amiga, a princesa Elizabete da Boêmia, sujeita às aflições (depressiva, diríamos nós) e incapaz de se restabelecer sozinha? Ele se compromete a discutir com ela sobre os "meios que a filosofia nos ensina para adquirir essa soberana felicidade que as almas vulgares esperam em vão da fortuna e que só podemos obter de nós mesmos". E cumpre a promessa, redigindo o "primeiro esboço" de um pequeno *Tratado das paixões* que parece provocar, em sua destinatária, os mais felizes reflexos. Esse texto não recebeu a atenção que merece. Embora pertença incontestavelmente à obra cartesiana, os comentadores o freqüentaram relativamente pouco. Não é difícil ver por quê. O projeto de analisar as paixões "como físico" leva Descartes a desenvolvimentos que, de longe, parecem barrocos. Ele explica assim "por que os que a cólera enrubesce devem ser temidos menos que aqueles a quem ela empalidece".

Descreve principalmente como a alma faz mover-se "a pequena glândula" situada sob o cérebro, como o espírito recebe também por esse meio as impressões do corpo. Essa "sede principal da alma" ainda assim permanece misteriosa. Descartes, como se sabe, considerou a alma e o corpo como duas "substâncias" ou duas "coisas" radicalmente distintas por sua natureza mesma: a alma pertence ao pensamento, o corpo pertence à extensão. Um problema "estranhíssimo" é levantado pelo funcionamento da união de ambos: como o pensamento pode ser influenciado por mecanismos físicos? Como pode dirigir o corpo ou modificar seus movimentos? Como, em outras palavras, alma e corpo, que se supõe sejam totalmente distintos por essência, podem se juntar, ou até se fundir uma no outro? O problema é ainda mais difícil de conceber por não se tratar de uma simples justaposição, de um ajuste imperfeito de mundos heterogêneos. O enigma se prende à mistura (*permixtio*), à união substancial dessas duas naturezas. Sentimos, de fato, o amor ou o ódio, a alegria ou a tristeza como "referindo-se apenas à alma". Nós os percebemos como estados internos da alma, não como efeitos do corpo na alma. Nossos sentimentos e nossas emoções não se apresentam a nós, espontaneamente, como repercussões da nossa maquinaria fisiológica no seio do nosso espírito.

Para compreender melhor o que Descartes tentou estabelecer, para avaliar os obstáculos que ele vence, para medir em que ele teve êxito ou fracassou, é necessária uma leitura atenta do *Tratado das paixões*. Denis Kambouchner consagrou-se a essa tarefa por um bom número de anos. Seu trabalho, um milhar de páginas bem dominadas, revela – uma vez passada a fachada do texto, carregada de representações fisiológicas faz tempo caducas e de classificações antiquadas – interrogações cruciais que ainda nos falam. Um dos seus resultados mais interessantes é mostrar como essa elaboração de uma "analítica" das paixões e de uma "canônica", isto é, das regras que daí decorrem para a direção da alma, constitui uma verdadeira prova para o sistema de pensamento cartesiano. Para passar da metafísica à moral, é necessário de fato que seja reelaborada a concepção do sujeito. O sujeito moral não se define a partir do pensamento puro, apenas do *cogito*. Ele se inscreve ao contrário nessa zona "mediana" em que o composto alma-corpo age especificamente. Levar em conta as paixões conduziria Descartes portanto a considerar sob um novo aspecto os papéis específicos do corpo e da alma, e até a sugerir que, em certo sentido, o corpo "pensa". As paixões e seus mecanismos sustentam e dirigem a atenção. Elas reparam e compensam, de certa forma, os eclipses que fragmentariam a continuidade do pensamento, se a alma fosse entregue apenas à sua natureza. Elas participam grandemente da formação e da coesão das vontades. Em poucas palavras, sem elas, a fisionomia da alma seria bem diferente do que nos parece.

É por isso que as paixões não têm de ser erradicadas – seria pura loucura! Fazer bom uso delas equivale a amá-las amando-se a si mesmo, gesto que Descartes chama de "generosidade". Essa chave de uma vida feliz não é uma virtude entre outras, nem mesmo uma disposição geral diante da vida. É antes um amor efetivo a si mesmo, um contentamento pleno e persistente, que não tem nada a ver com o egoísmo e sua clausura. Fundamento da moralidade cartesiana, a afetividade generosa entretém-se a si mesma, agindo virtuosamente. "Porque quem viveu de tal sorte que sua consciência não lhe pode reprovar que tenha deixado jamais de fazer todas as coisas que julgou ser as melhores [...], obtém com isso uma satisfação tão forte para torná-lo feliz, que os mais violentos esforços das paixões nunca têm poder suficiente para perturbar a tranqüilidade da sua alma." Embora essa frase possa sugerir tal assimilação, não se deve confundir essa satisfação com o sentimento do dever cumprido. Descartes, de fato, não prescreve ser moral para ser feliz. Ele preconizaria antes ser primeiro feliz-generoso para estar certo de praticar a virtude. O que significa isso? Nada seria capaz de nos forçar a ser, para com nós mesmos e para com o mundo, na tonalidade de um acorde maior. Nada pode nos obrigar, de fora, a nos manter no gozo que esse prazer supõe. É preciso que essa propensão seja primeira, e que as virtudes venham em seguida.

Essa moral está portanto bem longe do respeito a uma regra abstrata e da conformidade exclusiva a um dever racional. Ela nada tem de melancólico nem de coercitivo. É ao mesmo tempo alegre e pudica. Um ano depois da primeira redação do *Tratado das paixões*, o filósofo escreve a Chanut: "É verdade que tenho o costume de me recusar a escrever meus pensamentos no tocante à moral, e isso por duas razões: uma, que não há matéria em que os espertos possam encontrar mais facilmente pretextos para caluniar; outra, que creio caber apenas aos soberanos, ou aos que são autorizados por eles, meter-se em regular os costumes alheios." No fim das contas, tudo se joga na afinação do timbre interior, em sua correspondência com as harmonias de fora. Está aí algo que faz pensar muito em Spinoza.

Acreditaram poder opor sistematicamente Spinoza a Descartes, considerando suas oposições mais importantes que suas convergências. Spinoza pertence, como Descartes, a essa espécie que não se consegue fazer caber numa vitrine de museu. Sua voz se dirige a cada um. Mais de um ainda vê sua vida mudada por ela. Que ele não pertença ao passado, é fácil de se convencer. Entre os autores cujas vírgulas os eruditos escrutam, Spinoza possui a particularidade de suscitar o apego admirativo ou a rejeição desdenhosa. Mais que qualquer outro, ele atrai ou repele. Seu pensamento ainda divide, engendrando ódios tenazes ou amores indefectíveis. É bom sinal. Não é um homem de consenso frio, mas ao contrário de conflitos e de paradoxos.

Quartos mobiliados

Primeiro paradoxo: um judeu que renega os seus. Nascido numa família abastada, no dia 24 de novembro de 1632, no Burgwall de Amsterdam, perto da velha sinagoga portuguesa, Baruch de Spinoza começa freqüentando a escola judaica tradicional, onde aprende hebraico e comenta o Talmude, enquanto ajuda seus pais nos negócios. Aos 20 anos, assiste aos cursos do estranho Van den Enden, um ex-jesuíta que se tornou livre-pensador e que será executado na França algum tempo depois. Os rabinos suspeitam das suas convicções e, em 1656, convocam-no para que se explique. Spinoza se mostra firme, se recusa a fazer penitência, rejeita as propostas de acomodamento dos religiosos, que desejavam evitar um escândalo. Teria até redigido, segundo Bayle, uma *Apologia para justificar sua saída da sinagoga*, hoje perdida. Um fanático tenta assassiná-lo. Reza a lenda que ele conservou a vida inteira o manto traspassado pelo punhal. No dia 27 de julho de 1656, Baruch é excluído da comunidade por suas "ações monstruosas" e suas "aterradoras heresias". Ele passa a se chamar *Benedictus*, o abençoado por Deus. E se muda de Amsterdam.

O burguês escolhe o desenlace no meio da prosperidade, a solidão no seio do formigamento das idéias. Novo paradoxo, nesses Países Baixos que vivem seu século de ouro, animado por uma vida econômica e intelectual intensa. As pegadas de Spinoza se perdem até 1660. É sem dúvida durante esse período que ele aprende a feitura dos instrumentos de óptica, cujas leis estuda nas obras de Descartes e de Huygens. Morando em simples quartos mobiliados, comendo pouco, fumando de vez em quando um cachimbo com seus hospedeiros, renuncia à sucessão do pai, recusa o dinheiro dos seus discípulos e declina, em 1673, da oferta de uma cátedra de filosofia em Heidelberg. Porque esse obscuro não demora a ficar célebre. Seus colóquios de professor particular com alguns alunos dão lugar, em 1661, ao *Curto tratado*, sua primeira obra. Redige o *Tratado da reforma do entendimento* e trabalha, desde essa época, na *Ética*. Nada dela será publicado em sua vida. O que não impede sua reputação de se difundir longe. Huygens e Saint-Évremond visitam-no. E mais tarde Leibniz, que negará posteriormente ter-se encontrado com ele.

Paradoxo ainda: esse metafísico fora do mundo é um político. O grande pensionário da Holanda Jean de Witt, líder liberal do governo de 1653 a 1672, admira-o, protege-o e, talvez, ouça-o. O segundo texto publicado antes da sua morte, sob um anonimato logo desmascarado, é o *Tratado teológico-político*. Sua questão central: por que os homens lutam por sua servidão como se se tratasse da sua liberdade? Spinoza não pertence de resto a nenhum clã. Ele só apóia aquele em que o pensamento corre menos o risco de ser sufocado. Paradoxo enfim: falecido no dia 21 de fevereiro de 1677, provavelmente de tísica, Spinoza é acompanhado, dia 25, por seis carroças até a fossa comum. Alguns meses depois, uma doação, anônima até hoje, possibilita a impressão, sem nome de autor nem de editor, das suas *Opera posthuma*, que reúnem a *Ética*, um *Tratado político* (sua última obra, inacabada), o *Tratado da reforma do entendimento*, suas cartas e um *Tratado de gramática hebraica*. É preciso um bom tempo para entender, sob os contra-sensos, as injúrias ou os entusiasmos, seu pensamento como uma homenagem à vida, e sua vida como um hino à alegria.

Livro-universo

A *Ética* pertence ao pequeno número dos livros-universos. Muitos filósofos sonharam com encerrar o mundo numa só análise, com explicar até mesmo suas zonas de sombra. Poucas obras dão a sensação de perfeição definitiva que emana dessa obra. Nenhuma, sem dúvida, conserva tão fortemente uma força de agir sobre nossas vidas. De fato, sua finalidade não é saber por saber. Graças ao conhecimento, trata-se de limpar o humano, em espírito e em corpo, das suas angústias insensatas, das suas cegueiras fanáticas, de todos os males gerados pelas ilusões ligadas à sua ignorância. A chave do mundo também é a chave da felicidade. A razão tem por missão governar a vida, cotidianamente. O saber pode levar à salvação. Desvendar os verdadeiros princípios, tirar retamente deles as justas conseqüências não é, aqui, uma contribuição limitada a um trabalho científico sem fim. É a via de acesso à beatitude infinita da sabedoria.

Para entrevê-lo, convém ler e reler a *Ética*. Essa leitura prolongada é, por si só, uma experiência sem equivalente. Basta abrir o livro para entrever quão desconcertante e único é esse tratado matemático que tem nossos sentimentos por objeto e que transforma em libertação o mais total determinismo. Acostumar-se com a força de Spinoza leva algum tempo, mas a perfeição da *Ética* pode quase ser percebida de cara. Nela o filósofo poliu o latim do geômetra até lhe dar o brilho transparente e seco das idéias verdadeiras. Ele uniu o rigor lógico às alegrias evidentes da luz. Acompanhar por um bom tempo seu caminho exigente é ver o presente investido pela eternidade e o infinito no cerne de cada gesto, como de cada idéia. Salta aos olhos que esse mestre de pensar é um mestre de viver. Mas como lê-lo? O latim já não faz parte de nossos hábitos. A maioria de nós terá de avançar passo a passo numa transposição francesa. Aí começam as dificuldades. A despeito da sua probidade, as duas traduções principais em uso, a de Charles Appuhn e a de Roger Caillois, têm seus erros. Ora, a *Ética* é uma mecânica de precisão. Uma má aproximação, e um conceito é falseado, um raio de luz é velado, e o todo grimpa. Dois filósofos propuseram novas traduções – Bernard Pautrat é um deles, Robert Misrahi, outro – renovando as vias de acesso ao pensamento spinozista.

Ora, esse pensamento modifica tudo, a começar por Deus. *Deus, sive Natura*. Deus, isto é, a Natureza. Não uma pessoa, nem uma Providência. Nem um puro espírito, nem um ente supremo e diferente do mundo. Deus-Natureza não tem nem livre-arbítrio nem vontade. É a substância infinita, sem começo nem fim exterior, em que tudo ocorre em virtude da necessidade. Daí decorre a subversão da ética, que já não pode ser submissão a regras editadas por uma vontade divina e transmitidas por uma revelação. Nada nem ninguém julga o mundo de cima. O que é pois a virtude? Ela não encontra seu fundamento no exterior da existência. Ela não é diminuição ou mutilação. Ao contrário: plenitude, afirmação, força são a virtude, alegria ativa e completa. Subversão já iniciada em Descartes: não é porque se renuncia aos crimes ou aos excessos que se é virtuoso, é porque se vive na força positiva e alegre da virtude que eles desaparecem.

Mas e o bem? E a norma? E a lei moral? Subversão, de novo, que Descartes nem sequer imaginara: ao preconceito corrente segundo o qual cremos desejar o que é belo e bom, Spinoza opõe a idéia de que julgamos belo e bom aquilo para o que nosso desejo nos inclina. Eis como a *Ética* subverte a ética: somente o desejo julga e comanda. Positivo, construtor, motor, o desejo já não é uma parte maldita a ser refreada sob a autoridade da razão. A vida do sábio não é ascética. Ela é automodificação do desejo que sabe preferir, graças à compreensão racional, o que é mais proveitoso à sua expansão real. Pela razão, o humano pode portanto chegar a buscar no desejo mesmo o necessário para se libertar. A sabedoria de Spinoza é sem transcendência e sem mortificação. Essa alegria resolutamente grave é inimiga de toda e qualquer forma de tristeza, de diminuição ou de dilaceramento de si. Não se escapa do mundo pela salvação. Ao contrário, o ser humano se torna tão plenamente vivo que já não resta nenhum lugar para a ilusão dos trasmundos. Liquidadas a alma e a imortalidade, no sentido habitual desses termos. Permanece a eternidade, aqui e agora: Deus-Natureza, através do espírito claro do sábio, desfruta de si fora do tempo.

Pressente-se talvez por que Spinoza não pára de fascinar nem de agir. Compondo um tratado como os dos geômetras – com definições, axiomas, demonstrações – para tratar de Deus, das paixões, da servidão e da libertação, ele pretende estabelecer cada proposição com tanta certeza quanto aquela com que os matemáticos deduzem seus teoremas. Essa reconstrução racional do mundo parece deixar pouquíssimo espaço à experiência. Por comparação com a nitidez dos argumentos lógicos, o que todos nós sentimos, cotidianamente, parece maculado de erro ou de ilusão. Incerta, aleatória, imaginária, aproximada, enganadora, a experiência comum poderia sem prejuízo ser deixada de lado. O filósofo que apela apenas para a potência da razão não espera nada das constatações triviais acumuladas no dia-a-dia. Ele próprio diz isso, numa carta a De Vries, em fevereiro ou março de 1663: "A experiência não nos ensina a essência das coisas." No entanto, se o termo experiência não aparece com muita freqüência em Spinoza, figura porém em posição de destaque, como mostrou Pierre-François Moreau, em momentos chaves do seu percurso intelectual e espiritual.

Em particular no começo do trajeto, quando se trata de entrar na filosofia. Primeira frase do primeiro texto, o *Tratado da reforma do entendimento*: "Depois que a experiência me ensinou que tudo o que acontece na vida comum é vão e fútil..." O poder da experiência não é desprezível, portanto: em todo caso ela pode provocar a conversão à filosofia. Schopenhauer contribuiu para tornar célebres essas páginas de juventude em que Spinoza emprega um tom familiar e sobretudo patético, que não voltaremos a encontrar nele posteriormente. O trágico e o racional constituiriam pois dois universos não disjuntos, mas ao contrário imbricados. O filósofo reúne os elementos de um itinerário subjetivo que ele desembaraça de tudo o que os tornaria singulares. Ora, é exatamente isso que a experiência designa: o terreno comum a todas as vidas individuais, o registro da familiaridade compartilhada, independentemente da infinita variedade das compleições e das histórias pessoais. Na outra extremidade do percurso, quando já não se trata de entrar na meditação filosófica, mas de experimentar seu acabamento, no último livro da *Ética*, ainda se trata de experiência. "Sentimos e experimentamos que somos eternos" (*"Sentimus experimurque nos aeternos esse"*), escreve Spinoza – o que Schopenhauer, aqui também, não deixa de sublinhar. Que significa essa frase? Pierre-François Moreau dissipa a confusão por demais freqüente entre essa eternidade spinozista e a tradicional "imortalidade da alma". Em Spinoza, a experiência da eternidade é, desde esta vida, a coisa do mundo mais bem distribuída. O termo "eternidade" já não designa, para ele, o que dura o tempo todo nem o que se situa fora do tempo, mas a própria existência, apreendida sob a forma da sua necessidade interna.

Entre esses dois momentos, pode-se discernir uma presença da experiência constantemente em ação no pensamento de Spinoza. Não se trata da experiência vaga da nossa relação geral com o mundo. Nem da experimentação construída numa perspectiva científica, que no entanto Spinoza pratica regularmente. Nem tampouco da experiência mística – se bem que esta não esteja ausente do seu horizonte. A experiência reúne tudo o que não pode ser deduzido ou demonstrado, mas que decorre apenas de uma espécie de constatação. Qualquer que seja a importância do que a razão pode deduzir, vastos pedaços da existência, a que Spinoza concede vivíssima atenção, escapam do seu império. A linguagem, por exemplo, e os múltiplos aspectos do seu uso não decorrem da essência. É só inquirindo da existência destes que a aprendemos em detalhe. Spinoza não cessa de reconhecer implicitamente isso, em particular em suas reflexões sobre a gramática hebraica e sobre o texto bíblico. O mesmo se dá com as paixões humanas. Suas formas universais são estudáveis em sua lógica própria, "como se se tratasse de linhas e de figuras". Mas o detalhe exato das suas combinações particulares só é conhecido, nos indivíduos como nos povos, pela observação empírica. Enfim, não é diferente no caso da história. A "fortuna" designa, no caso, o aspecto variável e opaco das estéticas, tanto da vida privada como da política. Com isso, as funções da experiência parecem mais sutis. É preciso parar de crer que a filosofia é exterior ao mundo cotidiano. Spinoza toma emprestado do vocabulário de todos os dias os termos com os quais ele talha e pule os conceitos.

VII

Exercício de desilusão

> Eles são mesmo desenganados? Não será uma tática?
> Difícil saber, no caso dos pensadores da Idade Clássica,
> qual a cor da alma.
>
> *Pintem minhas ações mais negras que a noite.*
> CORNEILLE, *Medéia*

Supõe-se a Idade Clássica segura de si, dotada de fortes evidências fundadoras. Imagina-se que seja a detentora serena tanto das regras do poder como das regras do pensamento. Essa plenitude ordenada é uma ilusão. Esse tempo também é negro, equívoco, incerto. Há nele pensadores percorridos por tensões tão contrárias que não se sabe como qualificá-los. Católicos ou céticos? Sinceros ou cínicos? Fiéis ou ateus? Difícil dizer. Esses filósofos parecem monstros de ambigüidade. Eles fazem da Idade Clássica uma terra de contrastes. Ao triunfo da razão responde a dúvida que se aguça, à fé soberana, a libertinagem que se afirma. Essas silhuetas desconcertam: não sabemos como lidar com elas. Têm tantos perfis que não conseguimos manter todos eles juntos. Padres epicurianos, católicos desiludidos, conservadores materialistas, não sabemos de que lado eles combatem. É difícil imaginar como a alma deles se compõe, compreender como a face escura do classicismo é ordenada.

Hobbes despede Aristóteles

Thomas Hobbes foi discutido por seus contemporâneos: Descartes, Leibniz, Gassendi, Spinoza. Ainda o é no Século das Luzes. De Leland a Swift, de Montesquieu a Diderot, do barão de Holbach ao marquês de Sade e a Rousseau, praticamente todas as correntes de idéias inglesas e francesas do século XVIII anexam-no ou atacam-no. Ontem ainda, Schopenhauer, Adam Smith, Augusto Comte, Proudhon ou Karl Marx foram entusiastas ou críticos em relação a ele. Raros são os pensadores que tiveram tal influência, e tais leitores. Todavia, esse reconhecimento não é isento de mal-entendidos. O mais freqüente consiste em não ver no autor do *Leviatã* e do *De cive* mais que um teórico do absolutismo,· partidário da monarquia e dos poderes fortes. No limite, ele preferiria o risco de abusos totalitários ao de distúrbios anárquicos. Essa visão curta persistiu por um bom tempo. Sem dúvida não é esse o principal embaraço dos comentadores contemporâneos, como por exemplo F. Tonnies, Léo Strauss ou Raymond Polin. Todos, de fato, a despeito das suas divergências, concordam neste ponto: Hobbes funda a reflexão política moderna. Ele é o primeiro a formular a questão do poder de Estado considerado do ângulo do direito racional. Essas leituras, por sua vez, não são isentas de dificuldades. Porque não é possível considerar Hobbes um filósofo unicamente preocupado com o *commonwealth*, o bem comum, e com a fundação de uma ciência política. Na massa constituída pelos dezoito volumes dos seus escritos (onze em inglês, sete em latim), boa parte é consagrada a trabalhos de "filosofia primeira", de lógica, de óptica, de matemática. Neles, Hobbes constrói a nova imagem do mundo que a revolução copernicana tornou possível: mecanicista, nominalista, materialista.

A articulação da sua filosofia da natureza com a sua filosofia política é que pode deixar perplexo. Devemos nos decidir a cortar a obra em dois, admitir que a vertente política é independente, simplesmente justaposta a uma física materialista? Devemos, ao contrário, analisar os escritos políticos à luz do *Curto tratado dos primeiros princípios* ou do *De corpore*? Nenhum desses procedimentos conduz a resultados verdadeiramente satisfatórios. Para compreender o sistema ético e político de Hobbes, Yves Charles Zarka empreendeu uma análise atenta das suas posições metafísicas. A pesquisa levou a dois resultados principais. O primeiro é a evidenciação do *parti pris* metafísico de Hobbes. Paradoxo: esse metafísico falou muito mal da metafísica. As posições de Hobbes, em completa oposição às de Aristóteles, nem por isso são menos coerentes. No mestre grego, o saber corresponde intimamente ao real. O conhecimento e o ser são, em seu fundo, idênticos. O que é contraditório é, ao mesmo tempo, impensável, indizível e inexistente. As categorias que ordenam nosso pensamento são gêneros do ser.

Ao contrário, no "inglês", como dizia Descartes, opera-se uma disjunção entre a ordem do conhecimento e a ordem da realidade. Nossos saberes se submetem às leis da lógica, mas estas não nos dão nenhum acesso ao ser. A substância do mundo, como tal, permanece inconhecível. As categorias são classificações de nomes, nada mais. Dito de outro modo, o universo das palavras e o universo das coisas são dois. Isso, evidentemente, não significa que uma coisa contraditória pode existir, mas que somente os discursos podem ser contraditórios. Separando assim a ciência do real ou, se preferirem, a lógica da ontologia, Hobbes critica explicitamente as ilusões a que dão nascimento as funções múltiplas do verbo "ser", reelabora o conceito de verdade, por meio de uma teoria da significação e da proposição. Qual é o vínculo entre essa "metafísica da separação" e a reflexão de Hobbes sobre o poder? Destacado de uma ordem natural do mundo, o homem elabora seu saber por intermédio das palavras e das suas definições. O Estado e, mais geralmente, a ordem jurídica podem aparecer então como uma realidade artificial fundada por seres dotados de palavra. A regra do direito, concebida como ato de linguagem, confere ao mundo humano sua fundação racional. As normas políticas substituem as que a natureza já não fornece. Instaurado pelos humanos como um sistema de signos, o poder já não se ancora numa natureza divina ou cósmica. Com Hobbes, teórico do absolutismo, talvez se abra o tempo da morte do rei.

Gassendi escreve a Galileu

Pierre Gassendi tem facetas demais. Difícil encontrar nelas um ar de família. Dentre os retratos que podem ser esboçados desse homem, sempre há uns que não se harmonizam com os outros. Muitos filósofos são feitos como que de um só bloco, mesmo se este bloco tem veios como certos mármores. Ele, ao contrário, parece defasado, como se não coincidisse consigo mesmo. Quantas mais peças se descobrem no quebra-cabeça, menos elas se ajustam. Tido por seus contemporâneos como da estatura de um Hobbes ou de um Descartes, esse autor quase esquecido – o nome permanecia, a obra não tinha leitores – continua a causar perplexidade, desde que se voltou a exumá-lo e escrutá-lo.

Nasce em janeiro de 1592, em Champtercier, pequena aldeia próxima de Digne. É o que hoje chamamos de um "superdotado". "Aos quatro anos, já o viam, de noite, contemplar com uma atenção incrível a Lua e as estrelas." Pierre Gassendi é, em todo caso, precoce e de uma inteligência fora do comum. Esse filho de camponeses provençais se torna um dos melhores astrônomos do seu tempo. Multiplica as observações, publica o primeiro *Atlas da Lua*, estuda as manchas solares, corresponde-se com Galileu e com Mersenne. Quando é nomeado em 1645 para o Collège Royal (atual Collège de France), torna-se uma autoridade científica reconhecida. Só ensina um ano no Collège, por motivo de saúde. Um homem de saber, pois? Evidentemente, mas também um padre da roça, que rezou a missa a vida toda, todos os domingos e dias santos, saindo pouco da sua diocese, de que escreve a história, entre seus trabalhos de física, medicina e arqueologia. Não se deve esquecer que a década de 1630 não é a mais favorável para o manejo da luneta astronômica por um homem da Igreja. Gassendi escreveu a Galileu antes do processo de 1633: "Estou tomado pela maior perplexidade ante a sorte que aguarda o senhor, maior glória do século..." Tudo isso ainda não é desconcertante. Se bem que, na época, as tensões sejam vivas, pode-se conceber que esse "Abismo de Ciência", como o chama seu jovem discípulo Bernier, tinha o espírito suficientemente aberto para conciliar a submissão ao dogma da sua Igreja com o apego à livre experimentação da ciência moderna. As coisas se complicam quando vemos esse padre dedicado, escrupuloso, imutavelmente atento em servir ao seu prebostado, dizer-se fiel, a vida inteira, à filosofia de Epicuro. O cônego astrônomo também é filósofo, e partidário do pensamento mais abertamente materialista e anti-religioso que a Antiguidade nos legou! Volumosos e eruditos, os escritos filosóficos de Gassendi tendem de fato a reabilitar o pensamento epicuriano reinterpretando o conjunto da história da filosofia, contra os aristotélicos, à luz de suas teses, parcialmente revistas e corrigidas. Compreende-se que Gassendi tenha encontrado tanto eco entre os libertinos da Idade Clássica. Eles acreditaram encontrar nele seu mestre em ceticismo, um pensador modernista, ateu, materialista. Mas já não dá para compreender como se organiza essa estranha cabeça.

Não é seguro que Gassendi tenha sido um "espírito pagão numa alma cristã", como acreditou René Pintard. Nem tampouco um cristão dilacerado. Seu procedimento é muito mais sutil, provavelmente mais desconcertante. Ele se esforça para construir pontes entre um dogma revelado, que ele aceita sem reservas, muito embora não lhe atribua nenhum fundamento racional, e uma concepção materialista do mundo que lhe parece verossímil e até atraente. Esses múltiplos compromissos permitem que ele concilie, por exemplo, pelo menos provisoriamente, o primado do prazer e a moral tradicional, ou a dúvida cética e a elaboração de conhecimentos exatos. Tais equilíbrios são evidentemente instáveis. Sua fragilidade seria a causa do desinteresse em que sua obra se envolveu. Mas a singularidade do seu modo de pensar talvez ainda não baste para explicar o esquecimento em que caiu esse filósofo à parte, nem para esclarecer os motivos que podem levar a tirá-lo hoje do olvido. Porque a mais interessante das ambigüidades de Gassendi reside no seguinte: sua obra introduz, entre antigos e modernos, múltiplas instabilidades. Uma face desse Jano está voltada para os tempos modernos. Ele combate a antiga ordem dos saberes, ataca os aristotélicos já na sua primeira obra, cerra fileiras com as ciências nascentes, influencia a corrente empirista, notadamente Locke, empreende de mil maneiras a construção do relativismo pragmático que animará as Luzes e o movimento dos enciclopedistas. Sua outra face está voltada para os antigos. Obstina-se em preferir escrever em latim, em justapor inúmeras citações clássicas, em recensear interminavelmente as opiniões e as doutrinas, a tal ponto que o leitor se perde numa sucessão de referências históricas. Mas essas duas faces se combinam tanto quanto se opõem. Sob a aparência antiquada, novas idéias se propagam. Sob os ataques que têm por alvo um aristotelismo petrificado, o espírito investigador de Aristóteles ressuscita. Sob a aparência retrógrada, é a arrogância dos modernos e o novo dogmatismo dos cartesianos que são visados. Essa obra, atravessada por tendências contrárias, adiantada em relação ao seu tempo e atrasada em relação aos modos, é a imagem do seu século.

Esprit acaba com as virtudes

Jacques Esprit é o ancestral desconhecido dessa linhagem de pensadores que desiludem e desenganam: Schopenhauer, Nietzsche, Freud. Sua doutrina é fácil de resumir: todo o mundo mente, em primeiro lugar a si mesmo. Virtude após virtude, ele opera uma desqualificação metódica dos ideais. A seu ver, todas as qualidades prestadas aos sábios e que nos esforçamos por alcançar, imitando-os, não passam de ficções, logros, invenções lamentáveis forjadas para mascarar a crueldade das paixões, para evitar gritar que é insuportável morrer e incompreensível viver. Os homens só buscam seu interesse. É o único móvel, para Esprit, de todos os comportamentos deles, dos seus cálculos e das suas emoções. Conseqüência: a vida em sociedade é uma guerra mortal, mascarada por pretextos diversos e táticas variadas. Esse amigo de La Rochefoucauld foi praticamente esquecido por quase todos. Pouco se sabe dele. Nascido em Béziers em 1611, deixa os oratorianos em 1639, recusando-se a se tornar padre. Protegido pelo chanceler Séguier, entra em 1639 para a Academia Francesa, faz amizade com Madame de Sablé e os jansenistas de Port-Royal. Com a idade, retira-se para a sua Aquitânia natal com uma jovem esposa e um manuscrito. Morre em 1678, o mesmo ano em que são publicados os dois volumes de *A falsidade das virtudes humanas*, texto editado pela última vez em 1693, reeditado em 1996.

É uma obra-prima do desencanto sistemático. Pela primeira vez, um esforço implacável é efetuado para aniquilar as fábulas que nos fazem crer que temos uma "boa alma", que existem "bons sentimentos" ou que, um dia, em algum lugar, viveram homens que alcançaram a sabedoria e o controle de si. Essa visão negra, que rebaixa o homem, é destinada – em princípio! – a realçar os cristãos. Somente eles, com ajuda da graça divina, poderiam ser verdadeiramente virtuosos. Somente eles poderiam sair dessa mentira generalizada. Jacques Esprit lhes reserva, no fim de cada nova demolição de uma virtude, dois ou três parágrafos estereotipados. Se confiássemos em tais conclusões, obteríamos um grande texto ascético: cada passo em direção ao rebaixamento do humano, cada aparecimento da lama nos lugares em que podíamos imaginar que havia uma luz, ressalta a distância intransponível entre o homem e Deus, o império do pecado, a necessidade da graça. Se pensarmos, ao contrário, que essas poucas linhas sobre a exceção cristã são, cada vez, uma simples precaução, uma proteção quase mecânica contra a censura e as perseguições, só restará a desilusão, o desengano, a desmistificação sem aparências exteriores, o assombro frio.

Desmascarando as virtudes, Jacques Esprit nunca encontra uma causa única para elas. Ao contrário, desenha, por trás da fachada vazia de sentido que elas nos oferecem, uma multiplicidade de explicações, umas psicológicas, outras fisiológicas. A piedade, por exemplo, é uma "previdência hábil", mas também pode ser a conseqüência de uma "mistura de humores em que a pituíta predomina". Cada ilusão moral surge assim de um sem-número de causas. Nunca se encontrará, por trás da máscara sempre diversa das boas ações e das boas almas, um semblante verdadeiro. O mais interessante, em Jacques Esprit, é que ele não substitui a falsidade das virtudes por um vício único e real que revelaria os traços autênticos do homem. Esse aparelho para destruir os consolos habituais, cuja descoberta devemos a Pascal Quignard, é de fato uma máquina: Jacques Esprit tem uma melancolia ordenada, não deixa subsistir nada que possa servir de refúgio. Nem sequer o passado: "Não se deve imaginar que os que viveram antes de nós eram mais gente de bem do que nós." Nem sequer nossos caros desaparecidos: "Somos favoráveis aos mortos, porque eles já não estão em nosso caminho, porque não contrariam nenhum dos nossos interesses e porque já não estão em condição de cometer nenhuma injustiça contra nós." Nem sequer o controle de si: de fato, os homens "fazem o mal que não queriam fazer", "eles não dispõem de seu próprio coração". É finalmente a idéia de um sujeito individual que já voa em pedaços neste contemporâneo de Descartes: "[...] não se pode ter confiança num homem porque esse sem-número de causas interiores e alheias produz nele tão grandes diversidades, que parece fazer de uma só pessoa várias pessoas".

Seria um livro de hoje? Não, porque nele não há lugar para o riso. A completa desilusão não desemboca na derrisão. Esprit já não crê em nada, mas o faz gravemente. Ele não tem por que ser vulgar, por que ridicularizar o bem. Sua desesperança bem ordenada não impede de agir nem de combater. Enganar-se-ia totalmente, pois, quem imaginasse que tudo é permitido se as virtudes são falsas. Não há elogio do vício: ele não é nem Laclos nem Sade. Tampouco há indiferença completa ou niilismo realmente destruidor. Só isto, como uma revelação antiga e subitamente perturbadora: viver é pouco compreensível. Os corpos e os corações possuem movimentos aparentes e móbiles secretos.

Usos católicos do ceticismo

Até aqui tudo era simples. Com os humanistas da Renascença, diziam, a dúvida voltava à Europa. Ela se tinha eclipsado desde os últimos gregos. À medida que o ceticismo reaparecia, a crítica dos dogmas religiosos se intensificava. Primeiro com palavras encobertas, em pequenos círculos, depois cada vez mais abertamente, o ateísmo se afirmava. Libertando-se da tutela da Igreja, o pensamento começava pois por já não crer cegamente nas verdades reveladas, antes de vir a negá-las cabalmente. Um movimento lento, mas regular, parecia levar das guerras de religião e do olhar desenganado de um Montaigne às lutas contra a religião e aos excessos de um barão de Holbach. Acreditava-se possível passar lentamente de Rabelais a Théophile de Viau, mais tarde de Don Juan a Sade. O desenvolvimento gradual do materialismo libertino parecia acompanhar o declínio progressivo da fé. Era uma visão simplista. O trabalho erudito de Richard Popkin torna essa evolução muito mais complexa e interessante. Sua *História do ceticismo*, que cobre os séculos XVI e XVII, nos faz descobrir um bom número de autores pouco conhecidos. Por exemplo,

Francisco Sanches (1552-1623), doutor português que ensinava em Toulouse e professava que nenhum saber é possível, nem o conhecimento dessa impossibilidade mesma. Ou ainda Jean de Silhon, que, na década de 1630, combatia os céticos e foi lido por Descartes depois por Pascal. A contribuição do historiador não se limita a pontos de erudição. Sua pesquisa modifica a representação do movimento das idéias durante um período de transição na Europa.

A afirmação mais provocante de Popkin é a seguinte: a seu ver, os "libertinos eruditos" da Idade Clássica não são ateus mais ou menos clandestinos nem mesmo inimigos da Igreja. São, ao contrário, no essencial, católicos em luta contra a Reforma. Eles utilizariam os argumentos do ceticismo para melhor demolir toda as afirmações dogmáticas e abrir espaço, assim, à fé em Cristo. Essa tese, contra a corrente, a princípio intriga. De fato, parecia ponto pacífico que os libertinos franceses, em particular na segunda metade do século XVII, compartilhavam as "idéias diretamente contrárias aos dogmas das Igrejas cristãs", segundo a fórmula de René Pintard, que foi o primeiro a pôr em evidência essa constelação de autores em que figuram Gabriel Naudé e Guy Patin. Um bom número de textos permitem pensar assim. Certos depoimentos também, como o da duquesa de Orléans, que escreve em 1699: "A fé se extinguiu neste país, a tal ponto que já não se encontra um só rapaz que não queira ser ateu."

Em que se baseia a argumentação? Tudo começou, de acordo com Popkin, com a querela entre Erasmo e Lutero. Em sua obra sobre *O livre-arbítrio* (1524), Erasmo esboça, contra Lutero, uma defesa "cética" da fé católica: se cada um tivesse de se fiar na sua consciência, como preconiza a Reforma, seria a anarquia. Deve-se crer no que ensina a Igreja, diz em substância Erasmo, porque "tudo, no mundo, é tão obscuro e tão variável que é impossível saber o que quer que seja de certo". Já no ano seguinte, em *Do servo arbítrio*, Lutero replica que ceticismo e cristianismo são totalmente inconciliáveis: "Um cristão deve [...] ter certeza do que afirma, ou não é um cristão." É apenas o começo. À crise intelectual da Reforma vem se somar, na geração seguinte, a descoberta das argumentações céticas sem dúvida mais elaboradas que a Antiguidade produziu, as de Sexto Empírico. Em 1562, Henri Estienne publica as *Hipotiposes*, tratado maior desse filósofo que La Mothe Le Vayer ia chamar de "o divino Sexto". Sexto mostra com alacridade que nenhuma ciência, qualquer que seja, pode pretender ser verdadeira. Por que não se servir dele contra a arrogância das certezas "humanas", pela defesa exclusiva da revelação divina?

Tal seria, de acordo com Popkin, o ponto de partida do uso religioso dos procedimentos céticos. Defensores do catolicismo pensaram então encontrar nos céticos da Antiguidade armas contra a segurança dos "ímpios". E lá isso basta para afirmar que uns "libertinos eruditos" como Naudé, La Mothe Le Vayer ou Gassendi, que eram tidos na época como espíritos subversivos e pirronianos empedernidos, não passavam de católicos liberais? Popkin mostra que nada permite descartar essa possibilidade: a Igreja não pôs as obras de Sexto Empírico no índex, não perseguiu a maioria dos autores que se identificavam com ele. Principalmente, nota Popkin, as posições filosóficas destes permanecem compatíveis com uma fé sincera. Porque o verdadeiro cético não é um "dogmático negativo". Como ele não considera nada como verdadeiro e suspende seu juízo, não poderia ser verdadeiramente ateu. Ele tampouco pode se afirmar materialista. Uma vez minadas as certezas do saber, nada impede que um cético creia... Sem dúvida é nesse claro-escuro que conviria seguir os passos de Pascal.

Senão, como compreender que este, convencido da verdade da palavra de Deus, possa escrever: "O silêncio eterno dos espaços infinitos me apavora"? É a natureza que manifesta e exprime o divino, ou o que o mascara e o cala? E se se revelasse que as duas coisas fossem igualmente verdadeiras, qual poderia ser a chave desse enigma? Pierre Magnard recordou que o pensamento filosófico e religioso de Pascal é elaborado num momento em que, com o desenvolvimento da física matematizada, se desfazem os velhos vínculos entre o cosmos e o sentido. Discursos sobre o mundo e discursos sobre Deus a partir de então divergem. É para sua nova correlação que o matemático cristão trabalha. De fato, a geometria pascaliana anima uma simbólica que renova a das Escrituras: linhas e pontos, em vez de rebanhos e sementes. O sentido do mundo natural não se encontra aniquilado nem perdido para sempre. Mas é necessário que ele se ausente e faça falta para se dar. Somente os dilaceramentos, as falhas e as rupturas de um universo daí em diante movente e cambiante manifestam ao coração a figura de Cristo, chave dessa natureza cifrada. Assim, o eixo do pensamento pascaliano, de acordo com Pierre Magnard, é menos uma apologética do que uma hermenêutica e uma cristologia. "O grande Pã está morto."

VIII

Paradoxais luzes

Já não é o mundo antigo. O nosso já existe, mas ignora sua face. Ri-se em companhia, apesar dos horrores percebidos nos bastidores.

Como é possível que o gesto observado numa pessoa A, esse gesto que formava com ela um todo, que a caracterizava, que criava seu charme singular, seja ao mesmo tempo a essência de uma pessoa B e de todos os meus devaneios sobre ela?

KUNDERA, *A imortalidade*

"A luz sempre projeta sombras em algum lugar", diz lindamente Gaston Bachelard. A fórmula poderia se aplicar a esse curioso século em que a *Enciclopédia*, as festas galantes e a guilhotina ombreiam. Não é nossa intenção esboçar aqui esse grande turbilhão de águas mescladas, confluência do antigo com o moderno, da leveza com o negrume, justaposição desconcertante do que somos, que começa então a emergir, com um mundo cujos torpores ainda falam de outrora. O que queremos, mais uma vez, é apenas cruzar com algumas silhuetas, conhecidas ou desconhecidas, luminosas ou sombrias.

Elogio dos "shandianos"

Como reconhecê-los? Nada, aparentemente, os distingue. Aqueles cujo espírito foi posto, de uma vez por todas, de pernas para o ar com a leitura de *Tristram Shandy* formam uma confraria secreta. Desde 1760, ano em que apareceu o primeiro volume, a convicção íntima deles é que esse romance desconcertante, erudito, sutil, célebre, desenvolto, desconhecido...

é o texto mais louco que o Ocidente já deu a público (os "shandianos", é verdade, têm certa propensão à hipérbole...). É preciso tomar cuidado com esse delírio sem par: "Creiamme, boa gente, a coisa não é uma bagatela." Voltaire não se enganara: ele o põe nas nuvens. Nem Diderot: ele o plagia sem a menor vergonha em *O sobrinho de Rameau*. Nem, dois séculos depois, Charles Mauron, que faz em 1946 para a Robert Laffont uma tradução francesa de admirável vivacidade, para alegria dos fiéis de Sterne. Essa "coisa" é uma estranha autobiografia, metade da qual se desenrola antes do nascimento do protagonista e termina quando ele tem apenas quarenta anos. Normal: Tristram decidiu contar sua vida a partir do instante exato da sua concepção. Daquela noite datam suas desgraças. "Desculpe, meu amigo", perguntou sua mãe, "você não se esqueceu de dar corda no relógio da sala?" Essa pergunta inesperada perturbou tão profundamente seu pai no instante crucial que "espalhou e dispersou" os "espíritos vitais" que teriam garantido uma geração feliz.

A despeito desses aborrecidos presságios, restava esperar que a criança tivesse um nariz comprido. Fidalgo rural, espírito sistemático e louco por filosofia, o sr. Shandy pai sustenta doutamente que o comprimento do nariz é diretamente proporcional à nobreza, à imaginação e à fantasia do seu dono. O homem é um erudito estimável e, principalmente, um político arguto: "Se eu tivesse o poder absoluto..., costumava dizer puxando as calças com ambas as mãos." Ele coleciona os infólios para embasar sua tese e argumenta seu tema com tenacidade. Debalde: no dia do parto, o fórceps do dr. Slop esmaga totalmente o apêndice nasal do jovem Shandy... O pai, arrasado, se agarra à sua velha teoria dos nomes: a força de caráter muda inteiramente conforme alguém se chame John ou Trismegisto. Mas ninguém se chama Tristram!

Por que diabólico concurso de circunstâncias o desgraçado filho, já de nariz achatado, é finalmente batizado assim? Isso nos levaria longe demais. Mas foi, infelizmente, o que aconteceu. A trama dessa história edificante tem uma importância apenas secundária. Nela se enxertam dez desenvolvimentos, cem argumentações, mil considerações filosóficas, fisiológicas e militares. Estudante de Cambridge, que não tarda a tomar ordens, Sterne é autor de vários sermões e herdeiro da grande retórica medieval. Ele a parodia com mestria, misturando verdadeiras e falsas citações, inventando parágrafos, referências, obras inteiras. O ilustre Slawkenbergius não é o autor de um tratado universal sobre o papel dos narizes na história do mundo? Certos juristas não demonstraram, apoiando-se em várias autoridades, que não há nenhum vínculo de parentesco entre uma mãe e seus filhos? Quanto à arte militar, ela tem menos segredos para o capitão Toby, tio de Tristram, do que a cavalaria para dom Quixote.

Todos esses saberes já não são os das Luzes. Mas ainda estão vivos nesse meado do século XVIII, e Sterne-Shandy tira o máximo proveito deles. Faz-nos pensar em Rabelais, mas principalmente em Ben Jonson, John Donne, Swift – seus autores favoritos. O tom é inimitavelmente britânico. Como prova, este diálogo entre os pais de Tristram: "'Meu irmão Toby', diz ela, 'vai se casar com a sra. Wadman.' – 'Então ele nunca mais poderá deitar em diagonal na cama', diz meu pai." Encontramos em outra passagem o tema da diagonal. Quando descreve a difícil postura do pai levantando a peruca com a mão direita para pegar, com a esquerda, o lenço listado das Índias no bolso direito, Tristram escreve: "Nunca é cômodo ir em diagonal enfiar a mão no fundo do bolso oposto, mas no ano de 1718, em que esses acontecimentos se deram, a coisa era incrivelmente difícil." A moda da época punha os bolsos lá embaixo...

Nada disso tudo faria de *Tristram Shandy* um texto único se não fosse a conduta do relato. O narrador não pára de correr atrás do tema, de digressão em digressão. Ele se extravia, perde o fio, encontra-o, larga seus personagens sem mais nem menos e continua sua idéia. Ele se delicia: "Sinto a maior vontade de começar este capítulo com uma loucura e não vou contrariá-la." Ele acumula os parênteses, os incisos, as excursões, os desvios, numa palavra, deixa-se levar pelo jogo das associações de idéias: "Não guio minha pena, ela me guia." Rabelais? Claro, mas que teria lido John Locke, o teórico do entendimento humano, e suas análises das proximidades associativas. Com uma desenvoltura soberana, Sterne desnuda o dispositivo romanesco. Ei-lo correndo, por não ter mais de trinta e cinco minutos para acabar o capítulo. Ou se pergunta o que puderam fazer seus personagens durante as duas horas em que ele falava de outra coisa. Às vezes ele se desanima: chegará um dia ao fim? Já faz um ano que trabalha sem descanso, e o primeiro dia da sua biografia ainda não está terminado! Nesse entrelaçamento dos tempos – o da "história", o do livro – aparece a tarefa infinita da escrita: "Nunca me alcançarei, nem que me lance no mais desenfreado dos galopes."

Tristram apostrofa o leitor, que embarcou com ele na aventura. Interpela-o ora com um "senhora", ora com um "Vossa Excelência". Manda-o reler todo um capítulo, pede-lhe para não ficar com raiva se o autor jogou fora o manuscrito em vez do rascunho. Convida-o, no sexto volume, a sentar-se nos precedentes, concede-lhe generosamente o direito de dormir durante dez páginas, escolhidas em qualquer ponto do texto, se prestar bastante atenção no que se segue. E, ao sair de uma dessas "embrulhadas" de que detém o segredo, ele indaga sobre a saúde do seu leitor: "Como vai sua cabeça? A minha dói terrivelmente." Vemo-lo explorar em todos os sentidos o espaço do livro: o prefácio surge no meio, certos capítulos não estão em seu devido lugar (o autor não é senhor deles?), outro falta integralmente (teria rompido a unidade do tom). Tristram deixa lacunas (onde cada um inserirá sua imprecação predileta), faz desenhos (os giros descritos pela bengala de Toby atravessando o jardim da sua amada), passa de um tomo ao outro no meio de uma frase... Será um precursor dos nossos "textólogos", ou *Helzapoppin* no século XVIII?

Não tem importância! Esqueça os comentários, a enorme tese de Henri Fluchère sobre Laurence Sterne, as obras de Traill, Stapfer, Cross, Sichel, Melville, Connely, Howes e alguns outros. Esqueça até o excelente estudo de John Traugott, *Sterne's Philosophical Rhetoric* (1954). Não pense que a vida de Tristram Shandy, "eterno joguete dos acasos miúdos", em que aparece a cada página "o triunfo dos incidentes miúdos sobre o espírito", é uma mina de ouro para os psicanalistas. Afugente a idéia de que esse relato desenfreado é uma construção complexa, um paraíso para semiologistas. Só retenha uma coisa: "O verdadeiro shandismo, pense você o que pensar, dilata o coração e os pulmões." E se fosse por isso que reconhecêssemos seus adeptos?

A cor das nuvens e a água de alcatrão

George Berkeley, que nasce na Irlanda em 1685, no seio de uma família de proprietários de terras ingleses, teria podido ser um primo paradoxal de Tristram. Estuda, depois leciona, no Trinity College de Dublin. Os novos filósofos daquela época chamam-se Descartes e Locke. É contra eles que se exercita a pensar. Aos 22 anos, eleito *fellow*, ensina grego e hebraico. Aos 25, já é autor de duas obras que fazem dele um grande filósofo: *Um ensaio para uma nova teoria da visão* (1709) – em que estabelece de maneira muito original a dissociação completa da visão e do tato – e, principalmente, o célebre *Tratado sobre os princípios do conhecimento humano* (1710), de que só é publicada a primeira parte. Esse livro basta para dar a seu autor uma sólida reputação de extravagância. Afirmar que a matéria não existe, que a expressão "substância material", além de não ter sentido, é contraditória, parece insensato, mesmo para os que toleram naturalmente as esquisitices dos filósofos.

Ninguém presta muita atenção na sutileza dos argumentos: a matéria não passa de uma palavra, de uma abstração sem conteúdo, já que, em nossa experiência, nunca encontramos nada mais que percepções – a própria extensão cartesiana só existe para nosso espírito. Ao mesmo tempo há certa incoerência em postular uma substância sem pensamento, na medida em que nós a pensamos para afirmá-la. Seus contemporâneos se dispensam de lê-lo. Contentam-se com bordar sarcasmos de salão. Atitude tanto mais justificada por ter o jovem Berkeley a petulância de reivindicar o senso comum contra as elucubrações nebulosas dos metafísicos e de querer falar de modo populresco para criticar as chicanas enganadoras dos eruditos. É demais. Em Dublin, em Londres ou em Paris, vêem-no tão-só como um provocador hábil em manejar o paradoxo, um cético extremado que nega as mais sólidas evidências ou mesmo um egoísta desequilibrado que acha ser o único espírito existente no mundo.

Muda-se de Dublin para Londres, onde publica, aos 28 anos, um dos textos mais bonitos do século XVIII: *Três diálogos entre Hylas e Philonous*. Essa breve obra-prima pouco acrescenta, quanto ao fundo, às teses do imaterialismo. Mas, no esforço para tapar os buracos e responder às objeções mais freqüentes, Berkeley atenua as áridas especulações com todos os encantos de um estilo límpido e imagético. Dentre os exemplos que atravessam esses diálogos: a cor das nuvens, as patas das traças, uma tulipa, um retrato de Júlio César, uma luva, uma cereja e vários microscópios. Depois disso, o diácono se cala. Dezoito anos de silêncio, quatro deles na Itália, antes de voltar a Londres, depois ao Trinity College e por fim ir-se dele... para a América. Uma herança inesperada lhe dá a esperança de concretizar um velho sonho missionário: fundar um colégio nas Bermudas, "para a conversão dos selvagens da América ao cristianismo". Ei-lo instalado com sua jovem esposa em Rhode Island, na expectativa de uma subvenção que não chegará nunca. Termina a redação de uma série de sete diálogos contra os "pequenos filósofos" livres-pensadores, *Alciphron*. Publicado em 1732, depois do seu retorno a Londres, a obra tem um sucesso imediato.

Nela já não encontramos nenhum vestígio da sua filosofia da juventude, sem que no entanto ele a tenha renegado nitidamente. A despeito de alguns tratados centrados na matemática, o filósofo, agora bispo de Cloyne, parece ter se apartado do seu próprio sistema. Ele consagra os vinte últimos anos de vida ao seu bispado, a seus filhos e à água de alcatrão. Crê descobrir nesse preparado, usado pelos índios da América do Norte, um remédio universal, cuja eficácia a *Siris* (1744) justifica pela existência de uma "cadeia dos seres", mais inspirada no neoplatonismo em vigor em Cambridge do que no imaterialismo. A Grã-Bretanha, depois o Continente, se entusiasmaram com a água de alcatrão, antes que ela fosse parar no cemitério lotado das panacéias definitivas. O bispo morreu em 1753 numa calma tarde de janeiro. Seu testamento exigia que fosse enterrado "tal qual, não lavado, usando as mesmas roupas", depois que esperassem "cinco dias ou mais [...] até ele se tornar repelente".

Que motivos temos para ler, hoje em dia, os textos propriamente filosóficos de Berkeley? Sua negação da existência da matéria, afinal de contas, não é mais que um objeto para colecionadores. Mas tudo muda se atentarmos ao fato de que não é "a matéria" como tal, inencontrável, mas a palavra "matéria", seu uso e seu sentido, que Berkeley submete ao minucioso exame de uma verdadeira investigação sobre a linguagem. A esse título, ele introduziu na reflexão uma mudança de método. Por ter compreendido que o conhecimento é redutível ao uso que ele faz dos termos da língua, por ter suspeitado de que pode haver expressões privadas de sentido que parecem ter um, por ter posto o senso comum em posição de referência fundamental, Berkeley é um dos ancestrais da filosofia analítica contemporânea.

A lei da vergonha

Enquanto Tristram se esforça para reconstituir o momento funesto da sua geração perturbada, enquanto o tio Toby analisa interminavelmente os planos das batalhas célebres e George Berkeley escreve seus diálogos polêmicos, centenas de milhares de homens, de mulheres e de crianças são raptados, espancados, marcados, mutilados, fustigados, humilhados, oprimidos, esgotados, assassinados... Um inferno de três séculos. A França desempenhou, nele, um papel de primeiro plano. Ela organizou, manteve e abençoou por muito tempo esse calvário sem nome – no brilho do Rei Sol como no triunfo das Luzes. Esses fatos são conhecidos, ainda que se fale menos do tráfico de negros do que das óperas de Lulli ou das partidas de xadrez do café Procope.

Louis Sala-Molins publicou o texto completo do *Código negro*. É um edito de sessenta artigos, promulgado por Luís XIV em março de 1685. Foi renovado em 1724, com mais algum endurecimento, pelo Regente para a Louisiane. Suspenso em 1794, restabelecido em 1802, só foi ab-rogado em 1848. Esse texto codifica cuidadosamente o inumano, regula em detalhe o arbítrio. Para terminar, ele passa nas chagas que legitimou um bálsamo de cinismo soberano. Essa denegação de justiça é um monstro oficial: a lei da realeza, da República, do Império, da monarquia restaurada. Há que ler. Os negros são coisas, mercadorias, bens móveis. O artigo 7 proíbe "realizar o comércio de negros e de todas as outras mercadorias [...] nos dias de domingo e festas que são guardados por nossos súditos de religião católica, apostólica e romana". Como as coisas podem ser possuídas, mas não possuir elas mesmas o que quer que seja, o artigo 28 nega aos escravos todo direito de propriedade: "Declaramos que os escravos nada podem ter que não seja do seu dono; e tudo o que lhes vier pela indústria ou pela liberalidade de outras pessoas ou de qualquer outro modo a qualquer título que seja, fica adquirido em plena propriedade por seu dono, sem que os filhos dos escravos, seus pai e mãe, seus parentes e quaisquer outros livros ou escravos possam pretender nada por sucessão, disposição entre vivos ou por causa de morte." Mesmo seus filhos não são deles: "Os filhos que nascerem de casamentos entre escravos serão escravos e pertencerão aos donos das mulheres escravas, e não aos do marido, se o marido e a mulher tiverem donos diferentes" (art. 12). O roubo e a fuga são punidos com a morte, "se o caso assim requerer"... Nessa eventualidade, o preço estimado do escravo é reembolsado a seu proprietário (art. 40). Para dilacerar a carne, o único juiz é o capricho do dono: "Poderão somente os donos, quando crerem que seus escravos merecerem, mandá-los agrilhoar e surrar com varas ou cordas" (art. 42). O direito de reunião não lhes é aplicável. O artigo 16 precisa-o: "Proibimos igualmente os escravos pertencentes a diferentes donos de se arrebanharem de dia ou de noite, sob pretexto de diversões ou outros, seja em casa de um dos donos ou em outro lugar, menos ainda nas estradas ou lugares afastados, sob pena de punição corporal, que não poderá ser menor que a chibata e o ferrete." A morte é deixada ao arbítrio dos juízes. Mas todo súdito de Sua Majestade tem poderes de polícia: "Determinamos a todos os nossos súditos que persigam os contraventores, detenham-nos e conduzam-nos à prisão, mesmo não sendo oficiais e não havendo contra eles nenhum decreto." O *Código negro* prevê processo contra os "tratamentos bárbaros e desumanos dos donos para com seus escravos". Se estes últimos não forem alimentados, vestidos e mantidos o mínimo, basta-lhes redigir uma petição e entregá-la ao procurador-geral. Apesar do irrealismo de tais prescrições, o artigo 27 parece dar aos escravos acesso ao direito. O problema é que o artigo 30, que recusa qualquer valor de prova ao testemunho destes, e o 31, que lhes tira a possibilidade de ser parte civil, logo fecham essa falsa porta...

Pode espantar a longa vida desse texto ignóbil. Mas há uma coisa talvez ainda mais surpreendente: o silêncio dos filósofos. As Luzes sabem e se calam. Os que tomávamos por pensadores do direito e da liberdade se revelam cúmplices. Montesquieu sabe tudo das leis, mas nada do *Código negro*. Mil relatos de viagem lhe são familiares, salvo as passagens que falam das atrocidades do tráfico. Parece combater a escravidão, não faz mais que caucioná-la. Rousseau tem outros acentos, decerto. Mas Louis Sala-Molins mostra pertinentemente que seus argumentos não dizem respeito ao *Código negro*, de que Rousseau não diz uma só palavra, nem à realidade do seu tempo. O escravo de que fala *O contrato social* é o homem da Europa sujeitado ao poder absoluto, não o africano que, nas Antilhas e alhures, geme e morre. Silêncio dos nossos heróis sobre montanhas de cadáveres, sobre várias companhias de navegação que devem a eles sua prosperidade, sobre um terço, provavelmente, da atividade comercial francesa, em todo caso sobre uma das engrenagens essenciais da sociedade da época. Vergonha da França. Vergonha do cristianismo. Vergonha do direito. Vergonha da filosofia.

Faz mais de trezentos anos que o *Código negro* foi registrado pelo conselho soberano da costa de São Domingos, em 6 de maio de 1687. Essa velha França da vergonha ainda não está de todo morta. Sua escória ainda se agita. Ela insiste em crer que ser branco e católico funda os direitos superiores de um homem nacional. Ela sempre confunde caridade com tortura, pele escura com couro animal. Ela ainda fabrica leis ignóbeis.

*Carta a Madame du Châtelet sobre a distância
que separa sua felicidade da nossa*

Para entrever em que esse tempo cultivou uma forma singular de felicidade que já não pode de jeito nenhum ser a nossa, o mais simples é sem dúvida ler Madame du Châtelet e tentar lhe dizer, com afeição, é claro, com afetação, talvez, a distância que nos separa. Eis a carta, pois, que a título póstumo poderíamos ter vontade de lhe endereçar.

OS QUE ACREDITAVAM NO VERDADEIRO

"'Pompom Newton', ainda quer dizer alguma coisa para a senhora? Foi assim que Voltaire, de quem a senhora tanto gostou, a apelidou, dizem, só para aproximar, como uma expressão mais engraçada do que carinhosa, o gosto que a senhora tinha pelos enfeites do seu interesse pela física. Porque a senhora não apreciou apenas os adornos e as lanternas mágicas. A senhora foi, com furiosa ternura, amante das ciências, de verdade, e não apenas apaixonando-se por Maupertuis. Viu-se a senhora concorrer à Academia de Ciências, ser publicada por ela, polemizar com seu secretário, Dortous de Mairan, tornar-se leibniziana, escrever aos 34 anos umas *Instituições de física*, logo traduzidas em alemão e italiano, corresponder-se com os melhores matemáticos do seu tempo, dentre os quais Euler e Bernouilli, dar enfim uma tradução francesa dos *Principia* de Newton, que será reimpressa até os nossos dias. Resumindo, a senhora não fingia ser uma cientista, a senhora o foi com ardor. E quando, só para si mesma aparentemente, com palavras simples, a senhora procura, já tarde, a porta da biblioteca trancada, passar a limpo algumas regras para a direção de uma vida boa, ouvi-la, senhora, é um prazer seguro.

"A senhora espera a felicidade vinda do comedimento, não da renúncia. Convém não se destruir, evitar habilmente estragar a saúde e, para tanto, ser, quando assim sói, moderado e prudente. No entanto, esquivar o sofrimento não é a finalidade suprema. A ausência de perturbação não lhe parece uma condição feliz, e a maioria dos filósofos se equivocaram pensando assim. Tudo bem pesado, a senhora preferiria a dor à monotonia e tem mais apreço – quem lhe reprovaria tal coisa? – pelo que é intenso e vivo, do que pelo que não apresenta riscos nem inconvenientes. A felicidade, a seu ver, depende desse cálculo que equilibrará, a cada dia e a cada época, a intensidade dos gozos e a possibilidade da repetição destes. Ao que se soma, em lugar dos tormentos do verdadeiro e das mordeduras da lucidez, seu gosto declarado pelas ilusões que nos fazem viver. A senhora aconselha a não dissipá-las, mas até a guardá-las com cuidado. 'Podemos não ir nos bastidores ver as rodas que fazem os vôos e as outras máquinas', como diz lindamente. A senhora acredita na alegria do engano e não na alegria da desilusão, e prefere a ação nova a repisar os erros passados: 'Esse sentimento de arrepender-se é um dos mais inúteis e dos mais desagradáveis que nossa alma pode sentir. Um dos grandes segredos é saber garantir-se contra ele.'

"A senhora tem a leveza das libertinas, o que é a menor das coisas, mas se esquece de ter o coração frio, o que é mais raro e menos cômodo. O amor é, para a senhora, 'a única paixão capaz de nos fazer desejar viver'. É por isso que a senhora nunca se recuperou do afastamento de Voltaire, da sua indiferença esquecediça – ou, pior, amistosa. A senhora soube, mesmo se quase não o diz, que pretender, para sofrer menos, 'descosturar a amizade e rasgar o amor' equivale a se despedaçar a si mesmo. Sua obra está longe de ser um enésimo tratado de saber aproveitar a vida, que tanto adornou seu século. Há, senhora, uma certa melancolia em sua alcova, e isso dá vontade de saudá-la. Suas palavras, a senhora junta com muita verve: 'Procuremos pois nos portar bem, não ter preconceitos, ter paixões, fazê-las servir à nossa felicidade, substituir nossas paixões por gostos, conservar preciosamente nossas ilusões, ser virtuosos, nunca nos arrepender, afastar de nós as idéias tristes e nunca permitir que nosso coração conserve uma centelha de gosto por alguém cujo gosto diminui e que cessa de nos amar.'

"Por que, a despeito de máximas tão claras, a senhora hoje só nos fala de longe? Sua voz é nítida, mas parece prisioneira de um verniz. Ela banha na luz de outro mundo. Como explicar? Não, claro, não tem nada a ver com o fato de a senhora estar morta. Outras rupturas ocorreram. Os costumes são diferentes, a Europa está transformada, o mundo já não é como a senhora o percebia. Sem dúvida tais metamorfoses são difíceis de resumir, e não menos de entender. Saiba que uma grande revolução se fez na França, exatos cinqüenta anos depois que a levaram à terra. O rei foi morto e grandes modificações realizadas. A felicidade deixou de ser como a senhora a conheceu. Daí em diante, já não foi apenas um assunto privado, mas um desígnio da república. Foi proclamado que ninguém seria verdadeiramente feliz enquanto os povos permanecessem subjugados e os corpos na servidão. À questão da felicidade vieram misturar-se os outros, seus semblantes, seus sofrimentos, seus labores e suas revoltas, tudo isso estranhamente ausente do seu espírito, para um olhar do nosso tempo. Saiba enfim que, em nome do bem comum, pretextando uma felicidade a construir para todos, novas e terríveis formas de despotismo oprimiram o gênero humano. Perpetraram-se em nosso século copiosos massacres, cujos horrores excedem o entendimento e cuja lembrança ainda atormentará nossos netos.

"Suas objeções, é possível sonhá-las. Podemos imaginá-la retorquindo: 'Em que isso impede de ser feliz? Seria necessário esperar seja extinta a miséria do mundo para desfrutar das delícias da existência? A alegria do estudo é menos doce, o sabor dos morangos menos suave por causa disso?' Vem-nos a idéia de que, efetivamente, ir além é inútil. Bela como um Fragonard, falsamente serena como um Watteau, a senhora pode ser próxima e comovente, mas nunca voltará a ser totalmente uma das nossas. Faltam-lhe, entre outras coisas, as tricoteiras e Louise Michel, Rosa Luxemburgo e Primo Levi. Não dá para lhe explicar, a senhora entende? Não é simplesmente porque falta espaço e porque o tempo urge. A doçura do poente no seu castelo já não é mais que uma imagem para os habitantes do nosso século de ferro."

Um monge sem moral nem fé

Diderot viu de início nessa obra um "tratado de ateísmo fresco e vigoroso". Mas não tardou a afastar-se dele, assustado. Aquele texto, decididamente, ia longe demais. Querer tocar fogo em todos os livros, "para que os homens não possam recair em seus velhos desvios", sonhar abandonar as obras de arte, anunciar um tempo posterior às ciências, em que homens e mulheres dormirão misturados na palha, livres enfim da preocupação de saber o que ou quem lhes pertence..., está aí algo que não corresponde nem um pouco à imagem que as Luzes tinham do progresso! Nessa visão de um mundo em que as leis seriam dissolvidas, em que a vida passaria, simplesmente, pelos humanos, tornados por fim animais sem história, pobres de língua, quase desprovidos de indústria, havia de que assustar os enciclopedistas. E foi o que aconteceu. Não só Diderot. Helvétius, d'Alembert, Voltaire e o próprio Rousseau consideraram inaceitáveis, excessivas ou escandalosas as especulações de dom Deschamps.

Pois é, esse bom sujeito era monge! Beneditino e obstinado. Sem correr o risco de imprimi-lo, quis dar a conhecer o "verdadeiro sistema" – o seu, que ele considerava ser "o grito da verdade" – aos mais ilustres do seus contemporâneos. Em vão. Lidos por alguns grandes, seus manuscritos impressionaram ou provocaram calafrios aqui e ali. E, após a morte do seu autor, em 19 de abril de 1774, caíram no esquecimento. Por quase dois séculos, aquele maço de papéis dormiu na biblioteca de Poitiers, sem que ninguém se interessasse por eles. Ou quase. De fato, em 1864, Émile Beaussire começa a exumar esse estranho filósofo. Vê em dom Deschamps um precursor de Hegel: sua concepção do ser evoca a dialética. Em 1907, sempre em Poitiers, uma pesquisadora russa encontra uns capítulos dados como perdidos. Estes últimos vinte anos viram por fim nascer um real interesse por esse monge que julgava mornos os ateus do seu tempo e repreendia aos filósofos suas "meias luzes". Em 1974, duas obras o tiraram da sombra. Mas ainda faltavam os textos. Graças ao minucioso trabalho de Bernard Delhaume, conservador da biblioteca universitária de Poitiers, setecentas páginas de dom Deschamps se tornaram acessíveis.

"Tudo o que tenho a dizer é bem simples", anuncia esse filósofo que busca continuamente a expressão mais clara e mais exata. De fato, a seu ver, "a Verdade é a coisa mais simples do mundo". Se ela parece distante, difícil, árida ou até inacessível, é apenas por causa das imperfeições da nossa educação. De tanto pensar errado e viver mal, os homens se tornaram "a mais insensata" e "a mais infeliz" das espécies animais. É fácil adivinhar a solução: pensemos certo e vivamos felizes. Retificando a relação do pensamento humano com o mundo, dom Deschamps pretende provocar uma ruptura completa na história da humanidade. Os humanos viverão um dia uma vida regida unicamente pelos ritmos da natureza – sem data, sem memória, "sem leis". Todo passado aniquilado, homens e mulheres, ao mesmo tempo iguais e diferentes, se alimentarão de grãos, de legumes e de água fresca, sem males físicos e sem cansaço, numa economia autárquica. Sem medo da morte: como todos se assemelharão a todos e irão suavemente desta para a melhor, ainda se saberá quem desapareceu? Resumindo, um mundo em que já não acontece nada, em que só existe a única e indefinida felicidade de existir. Como se vê, dom Deschamps não passa de mais um utopista: ele não propõe um sistema social "melhor", outro, diferente. É pouco dizer que ele é comunista e igualitário: ele convoca a uma verdadeira "reinvenção" do homem. Mas faz melhor que evocá-la, demonstra sua inevitável necessidade. De fato, o "estado de costumes" chega ao cabo de uma evolução. O "estado selvagem" (marcado pela "desunião", bem próximo do "estado de natureza" de Hobbes, em que reinam a guerra e a concorrência implacável entre os indivíduos) é sucedido pelo "estado de leis", o estatuto polido da sociedade civil que é a nossa – em que a infelicidade é rainha. Ele só cessará com o retorno da natureza que constitui o "estado de costumes". Ao contrário de toda a filosofia política, de Grotius a Rousseau, dom Deschamps vê pois na ausência de toda lei humana, no reinado exclusivo das forças naturais, o fim do devir histórico – e não seu começo.

Para nos curar de nossos males, bastaria nos livrar desse "inconveniente terrível", que de resto não passa de uma "massa de absurdo": a religião? Nosso beneditino é evidentemente materialista: "O pensamento", escreve, "nunca é mais que o jogo mais ou menos harmonioso das fibras do cérebro." Mas não pára em tão bom caminho. Discerne nas crenças e nas instituições religiosas instrumentos de poder e dominação: "A Igreja é a primeira milícia do trono." Ele não ignora nada da aliança entre a espada e o aspersório, nem dos seus ardis: "O céu é a máscara sob a qual a Igreja serve o príncipe, a defesa dos povos é a máscara sob a qual ele é servido pela espada." Atacar apenas a religião é, portanto, um projeto equivocado, insuficiente e fadado ao fracasso: "Só se pode destruir a religião destruindo-se toda dominação."

É aí que dom Deschamps começa a se tornar interessante. O monge ateu – curiosidade banal – cede lugar a um pensamento radical, de uma acuidade e de uma intransigência raras. Atacar a religião querendo conservar a moral e as leis, como faz por exemplo o barão de Holbach em seu *Sistema da natureza*, é, para nosso anarquista, tentar destruir um efeito preservando sua causa. Há que se voltar contra as leis, se se quiser que a humanidade escape da sua condição miserável. Porque esse "dique" é a "própria causa de todos os nossos vícios". Inofensivo quando ignora a desigualdade e a propriedade, "o homem só é mau pelo estado de leis" que instaura a diferença entre o teu e o meu. Além de nos tornar malvados, as leis também nos tornariam infelizes. "Se quiserem acreditar em mim, para ser felizes vocês devem rejeitar todas elas."

Em nome de quê? De uma descoberta em metafísica. Léger-Marie Deschamps decifrou o enigma do mundo. Sua chave: a distinção entre "O Todo" e "Tudo". A criação desses dois conceitos correlativos e opostos deve nos permitir compreender nossos erros e dar-lhes fim. "O Todo" designa a totalidade universal – denominada "mundo", "natureza", "universo"... –

considerada do ponto de vista das suas partes e das suas relações respectivas. A essa matéria considerada sob o prisma da relação que seus elementos mantêm entre si se opõe "Tudo", que designa a existência pura, a totalidade universal sem partes, indecomponível, considerada unicamente do ponto de vista de seu caráter único e infinito. O que o filósofo descobre é que "Tudo" equivale a... "Nada". A existência pura, ou a totalidade encarada globalmente, são termos sinônimos do nada. Contanto que não se entenda que se trata de um nada absoluto, de uma negação de toda existência, de um não-ser radical. O que dom Deschamps chama de "Nadismo" (a doutrina do Nada) não consiste em afirmar que o mundo é inexistente, mas que "a existência do mundo é condicionada pela do nada". A realidade positiva se recorta sobre um fundo de ausência que a trabalha e a absorve. A revolução radical dos costumes não passaria de uma cascata de conseqüências dessa distinção de metafísico: "Ao que parece, nunca foi escrito, nem dito, nem pensado, até mim, que Tudo e Nada são a mesma coisa." Há muitas razões portanto para ler dom Deschamps. Não apenas o que ele próprio chama de seu "orgulho temerário e extravagante", que lhe faz imaginar que a história se cindirá em dois quando os homens tiverem compreendido que não passam de elementos, relativos e efêmeros, de uma totalidade que os engloba e os supera. Tomar-se por um messias é, afinal de contas, uma patologia filosófica comum. Mais curiosa é a ignorância, real ou fingida, do beneditino a propósito de seus predecessores em "nadismo". Fora dos doutores budistas que, evidentemente, ele não podia ter freqüentado, os pensadores que afirmaram a identidade do ser e do nada não faltam – notadamente entre os sofistas, entre os neoplatônicos da Antiguidade tardia ou da Renascença, em várias escolas do Barroco.

Ainda podemos ler as obras redescobertas de Léger-Marie Deschamps por sua estranha posição na história do pensamento. Sem dúvida nenhum filósofo prefigura de maneira tão perturbadora as afirmações da lógica de Hegel sobre a identidade do "ser puro" e do nada. Sobretudo, nenhum tira dessa intuição as conseqüências morais e sociais que dom Deschamps se acha capaz de deduzir. Mesmo se a relação entre seu sistema metafísico e sua vontade de subversão geral não parece totalmente límpida, mesmo se temos freqüentemente a impressão de que a utopia desse "estado de costumes", em que as leis e as desigualdades cessariam, se justapõe às análises concernentes ao "Todo" e ao "Tudo" sem se articular em profundidade, essa obra enigmática, solitária e sutil sopra seu texto ao século.

O ambíguo marquês

"O simples nome desse infame escritor exala um odor cadavérico que mata a virtude." Ninguém mais se exprime assim hoje em dia. "Garantimos que De Sades (*sic*) está morto; mas seus sectários não estão", prossegue esse libelo do ano VIII intitulado *O tribunal de Apolo*. Hoje, diríamos em vez disso: "Diz-me como lês Sade, e eu te direi quem és." Depois de ter sido sufocado, rejeitado, maldito, o texto sadiano tornou-se uma pedra de toque para os pensamentos contemporâneos. Apollinaire, em 1909, exumou *Justine* do Inferno – o da Bibliothèque Nationale – e uns eruditos apaixonados (Maurice Heine, Gilbert Lely) desfiaram a meada biográfica de Donatien Alphonse François. Breton logo celebrou essa "razão à flor de salve-se-quem-puder que foi só dele". Vieram em seguida uma série de leituras célebres, de Bataille a Klossowski, de Blanchot a Simone de Beauvoir, de Lacan a Sollers, de Foucault a Barthes, sem esquecer Paulhan e sem citar tantos outros. Sade, o inaudível, parece ter se tornado o inevitável. O inapreensível também: foi carrasco ou vítima? Feudal ou revolucionário? Escritor ou filósofo? Filho das Luzes ou pai das trevas? Não existe nenhum retrato do ex-castelão de La Coste, nem do secretário da seção de Piques, nem do interno de Charenton.

Para imaginar um, podemos partir da prisão. Em outubro de 1763, aos 23 anos, é levado pela primeira vez ao torreão de Vincennes. O motivo é lindamente formulado: depravação, claro, mas não só isso: depravação "extrema". Deste dia ao da sua morte, em 2 de dezembro de 1814, ele ficará, de um lugar a outro, quase quarenta anos recluso. Quarenta anos! "Não creio que já houve um dia vertigem igual à das prisões", escreve ele. Béatrice Didier vê nessa encarceração a chave da obra. A escrita seria a única revolta possível, destruindo até, no fim das contas, a prisão da linguagem. Não de uma só vez, mas de várias maneiras. Donde a diversidade calculada dos gêneros literários praticados por Sade: das *Historietas, contos e romanças*, em que segue uma tradição medieval, até *A marquesa do Ganges*, precursor do romance policial, passando pelas sóbrias novelas de *Os crimes do amor*. A concisão, a pureza do estilo, a arte da litotes não desapareceram progressivamente da escrita sadiana, como que arrastadas por uma torrente obscena. A metamorfose das três versões de *Justine* havia dado crédito a essa idéia, mas *Os 120 dias* foram escritos antes da primeira e tão "casta" versão dos *Infortúnios da virtude*.

A posteridade de Sade no século XIX tem sido freqüentemente esquecida. Quem pinta complacentemente "os chicotes, os cavaletes, as unhas de ferro, a cruz, as feras (que dilaceram), as criancinhas e suas mães"? Chateaubriand, em *Os mártires*. Ele não é o único a dar ao "sadismo" seus títulos de nobreza: Benjamin Constant, George Sand, Jules Vallès compartilham o gosto pela tortura moral e pela flagelação literária. Lamartine, Chateaubriand, Baudelaire, Flaubert leram Sade – e geralmente não se gabam disso. Somente Pétrus Borel, que publica em 1839 *Madame Putiphar*, reivindica-o abertamente e interpela seus contemporâneos: "Todos vocês gritam contra a infâmia e todos trazem *Justine* no bolso." Da Bastilha às prateleiras secundárias das bibliotecas, Sade só teria mudado de calabouço.

É sem dúvida preciso imaginar um Sade diretor de cena, ajustando inúmeras máquinas de suplício, ou um Sade pedagogo, criando com a libertinagem uma nova ciência, desumana. Do torreão de Vincennes escreve a Milli Rousset: "Minha razão é um pouco como o agraço, não é?... O que se há de fazer? *Fructus belli.*" Esse suco ácido da desrazão, Philippe Roger foi encontrar no "uso paradoxal" que o libertino faz da racionalidade: seu discurso acumula e não exclui nada. Sem preocupação com a não-contradição, ele "faz a Enciclopédia gaguejar". Pior: ele corrompe a linguagem. Sem parecer tocá-la, semeia a confusão na retórica clássica. Sua regra? "Ao tratar de um tema baixo, servir-se de termos baixos" e introduzir assim o escândalo no enunciado. Em vez da moral, a verdadeira vítima de Sade seria a língua. "Fazer da linguagem, como do corpo, a coisa da pessoa" e diluir assim a figura do homem, fazer desaparecer o "sujeito/tema", tanto da filosofia como do romance – seria essa a sua tarefa.

SEGUNDA PARTE

ALGUNS MORTOS: DEUS, REI, VERDADE...

IX

A operação de catarata

> Estabelecendo em que limites são válidos os usos da nossa razão, Kant modifica as perspectivas do procedimento filosófico.

> *É bom controlar o olho. É bom controlar o ouvido. É bom controlar o nariz. É bom controlar a língua.*
> Dhammapada

A publicação das obras de Kant é o feito "mais considerável que se produziu em vinte séculos na filosofia". É o que diz Schopenhauer em 1819, apenas alguns anos depois da morte do filósofo, no primeiro prefácio de *O mundo como vontade e representação*. Graças à filosofia crítica elaborada por Kant, deu-se uma mudança de óptica. É preciso tomar essa expressão ao pé da letra: a mutação do olhar acarretada pelo procedimento kantiano modifica a percepção e as perspectivas. Depois de Kant, já não se vê a filosofia do mesmo modo. Melhor: os filósofos já não considerariam o mundo com os mesmos olhos. Os trabalhos kantianos têm conseqüências irreversíveis. "O efeito que produzem num espírito que se deixa verdadeiramente penetrar por eles não pode ser mais bem comparado do que com uma operação de catarata", continua Schopenhauer. Eles nos fazem compreender, por exemplo, que nenhum conhecimento é possível além dos limites da experiência, que o mundo tal como nos aparece é relativo ao sujeito cognoscente, que convém guardar o luto da metafísica considerada como ciência. Essa morte da metafísica é a primeira de uma série. Deus, a religião, a moral, o poder vêm em seguida e já são abalados. Com Kant abre-se um tempo de distúrbios e turbulências. É total o contraste entre essas comoções de longo alcance e a existência ordenada, legendariamente meticulosa e repetitiva, do mestre de Königsberg.

Bebedeiras de Kant

Immanuel Kant viveu? Sua obra suscitou milhares de comentários, sua biografia não. Será que, ao lado do monumento das três *Críticas*, por trás dos vinte e nove volumes das *Obras completas* publicadas pela Academia de Berlim, não haverá apenas o autômato que sai para passear na hora certa sem respirar pela boca? Será que essa vida não se reduzia ao funcionamento sem incidentes de um eterno celibatário? Jean Mistler teve a feliz idéia de traduzir largos extratos das três coletâneas de lembranças devidas a Borowski, Jachmann e Wasianski. O piedoso testemunho desses discípulos nos restituía a intimidade do velho mestre. Esses fatos e gestos permaneciam separados da filosofia, entretanto. O trabalho de um pesquisador russo, Arsenij Goulyga, reconstituiu o conjunto da vida de Kant e a evolução da sua obra, situando-as na história intelectual e política do seu tempo. O esqueleto adquire carne.

O cenário é rude: Königsberg, nos confins do Báltico, vila militar. O filósofo passou quase toda a sua existência nessa velha capital dos cavaleiros teutônicos. Aí nasceu em 1724, na família relativamente pobre de um artesão seleiro. Família pietista, em que o fervor do sentimento religioso permanece intenso. A época não é amena para os filósofos. Frederico Guilherme I, no poder até 1740, só lê a Bíblia e os regulamentos do exército. A Academia de Ciências teve de debater, por ordem sua, a seguinte questão: "Os cientistas são outra coisa que tagarelas e dementes?" Nessa atmosfera, o jovem Kant, que perdera a mãe aos 13 anos, continuou seus estudos. Aos 22 anos, imprime seu primeiro trabalho de física: *Pensamentos sobre a verdadeira apreciação das forças vivas*. Embora essa dissertação não seja cientificamente concludente (o problema, que opunha Descartes e Leibniz, tinha sido resolvido por d'Alembert seis anos antes, o que Kant ignorava...), o rapaz já dá prova de uma paranóia autenticamente filosófica: "Meu entendimento", escreve, "descobriu a verdade que os grandes mestres do conhecimento humano buscaram em vão." Que essas palavras são presunçosas, ele sabe. Razão a mais para não desistir: "Não ouso subscrever essa idéia sem, no entanto, poder renunciar a ela." A máquina Kant cede lugar a um homem que sabe mudar, se obstinar, se preservar. Não um Kant, mas vários. O de antes da *Crítica da razão pura*, muitas vezes esquecido, ainda mergulhado em seu "sono dogmático", imbuído de Leibniz e de Wolff. Esse Kant físico escreve textos curiosos em que se mesclam hipóteses científicas e arroubos líricos. Assim, em 1755, sua *História universal e Teoria do céu, ou Ensaio sobre a concepção e a origem mecânica do conjunto do universo segundo os princípios de Newton* contém uma descrição dos mares de fogo na superfície do Sol e termina com um "ensaio de comparação entre os habitantes dos diferentes planetas".

O ensino é sua única fonte de renda. Continua pobre por um bom tempo. Preceptor, depois *privatdozent*, dá de dezesseis a vinte horas de aula por semana. "Eu me ponho cada dia diante dessa bigorna que é minha escrivaninha e preparo minhas aulas como se batesse com um pesado martelo", escreve a J.-F. Lindner em 1759. Em quarenta e um anos de ensino, Kant dará duzentos e sessenta e oito ciclos de aulas, tanto sobre lógica e metafísica como sobre geografia física, ética, antropologia, física teórica, matemática, direito, pedagogia, mecânica, etc. Cumpre recordar também que Kant permaneceu jovem por muito tempo, voltando para casa depois da meia-noite até os 40 anos, jogando cartas e bilhar. Assinalam Kant bêbado, não conseguindo encontrar sua casa na Magistergasse. Vêem-no se inflamar por causa do visionário Swedenborg, a ponto de comprometer parte do seu magro orçamento mandando vir de Londres as obras desse iluminado. Mas, depois de sustentar sua tese de habilitação em 1770, o filósofo se cala. Esse autor já conhecido, respeitado até, fica em silêncio durante onze anos. "Persistirei no meu projeto e não me deixarei tentar a escrever com o único fim de colher uma glória fácil." O resultado foi, em 1781, a *Crítica da razão pura*. A obra não encontrou de início nenhum eco. Em 1804, quando o pensador morre, estima-se em três mil os livros consagrados à sua filosofia, o que não implica necessariamente que seus contemporâneos tenham avaliado a amplitude da revolução consumada.

Durante o último quartel da sua vida, Kant publica o essencial da sua obra em moral e estética, bem como em política. Vê os estudantes se aglomerarem ao seu redor, dentre eles o jovem Fichte. Em Iena, duelam por sua causa. Da Áustria, uma moça lhe escreve: "Grande Kant! Apelo a ti como um crente a seu Deus para que o ajude, console e instrua sobre a morte." Bonaparte, primeiro cônsul, quer que lhe expliquem seu pensamento em quatro horas. Ao assinar a Concordata, solta esta frase: "Os padres valem mais que os Cagliostro, Kant e todos esses alemães extravagantes." O fim do grande homem é sombrio. O convidado gastrônomo e falante torna-se um comensal mudo e sem apetite. Já não sai, mal reconhece os seus e rabisca em sua escrivaninha, numa letra trêmula, frases que dão o que pensar: "Não se pode conceber a flatulência intestinal, a não ser de acordo com princípios subjetivos..."

A ilusão da pomba

Kant é tido como rebarbativo, a leitura das suas obras, como difícil. O agrado imediato, a acessibilidade direta não são necessariamente qualidades recomendáveis nos filósofos. Deveríamos até desconfiar dos que parecem fáceis de ler. Ao primeiro olhar, são límpidos, agradáveis de acompanhar, privados de asperezas aparentes. Na verdade, eles mascaram seu trabalho sobre os conceitos com uma prosa ora encantadora, ora aveludada. Rousseau e Bergson, por exemplo, tão diferentes, são de uma abordagem enganadora. O leitor imagina captar de cara suas afirmações, mas as vê escapar como areia entre os dedos mal tenta agarrá-las de verdade. O mesmo deveria ser dito, por outros motivos, de Montaigne, Pascal ou Nietzsche: suas fulgurâncias de estilo nem sempre tornam perceptíveis de saída a precisão filosófica do seu proceder nem a complexidade das suas análises.

Com Kant, esse inconveniente não existe. Sempre sabemos onde ele está. Impossível ignorar como cada passo se encadeia. Não falta isto nas suas demonstrações. O preço a pagar é certa rugosidade da escrita, mais preocupada em se fazer entender do que em se ornamentar. Em compensação, se o leitor seguir o fio das explicações, pode estar certo de que não perderá de vista o caminho tomado. Kant não é artista, em compensação nunca é vago. Se lhe falta estilo, sobra-lhe constância. Uma espécie de obstinação pedagógica o move continuamente. Por isso, páginas que parecerão particularmente rebarbativas a quem abrir ao acaso a *Crítica da razão pura* se revelarão sem mistério algum quando este leitor houver percorrido cada uma das etapas da obra, começando pelo começo.

Suponhamos um leitor que nunca se tenha aventurado nesse maciço que passa por ser árido – tal caso é freqüente. Como esboçar para ele um mapa grosseiro? Primeiro repetiremos que a excursão vale a pena ser tentada. Sem intermediário, sem comentador, sem guia profissional. A seu próprio risco, tentando esquecer que se produz ali uma reviravolta maior da história do pensamento, esforçando-se por não se deixar aterrorizar pelo renome do título e pelas toneladas de glosas. Abrindo simplesmente a tradução recente e bem-feita de Alain Renaut. Primeira constatação: o professor Kant, reputado como chato e obscuro, é meticuloso e sutil. Se emprega termos especiais – a "estética transcendental" ou o "juízo sintético *a priori*" – que assombraram por um instante multidões de colegiais, é para evitar a ambigüidade dos termos cotidianos, para impedir que fiquem associados a vocábulos habituais esses halos de sentidos indefinidos que suscitam a maior parte dos mal-entendidos. A *Crítica da razão pura* é justamente uma máquina de dissipar mal-entendidos. Sua finalidade é pôr fim às buscas vãs, à confusão entre especulações e conhecimentos seguros. Kant procura delimitar o que nos é possível conhecer e o que devemos nos contentar de crer. Ele não pára de assinalar a fronteira entre fé e saber. Antes dele, evidentemente, tal distinção já existia. Mas não na forma dessa radical delimitação que, depois dele, parece tão evidente e simples.

Efetuar essa divisão é pôr fim à batalha que vem se dando desde a Antiguidade a propósito de objetos de que trata a "meta-física", isto é, objetos de conhecimento que se situam além (*meta*) da natureza (*physis*): Deus ou a causa primeira, a alma imortal do homem, a liberdade que o torna criador e responsável por seus atos. Os matemáticos podem resolver seus conflitos por meio da demonstração, os físicos pela experimentação ou pelo cálculo. Por que séculos de metafísica levam unicamente a impasses, a oposições de teses antagônicas entre as quais a razão tem de se confessar incapaz de resolver? Seria possível, examinando em que condições se constitui uma ciência, conformar definitivamente a ela o exame dessas questões ao mesmo tempo inevitáveis e insolúveis chamadas questões metafísicas? É esse, muito resumidamente, o ponto de partida de Kant. Todo o percurso da *Crítica* se inscreve nessa perspectiva. "A questão principal é sempre a seguinte", escreve no prefácio da primeira edição (1781): "o que podem conhecer e até onde podem conhecer o entendimento e a razão, independentemente de toda experiência?"

Essa questão da possibilidade de um conhecimento *a priori*, independente da experiência e capaz, apesar de tudo, de se ampliar por síntese está no âmago da *Crítica*. O lance genial de Kant, a revolução que ele opera e ele próprio compara à de Copérnico consiste em situar no âmbito do sujeito, nas formas da sensibilidade que são o espaço e o tempo, as principais condições que tornam possíveis tanto a experiência em geral como os objetos da experiência em particular. Assim, os teoremas da geometria constituem conhecimentos certos, ainda que as retas infinitas e os pontos sem espessura nunca nos sejam dados em nenhuma experiência sensível, porque a síntese que os constitui se dá na intuição pura do espaço. Como essa mesma forma da sensibilidade torna possíveis os fenômenos do mundo tal como ele nos aparece, não há nada de espantoso em que as leis da geometria "correspondam" à experiência. Portanto pensamentos só podem se tornar conhecimentos se seu objeto for dado numa intuição sensível. O que, por definição, não acontece com a metafísica. Quando ela crê poder seguir seu caminho além dos limites de validade do seu uso, a razão não engrena. Ela não poderia, assim, estender seus conhecimentos sobre mundos inacessíveis a qualquer intuição e tem de retificar esse erro fundamental relativo a seu próprio papel. Esse papel deve ser o de descobrir as normas universais da ação livre, em que Deus, a imortalidade e a liberdade não serão mais questões que possam ser objeto de um saber, mas crenças, postulados tornados necessários pela ação moral.

Parar de ultrapassar inutilmente os limites de validade do saber é pôr fim à ilusão da pomba. O próprio Kant sugere essa imagem: "A pomba leve, quando, em seu livre vôo, corta o ar cuja resistência ela sente, poderia imaginar que se sairia muito melhor no espaço vazio de ar. Foi assim justamente que Platão deixou o mundo sensível, porque este impõe ao entendimento limites tão estreitos, e se aventurou além deste, nas asas das Idéias, no espaço vazio do entendimento puro." Sem dúvida convém desconfiar de uma propensão, hoje comum, a enxergar rupturas por toda parte. Todas as obras, a crer em seus comentadores, constituem reviravoltas, provocam fraturas ou introduzem revoluções. No que concerne a Kant, a afirmação é justificada: é de fato uma nova época da filosofia que ele abre ao trazer à luz a ilusão constitutiva da metafísica.

Existe, apesar dos pesares, uma pomba de Kant, uma ilusão que lhe seria específica? Pode ser que sim, mas num sentido diferente. Desta vez, a ave evoca a vontade de paz. Tal vontade não cessa de animar a empreitada kantiana, quer se trate de cercar o campo de batalha da metafísica, de formular o critério de universalidade da lei moral, quer de encarar, por intermédio de uma jurisdição mundial, a paz perpétua. A ilusão de Kant, se existisse, diria respeito à prática. Uma confiança excessiva nos poderes da explicação racional leva-o a crer que pode bastar analisar um mal-entendido para lhe pôr fim, que o apelo do vazio cessa a partir do momento em que esse vazio é claramente descrito como tal, que os combates param se se mostrar que são inúteis. Talvez Kant superestime a facilidade da paz, esquecendo a ressurgência contínua das forças obscuras, a obstinação no erro, o pouco peso dos tratados. Ele descuida da lentidão das negociações, da incerteza dos processos, da contingência dos resultados. Talvez também se esqueça como foi que ele se tornou Kant.

Quem somos antes de sermos nós mesmos?

O pequeno Emmanuel, em sua cama de criança, já preparava a *Crítica da razão pura*? Essa piada leva à pergunta de como se forma um grande espírito. Onde começa a obra, onde cessa a educação? Como demarcar a gênese, sempre singular, de uma filosofia? Sem dúvida tais interrogações ficarão para sempre sem resposta. Isso não significa que não se possa avançar na direção de certos esclarecimentos. Contanto que se evitem algumas armadilhas. É um equívoco considerar os monumentos do pensamento apenas sob seu aspecto sistemático. Examinando o resultado, esquecemos o processo. Afastamos a elaboração lenta, hesitante, às vezes dolorosa. Tudo nos leva a tentar fazer as grandes maquinarias da filosofia funcionar testando seus possíveis defeitos ou suas eventuais falhas. Nada ou quase nada nos leva a escrutar os mistérios da sua geração. O ensino expõe o pensamento que já se encontrou, não o que ainda se busca. Quando a pesquisa envereda por esse caminho das engendrações, ciladas a esperam. Como ler escritos de juventude esquecendo-nos de que conhecemos os que vêm em seguida?

Como perceber que aos 40, Kant ainda não era Kant, nem verdadeiramente "kantiano", no sentido em que hoje entendemos o termo? Quem é ele antes de ser ele mesmo? Uma identidade que se precede, ou que surge de repente, ou que se compõe em silêncio – não é cômodo conceber a resposta. Nesse terreno escorregadio, os filósofos é que não nos ajudarão. Eles embaralham as pistas. O que dizem de seus itinerários se revela, o mais das vezes, enganador. Não imaginemos que buscam cientemente tapear, que uma perfídia maligna os habita. Se eles mascaram de bruma os meandros de seus trajetos, é que a verdade, uma vez conquistada, é desprovida de memória. Ela se mostra sem desenhar sua árvore genealógica, a não ser que esta seja feita à sua medida. Considere-se desse ponto de vista as fórmulas bem conhecidas de Kant sobre os seus primeiros passos nos *Prolegômenos a toda metafísica futura*. O "ataque decisivo" lançado por David Hume contra a metafísica por meio da crítica do conceito de causa foi a advertência que despertou nosso herói do seu "sono dogmático" e orientou sua reflexão para o que se tornará a filosofia transcendental e o criticismo. É o que o filósofo "confessa francamente". Desconfiemos. De fato, Kant não sabia inglês e não tinha lido Hume. Para esclarecer esse enigma ínfimo, Michel Puech escreveu uma história da filosofia alemã no século XVIII, a fim de reconstituir passo a passo o universo cultural em parte esquecido no qual Kant estudou e pensou. Com efeito, o problema Hume possui um sentido específico no seio da história intelectual exuberante e mal conhecida da Alemanha após Leibniz. Kant dialoga ou rompe muito mais com um conjunto de autores alemães do que com o próprio Hume.

Esses autores, que Kant conhece muito bem, e nós muito mal, chamam-se por exemplo Crusius ou Tetens, para o empirismo, Gottsched, Formey ou Crousaz, para a filosofia do senso comum. Todos devem ser ressituados na esteira de Wolff, cuja sombra domina o século, tanto no caso de seus discípulos como no caso de seus adversários. A empreitada da filosofia crítica deve ser portanto, em parte, restituída ao seu tempo, situada num horizonte que já não é o nosso. Em vez de uma ruptura atemporal e decisiva com a metafísica em geral, ela pode se apresentar, desse ponto de vista, como a tentativa de superar uma crise específica, nascida do encontro entre a física de Galileu e de Newton e os herdeiros alemães dos grandes sistemas do racionalismo. Apesar de tudo, é impossível reduzir Kant a um simples pensador wolffiano, classificado numa casa restrita da história das idéias!

Para avaliar a envergadura da empreitada kantiana, convém ler sua *Correspondência*. Os que lhe escrevem aguardam, semanas e meses a fio, uma resposta que às vezes não vem. Seu irmão pastor critica a sua "desenvoltura". Ele próprio fala da sua "negligência". A regularidade – lendária, mas real – de Emmanuel Kant não abrangia sua correspondência? Não é uma frivolidade caprichosa que torna irregulares as cartas vindas de Königsberg. Basta lê-las para se convencer de que tudo, em seu autor, se subordina à necessidade da reflexão continuada, do fio que não pode deixar escapar, do projeto que precisa concluir antes de morrer. O que poderia dispersá-lo ou distraí-lo da sua tarefa é afastado. O homem, porém, gosta de uma conversa e de uma boa companhia, mas a escrita ele reserva exclusivamente à obra. Assim, em certos períodos, notadamente na dezena de anos em que se elabora a *Crítica da razão pura*, Kant não redige mais que algumas cartas por ano. Mas que cartas! Ei-lo atento, preciso, eloqüente, sempre que se trata de eliminar um contra-senso, de aplainar uma dificuldade de leitura, de fornecer um esclarecimento teórico. Já não são missivas utilitárias ou polidas que ele confia ao correio, mas apêndices constituídos, complementos da obra, quase pequenos tratados, às vezes. Em suma, suas dificuldades epistolares também decorrem da sua exigência de rigor. Essa *Correspondência* lança uma viva luz sobre a maneira como, pouco a pouco, a filosofia crítica se compreendeu a si mesma. Em 1766, numa carta ao matemático Lambert, o projeto geral já é nitidamente formulado: "É incontestável que, se há uma ciência que deve ser elaborada de maneira metódica e ser clarificada, esta é a metafísica." Mas tudo está por construir, pedra por pedra. Kant descobre gradativamente a aspereza do que chama de seu "campo pedregoso". Bem depois, no fim de 1773, escreve a Marcus Herz: "Você mal imagina quanto esforço e tempo demanda pôr de pé o método, as classificações, a terminologia rigorosa e apropriada."

A esse ex-aluno que se tornou um amigo fiel, filósofo e médico, Kant se confia mais livremente que a outros. Fala-lhe das suas esperanças: "Dar por um bom tempo um outro aspecto à filosofia" e "terminar essa obra para a Páscoa". Portanto o que ele pensava ver acabado em 1784 só o será, numa forma ainda a remanejar, sete anos depois. O que impressiona na atitude de Kant, assim que é publicada a primeira edição da *Crítica da razão pura*, é a conjunção de uma humildade lúcida e uma certeza confiante. Ele sabe que fez seu trabalho, que encontrou o que procurava e que a coisa se sustenta. Seu futuro póstumo, visivelmente, não o atormenta muito. Mas ele também sabe quanto sua proposta é nova, difícil para seus contemporâneos. Não ignora que sua língua pode parecer rebarbativa e seus desenvolvimentos aparentemente obscuros. Mas é que, em vez de agradar, o que ele procurou foi pensar justo. No fundo, ter alcançado esse objetivo basta para serená-lo. A difusão das suas idéias, sua popularização, ele deixa aos cuidados de outros, embora não pare de sonhar em contribuir para ela. Em outras palavras: Kant compreendeu Kant, a missão foi cumprida.

Pode ser iniciada a história do kantismo – as seqüelas da operação de catarata –, feita de mal-entendidos, de polêmicas, de divergências radicais de interpretação. Acompanhamos seus começos nas dezenas de cartas dirigidas a Kant por pensadores que pertencem a quase todas as escolas da época – de Hamann a Fichte, de Mendelssohn a Lavater, de Salomon Maimon a Schiller – e podemos avaliar assim a existência das múltiplas maneiras que se teve de compreender Kant, em sua terra, em seu tempo. "Não dá para crer que o senhor tenha sido tão mal compreendido tantas vezes", escreve-lhe o fiel Schütz em 1786, antes de acrescentar: "Há algumas semanas, dois estudantes duelaram porque um disse ao outro que não compreendia seu livro."

Do lado francês

Ao que se sabe, ninguém manejou o sabre por esse motivo na universidade francesa. No entanto houve grande agitação, e desde cedo, em torno da inteligibilidade dos textos de Kant, de seu conteúdo e de seu alcance. A história dessa primeiríssima recepção foi reconstituída em detalhe por François Azouvi e Dominique Bourel. Sua pesquisa, *De Königsberg a Paris*, ensina por exemplo como Kant teve pela primeira vez os favores da imprensa sob o Diretório. Considerado pensador republicano por causa do seu *Projeto de paz perpétua*, ele não demorou a intrigar os ideólogos, que pressionam os alemães a lhes expor seu sistema. Em 1798 deu-se um surpreendente encontro entre Destutt de Tracy, Cabanis, Laromiguière, Sieyès e, para lhes explicar Kant, Wilhelm von Humboldt. Pouco depois, este último envia a Schiller uma carta admirável, em que podemos ler notadamente: "Entender-se realmente é impossível. [...] Não apenas eles não têm a menor idéia, mas tampouco têm o menor senso de algo que esteja fora das aparências; a vontade pura, o bem verdadeiro, o eu, a pura consciência de si, tudo isso é para eles totalmente incompreensível. Quando empregam os mesmos termos, sempre os tomam num outro sentido."

De republicano que era, Kant torna-se na França, na passagem do século, um espírito "alemão", contorcido, impenetrável, inacessível a essa "clareza" francesa que pretende julgar tudo fácil e rapidamente. Bonaparte, digamos mais uma vez, também tenta entendê-lo. Marchando sobre a Itália com a *Grande Armée*, exclama em Genebra, em maio de 1800: "Aqui também não compreendem Kant!" E o Primeiro Cônsul pede para Charles de Villers lhe resumir sua obra. A notável tentativa de Villers para apresentar o pensamento kantiano aos franceses foi logo abafada, eclipsada por um ecletismo insípido que se achou mais conveniente.

Todavia, seria um equívoco continuar a crer que a França da Revolução tenha sido filosoficamente estéril. Deixemos Kant para ressaltar esse ponto. Por muito tempo sustentou-se que esses anos de invenção política sem igual foram desprovidos de verdadeiros pensadores. Os grandes morreram antes: Voltaire e Rousseau em 1778, d'Alembert em 1783, Diderot em 1784. Os filósofos só renasceriam depois: Maine de Biran, Antoine Augustin Cournot, Augusto Comte, por exemplo. E entrementes? Nada, dizia-se. Com que então teria sido possível os franceses inventarem a República, os Direitos do Homem, o Terror e outras novidades modernas sem fazer, ao mesmo tempo, obra de filósofos? Nada mesmo?

Sim... Condorcet. Lembrou-se, não faz muito, de que ele foi grande. Quem mais? Os ideólogos: Destutt de Tracy, Cabanis, Volney. Estes, tudo conspirou para deixá-los na sombra. O Império, a Restauração, mais tarde o espiritualismo oficial pregaram-lhes tremendas peças. Até Marx, sem querer, lhes acertou um golpe baixo. Ele inventou a noção de ideologia, cuja fortuna fez que se esquecesse de que, meio século antes, o termo designava uma coisa bem diferente. Era simplesmente o conhecimento, que se pretendia científico, da formação das idéias no espírito humano. Os ideólogos nada tinham de propagandistas políticos. Eles procuravam, antes de mais nada, compreender como nossas sensações engendram noções que certos signos convencionais servem para designar. Esses autores permaneceram bem mal servidos pela memória dos filósofos.

Não é à toa, porém, que Stendhal, que tinha uma ótima intuição, gostava deles. Mesmo se freqüentam os salões (os de Madame d'Helvétius ou de Madame Condorcet), conservam algo de uma altiva solidão. Nem por isso são contemplativos. São, antes, filósofos de ação: constroem, administram, inovam. Num mundo de pernas para o ar, remediam a desordem mediante a manutenção de técnicas sólidas: medicina, jurisprudência, geografia, administração. Organizam a instrução pública e o Instituto, reformam o Collège de France e os hospitais. Nada lhes é mais estranho que o fanatismo: "Eu me preservo principalmente do tétano da intolerância", escreve Volney. Evidentemente, também são estilistas. São apenas isso? Claro que não. Sua rejeição das sutilezas da metafísica, julgadas obscuras ou vãs, situa-os no antípoda de seus contemporâneos alemães. Estes costumam sonhar com a perfeição dos primeiros tempos. Nossos ideólogos caçoam dela. Mas fazem melhor que ironizar: com eles nascem as ciências humanas. Quem se dispuser a lê-los direito, verá que mais de um aspecto os faz modernos, e quase parentes dos lógicos positivistas: ceticismo crítico, gosto pelo método em vez de pela especulação, reflexão atenta à linguagem, à gramática, à clarificação dos termos e dos pensamentos. Mesmo sua concepção de uma moral "física", espécie de higiene dos desejos submetida a leis naturais, poderia torná-los novamente próximos de nós.

Assim, a cabeça fria de Constantin François Volney (1757-1819), que será feito no Império conde de Chasse-Boeuf, nunca perde em suas viagens a visão científica das coisas. Do Egito e da Síria, onde esteve vários anos quando jovem, tendo aprendido árabe, volta sem quadros líricos. Prefere edificar uma suma de conhecimentos positivos, geográficos e econômicos. A publicação o torna célebre, aos 30 anos. Ela servirá, além do mais, à expedição de Bonaparte. Deputado em 1789, Volney é preso depois do Termidor. Embarca posteriormente para o Novo Mundo. De volta, confirma-se que é homem de uma época, se não de uma têmpera, diferente da de Chateaubriand. Publica simplesmente um exato e austero *Quadro do clima e do solo dos Estados Unidos*.

A seu ver, uma existência se justifica primeiramente por sua herança prática: "Quando o sonho da vida houver terminado, para que terão servido essas agitações, se não deixam as marcas da utilidade?" Esse pragmatismo curto não impede que Volney tenha uma visão elevada. Ao contrário: sua fleuma excele nos vastos chapadões da história, nas vistas panorâmicas dos problemas éticos e políticos. Quando vê o mundo de Sirius, sente-se à vontade. Para convencer-se disso, convém ler *As ruínas, ou Meditação sobre as revoluções dos impérios*, obra publicada em 1791. Nela, Volney se interroga sobre as causas que fizeram desaparecer para sempre tantas civilizações outrora prósperas. Não foi o acaso que as fez morrer, diz. Não foi tampouco a vontade de Deus. Elas perecem assim que a ignorância e as paixões desestabilizam ou rompem os equilíbrios que existem universalmente entre a natureza, os indivíduos e a coletividade. Para que se estabeleça enfim uma sociedade harmoniosa e duradoura, seria necessário que tudo pudesse se pautar por um conhecimento preciso das leis naturais e da sua ação no homem ("A moral é uma física"). Meditando sobre a história, Volney esboça uma análise que conjuga física e psicologia, economia e política, moral e utilidade. Logo os utopistas chegam... Preocupado com uma universalidade verdadeira, Volney não pára de se preocupar com o Oriente, próximo ou extremo. É um dos primeiros a desconfiar das genealogias que levarão à descoberta do domínio indo-europeu, a incentivar o "estudo filosófico das línguas", único meio de "visitar as altas regiões históricas". É igualmente um dos primeiros a "orientalizar" os gregos, que "foram tão-só os primos-irmãos dos getas e dos trácios". Pioneiro dessa "Renascença oriental" que percorre todo o século XIX, Volney defende uma abertura do ensino e da reflexão além das humanidades clássicas: "Se você comparar o vasto teatro geográfico das línguas até então desconhecidas com a estreita esfera das que não cessamos de percorrer, pensará que já não basta saber grego e latim para raciocinar sobre a filosofia da linguagem, para construir uma dessas teorias que chamam de gramáticas universais; você sentirá que sua admiração exclusiva pelo grego e pelo latim não passa de um tributo irrefletido pago por nossa infância à vanidade escolástica de nossos mestres-escolas e ao orgulho militar dos povos antigos, que deram por não existente o que ignoravam." Ele começa a entrever que existem filósofos nos povos tidos como bárbaros. Discerne tesouros a descobrir onde só se viam fábulas e idolatria. Como o ser, segundo Aristóteles, a operação de catarata pode ser dita em vários sentidos.

X

A mala postal e as marionetes

Hegel descobre a história, Schopenhauer prescinde dela. O antagonismo entre eles ainda está para ser decifrado.

Nunca somos suficientemente cuidadosos na escolha de nossos inimigos.
OSCAR WILDE

Hegel não é apenas o último dos dinossauros, o gênio que encerra uma longa história rematando a metafísica ocidental e que dá ao pensamento um movimento, uma fluidez que escapam em parte das limitações kantianas. Ele é também, e sobretudo, aquele que abre a época que chamamos "contemporânea". Sem dúvida não estaríamos convencidos da posição central da história, nem da complexidade das relações entre filosofia, política e religião, sem a obra daquele que Marx chamava familiarmente de "o Velho". Talvez ele seja cada vez menos velho. De fato, à medida que se apagou a dominação do marxismo, que vieram abaixo os regimes que se filiavam a ele, a atualidade própria de Hegel, a pertinência das suas questões, a força das suas concepções apareceram sob uma luz diferente. Merleau-Ponty, por volta de 1950, via nele "a origem de tudo o que se fez de grande em filosofia no último século", notadamente Marx, Nietzsche, a fenomenologia e o existencialismo alemão, e até a psicanálise. Talvez tenha chegado a hora de entrever ele próprio.

Simplificando, o que devemos de essencial a Hegel? Primeiro a aplicação de uma razão ampliada, mais maleável, mais compreensiva do que o entendimento, capaz de explicar as formações – psíquicas, culturais, históricas... – que à primeira vista parecem irracionais. Depois, uma exigência de pensar o presente, de arrancar a filosofia das miragens do eterno para entregá-la à época. Sem dúvida é uma explicação simples demais para caracterizar esse pensador considerável – "Spinoza multiplicado por Aristóteles", dizia Taine. Mas será preciso começar simplificando ao extremo, se quisermos contornar certos mal-entendidos acumulados em torno das posições de Hegel ao longo de décadas de comentários. Por exemplo, atribuiu-se à dialética e ao conjunto do sistema uma espécie de rigidez mecânica, quando a necessidade racional, em Hegel, também se funda na contingência e na liberdade de decisão, como mostrou notadamente Bernard Bourgeois. Longe de ser uma máquina fechada e encerradora, a filosofia de Hegel deve ser lida sob o signo da liberdade. Quiseram fazer de Hegel um conservador, colecionando indícios disparatados sobre seu lugar na política do seu tempo. Ora, Hegel não se situou nessa cena: ele tenta explicá-la. O filósofo, desse ponto de vista, é tanto aquele que recapitula uma época que se acaba como aquele que abre uma nova época. Seu lugar é sempre duplo. Resultado de um mundo terminado, a filosofia vem "sempre tarde demais" e permanece marcada por sua impotência. Nascimento e formulação de uma nova realidade, de que ela também constitui o princípio, a filosofia é essencialmente potência: "Se o domínio das idéias é revolucionado, a realidade não pode permanecer tal como é", escreve Hegel a Niethammer, em 28 de outubro de 1808. Reformulando a lógica, talvez ele prepare um mundo totalmente diferente.

A *Lógica* de Hegel está bem distante da de Aristóteles ou da lógica matemática que, desde Boole e Russell, a sucedeu. Seu projeto não é deduzir as regras do raciocínio ou as leis do pensamento. É bem mais vasto: Hegel pretende superar todas as formas de dualismo que marcaram o pensamento do Ocidente: forma-conteúdo, sujeito cognoscente-objeto conhecido, ser-devir, ou ainda essência-existência, individual-universal, etc. A *Lógica* de Hegel subverte todo pensamento que cinda interior e exterior. Essa superação mesma não ocorre, evidentemente, "do exterior". Ela não se efetua numa espécie de domínio fechado, reservado tão-só à lógica. Esta não passa do puro movimento de passagem de uma forma a outra. Em si mesma, ela não tem conteúdo, ou antes, seu conteúdo nada mais é que esse puro movimento, como recordaram os trabalhos comuns de Pierre-Jean Labarrière e de Gwendoline Jarczyk. A lógica também não é o molde formal de conteúdos diversos. O que ela descreve é o processo pelo qual o próprio conteúdo se move. "Um caminho que se constrói a si mesmo", diz Hegel, que pretende menos descrever a lógica em ação no mundo do que deixá-la falar. A lógica está "atrás da consciência", como escreverá dias antes de morrer. Nesse sentido, o pensamento nada mais é que o infinito trabalho do mundo sobre si mesmo. Todavia, esse movimento universal continua no seio de contingências ínfimas. Eis um exemplo.

A alma a cavalo

As tropas francesas chegam. Temem-se as pilhagens, elas ocorrem. A cidade de Iena é incendiada, a casa de Hegel saqueada. Na universidade, as aulas são suspensas. Na segunda-feira, 13 de outubro de 1807, "dia em que Iena foi ocupada pelos franceses e em que o imperador Napoleão entrou em seus muros", o filósofo escreve a seu amigo Niethammer uma carta célebre em que afirma: "Vi o imperador – essa alma do mundo – sair da cidade para fazer um reconhecimento; é efetivamente uma sensação maravilhosa ver um indivíduo como esse, que, concentrado aqui num ponto, sentado num cavalo, se estende sobre o mundo e o domina." Esse fascínio fala mais sobre quem o sentia do que sobre a situação militar na região, naquele dia. Observar que o augusto cavaleiro não domina o mundo, mas apenas, temporariamente – de maneira contingente, eventualmente absurda –, um fragmento de uma província chamada Europa, seria desconhecer a perspectiva de Hegel. O próprio princípio do seu proceder consiste, com efeito, em se instalar num lugar em que o pensamento seja capaz de tudo englobar e explicar tanto a totalidade da história como sua consumação. "Minha intenção é colaborar para que a filosofia se aproxime da forma da ciência – se aproxime do fim, que é poder se desfazer do seu nome de 'amor ao saber' e ser 'saber efetivo'." Sentado à sua mesa de trabalho, Hegel projeta condensar num livro tudo o que aconteceu com Deus e com os homens, sob as aparentes desordens do acaso, expondo ao mesmo tempo a lógica interna que permite compreender a necessidade do processo.

Terá acabado de consegui-lo? Essa questão divide os intérpretes. Aos 37 anos, possui um bom número de textos no seu ativo, mas ainda não a forma acabada do seu sistema. Detém contudo seus principais elementos. Donde as dificuldades que *A fenomenologia do espírito* levanta. Esse primeiro grande livro já contém o essencial? Deve ser posto no mesmo plano dos vastos tratados posteriores mais bem dominados, *A ciência da lógica* ou a *Enciclopédia*? Essa obra em que se combinam, às vezes dificilmente, a gênese lógica de uma consciência e o romance da formação da cultura européia será apenas uma introdução, fulgurante mas capenga, do sistema por vir? As circunstâncias da composição podem levar a crer que só se trata, ainda, de um experimento do futuro mestre. Apesar de longamente meditado, o texto é redigido em apenas um ano, muda várias vezes de plano e, até, na última hora, de título. O manuscrito está atrasado. O impressor reclama-o com máxima urgência. Hegel termina seu texto na pressa e nos imprevistos da batalha. Escreve a Schelling: "Terminei a redação na noite que precedeu a batalha de Iena." Enquanto o exército napoleônico ataca, o autor confia dois pacotes, nos dias 6 e 8, a uma mala postal que passava sabe-se lá como no meio das tropas. Podemos devanear sobre os cavalos. Imaginaríamos então a distância ou a proximidade entre o cavalo que transporta a pequena "alma do mundo" pelas ruas de uma cidade conquistada e os que levam penosamente para a gráfica as folhas ainda manuscritas de um livro ao mesmo tempo austero e destrambelhado. Nele estão assentadas notadamente as análises da relação entre o conceito e a coisa, a dialética do amo e do servidor, a consciência infeliz, as Luzes e o Terror, a religião natural e a religião revelada, as etapas do desenvolvimento interno do absoluto tornando-se efetivo na história da filosofia, a reconciliação final, muitas vezes mal compreendida, entre religião e filosofia sob a forma do saber absoluto. No momento em que Napoleão se aproxima, a última página fala do saber absoluto em termos de "reino" e da efetividade do espírito absoluto como "verdade e certeza do seu trono". É para se perguntar se não passa de uma coincidência. Retrospectivamente, somos levados a temer que um buraco na estrada, uma bala perdida ou algum acidente do gênero venha dispersar pelos quatro ventos as páginas ainda frescas.

Essas fantasias são exteriores à preocupação de Hegel, para quem um acidente jamais abolirá a História. O indivíduo tem apenas uma "atividade restrita", escreve no fim do prefácio da *Fenomenologia*. Ele próprio "se apresenta menos como um criador ou um inventor do que como um porta-voz ou um secretário", segundo Jacques d'Hondt. Secretário do Absoluto, porta-voz do Conceito, não são suas "idéias pessoais" que Hegel pretende formular. O próprio real é que, em seu sistema, se daria a compreender ao mesmo tempo que toma definitivamente consciência de si. É essa a grandiosa ambição que o anima desde a *Fenomenologia do espírito*. A publicação do texto tornou conhecido o filósofo. Seu famoso prefácio, rompendo com Schelling, parece fazer sensação, mas no fim das contas só o fez em círculos bem restritos: a primeira edição, com tiragem de 750 exemplares, só se esgotou 23 anos depois!

A obra permaneceu desconhecida por bastante tempo deste lado do Reno. Aqui, aprendeu-se bem cedo, desde os anos 1830, por intermédio de Victor Cousin e dos seus discípulos, alguns rudimentos do pensamento hegeliano. A obra de 1807, apesar de tudo, foi negligenciada. Foucher de Careil, em seu *Hegel e Schopenhauer* (1862), resume-a num capítulo. Teremos de aguardar Alexandre Koyré, no início dos anos 1930, Jean Wahl e, principalmente, as *Lições sobre a Fenomenologia do espírito*, professadas de 1933 a 1939 por Alexandre Kojève, para que a filosofia francesa se interesse realmente por esse texto. As interpretações de Kojève exerceram uma influência duradoura sobre Bataille e Merleau-Ponty. Essa descoberta levou Jean Hyppolite a estudar de perto *A fenomenologia do espírito* e dela dar, há mais de meio século, a primeira tradução francesa completa. Duas outras estão disponíveis atualmente. Escrever a história de Hegel na França não é desejável nestes breves esboços. Esclarecer a oposição entre Hegel e Schopenhauer – muitas vezes desprezada, e no entanto essencial – é mais contundente.

Inimigos íntimos

Schopenhauer não esquiva a polêmica. "Fantoches" é o que são, a seu ver, Hegel, Schelling ou Fichte. Contra Hegel, não acha palavras suficientemente duras. Seu estilo é "a algaravia mais repugnante e mais intensa", sua "pseudoglória" incentiva a "obscuridade pretensiosa" de "miseráveis borra-papéis". Seria simples demais ver nisso tão-somente uma cegueira biliosa e datada, ou um puro produto do ressentimento. Esses sarcasmos fáceis poderiam ser interpretados como conseqüência de uma má índole, de um banal caso de amor-próprio ferido. Tendo ficado mais de vinte anos sem nenhuma audiência, Schopenhauer se esquenta rápido, é verdade, quando vê seu grande contemporâneo, mais velho que ele, dominar sobranceiramente a cena universitária. A explicação é fraca. O que também anima esse solitário é o amor à filosofia, a exigência da sua radical independência em relação a todo poder e todo credo. Se ele é injusto, o é em nome de uma dignidade do pensamento sobre a qual não se transige.

Para além das rivalidades pessoais, a divergência insuperável entre a filosofia de Hegel e a de Schopenhauer fornece sem dúvida uma das principais chaves do pensamento contemporâneo. Hegel trabalha pela reconciliação do absoluto com a realidade, da razão com a história, do espírito com o mundo. Concebendo a verdade como um processo, inventando a fluidez da dialética, ele explora caminhos em que todas as contradições se superam, fazem a história avançar e desvendam progressivamente seu sentido. A mala postal contendo seu manuscrito passa entre as linhas, contorna o *front*, constrói seu caminho novo a despeito do caos. Schopenhauer, ao contrário, julga irreconciliável a dualidade do nosso ser. A razão, a seu ver, não é nem Deus nem a marcha do espírito na história. É apenas uma ferramenta, preciosa, mas de uso limitado. No corpo, a natureza em nós se encarna e age, vontade cega, sem meta refletida, sem progresso nem dialética. Somos todos fantoches do instinto, marionetes cujos barbantes são eternamente manipulados pelo querer-viver. Enquanto os filósofos do seu tempo, pensando a história universal, tentam construir o sentido e a esperança a partir de atrocidades desesperadoras e insensatas, o solitário Schopenhauer permanece um irredutível mestre de desilusão. Ele ensina que o mundo é sempre o mesmo: absurdo e horrível. Se alguma coisa muda, é na superfície ou para pior.

A dissonância total entre esses dois pensamentos se prolonga de várias formas. Por exemplo, Hegel não parou de conjugar religião e filosofia, refletindo-as uma pela outra, pensando superar a oposição histórica entre elas. Seu inimigo abomina a idéia de Deus, apesar de venerar os místicos. A teologia lhe causa horror. A salvação schopenhaueriana é uma questão de sabedoria, não de revelação. É um retiro individual e distante, não um avanço coletivo, menos ainda uma questão de Estado. Ainda vivemos na posteridade da divisão entre aquele que sonhava compreender a história do mundo e aquele que queria livrar-se dela. Será preciso recordar o que Marx deve a Hegel? O que devem a Schopenhauer, Nietzsche, o filho rebelde, e Freud, o filho dócil? Será preciso salientar que a escola de Frankfurt, notadamente com Max Horkheimer, ainda está colhida nas tensões dessa dupla herança? Por trás dessas obras que um abismo separa, adivinhamos vidas e estilos distintos. O homem que afirma: "O que há de mim em meus livros é falso" (Hegel) não tem a mesma compleição daquele que declara no fim da vida: "A humanidade soube de mim coisas que nunca esquecerá" (Schopenhauer). Enquanto Schopenhauer viveu de renda, como solteirão regrado que era, Hegel teve de ser por longos anos preceptor, jornalista, provisor, antes de obter tardiamente uma cátedra de filosofia digna dele. Costuma-se esquecer isso, tanto a imagem do mestre de Berlim expondo seu sistema encobriu as demais.

Alguns traços aproximam esses filhos de uma mesma época e de uma mesma cultura alemã. Georg Wilhelm Friedrich Hegel nasce em 1770 em Stuttgart, Arthur Schopenhauer em 1788 em Dantzig. O mais velho morre de cólera em Berlim, no ano de 1831, o mais moço sucumbe a um ataque em Frankfurt, no ano de 1860. Tanto um como o outro passaram relativamente pouco tempo fora da Alemanha, onde moraram em várias cidades. Mesmo seus projetos filosóficos não são privados de fontes comuns. Trata-se, para ambos, de pensar depois de Kant, e contra o romantismo. Explorar o aquém ou o além da consciência individual constitui o horizonte global em que seus modos de pensar se separam para divergir. Todavia, assim que cessamos de vê-los de Sirius, eles diferem. Pelo tempo: o clarão de 1789 atinge Hegel no entusiasmo dos seus 20 anos, enquanto Arthur, nascido em 1788, descobrirá a Europa sob o fogo das guerras napoleônicas. Pelos lugares: a Alemanha do Sul, em que vive um bom tempo o jovem Hegel, não é a das cidades da hansa, dos portos francos e do comércio internacional em que Arthur cresce. Pela educação:

o pai de Georg Wilhelm Friedrich é um pequeno funcionário da administração fiscal, que deseja que seu filho seja pastor; o de Arthur é um rico negociante, ardentemente republicano, antiprussiano, agnóstico, leitor do *Times*, que não admite que seu herdeiro se estorve com muitos estudos históricos. Ambos se tornam filósofos contra a vontade paterna, mas não é o mesmo meio que enfrentam. O da família Hegel é rígido e laborioso, enquanto os Schopenhauer levam uma vida faustosa nos salões. Johanna, mãe de Arthur, convida Goethe para o chá. As viagens também os distinguem. Hegel descobre aos 26 anos os Alpes bernenses, e Bruxelas, Viena, Paris, com mais de cinqüenta anos. As cartas que manda à esposa falam da sua repugnância por estar fora de casa, com uma insistência que não parece apenas um sinal de ternura. O "Aristóteles dos tempos modernos" prefere percorrer os livros aos lugares. As bibliotecas lhe dão a conhecer mundos que nunca pisou. Já Schopenhauer viu bem cedo a Europa, e de modo bem diferente. Dos 9 aos 11 anos, aprende francês em Le Havre, a ponto de quase esquecer o alemão. Dos 14 aos 15, pratica a leitura do livro do mundo descobrindo, com seu pai liberal e sua mãe romancista, a Holanda, a Inglaterra, a França, a Suíça e a Áustria. Esses pontos não são simples anedotas. Sem dúvida, não é por acaso que o itinerário filosófico de Hegel é por tanto tempo hesitante, marcado por rupturas e crises, antes de chegar a uma espécie de onipotência aberta e móvel. Schopenhauer, em compensação, parece homem de uma intuição única, de uma obra estática como um diamante, cada volume da qual talha uma faceta sem de fato se mover. Mas não sem se comover. A Hegel, o conceito; a Schopenhauer, o afeto.

As lágrimas e o sangue

Schopenhauer é misantropo, colérico, criador de caso, desconfiado, vaidoso, narcisista. É evidentemente um personagem insuportável. Parece recriminar a existência de cabo a rabo. De carta em carta, conforme as décadas, não pára de reclamar garantias exorbitantes a seus devedores, de sugerir argumentações contorcidas a seus advogados, de impor cláusulas minuciosas a seus editores, de descompor seus "apóstolos" se eles deixam passar alguma notícia de jornal ou algum programa de curso que mencione seu nome. O conjunto da sua correspondência poderia permitir que se pintasse de Arthur Schopenhauer um retrato nada lisonjeiro. Essas páginas casuais o mostram tal como é, no dia-a-dia, sem máscara. "Lançadas no papel sem premeditação nem cuidado", de acordo com seus próprios termos, as missivas privadas mostram, por momentos, um senhor agressivo, irredutível no que acha ser seu direito, decididamente muito pouco atraente. Um leve deslocamento, uma mudança de ângulo, um simples passo em falso bastam para enxergar as mesmas cenas numa outra luz. Schopenhauer teve um só vício: a preocupação com a verdade. Um só objetivo: a filosofia. Uma só exigência: a obra. Sua obsessão financeira não constitui um sinal da sua cupidez, mas sim o meio primordial da sua independência. Ele precisa vixver de rendas para se consagrar ao seu pensamento, para não ter de fazer a ninguém concessão de nenhum tipo. As exigências que impõe a seus editores não são manias de letrado maníaco, mas a condição de uma transmissão exata dos textos e da sua forma. Mesmo sua avidez de velha coquete, quando descobre aqui e ali uma nova menção elogiosa a seu nome, sem dúvida corresponde menos a uma enfatuação banal do que ao contentamento por ver difundir-se a verdade, sentimento legítimo quando se consagra a vida toda a ela e que se tem a convicção de a ter alcançado. Sem essa convicção, inabalável e louca, Schopenhauer não teria podido atravessar o deserto. Em 1819, um homem de 30 anos publica o livro que contém todo o seu pensamento, *O mundo como vontade e como representação*. Um silêncio completo acolhe a obra. Esse silêncio podia parecer interminável.

É só depois de 1850, com o sucesso de *Parerga e Paralipomena*, série de ensaios que vulgarizam os temas da sua filosofia, que ele, já idoso, começa a encontrar algum eco verdadeiro. Gaba-se ingenuamente? Espia os índices tardios da sua popularidade com um júbilo quase pueril? É graciosamente ridículo por ficar tão satisfeito quando o fotografam, quando vêm pintar seu retrato, quando uma jovem o faz posar para um busto, logo reproduzido em toda parte? Com certeza. E daí? Ele soube esperar. Manteve a distância, sem socorro e sem suicídio. Persuadido de ter trazido à luz uma parte essencial do segredo da vida, deixou ao seu século o tempo de alcançá-lo. Para agüentar assim, era necessária uma força de alma pouco comum. Schopenhauer: um herói da resistência. Após uma vida inteira de solidão, morre aclamado. Em certa manhã de 1860, ele cai fulminado sob o retrato de Kant, não longe do grande Buda tibetano que comprara havia algum tempo. É admirado e célebre, mas é só o começo. Sua grande glória vem mais tarde. Sem dúvida, nenhum pensador, à parte Marx, modelou uma época de maneira tão nítida e inesperada. Todos conhecem a lista dos que ele influenciou, entre 1880 e 1930. Lista impressionante! "Educador" de Nietzsche, Schopenhauer marcou pouco ou muito Kierkegaard, Freud, Jung, Bergson, Wittgenstein, Camus, Popper... Também exerce influência sobre romancistas, dramaturgos e músicos, de Kafka a Proust, de Hamsun a Beckett, de Mann a Joyce, de Strindberg a Dürrenmatt, de Wagner a Schönberg. O jovem Charles Chaplin, nos bastidores de um teatro londrino, também lia *O mundo como vontade e como representação*. Basta ver Carlitos para notar: é um herói schopenhaueriano.

O que todos eles retiveram da sua obra? A razão sujeitada ao desejo, a representação consciente concebida como o verso de uma força obscura e impessoal, a evidenciação do caráter ilusório da vontade individual, o desejo de ascetismo sem a submissão às religiões reveladas, os jogos do amor e da morte recuperados no que têm de absurdo, de inevitável, de irrisório e de lamentável. O pessimismo artístico, místico e meditativo de Schopenhauer não foi uma postura artificial, o exercício factício de uma inteligência que faz pose. Foi sua vida mesma, sua salvação pessoal, sua determinação inteira. Sua apoteose póstuma não se reduz a um erro da moda. Seu triunfo, porém, não o tornou totalmente respeitável. Ainda continua marginal, esquecido dos eruditos e, na França principalmente, mais ou menos esnobado pelos pesquisadores. Sem dúvida esse ranheta foi implacável com os filósofos universitários. Ele afirmou preferir a idéia dos vermes roendo seu cadáver à de professores de filosofia dissecando sua obra. Uma provocação tão tola como essa não pode ter dissuadido ninguém. Há um problema Schopenhauer. O que se põe de lado? Primeiro esta característica que faz de Schopenhauer um clássico: a negrura.

Não há meio de gostar de verdade de quem ensina que uma vida feliz é uma contradição em termos, que os grandes amores se reduzem a engodos do instinto, que o mundo segue em frente sem desígnio inteligente, sem intenção sensata, sem esperança de melhoria. Todos os nossos consolos usuais são postos de lado. Deus, ou o progresso, ou a história, ou o sentido, tudo isso provoca o escárnio de Schopenhauer. O otimismo o enfurece, a própria idéia de felicidade o deixa esquentado. Essas quimeras, a seu ver, são apenas ardis infaustos, torturas piores que a crueldade do verdadeiro. Somente a arte salva, por instantes, particularmente a música, mas como indício apenas pensável de um mundo em que a dor deixaria de ser totalmente absurda para se tornar contemplável e bela. A piedade se impõe entre os viventes como uma solidariedade efêmera numa noite sem fim. Nada de cínico, pois, nada nem sequer de egoísta nesse pensamento da escoriação de viver. Nada mais que a constatação derradeira de que é melhor que isso acabe.

Deixemos o negro. Abandonemos o gosto pelo nada aos autores fim de século, apreciadores de deleites morosos e de lassidão transida. Há também um mau motivo para não gostar dessa filosofia que trata das lágrimas e do sangue, do medo de morrer e da coragem de durar. É justamente que ela se preocupa com essa massa de afeto e de carne, em vez de somente com o espírito, com o absoluto, com a razão ou com as categorias do entendimento. Quem sabe o menos perdoável de Schopenhauer não seja seu ateísmo nem seu pessimismo, mas o fato de ter trazido de volta à filosofia, a granel e sem vírgulas, o amor a morte a dor a emoção. Em certo sentido, ela tinha se esquecido disso tudo, desde os gregos. É por isso que, mais que qualquer outro, como Nietzsche viu, ele é educador. Esqueçamos os defeitos, as pequenezes, as imperfeições, os ridículos, as esquisitices mesquinhas. A esse homem, temos de agradecer de verdade.

XI

Buscadores de absoluto

Onde ele foi parar? Uns tentam alcançá-lo pelo êxtase do espírito. Outros procuram encontrá-lo na humanidade.

Os filósofos só alcançam a glória
sob a condição da impiedade.
JOSEPH FERRARI, *Les philosophes salariés*

"Ouvem a sineta do padre? Estão levando os sacramentos a um Deus que se morre." Assim falava Heinrich Heine. Sem dúvida a história contemporânea seria ininteligível se fizéssemos abstração dos graves problemas de saúde que afetaram o Ser supremo. Falar com simulada ligeireza desse assunto não altera a gravidade desse momento vertiginoso. Uma vez Deus morto, ou desvanecido (ou apagado, ou ainda ausente, rasurado... não importam as metáforas), abriu-se uma crise sem precedente. De todos os lados, de mil modos, o pensamento ocidental tentou superá-la. Do século XVIII aos nossos dias, ele se esforçou em readquirir sentido. Sondou de todos os prismas a história do divino e da humanidade. Longa, febrilmente, multiplicaram-se legendas dos séculos e filosofias da história, utopias e próteses religiosas. A cultura européia rodopiou entre as figuras do desespero e da regeneração. Ela escrutou os mais remotos passados sonhando com um futuro ainda de reserva.

Essa preocupação intensa e multiforme trabalha em profundidade vastas porções da nossa história, de Herder a Nietzsche, ou ainda de Benjamin Constant a Michelet. Os românticos alemães foram dos primeiros a tomar consciência disso. "Precisamos ter uma nova mitologia", já podemos ler naquele documento conhecido pelo nome de "mais antigo programa sistemático do idealismo alemão". A identificação do seu autor é objeto de controvérsias eruditas, mas é possível que se trate de Schelling. O texto precisa sem demora: "Essa mitologia deve se manter a serviço das idéias, deve se tornar uma mitologia da razão." Será necessário salientar que este último ponto é essencial? Se o desprezarmos, cairemos nas paragens do *Mito do século XX* de Rosenberg e dos delírios assassinos do nazismo.

Acesso direto ao Absoluto

Desconcertante de tanto evoluir sem cessar, a obra de Schelling nem sempre recebeu a atenção merecida. Claro, teve leitores importantes – entre os quais, nestas últimas décadas, Jaspers, Jankélévitch, Rosenzweig, Heidegger ou Habermas –, mas o triunfo de Hegel e da sua grande família, a "santa" ou a iconoclasta, relegou à sombra esse caçula turbulento. No entanto Schelling, entre outras qualidades, tem o gosto pela clareza, a que talvez tenha sido ocasionalmente infiel. "Nada do que é expresso de maneira irascível e empolada pode ser, por essa mesma razão, verdadeiro e justo", escreve, por exemplo. Ou ainda, sem concessão: "Os sonhos da juventude, ainda que não passem de sonhos, não são privados de sentido, caso proíbam comprometer-se com a mediocridade." Mas esse filósofo não fez nada para facilitar a tarefa da posteridade. É celebrado moço demais: quando seus primeiros escritos ressoam, seu vigésimo aniversário ainda não foi festejado. Morre tarde, em 1854, aos 79 anos – quarenta anos depois de Fichte, 23 depois de Hegel. Tarde demais, quem sabe: o meado do século já não está disposto a ouvi-lo. Tanto mais que ele mudou continuamente, remodelando, no âmbito de problemáticas sucessivas, sua temática da intuição intelectual e do absoluto. As diversas versões do seu pensamento puderam até fazer crer que ele era um vira-casaca, um homem de percurso errático. É de Xavier Tilliette o mérito de ter apontado, em 1970, a unidade profunda e a lógica interna dessa filosofia em devir. Schelling nunca rompeu com esses pontos de partida até sua derradeira obra, a *Filosofia da revelação*.

Lendo somente o título, alguns acreditaram tratar-se de uma obra edificante, que assinalava a volta de um filósofo que avançava na idade à fé que o adolescente rejeitara. Evidentemente, é um mal-entendido. "Filosofia da revelação", explica-se Schelling, não poderia significar "filosofia revelada". Sua reflexão toma a revelação como objeto, e não a considera de modo algum como uma autoridade à qual o pensamento se submeteria, deixando assim de ser filosófico, por não ser livre. A dificuldade, em vez disso, está em saber o que quer dizer exatamente, em Schelling, "revelação". É claro que não se trata da clássica noção de uma palavra divina transmitida por um intermediário autorizado. O termo é quase sinônimo de criação. Trata-se de investigar o que pode ter decidido Deus a criar, livremente, o mundo em que se manifesta. Desde *As idades do mundo*, que Schelling retomou e abandonou anos a fio, até esse texto, passando pela *Filosofia da mitologia*, um mesmo projeto obseda o longo fim dessa vida: escrever a história do passado de Deus, reconstituir sua biografia, ao mesmo tempo interior e anterior. Schelling tenta se aproximar desse abismo do tempo, desse passado imemorial que nunca foi presente. Busca também, nessa "supra-história" interna ao absoluto, a resposta à pergunta: por que há algo em vez de nada? Schelling tenta por fim fazer filosofia e religião convergirem num pensamento novo, em que o antagonismo entre elas perderia todo e qualquer sentido.

A intuição intelectual é, para Schelling, uma forma de acesso direto ao absoluto. Uma apreensão global, imediata, da realidade última. Um conhecimento do que é, dado sem reflexão, sem argumento, sem etapa nem andamento, nada que destaque, nada imperfeito. Uma visão primeira, que invade tudo e dissolve os limites que habitualmente definem o indivíduo e o mundo. Uma experiência fusional, que evoca a dos místicos e dos poetas. Uma espécie de êxtase compreensivo, uma iluminação, uma visão súbita, mas definitiva, de si e do mundo confundidos. Eis, em linhas gerais, o que designou, na passagem dos séculos XVIII a XIX, a expressão "intuição intelectual". Ela fez furor por alguns anos na Alemanha romântica. À parte Schelling, encontramo-la em Fichte, Hegel, Hölderlin, Novalis, no correr desses anos intensos e determinantes que se costuma chamar, na falta de designação melhor, de "idealismo alemão".

A filosofia de Kant havia rejeitado essa "visão do espírito" (essa expressão traduziria os termos alemães *geistige Auschauung* melhor que "intuição intelectual", mas é dotada de outro sentido em francês). Estabelecedor de limites, percorredor de fronteiras, o pensador de Königsberg havia tomado o cuidado de explicitar o caráter bitolado da intuição humana. Se a consciência divina é direta e infinita, a nossa é derivada e restrita. Somente Deus vê as coisas tais como são. Só podemos conhecê-las relativamente, no interior dos limites próprios do nosso entendimento, da nossa sensibilidade e da sua relação recíproca. Enquanto, para Deus, saber, perceber e criar são uma só e mesma coisa, para nós trata-se evidentemente de operações ao mesmo tempo distintas e delimitadas.

Kant manteve afastada a intuição intelectual, mas nem por isso a condenou formalmente e, ainda menos, a declarou impossível. Ele não proibiu explicitamente a preocupação com ela. Aliás, ela não entra inelutavelmente em contradição com seu sistema. É essa a hipótese avançada por Xavier Tilliette para explicar um fato até então despercebido. Se Kant houvesse banido totalmente a intuição intelectual, já não se compreenderia por que esse interdito teria sido transgredido tão depressa e tão maciçamente por Fichte e por Schelling, que, de início, não tiveram a impressão de trair o mestre nem de entrar num conflito aberto e irremediável com ele. Melhor: é em Reinhold, um dos discípulos mais fiéis de Kant, um dos que mais respeita o espírito e a letra da sua filosofia, que essa noção começa a ser elaborada. Assim, entre o homem e Deus, o lugar do anjo, no pensamento kantiano, não seria resolutamente negado. Mas permaneceria vazio. De fato, Kant não se preocupa com o supra-sensível, salvo, de maneira muito indireta aliás, nas análises tardias consagradas ao sublime pela *Crítica do juízo*. É nessa pequena brecha do sistema que vão se engolfar os mundos de Fichte (a autocolocação do sujeito absoluto, o Eu, se realiza por uma intenção intelectual) e de Schelling, que começa por tornar equivalentes o Eu e o "Um e Todo" (o *Hen kai pan* dos gregos, o olhar global sobre o universo), atribuído por ele a Spinoza.

Em seguida, a história dessa "intenção intelectual" deve ser acompanhada em dois registros. O primeiro concerne à Alemanha do romantismo. A intenção intelectual torna-se, aí, um *slogan*, uma senha, um desses sinais de identificação dotados de uma fortuna notável e breve, de que a vida das idéias tantos exemplos oferece. Após Schelling, vemos grandes espíritos se apoderarem da fórmula e remanejá-la a seu bel-prazer: Hölderlin, Novalis, Schleiermacher. Dezenas de outros nomes devem ser acrescentados a estes, de Jean Paul a Karl Philip Moritz, que escreve por exemplo: "Pela primeira vez, senti hoje a inexprimível felicidade de me ver fora de mim mesmo." Inúmeros autores, romancistas, poetas ou publicistas compartilham de uma mesma cumplicidade de época na evocação dessa visão interior do Eu, dessa percepção do absoluto em si mesmo e fora de si, do êxtase indizível de uma pertinência total à Natureza. Esse entusiasmo não durou muito. A intenção intelectual acabou vendo-se confundida com demasiadas coisas díspares: "a inspiração do gênio, a mística natural, [...] a emoção religiosa, a obra de arte, a vida contemplativa", escreve Xavier Tilliette, que conclui: "A inflação acarretou a desvalorização." O golpe de misericórdia foi a crítica severa de Hegel. Vindas de outro horizonte, as invectivas de Schopenhauer indicam o fim dessa voga. Ele troça dos "fanfarrões filosóficos que, na Alemanha, pespegaram esse predicado [intelectual] numa suposta intenção dos mundos sonhados, nos quais o caro Absoluto deles empreenderia suas evoluções." Essas elucubrações são, a seu ver, "medonhas e aborrecidas ao extremo". Os sucessores de Kant, salta aos olhos, levam adiante suas respectivas investigações em direções opostas.

Um homem-puzzle

Há homens opacos. Por mais que figurem na história em lugares possíveis de identificar, não sabemos onde situá-los. O que foram e o que fizeram permanece enigmático. A vida deles é conhecida, seus textos são publicados, mas essas facetas se ajustam mal. As peças parecem incompletas ou falseadas. É o caso de Wilhelm von Humboldt. Dele sabemos muitas coisas. Por exemplo: sua família freqüentava a corte de Frederico II da Prússia, reduto da *Aufklärung* e da francofilia, sem vínculo com a evolução da cultura propriamente alemã da época. Nascido em 1767, o jovem Humboldt recebe uma educação literária e científica excepcional, em que predomina o racionalismo e em que a teologia brilha por sua ausência. Iremos vê-lo apaixonar-se sucessivamente pela filosofia política, pela filologia grega, pela estética, antes de se interessar pelo estudo das línguas, em que fará seu nome. Que relações há entre o *Ensaio sobre os limites do Estado* de 1792, as traduções das *Odes* de Píndaro, os estudos inéditos sobre a harmonia da cultura grega, um súbito interesse pela língua e pelo povo bascos ou ainda a memória de 1827, redigida em francês, sobre a necessidade de separar as palavras nos textos sânscritos? E, principalmente, que relação existe entre os raros textos publicados em vida por Humboldt e a abundante correspondência que manteve com Goethe, Jacobi, Auguste-Wilhelm Schlegel, Schiller, entre outros? Esse íntimo dos gênios não seria apenas um polígrafo talentoso, como sua época, que produziu muitos assim, pode ter se inclinado a crer?

Nada disso. Ele foi, antes de mais nada, um homem de Estado. E não dos menores: de 1800 a 1820, é embaixador da Prússia em Roma, depois encarregado de reformar a Universidade (funda a de Berlim em 1809-1810). Em seguida, se dedica ao congresso de Viena, antes de lhe ser confiada uma nova embaixada em Londres. De modo que poderíamos concluir: Wilhelm von Humboldt, político fino, espírito esclarecido, amigo das artes e das letras, consagrou a trabalhos de erudição os quinze últimos anos da sua vida, retirado no castelo familiar de Tegel, onde estudou em particular a linguagem literária de Java, o *kavi*. Figura da história política prussiana, pertenceria igualmente, portanto, à história da lingüística. Menos conhecido que seu irmão dois anos mais moço, o naturalista e geógrafo Alexander von Humboldt, Wilhelm teria dado uma contribuição erudita ao nascimento da lingüística comparativa, domínio no qual se ilustraram em seu tempo um Friedrich Schlegel e um Franz Bopp. Humboldt seria homem de letras, diplomata, erudito, filólogo, lingüista. Mas não teria nenhum motivo de inscrever essa personalidade brilhante na linhagem dos Kant, Fichte, Hegel ou Schelling, seus grandes contemporâneos. Se às vezes referem-se à sua filosofia da linguagem, muitas vezes julgada obscura, é uma maneira de sugerir que ele não é plenamente filósofo, como tampouco seria totalmente lingüista.

Jean Quillien reconstituiu seu procedimento interior, tarefa complicada porque Humboldt atuou sem revelar seu modo de uso. Escreveu abundantemente, é verdade, mas não se explicou. Em parte alguma ele expõe sistematicamente uma doutrina. Nunca justifica em detalhe suas mudanças de rumo. Portanto foi com a ajuda da sua correspondência, a partir da exegese interna dos escritos póstumos e interrogando-se sobre a coerência do conjunto, que seu itinerário pós-kantiano pôde ser reconstituído. Humboldt leu Kant bem cedo, e bem de perto. Três vezes *in extenso*. Mas não considera útil escrever sobre Kant. Tira sua conclusão e aplica-a. Kant, a seu ver, soube reduzir toda a filosofia à questão: "O que é o homem?" E essa interrogação, bem como suas possíveis respostas, cabe única e exclusivamente aos humanos. O saber acabou com o ponto de vista de Deus, a teologia cede a vez a uma antropologia. Humboldt teria portanto posto em ação a filosofia de Kant seguindo sempre o mesmo fio: o de uma compreensão do humano. Esse fio levou-o a meditar sucessivamente sobre a política, sobre a arte, sobre a história, antes de fazer da linguagem o eixo único da sua pesquisa. Assim, a tecnicidade dos seus trabalhos de lingüista seria apenas um meio, não um fim. Este é a exploração do mundo humano, de que a linguagem é a estrada real. Diversidade das línguas mas unidade da faculdade de falar, individualidade das palavras mas comunidade da língua: Humboldt descobre e formula questões que serão desenvolvidas bem mais tarde. Escrutando a espessura da linguagem, interrogando-se sobre seus mecanismos, vendo nela o domínio em que deve se desenvolver a interrogação sobre o humano constitutiva da pesquisa filosófica, ele prepara nosso século.

A teologia como jogo de bola

Formado na filosofia por Hegel, Feuerbach logo se rebela contra seu mestre e parte em guerra contra o que o idealismo alemão arrasta de teologia consigo. Seus *Pensamentos sobre a morte e a imortalidade*, publicados em 1830 sem nome de autor (ele tem apenas 26 anos), são logo proibidos. A universidade lhe fará pagar por essa provocação: não será nomeado professor. Aos olhos dos seus pares, esse filósofo marginal acumula vícios. É, de fato, um "amigo da Terra", um ateu inteligente e alegre. Ele pensa simplesmente que o infinito faz parte deste mundo, e não do além. Ele vê o eterno na imanência, na realidade sensível, na vida carnal do humano – e não em almas individuais destinadas a subir ao céu para uma eternidade desencarnada. Numa época de altas especulações, Feuerbach se esforça por voltar às "simples verdades". Escreve com clareza. Dirige-se muito mais ao povo que aos mestres. Da análise ao epigrama, do poema ao tratado, ele se ouve tocando em múltiplos registros de escrita. Suas penadas são cortantes, como suas farpas. E isso são, decididamente, faltas graves.

Marx foi seu leitor atento. Engels lhe consagra, em 1888, um folheto que se tornou um clássico do marxismo: *Ludwig Feuerbach e o fim da filosofia clássica alemã*. Amigos perigosos, porque elogiam seu materialismo, para ressaltar logo em seguida que ele ainda é abstrato, de perspectiva demasiado curta, esquecido da história social, das condições reais em que se edificam os mundos humanos. Tecendo-lhe loas para melhor mostrar seus limites, não é seguro que tenham ajudado a lê-lo. Imprensado entre o ateísmo hegeliano e o materialismo dialético, seria Feuerbach apenas um ponto de passagem menor entre pesos pesados da filosofia? Em vez disso, estudando-o, descobrimos um pensador original.

O que ele refuta: o universo especulativo, o biombo que as idéias puseram entre nós e o mundo, essa rejeição do sensível que nutriu, desde Platão, a maior parte da filosofia. Mas não é do exterior, a partir de um empirismo banal ou de um materialismo mecanicista que Feuerbach se esforça assim em sair da metafísica. Formado na disciplina do conceito, ele se empenha em levá-la até aquele limite em que ela reencontra a vida, nela descobre a riqueza verdadeiramente infinita do real, sem além. "Hegel sobe, eu desço", escreve. A religião obceca-o. Ele enxerga nela o fato fundamental a elucidar. *Os pensamentos sobre a morte e a imortalidade* já encerram o essencial do seu proceder. No centro da sua crítica: a idéia da imortalidade da alma individual. É uma idéia moderna: o pensamento antigo a ignorava, a fé medieval privilegiava a comunidade, "a crença na imortalidade individual só aparece com o pietismo como um momento infinitamente importante e essencial, como uma marca característica, específica e distintiva do ponto de vista moderno..."

Rompendo com Kant, como com Hegel, Feuerbach, próximo por certos aspectos de Schopenhauer e de Nietzsche, salienta que apenas a consideração da morte plena e inteira do indivíduo é verdadeiramente libertadora: "Só quando o homem reconhecer de novo que não há apenas uma 'morte aparente', mas também uma morte efetiva e verdadeira, uma morte que encerra definitivamente a vida do indivíduo, só quando ele reencontrar a consciência da sua finitude é que encontrará a coragem para começar uma nova vida..." Essa lucidez relativa à nossa finitude não leva Feuerbach a uma apologia dos prazeres miúdos. Ele a considera a condição de uma vida espiritual autêntica: "É só reconhecendo a verdade da morte, não mais negando a morte que [o homem] será capaz de verdadeira religiosidade, de verdadeira abnegação de si." Não é pois de um ponto de vista naturalista que Feuerbach combate a idéia da imortalidade das almas individuais. Sua tentativa visa fundar filosoficamente a impossibilidade dessa sobrevida dos indivíduos na própria idéia do espírito e da sua universalidade. Tudo o que posso pensar de universal leva a concluir, segundo ele, que não posso subsistir eternamente como elemento singular, separado. Imortal só a vida, pela qual faço apenas uma passagem limitada. Infinito só o tempo, de que partilho apenas um fragmento. "Tua crença na imortalidade só é verdadeira se for crença nesta vida." A imortalidade está presente pois, aqui, agora, e em nenhum outro lugar. É a própria idéia de Deus que implica o desaparecimento do indivíduo como tal. A teologia não passa então de um "jogo de bola". O indivíduo chuta para longe suas qualidades (amor, razão, vontade, etc.) e crê que uma pessoa suprema as devolve. Feuerbach prefere a essa ilusão os jogos dos mortais e o alegre infinito da imanência – feito de amor, de contemplação, de conhecimento. Ele foi um grande leitor de Spinoza. Não por acaso.

XII

Ciência, amor e couve-flor

> Eles calculam a largura ideal das portas, a fórmula do governo justo, a forma de religião que reconciliará a humanidade, com uma seriedade mais ou menos desvairada.

> *Eles o acossavam, armados de esperança, de dedais,*
> *De garfos, de cuidado; tentavam matá-lo*
> *Com uma ação de estrada de ferro; ou*
> *Seduzi-lo com sabão e sorrisos.*
> LEWIS CARROLL, *A caça ao snark*

Na sociedade industrial, onde foi parar o poder? Em que repousa a ordem social? Como fundá-la em novas bases, garantindo o bem-estar de todos e a emancipação de cada um? Essas interrogações transpassam o século XIX. Um punhado de filósofos atípicos procuram fecundar o pensamento político com os métodos da ciência. Eles crêem no progresso, na felicidade pela indústria, na filantropia universal. Não há ciência sem amor, a seu ver. O futuro se constrói com base na solidariedade e na religião do humano. Ninguém duvida de que o amanhã será sorridente. Esses filósofos iluminados são peremptórios e fantásticos, dedicam-se a cálculos intermináveis e confundem suas metáforas com realidades. Com tantas qualidades que ficaram raras, é normal se afeiçoar a eles. Nutridos de esperança e de bons sentimentos, são como um antídoto à rude poção schopenhaueriana.

Não são autores "apresentáveis". É difícil arrumar direito na nossa biblioteca esses aventureiros autodidatas, sujeitos aos reveses da sorte e a encrencas com a justiça. Não são universitariamente corretos, reivindicam sua estranheza e fazem da sua bizarrice virtude. "O homem que se consagra a altas pesquisas de filosofia pode e deve cometer no decorrer da sua vida muitas ações loucas", sustenta sem vergonha Saint-Simon. Apesar das suas provocações e dos seus desvarios, esses extravagantes têm bom olho quando se trata de escrutar a sociedade técnica, de diagnosticar suas taras e propor remédios. Saint-Simon sugere para a Europa um parlamento, a supressão das barreiras alfandegárias, uma moeda única. Fourier imagina, para todos os cidadãos, a criação de um "mínimo vital" e propõe se constitua uma Caixa de Solidariedade geral. No entanto, antes de mais nada, segundo François Dagognet, um "quadrado filosófico" – uma série de quatro traços – reúne esses pensadores: eles encontram seus modelos de análise nas ciências – a física de Newton, a biologia de Lamarck –, esforçam-se por compreender as mutações excepcionais do trabalho e da técnica, procuram as novas possibilidades sociais que essas mutações industriais abrem, insistem enfim na renovação espiritual e na religião humana que devem decorrer daí.

Grande lei, santa influência

Um homem jovem, de uns trinta anos, fala em seu salão. Estão presentes alguns cientistas renomados. Matemáticos, Fourier e Poinsot, um naturalista, Blaiville, um astrônomo, Binet, professor do Collège de France, um fisiologista, Broussais, e outros. O orador não é um desconhecido. Ex-aluno da Politécnica, já publicou, quando secretário de Saint-Simon, textos políticos notáveis. Mas, desta vez, é sua grande obra, seu "sistema", que ele começa a enunciar, no dia 4 de janeiro de 1829. Na verdade, é a segunda tentativa de Augusto Comte. Seu *Curso de filosofia positiva* já tinha sido aberto três anos antes. Entrementes, Comte chegou às raias da loucura. Temeu enlouquecer de novo várias outras vezes. O edifício à glória da Razão, que ele não vai parar de construir, também é uma maneira de conjurar essa ameaça. Em 1826, Esquirol, o grande psiquiatra da época, inscrevia "não curado" no registro de saída da sua clínica, em que Comte acabava de passar alguns meses. Hoje ele também pode ser visto entre os ouvintes.

O projeto de Comte é enciclopédico, mas não à moda de Diderot ou de d'Alembert. O tempo da crítica necessária já havia durado o suficiente. Uma vez destruídos os dogmas religiosos e metafísicos, chega o momento de construir, de pôr termo aos distúrbios e incertezas políticas. Desde a queda do absolutismo, os regimes se sucedem sem durar, de crise em crise. A época vê as utopias florescerem. Comte, porém, prefere reconstituir "o desenvolvimento total da inteligência humana em suas diversas esferas de atividade, desde seu primeiro e mais simples desabrochar até os nossos dias". Esse trajeto obedece a uma "grande lei fundamental" que será a alegria dos professores durante muitas décadas: a dos "três estados". O saber progride do estado teológico, em que "agentes sobrenaturais" – um ou vários deuses – servem para encadear ficticiamente as observações, ao estado metafísico, em que "entidades abstratas" – a alma, o princípio vital – substituem o sobrenatural, para chegar ao estado positivo, único estado científico, em que são descobertas as "leis efetivas" dos fenômenos.

Os diversos ramos do saber alcançaram, um depois do outro, este último estado, de acordo com uma ordem que não é arbitrária, mas se deve à sua "natureza". É seguindo essa hierarquia que devemos estudar sucessivamente matemática, astronomia, física, química, fisiologia. Ao cabo desse percurso, a última das seis "ciências fundamentais" – a "física social" ou sociologia – poderá voltar por sua vez ao estado positivo. Em outras palavras, a política terá o rigor de uma equação. Por conseguinte, o espírito humano não mais progredirá, a não ser em refinamento, em suas conquistas. Não há sétima ciência nem quarto estado: Augusto Comte terá colocado a última pedra. Depois dele, a filosofia será integralmente positiva, composta das "mais altas generalidades" de cada ciência. Comte não é apenas o pai da sociologia e do humanismo cientificista. É também o homem das "generalidades", de que a filosofia seria a ciência. O filósofo, "antiespecialista", observa os movimentos de conjunto e deixa o detalhe deles à "pedantocracia".

Reduzido a esses poucos temas, o positivismo teve o destino dos chavões filosóficos. É tão bonito, tão simples, que os autores de manuais ainda se rejubilam com ele. Tanto mais que Augusto Comte parece ter tudo o que é preciso para facilitar a vida dos professores: "Seus livros são cursos, seus capítulos, lições, suas visões interiores, conferências", nota seu biógrafo, Henri Gouhier. Apesar dessa posteridade, apesar de seus incontáveis comentadores – de Maurras a Gambetta, de Jules Ferry a Kropotkin, de Althusser a Marcuse –, o *Curso de filosofia positiva*, em sua integridade, é um monumento. Seu gigantismo chega a dar desânimo: sessenta lições, doze anos de um trabalho obstinado, milhares de páginas. Não são para ler por simples curiosidade ou por amor ao arquivo, mas para medir quanto ainda pesa a herança de Comte sobre os trabalhos das ciências humanas de hoje em dia, mesmo sem que estas percebam. Sem dúvida, o essencial dos temas comtianos (a desconfiança para com toda metafísica, o culto da experiência, a eficácia moral e social da ciência...) pertence ao clima do século XIX. Mas, além da letra, há o método do positivismo. Estamos mesmo verdadeiramente livres de qualquer crença no progresso do saber? Teremos realmente nos tornado alheios a essa idéia de que a cientificidade existe, comum a todas as ciências? Devemos a Comte muito mais do que parece. Mas já não sabemos direito grande coisa dessa dívida. Praticamente ninguém mais o freqüenta.

Imagina-se um homem de sobrecasaca tediosa. Augusto Comte, grande espírito, arquiteto de visão ampla, seria também uma inteligência austera e destrambelhada. O homem parece ao mesmo tempo frio e sentimental, racional e visionário, lógico e dogmático, sensível e obtuso. Uma vez terminada sua monumental reconstrução dos saberes científicos existentes, dedica-se a fundar uma nova religião. A partir de 1845, "ano sem igual", empenha-se em planejar o culto da Humanidade, "sob a santa influência de Madame de Vaux", que morre de tísica em 1846. Não fica faltando uma festa, um grande homem, uma só virtude. Os ritos são repartidos, as preces ajustadas. O fundador concebe o culto do futuro do mesmo modo que outros calculam pontes e obras. Abstrata e racional, a glorificação da humanidade é uma religião de engenheiro. Em 1857, o politécnico Augusto Comte, filósofo, profeta sem subsídios e apaixonado platônico, pode se extinguir em paz: tudo foi pesado. O positivismo está em movimento. A regeneração da Europa e, depois, do mundo recebeu seu impulso decisivo. Os discípulos têm muito a construir, mas os projetos estão prontos. Enquanto se constroem estradas de ferro, viadutos, mercados cobertos e, em breve, arranha-céus e metrôs, esses sábios zelarão pela edificação mundial da ordem e do progresso. O caminho será longo, mas a história da humanidade já tomou o rumo do universal.

Industriais filantropos ou políticos generosos, os raros discípulos da Igreja positivista não demoraram para se cindir ou se dispersar. Pareceria quase pertencer a uma época mais antiga, ou mais esclerosada que a dos militantes marxistas ou anarquistas, que no entanto foram seus contemporâneos. Esses espíritos valorosos que confiam na técnica estão certos do advento próximo da harmonia social, acreditam piamente na unificação espiritual dos povos; como não notar que usam colarinho duro, pincenê e botinas, acessórios ideológicos e indumentários que não se fazem mais há muito tempo. Passados e ultrapassados, já não chamam a atenção. Augusto Comte e os seus parecem habitar um nicho imóvel da história. A nostalgia às vezes leva um visitante à solidão empoeirada em que vivem. Mas raramente. É um erro. Augusto Comte não é o arquiteto de um edifício intelectual chato e afetado. Juliette Grange lembrou que se tratava efetivamente de um filósofo que englobava, numa reflexão geral e coerente, uma multidão de questões. Algumas preocupações maiores de Comte são mais próximas das nossas que as de seus contemporâneos. Na França ainda rural e católica de 1850, pouca gente, de fato, se preocupava com a mundialização da indústria ou com a retração das grandes religiões. Comte compreendera, entre outras coisas, que o mundo tinha se tornado transnacional, que as revelações sagradas já haviam encerrado seus dias. Entrevia também que as antigas formas da política desapareciam em benefício de uma vida social e cultural em que o poder ia se exercer de outro modo, de maneira difusa e contínua. Mas não dissociava o advento da sociedade científica e industrial da invenção necessária de uma nova espiritualidade.

Ao contrário: pretendia fundar a religião futura com base no triunfo das ciências. Não se tratava porém de impor o reinado do cientificismo nem de um "culto da Razão". Enganar-se-ia totalmente quem fizesse de Augusto Comte um papa dos laboratórios. O êxito das disciplinas científicas consistia antes de mais nada, a seu ver, na aceitação do relativo. O relativo, de acordo com uma fórmula que ficou célebre, passa a ser o "único absoluto". Essa idéia vale para as ciências, em que o estudo das relações entre os fenômenos substitui o estudo das causas primeiras e das realidades últimas. Vale também para a vida religiosa. Comte considera a religião sob dois aspectos: indispensável para o desenvolvimento coletivo e individual, também está, em sua pretensão a deter verdades intangíveis, definitivamente arruinada. Trata-se portanto de fundar uma religião... da ausência de religião. Eis um ponto interessante e, em geral, mal compreendido. A Humanidade, tal como é celebrada pelo positivismo, não substitui Deus: ao contrário, ela indica que ele está irremediavelmente ausente.

Girafa e verdade

"A couve-flor pinta o amor sem obstáculos nem mistérios, os folguedos da livre juventude que adeja de prazer em prazer. Por isso a couve-flor é um oceano de flores, imagem dos encantos dos verdes anos..." À primeira vista, não sabemos direito o que fazer com uma verdade dessas. Ao longo dos textos de Charles Fourier, centenas de enunciados do mesmo tipo se respondem, embaralham as cartas do sentido. Esse simples comerciário, de uma incapacidade profissional lendária, sustenta que "a Terra, por copulação consigo mesma... gerou a cerejeira". Foi de fato um personagem estranho: viver num quarto sufocantemente abarrotado de flores, esperar todos os dias – ao meio-dia, no Palais-Royal – um mecenas que pudesse subvencionar o falanstério, é mais espantoso do que escrever "A girafa é o hieróglifo da verdade no reino animal"? Dizem que Charles Fourier não ria nunca.

Diante das elucubrações cósmicas, das analogias aberrantes, da multidão de detalhes insensatos que *A teoria da unidade universal* ou *O Novo Mundo apaixonado* encerram, a reação costuma ser das mais simples: deixar de lado todas essas escórias e mandá-las para o depósito das fantasmagorias literárias. Feita a triagem, restariam a seriedade, o essencial, a "verdadeira contribuição" de um dos principais "socialistas utopistas": críticas da ordem mercantil, do casamento, da família, da educação repressiva, profecia do desejo, anúncio de uma nova ordem econômica e libidinal. Visionário exuberante, Fourier não passaria de um "precursor", que balbuciava sem saber o materialismo histórico e a psicanálise. Tendo Marx e Freud advindo, a ciência tomaria o lugar e a vez da Utopia. E se Fourier resistisse? Se fosse para entendê-lo de outro modo? Ele não fez a triagem. Em seu delírio imperturbável, tudo se equivale. As variedades de pêras merecem tanta atenção quanto "vinte séculos de imbecilidade política". O gosto da galinha velha, do morango com leite ou do caramelo não é menos essencial à ordem social do que os imperativos da economia.

Isso quer dizer que Fourier não é socialista, ou só o é timidamente. O essencial não está aí. A Harmonia – o estado social que deve suceder a esse "flagelo passageiro", essa "doença temporária" que é a "Civilização" – não tem muita coisa a ver com a "sociedade sem classes": na Harmonia, a desigualdade, o dinheiro, a hierarquia subsistem. Fourier não quer destruir nada, ele prefere subverter. Ele não quebra a ordem estabelecida, mas a desencaminha, a desvia – até enlouquecê-la. A Bolsa continua existindo, com frontão e colunatas. Mas ela se torna um local para a negociação de novos amores. A utopia que ele descreve não é pois um "outro mundo", é o mesmo (o nosso), só que arrumado, distribuído de outro modo, deslocado. Por exemplo: as leis. Não há nada, assim se crê, mais abertamente repressivo. Em Harmonia, nem se cogita de suprimi-las! Ao contrário, vai ser necessário multiplicá-las, torná-las pletóricas, editar inúmeras regras, preceitos, exceções, a tal ponto que sua proliferação desmedida as anule. Fourier não combate, aumenta a dose.

O que possibilita isso, o que garante seu sucesso, são as paixões. A civilização as sufoca ou as condena à morte, daí sua infelicidade e seus vícios. Ela não vê que "não há nenhuma paixão inútil ou ruim". A mais incongruente, a mais vil (comer aranhas, lamber o calcanhar das mulheres) pode contribuir para a prosperidade do mundo. Em Harmonia, sua combinação criará uma beatitude quase inimaginável: "A superabundância se tornará um flagelo periódico." A matemática a presidirá: Fourier começa não mais contando de dois em dois, mas por enfiadas, por "séries", a fim de escapar da estreiteza da família, do casal, dos sistemas binários.

Esse "carola pornocrático" fustigado por Proudhon seria apenas o precursor de alguma "revolução sexual"? Não é tão simples assim. A ordem civilizada, diz ele, exalta o sentimento puro e deprecia o amor físico. De fato, a opinião e a moral produzem o contrário do que proclamam: o amor não está em lugar nenhum, e a sexualidade, em toda parte. Será preciso, para remediar esse estado de coisas, rejeitá-lo? Criar, inventando-o de cabo a rabo, um novo? Mais uma vez, Fourier se contenta com levar ao limite o que já existe: a solução do dilema civilizado será, na ordem societária, a "prostituição santa" – o Angelicado ou Celadônia. Dois seres se entregam a todos os outros e não se tocam, cada um deles tornando-se "ministro dos prazeres sensuais do outro". Eles se amam com puro amor, mas à força de volúpia... É na prostituição universal que reside, de acordo com Pascal Bruckner, a chave da felicidade fourierista. Se as relações mercantis são a verdade de todo comércio amoroso, para que as coisas mudem, essa verdade tem de vir à tona, nada mais deve escapar a ela. A prostituição só poderia se abolir generalizando-se, englobando num intercâmbio infinito e lúdico as crianças e os velhos, os corpos sublimes e os corpos disformes... Esse Fourier indigno, ávido e excessivo, é "utopista" mas irreconciliável com o socialismo, na medida em que convoca, sempre e a cada instante, para o que a política não pode suportar: o prazer.

Calcular a história

Joseph Ferrari era estimado por seus contemporâneos. Em 1843, Edgar Quinet toma sua defesa na *Revue des Deux Mondes*. Baudelaire, vinte anos depois, fala a seu respeito num "sutil e douto autor". Proudhon escreve-lhe dizendo que sua *História da razão de Estado* "causa um poderoso abalo no espírito". Renan confessa: "Ferrari me fascinou." Depois, esse filósofo é esquecido. Seu destino póstumo é mesmo o desses autores adormecidos na poeira dos arquivos, cujo nome ele próprio diz que "será pronunciado uma vez por século por ocasião dos grandes inventários de bibliotecas"? Não! Na França como na Itália, uns poucos se lembram dele e reeditam alguns dos seus livros. Em 1983, Stéphane Douailler e Patrice Vermeren deram a lume uma edição do seu panfleto de 1849, *Os filósofos assalariados*. Primeira silhueta de Joseph Ferrari: vítima da instituição universitária, emigrante rebelde, adversário do ensino conservador e da filosofia oficial. Resumo dos fatos: um jovem filósofo italiano instala-se em 1838 em Paris, onde imagina ser mais livre do que em qualquer outro lugar. Está com apenas 27 anos, mas já editou Vico na Itália, chama a atenção por seus artigos na *Revue des Deux Mondes* e defende duas teses na Sorbonne. Obtém um cargo de suplente na faculdade de Estrasburgo. Escândalo: por ter afirmado que "a Reforma havia emancipado quarenta milhões de almas" e ter insistido em demasia no comunismo de Platão, Joseph Ferrari é atacado por tudo o que a Alsácia tem de católicos e a universidade, de bem-pensantes. Seu curso é suspenso. Nomeiam-no para o liceu de Bourges. O reitor escreve então ao ministro: "As famílias se afligem por ver um curso tão importante como o de filosofia confiado a um funcionário que a opinião pública acusa de propagar doutrinas perigosas."

Reprovado em 1848 no exame para professor universitário por seu não-conformismo, Joseph Ferrari publica no ano seguinte *Os filósofos assalariados*, panfleto contra Victor Cousin e sua hegemonia sobre a filosofia da época, em que denuncia o conluio entre o ensino oficial e a ordem religiosa estabelecida. Pronto, seu nome é ligado a um caso exemplar em que são visíveis as tensões entre o ensino estatal e a livre crítica dos filósofos. Joseph Ferrari é apenas isso? De jeito nenhum, dizem do outro lado dos Alpes. Giuseppe Ferrari é um dos nossos homens políticos mais originais. Segundo perfil do mesmo homem: deputado do Parlamento italiano a partir de 1860, combate o centralismo de Cavour em nome de um federalismo inspirado em Proudhon. Foi membro do conselho superior da instrução pública e, ao morrer, em 1876, acabava de ser nomeado senador. Os italianos reeditam seus escritos políticos, sua correspondência com Proudhon, seus discursos na Assembléia.

Entre Joseph, que passou cerca de vinte anos na França (de 1838 a 1859) azucrinando o ensino oficial, e Giuseppe, cujos discursos semeiam na Itália, de 1860 a 1876, uma alegre confusão política, é difícil fazer a junção. Italiano demais na França, francês demais na Itália, Ferrari sempre foi percebido parcialmente. Suas duas obras maiores foram escritas e publicadas em francês (e nunca traduzidas em italiano). Uma, *História da razão de Estado*, data de 1860; a outra, *A China e a Europa*, é de 1867. A questão posta por Ferrari é a da história mundial e seus momentos cruciais. Ele propõe o abandono de nossa redoma mediterrânea para considerar sob todas as latitudes e longitudes as grandes correntes, os sincronismos, as médias planetárias, as guinadas dadas no mesmo instante, todas as geminações enigmáticas e desconcertantes que vêem desabrochar ou fenecer, de um lado ao outro do planeta, em culturas sem relação direta, fenômenos coincidentes. Por exemplo, será mesmo por acaso que Pitágoras, Buda e Lao-tse são praticamente contemporâneos? Será possível, afinando paralelismos do gênero, identificar "leis gerais a que os homens obedecem sem saber"? Seria possível exprimi-las matematicamente, ou mesmo utilizá-las para prever os meandros por vir da aventura? Se Ferrari merece sair da sombra, é antes de mais nada por esse senso agudo da "visão global" na história, por sua sensibilidade ao instável, por sua atenção às alternâncias e às tensões, e por esse sonho de constituir finalmente um saber científico. De Vico a Hegel ou a Marx, outros tiveram sonhos semelhantes. Ferrari, sob certos aspectos, se parece com Charles Fourier: mesmo delírio aritmético, mesmo fascínio por uma álgebra implacável e amalucada. Às verdadeiras questões sobre a história mundial, Joseph/Giuseppe só dá falsas respostas, na forma de ciclos fixos e comprimentos iguais, períodos de quinhentos anos subdividindo-se em cento e vinte e cinco, depois em trinta anos e meio, a duração de uma geração. Suas últimas obras, escritas em italiano, *Teoria di periodi politici* (1874) e *Aritmetica nella storia*, inacabada, atolam-se num impasse povoado de dados numéricos.

Prisões, conventos, quartéis

Restam-nos de Proudhon algumas fórmulas tiradas do seu contexto – "a propriedade é um roubo", "Deus é o mal" –, a expressão "revolução permanente", a oposição entre "socialismo científico" e "socialismo utópico", bem como cerca de cinqüenta volumes. É um dos primeiros a dar ênfase à dimensão coletiva que habita o trabalho, a política e o conjunto da vida social. Essa dimensão coletiva não é redutível à soma das decisões ou dos esforços individuais. Por essa descoberta, Célestin Bouglé e, posteriormente, Georges Gurvitch consideraram Proudhon um dos fundadores da análise sociológica, mais importante talvez do que foi Augusto Comte. Por outro lado, seria difícil compreender, sem sua influência, movimentos de idéias tão importantes e dessemelhantes quanto o anarquismo, o trabalhismo britânico ou o jauresismo, quando não o personalismo cristão de um Emmanuel Mounier ou de um Jean Lacroix. Sua marca também é encontrada nas diversas formas de pensamento e ação autogestionárias, federalistas ou simplesmente pragmatistas que atravessam o século XX. Entre a presença multiforme de Proudhon na vida intelectual e política e sua ausência em nossas leituras, existe um contraste surpreendente.

Sem dúvida sua obra foi recoberta por demasiadas polêmicas, reivindicada por demasiados herdeiros. Marx elogia-o, esquecem disso, antes de assassiná-lo na *Miséria da filosofia* (1847), depois numa necrologia publicada em 1865 pelo *Sozial Demokrat*. "Pequeno burguês", "contradição viva", Proudhon seria para a filosofia o que Napoleão III foi para o primeiro imperador: uma caricatura. Faltaria a ele a "dialética verdadeiramente científica" para impedir que suas análises se tornem em sofismas e sua política, em impasse. Com isso, toda a posteridade de Marx evacua o plebeu libertário, enquanto a de Bakunin anexa, à custa de alguns forçamentos, aquele que se dizia "revolucionário mas não desordeiro" e precisava que "as revoluções duram séculos".

Com efeito, Proudhon parece nunca ter sido reconhecido por nenhum grupo instituído. Ele sustenta que "uma revolução só é possível por meio da filosofia", mas os filósofos não parecem lhe conceder direito de cidadania. Para Ravaisson, ele nunca expôs nem mesmo sugeriu o que quer que seja que se assemelhasse a uma filosofia. Seus escritos não passariam de uma "literatura distinta". Não é a opinião dos escritores: Hugo fala da sua "baba fria" e Baudelaire nunca lhe perdoará não ser um dândi. O homem do povo não conseguirá, tornando-se teórico, fazer que esqueçam seu nascimento humilde. Acompanhando Pierre Haubtmann, seu biógrafo, descobrimos que Proudhon é muito mais um moralista que um sociólogo. Ele escreve ao casal Clerc, seus amigos, em 2 de janeiro de 1857: "Agradeço a vocês dois por terem compreendido que sob minha casca rude, sob minhas ardentes polêmicas, havia um pensamento de renovação moral, muito mais que uma teoria de economia política." No ano seguinte aparece o que ele chama de seu "tratado de moral", *Da justiça na Revolução e na Igreja*. Três volumes, 1.675 páginas. Exuberante, desconcertante às vezes, essa "enciclopédia" é toda ela animada por uma exigência de regeneração espiritual. "É por seus princípios filosóficos e religiosos que as sociedades vivem", afirma Proudhon contra Marx e contra seu tempo, que ele julga marcado pela "morte do cristianismo". O princípio sobre o qual se trata de reconstruir o "edifício inteiro" da sociedade é "velho como o mundo e vulgar como o povo": a justiça. Proudhon dá para ela uma definição que se tornou célebre: "O respeito, espontaneamente sentido e reciprocamente garantido, da dignidade humana, em qualquer pessoa e em qualquer circunstância em que ela esteja comprometida, e qualquer que seja o risco a que sua defesa nos exponha."

O fio condutor da obra, que justifica seu título, é constituído pela oposição constante de duas atitudes morais: a da Revolução, em que os homens não regulam sua vontade com base em nenhum outro preceito salvo o respeito de uma consciência por outra, numa imanência total; a da Igreja, em que a justiça sempre vem de cima, se impõe aos homens como uma transcendência que afinal de contas permanece exterior a eles. Justiça a construir contra justiça revelada. Verdadeira moralidade interna contra falsa moral exterior. Direitos humanos contra direito divino. O esquema é simples, simplista até. Mas põe claramente em evidência as dificuldades e as apostas de uma fundação da moral numa perspectiva resolutamente laica.

Proudhon também resolve, em termos vivos, a questão da capacidade de filosofar do povo. Inscrevendo-se na tradição cartesiana do bom senso como a "coisa mais bem distribuída do mundo", proclama a "democracia das inteligências": "Todo homem que fala, contanto que ele se compreenda, é um metafísico." De fato, a metafísica "está por inteiro na gramática e seu ensino pertence aos mestres-escolas". Sem dúvida essa obra tem algo de destrambelhado. Nossos hábitos requerem maior precisão conceitual, menos retórica. Mas essa prosa às vezes brumosa é entrecortada por fórmulas inesquecíveis. Um homem que escreve: "Tudo o que sei, devo ao desespero", e acrescenta: "Detesto, tanto quanto as prisões, as igrejas, os seminários, os conventos, os quartéis, os hospitais, os asilos e as creches", um homem assim não pode ser intrinsecamente ruim.

XIII

Os Marx e a plebe

Era inevitável que a emancipação desejada por Marx se transformasse em dominação?

A única coisa interessante na Terra são as religiões.
Baudelaire

Eis que um congresso reúne em Londres os representantes dos governos europeus, das finanças e das religiões. Motivo: tudo vai mal. O povo não tem fé, as idéias sociais progridem. É necessário um novo credo. "O Capital não tem nem pátria, nem fronteira, nem cor, nem raças, nem idade, nem sexo; ele é o único Deus internacional, o Deus universal, ele curvará sob sua lei todos os filhos dos homens!", exclamou o legado do papa, presa de um arrebatamento divino. Convencidos da justeza dessas observações, os congressistas, entre os quais reconhecemos alguns sociólogos, historiadores e filósofos, empenham-se rapidamente na formulação de novos dogmas. Resultado: uma paródia de catecismo. Que pecados um assalariado há de ter cometido para sofrer a "excomunhão do desemprego"? Resposta: "Nenhum. O bel-prazer do Capital decreta o desemprego sem que nossa fraca inteligência possa descobrir por quê." Segue-se um elogio da cortesã, a qual "chupa com seus lábios sedentos e insaciáveis a honra e a fortuna das famílias", elogio redigido pelo legado do papa em companhia do príncipe de Gales, de dois industriais e de uma certa Cora Pearl, uma curvilínea mulher, "que fez passar por sua cama a alta farra cosmopolita". Por que a cortesã é a suma sacerdotisa da religião do Capital? Porque ela vende vento. Nem mesmo seu corpo, mas um engodo, a miragem do amor, a pura aparência, que requerem uma despesa infinita. Pastiches do Eclesiastes, do Livro de Jó, do "Pai Nosso", do "Credo" e de alguns outros textos sagrados contribuem para fazer de *A religião do capital* um almanaque da zombaria. Seu autor é Paul Lafargue, genro de Marx.

Quantos são?

Nem toda a família tem senso de humor. Karl possui nitidamente um vivo senso da ironia. Utiliza-o às vezes de maneira muito engraçada: veja-se *A sagrada família* ou *A ideologia alemã*. Em compensação, perde todo humor quando se mete nas convenções sociais e no respeito às hierarquias. Pode-se fazer de Marx um retrato repugnante, em que ele apareceria como arrivista, intrigante, bitolado, mau amigo, conformista, cheio de todos os preconceitos, tiques e convenções de um burguês alemão. Seria ao mesmo tempo verídico e inexato. Verídico, porque o militante não se deixa amarrar por escrúpulos. Trata-se de desconceituar um adversário? "Não se incomode em entrar um pouco nos detalhes da vida privada", escreve em 14 de junho de 1853 a Adolph Cluss, para incentivá-lo a acabar com alguém que era uma pedra em seu caminho. Seria inexato reduzir Marx a essas baixezas, porque outros retratos não seriam nem mais nem menos verdadeiros: estudante revolucionário, jornalista britânico, teórico da economia, líder operário... Esse homem não é homogêneo. De fato, existe uma série de Karl Marx. Eles coexistem ou se sucedem, mas um não suprime o outro. As imagens de Marx também mudaram conforme as épocas. Elas se justapuseram ou se interpenetraram segundo os momentos, as relações de força internacionais, as propagandas e as correntes. Querer delimitá-las estritamente seria artificial. Do retrato privado ao retrato oficial, podemos reter três camadas principais.

Marx I (século XIX), retratos a lápis, barba desgrenhada, daguerreótipos. Ele é sucessivamente estudante nutrido de direito e de filosofia, jornalista no exílio (Paris, Bruxelas, Londres) às voltas com uma miséria relativa mas persistente, fundador da *Liga dos comunistas*, autor de uma obra ao mesmo tempo interminável e inclassificável em que se misturam, em proporções difíceis de determinar, a herança de Hegel e a das Luzes, a crítica da economia política inglesa e a análise dos movimentos revolucionários.

Marx II (século XX), imagem oficial, pilosidade bem penteada, medalhão de pai fundador. É proclamado criador de uma ciência da história, explorador das suas leis de funcionamento, inventor das fórmulas do materialismo dialético e do materialismo histórico, pioneiro da emancipação socialista, teórico incansável e infalível das certezas revolucionárias, caução dos manuais de marxismo, justificação do dogma dos poderes comunistas. Em menos de cem anos, a metade da humanidade pôs-se a viver sob regimes políticos que reivindicam seu nome. O filósofo rebelde tornou-se pensador estatal. No fim do século, a maioria desses Estados comunistas desaparecem. Os que subsistem estão em crise. A dominação política do marxismo já parece distante.

Marx III? A partir de 1989, vemos esboçar-se um Marx fragmentado que talvez será o do próximo século. Ele é constituído por uma tensão entre várias fisionomias, forma uma unidade aberta, uma pluralidade animada e discordante. Marx escapa dos muros do marxismo. Não se trata mais de saber, antes de tudo, qual é o quadro fiel, qual o retrato autêntico. Trata-se antes de apreender os movimentos desse pensamento complexo, não esquecendo porém a sua capacidade de ação presente. Dentre os comentadores que participam dessa revivescência, Daniel Bensaïd mostrou que uma tríplice muralha de erros e de contra-sensos nos impedia de perceber quanto Marx ainda é atual, e talvez por vir. Esses mal-entendidos a serem desfeitos concernem à história, às classes, ao saber. Faz-se de Marx um campeão do determinismo, o arauto de uma filosofia da história habitada pela necessidade inelutável do progresso e das revoluções. Nada é mais distante do seu pensamento: ele afirma constantemente a impossibilidade de predizer o futuro. Pensador do aleatório, do incerto, se não do improvável, estaria no antípoda da concepção mecanicista que tantas vezes ainda lhe prestam. A história não é o lugar em que se inscreve um sentido. Não existe, sob a infinita exuberância dos acontecimentos, um grande desígnio que ordenaria seu caos. Todo o pensamento de Marx combate esse mau romance da história universal. Contra Popper, que censura Marx por acreditar ser o futuro previsível, Daniel Bensaïd sustenta que, para Marx, "a história não faz nada". Ela não tem desenlace certo. Nada jamais garante contra os fracassos, os esquecimentos, os naufrágios. Primado do político: possibilidades se enfrentam, somente a luta faz que uma prevaleça. Ponto essencial, enxergado por Benjamin e por Gramsci, que escreve em seus *Cadernos de prisão*: "A única coisa que se pode prever é a luta."

A revolução nunca está, *stricto sensu*, "na ordem do dia". Ela está sempre fora do programa, salto mortal e intempestivo, avanço rumo ao desconhecido. Ela vem romper o curso normal do tempo, fraturando a sucessão monótona dos mecanismos que se pode prever. Idéia central: Marx abriu a possibilidade de uma nova maneira de pensar a temporalidade. O termo alemão *zeitwidrig*, que aparece várias vezes na sua pena em diferentes contextos, evoca o intempestivo, o que age em contratempo, em defasagem. Sua maneira de escrever a história poria em jogo uma forma de temporalidade não linear, um tempo folheado mas também vazado, desafinado, nunca totalmente contemporâneo de si mesmo. Esse tempo discordante, fora das muralhas bem tapadas da causalidade, como se engendra? Por outro lado, se é verdade que o relógio mede tudo na sociedade mercantil, como se mede por sua vez essa medida? Essas interrogações últimas levam, em *O capital*, à idéia de que o próprio tempo é uma relação social.

Afastam-se assim, pouco a pouco, os erros que formam o segundo círculo. Não, Marx não define as classes. Ou tão pouco, que às vezes é pior que nada. Não é negligência – ela seria incompreensível. Não é tampouco o resultado de não se sabe que incoerência. Para explicar a existência das classes, Marx analisa sua luta, e isso basta. Porque as classes não são elementos isolados que existem independentemente do seu conflito. É seu antagonismo mesmo, como Althusser havia salientado, que as produz. Portanto a contribuição de Marx não pode se reduzir a uma sociologia empírica. Ele não constrói sua análise do capitalismo com base na constatação de que os grupos sociais se distinguem por sua relação com a propriedade, por sua renda, por sua posição na produção. Ele não deduz os mecanismos da circulação do capital ou a produção da mais-valia observando como se comportam burgueses e proletários. É o inverso: mostra de que modo o processo capitalista gera tanto a luta como as classes que nela se enfrentam. Prioridade para a lógica interna das situações sobre a pretensa objetividade das constatações sociológicas.

Último muro: a natureza do saber que Marx aplica. Passa ao largo da sua especificidade quem persistir em crer que Marx constrói uma ciência da economia do mesmo modo que a física constrói um conhecimento da natureza. A diferença não reside essencialmente, como acreditava Popper, na ausência de experimentação e na impossibilidade de expor a teoria marxista ao eventual desmentido dos fatos. Ela está na manutenção de um papel para a decisão filosófica. Marx é positivista, até mesmo cientificista, mas apenas em parte. Ele insiste por outro lado na fidelidade à idéia da "ciência alemã", o projeto, encarnado por Hegel, de um saber em que a elaboração filosófica não desaparecesse diante da positividade.

Karl Platão e a armadilha do tempo

Esse retorno à leitura de Marx não deve fazer esquecer que os filósofos tentaram, e muito, enquanto existia o mundo soviético, dizer adeus a seu fundador. Em nome da fidelidade a Marx, o "socialismo" dos países do leste da Europa foi considerado por Cornelius Castoriadis como "inseparável dos campos de concentração, da exploração social mais intensa, da ditadura mais atroz, do cretinismo mais extenso". Essas linhas foram publicadas em março de 1949. Ter razão cedo demais sempre tem seus inconvenientes. Rejeitar o marxismo, principalmente sua herança cientificista, mecanicista, determinista, a fim de tornar possível a concepção de uma mudança radical da sociedade, foi o gesto de alguns pensadores isolados. Em sua diversidade, eles tiveram em comum não denegrir Marx, sem com isso alinhar-se a uma posição oficial ou oficiosa.

Kostas Papaioannou, por exemplo, atacou este problema de fundo: por que a obra que, no século XIX, era portadora da maior esperança, anunciadora de libertação e de democracia viva, tornou-se a caução do totalitarismo, uma "ideologia fria"? O verme já estava na fruta, o Gulag em germe no *Manifesto* ou no *Capital*? Ou Marx, inocente, foi vítima de herdeiros perversos e da ironia cruel da história? Papaioannou tinha fascínio por Marx e horror dos marxistas-leninistas, como nota Raymond Aron no prefácio da coletânea intitulada *De Marx ao marxismo*, em que foram agrupados seus estudos publicados ao longo dos anos 1960 na revista de Boris Souvarine, *Le contrat social*. Como salienta a homenagem de Raymond Aron a seu falecido amigo, Papaioannou permaneceu ferozmente antitotalitarista, ao mesmo tempo que levava Marx muito a sério. Para ele, trata-se de repor Marx em seu devido lugar, o de um grande teórico da sociologia, de um analista ímpar das engrenagens do capitalismo, mas também de um homem pego no ardil de ilusões políticas, de impasses teóricos ou de generalizações abusivas. Um grande pensador, não um messias. "Nem totalmente inocente, nem o único responsável", conclui Raymond Aron.

Sem dúvida, por esse caminho nós poderíamos continuar longamente. Seria necessário evocar as diferentes formas de relação dos filósofos franceses com o marxismo e a doutrina de Marx, notadamente de Jean-Paul Sartre, de Maurice Merleau-Ponty, de Jean-Toussaint Desanti, de Louis Althusser, de Gilles Deleuze. Seria igualmente necessário evocar interpretações que surpreenderam, como a de Michel Henry, que viu em Marx um filósofo da vida, do corpo vivo, do indivíduo. Quando se trata de Hegel ou de Schopenhauer, de Schelling ou de Fourier, de Humboldt ou de Proudhon, parece não haver grande dificuldade em fazer um esforço para entrevê-los ao mesmo tempo em seu tempo e no nosso, em captar este ou aquele traço da sua silhueta de homens do século XIX ao mesmo tempo que este ou aquele prolongamento possível do seu pensamento nos anos vindouros. No caso de Marx, é diferente. O que ele foi, em sua época, não parece diretamente acessível. Sua fisionomia permanece sempre deformada pelos filtros contemporâneos. Não há meio de estar em sua companhia sem topar com a história soviética, com as guerras políticas do século XX, com as tomadas de posição pró-comunistas ou anticomunistas. Marx permanece pego na história dos itinerários recentes, não é separável dos périplos do esquerdismo e de seu cortejo de renegamentos ou de fidelidade. Para falar dele, somente autores destas últimas décadas, pensadores na sua maioria ainda vivos servem de intermediários insuperáveis. Não há meio de ter acesso a outras figuras que não esses Marx, os quais são como que pegos na armadilha do tempo, indefinidamente interrogados de acordo com perspectivas posteriores, percorridos de acordo com itinerários em parte anacrônicos. Para evocar Marx, são percursos recentes os que se apresentam.

Entre esses itinerários, o de Jacques Rancière é rebelde à classificação. Em 1965, era simples, aparentemente: co-autor, com Althusser e alguns outros, do famoso *Lire "Le capital"*, pertencia ao marxismo estruturalista que dominava a cena antes de maio de 68. Em *La leçon d'Althusser*, nove anos depois, o ex-discípulo criticava os erros de uma ortodoxia que se acreditava subversiva e, a seu ver, não era mais que dogmática. Dava para resolver a coisa (com muito boa vontade) arrumando esse livro na seção "maoísmo irresponsável" ou "revolta contra o pai". As pistas se confundem quando esse filósofo empreende, com o coletivo da revista *Révoltes logiques*, um longo mergulho nos arquivos do pensamento operário dos anos 1820 a 1848, descobrindo que as atitudes e as aspirações dos revoltados de então não se encaixavam nos esquemas que as análises marxistas haviam tentado lhes impor. Atrás dessas deformações das palavras da plebe pelos Marx e seus descendentes diversos se dá a relação entre "o Filósofo e seus pobres", isto é, a questão do direito ao pensamento.

Onde é que está decretado que um poderá se dedicar à busca da verdade, porque é apto para tanto, logo chamado a fazê-lo, e que outro fará exclusivamente sapatos ou vigamentos, e que não se deve de modo algum misturar as duas coisas? "A ordem está ameaçada onde um sapateiro faz outra coisa além de sapatos." Por exemplo, faz política ou, pior, filosofia. Quem distribuiu os papéis, ou antes, não cessou de justificar a repartição das etiquetas e do agendamento das atividades? O filósofo. A começar pelo padre eterno: Platão. Dos artesãos, Sócrates não pára de falar, tirando a maioria das suas comparações das técnicas que tem diante dos olhos. Mas seria para melhor calar o bico dos técnicos em questão, mandá-los de volta às suas queridas bancadas de trabalho, depois de tê-los convocado pelo tempo de uma analogia. Se o filósofo, metaforicamente falando, é de fato um tecelão, como nos ensina Platão no *Político*, seria para garantir com maior segurança que o tecelão de carne e osso nunca terá o direito de alcançar a sabedoria suprema, nem a ordem do discurso verdadeiro. Círculo fundador, em Platão, dessa exclusão: o mito segundo o qual a natureza teria dado a alguns uma alma de ouro e à maioria uma alma de um vil metal, o ferro. Daí em diante cada um tem seu lugar justificado. Essa operação não é dissimulada em Platão. Somente o filósofo decreta a ordem "natural", abertamente. É essa a sua função: formular o interdito que exclui o artesão do mundo do pensamento e, com isso, do poder que esse mundo intelectual implica. Resulta daí que a competência real do técnico tem menos importância que seu respeito à fronteira: um sapateiro de verdade não é o que faz bons sapatos, mas o "que não se toma por outra coisa além de um sapateiro".

Marx repetiria o mesmo gesto. Isso é que é o mais espantoso. Essa tese, no entanto, não carece de argumentos. Porque o proletariado de Marx não é a plebe. Não tem nada a ver com esses amontoados históricos de trabalhadores braçais loucos por utopias, esses revoltados suburbanos e líricos cujos devaneios pontuam o advento do maquinismo. Mais que uma classe, o proletariado descrito por Marx é a não-classe por excelência, que nenhum interesse liga ao velho mundo, salvo o de incendiá-lo. O proletariado é o absoluto despojado de todos os direitos e qualidades que fazem o indivíduo burguês. Como se sabe, ele "tem só seus grilhões a perder". Ora, quando Marx escreve, esse proletariado não existe. Está apenas em constituição, tem dos seus papel e destino tão-só uma consciência mistificada e mirrada. O que o proletário é de fato, de que ilusões ele deve se desfazer para destruir a ordem burguesa, somente o douto Marx tem consciência: ele é a ciência e o partido. O artesão sapateiro terá primeiro de passar pela moenda da grande indústria para se tornar esse "nada" que poderá reivindicar "tudo".

O problema é que os operários, sem esperar, pensam e se organizam. Do jeito que podem e sem saber, isto é, mal. A tal ponto que a tragédia pura e cortante da dialética se abisma numa comédia lamentável. Seja o oportunismo das *trade-unions*, seja a podridão do *lumpen*. Tal como em Platão, o real não se deixa persuadir facilmente pela idéia. A Ópera dos Mendigos invade o teatro da história universal, e Marx se refugia no trabalho de Penélope, tecendo interminavelmente um discurso científico sem barreiras. Enquanto a obra é inacabada, permanecem um *flou* artístico, uma margem de imprevisível. Morto Marx, só resta o marxismo: a história tornou-se inteligível, salvo para os que a fazem. O cenário, nesse ínterim, mudou sub-repticiamente: o filósofo passou para o lado da produção, da racionalidade técnica, do aço e do concreto armado. Agora só pensa em termos de economia e de máquina. Somente os sapateiros, ingênuos e retrógrados, ainda crêem na alma: falta-lhes, como sempre, tempo para fazer outra coisa além de sapatos, tempo para compreender. Felizmente, o filósofo-rei doravante se encarna no partido. Em Budapeste como em outras partes, "os tanques da dialética fazem a história porque os operários do materialismo não têm tempo de fazê-la", escreve Rancière.

Democracia contra Estado

Essa distinção entre os que sabem e decidem e os que não têm de se meter com a reflexão nem com o poder remete mais ou menos diretamente à questão do antagonismo entre Estado e democracia. Fomos acostumados por tanto tempo a não distinguir um da outra, a considerar um e outra como realidades indissociáveis ou termos sinônimos que nos parece difícil apreender seu antagonismo. A democracia seria o oposto do Estado? Questão desconcertante, quando não se trata de um regime despótico, autoritário, totalitário, mas sim do Estado que chamamos correntemente de "democrático". Este problema está no âmago da reflexão de Miguel Abensour. Sua leitura puxa Marx num sentido oposto ao que acaba de ser dito. Em vez de concluir como Rancière que Marx está, no fim das contas, queira ele ou não, do lado da ordem e da dominação, a análise de Abensour – centrada num texto redigido em 1843, que permaneceu relativamente pouco conhecido e desprezado, *A crítica do direito político hegeliano* – discerne em Marx o esboço de uma "verdadeira democracia" cujo advento faria o Estado desaparecer! Escrutando a especificidade da política como invenção coletiva, Marx teria concluído que a emancipação sempre luta, no fim das contas, contra o poder estatal. Ao contrário das autoridades respeitáveis que declaram sentenciosamente, nos anos 1830, que a era das revoluções se encerrou para sempre, Marx pensa que, nos levantes por vir, se oporão, de um lado, a "verdadeira democracia" que manifesta a autonomia do político reabilitando a vida cívica e instaurando uma república sempre nova, de outro, o poder de Estado, que petrifica e torna pesadas as criações políticas. Essa intuição será logo encoberta, o materialismo histórico, no próprio Marx, vai rejeitar a idéia de uma política autônoma, não demorando a lhe reservar uma posição secundária, derivada, dependente. Depois, a rápida transformação do marxismo num dogma simplificador e rígido acabará apagando esse momento.

Miguel Abensour afirma que vivemos um "momento maquiavélico", conforme o título dado pelo historiador Richard Popkin a um de seus livros principais, isto é, um tempo de redescoberta da inteligência própria do político, simbolizando Maquiavel o nascimento da modernidade, e não alguma figura da esperteza política ou da traição cínica. Essa necessidade de uma reinvenção do político, já ressaltada por Merleau-Ponty, Claude Lefort ou Hannah Arendt, também é uma conseqüência dos totalitarismos. Estes não foram, como se pensa, sistemas de politização extrema, mas empreitadas de destruição do político e da sua dimensão específica. Para reencontrar essa dimensão, conviria captar novamente a "diferença entre a política e o Estado". Tratar-se-ia de compreender que a fórmula "Estado democrático" não é necessariamente uma expressão mais coerente do que "democracia estatal", que nunca ninguém emprega! Existe um conflito latente ente a democracia e o Estado de direito, o qual acaba legalizando seus próprios abusos: "Entre as contradições mais danosas, podemos incluir um dos efeitos do perfeccionismo do Estado de direito, que o leva a submeter à norma as exceções a seus próprios princípios; embora o Estado de direito tenha sido concebido para atar as mãos do poder, ele acaba soltando-as contanto que isso se faça de forma normativa."

Pontos de vista babilônicos

Que diz a plebe, quando fala? Onde ouvir sua voz? Já não é muito fácil encontrar outra coisa além da lengalenga dos discursos esperados, previsíveis e estereotipados. Entre esses raros encontros, o de Louis-Gabriel Gauny é particularmente cativante. Nascido em 1806 em Paris, na Rue du Faubourg-Saint-Antoine, morre em 1889 cem metros mais longe. Esse operário não é apenas um verdadeiro escritor, atento à língua e amante das frases. É um padre do deserto perdido entre os rentistas. Escreve de noite, priva-se de pão para comprar livros, tenta com todas as suas fibras resistir à servidão. Mas sua rebelião não é destruidora. Não encontramos em Gauny nem fel nem ressentimento. Nada mais que uma sede de saber, de pensamento e de justiça, uma preocupação com a liberdade que poderia fazer crer tratar-se de uma vontade ascética ("uma necessidade a menos é uma força a mais"), se um agudo senso do prazer de viver não interviesse constantemente, sustentado por um gosto vagabundo pelas "encantadoras indolências da liberdade", "terraços sombreados, velhas alamedas de olmos, cumeeiras de muralhas coroadas de hera, colinas com pontos de vista babilônicos".

As reflexões de Gauny – sobre o sistema penitenciário, a disciplina das estradas de ferro, o trabalho assalariado, entre outras coisas – são de um vigor e de uma fineza que vale a pena conhecer. Algumas páginas foram publicadas, oito caixas de arquivos ainda dormem. Gauny morre sozinho, desconhecido, filósofo solitário e lírico, escrevendo por exemplo: "Desenganado, não podendo comunicar aos outros o lirismo e os estudos sociais das minhas vigílias, persevero ainda mais, por isso, em colecionar meus pensamentos. Mais que ao ocaso da existência, chego a alguns passos da transformação definitiva, curioso por ver o que acontece depois da morte. Uma exuberância vital me inspira tarefas intelectuais para consumir mil anos. Tomo notas loucamente, espécies de marcos indicadores mostrando o caminho das obras futuras. O ritmo, a prosa, a observação e a ação me assaltam com suas exigências: terei aptidão para fazer jus a elas? Não creio; respondo-lhes pela quantidade, porque o trabalho livre me apaixona, perdendo-me em produzir para o silêncio do deserto. Mas no fundo tenebroso do olvido, uma pequena luz vacila, como que assustada, apaga-se e acende-se de novo..."

XIV

Renascença oriental

> Povoado de maravilhas e de monstros, o Oriente imaginário dos ocidentais se torna fonte de sabedoria e reserva de saberes.
>
> *Há, senhores, mais de um país no Oriente.*
> VICTOR COUSIN

Enquanto Deus morre e o rei está morto, descobre-se de novo o Oriente, sob ângulos inéditos. Línguas até então ignoradas são decifradas. Após o sânscrito por volta de 1780, decodificam notadamente o páli em 1825, o tibetano em 1836. No seio de culturas já bem identificadas pelos ocidentais, como as da Índia ou da China, os orientalistas estudam doutrinas até então desconhecidas, obras filosóficas ou literárias de cuja existência nem se desconfiava. Entre 1805 e 1830, vários pensadores anunciam na Europa o advento próximo de um "Renascimento oriental". Este seria mais poderoso e mais radical do que o gerado pela redescoberta dos textos gregos pelos humanistas. O novo Renascimento, acredita-se, vai beber na própria fonte das sabedorias originárias para encontrar as forças necessárias a uma regeneração da cultura européia. Essa idéia aparece, sob diversas formas, em Schopenhauer e nos irmãos Schlegel, em Victor Cousin e em Edgar Quinet. Da Índia passam a esperar agora verdades esquecidas. O tempo dos monstros fabulosos termina.

E no entanto ele durava desde os gregos. Na terra indiana, tudo parecia possível. Ali, as fronteiras entre animais e homens eram delimitadas de uma maneira diferente. "Nessas montanhas conta-se que vivem homens com cabeça de cachorro.

Eles fazem suas roupas com pele de animais. Não falam nenhuma linguagem mas latem como cães e se compreendem graças a essa linguagem." A Índia encerrava, segundo os antigos, uma porção de outras estranhezas: homens sem pescoço, ou sem ânus, ou com uma perna só. Assinalava-se a existência do *mantichora* – três fileiras de dentes, cauda de escorpião – que atirava seu dardo longe. Ctésias de Cnido, médico grego, por muito tempo prisioneiro na corte de Artaxerxes em torno de 400 a.C., foi o primeiro a coligir essas histórias. Elas se encontram depois em Arriano, Megastenes ou Plínio. Algumas se repetem até o século XIX, transmitidas notadamente por intermédio dos bestiários medievais. A Índia – que conhece de longa data a escrita, a administração, o poder real... – foi quase sempre considerada, na Europa, muito mais sob o ângulo da natureza do que da história.

Vinho de palma e cônega

Esse primado da natureza persiste até as Luzes. Quando alguém se maravilha com a riqueza da Índia, em vez de se assustar com seus prodígios, é ainda a profusão natural que surpreende, a exuberância que deslumbra. A maioria dos que viajam pela Índia, no século XVIII, é constituída de comerciantes, oficiais e missionários. Alguns são almirantes, astrônomos, arquitetos; outros, médicos ou magistrados. Alguns são agentes secretos. Partindo de Paris ou de Aix-en-Provence, de Marselha ou de Saint-Malo, encontram-se percorrendo a Índia em todos os sentidos, em vez de ficar atrás dos balcões. Entre 1750 e 1820, centenas, talvez milhares de franceses partem assim para o "Industão". Os aventureiros, tentando fazer fortuna, terão maior sucesso que os padres, sonhando evangelizar os brâmanes. Todos se espantam com a diversidade dos mundos da Índia, com o domínio das artes e das técnicas, com a prosperidade que parece incrível. Desconcertados com os costumes, assustados com as crenças, esses observadores enciclopedistas apesar de tudo respeitam os inúmeros detalhes cotidianos que os surpreendem. Notam nesse éden colorido as maneiras de fazer água de rosas, de fumar tabaco, de fabricar índigo, vinho de palma ou salitre. Detalham trajes e remédios, sabores e fragrâncias. Tudo merece ser anotado: fastos de luxo, doçura de viver, banhos de damas mogóis, variações climáticas da Caxemira, anatomias, carnações, rituais, seitas, castas, crenças, vícios e virtudes, esplendores e misérias. O inventário do paraíso não omite seus incômodos: vento glacial das veredas tibetanas, calor sufocante das planícies, febres, disenterias, cobras, mosquitos, raiva. Tudo isso faz parte da viagem, tanto quanto o brilho dos rubis, a suavidade das frutas ou a finura dos tecidos. Os relatos dos viajantes franceses na Índia oferecem-nos um retrato suntuoso e vivaz de antes da *british rule*, que mudará substancialmente o aspecto da agricultura, da organização social e da vida espiritual. Podemos acompanhar as flutuações do olhar europeu no que um francês das Luzes vê, mas não pode entender, crê compreender, projeta, rejeita, valoriza ou exclui, nesse espetáculo múltiplo de um mundo outro.

Dentre as obras dos franceses na Índia que permaneceram por muito tempo esquecidas da história figura a do coronel De Polier. Devemos a ele ter dado a conhecer à Europa os primeiros elementos do *Mahabharata*. Nenhuma obra é tão familiar à Índia, passada ou presente, quanto a "Grande (Gesta) dos Bharata". Literatura, baixos-relevos dos templos, teatro e hoje cinema, histórias em quadrinhos e imagens populares não cessam de se referir às façanhas dos cinco irmãos Pandava, de sua esposa Draupadi e de seu divino aliado Krishna. A encenação dos episódios centrais por Peter Brook, a tradução de fragmentos escolhidos e apresentados por Madeleine Biardeau contribuíram amplamente para tornar conhecida do público francês essa epopéia caudalosa. O mais antigo resumo publicado em francês é o do coronel De Polier. Ninguém lembrava dele porém. Chegou até a adquirir uma espécie de má reputação, na história dos primórdios do indianismo. Na década de 1950, Georges Dumézil, ensinando então na Suécia, em Uppsala, prometera reparar esse "erro judiciário" e reabilitar um trabalho caluniado e a memória de um pioneiro. A obra em questão, editada em Paris em 1809, intitula-se *La mythologie des indous* (sic), "trabalhada", diz o subtítulo, "pela senhora cônega De Polier com base em manuscritos autênticos trazidos da Índia pelo falecido sr. coronel De Polier, membro da Sociedade Asiática de Calcutá". Cinco capítulos são consagrados a um longo resumo do *Mahabharata*, agradável de ler sem ser falso. Homem de armas e de letras, o coronel De Polier recolhera escrupulosamente, entre 1770 e 1780, esse compêndio da epopéia com um letrado indiano, Ramtchund (Ramacandra), que também foi fonte de informação para William Jones, um dos pais do indianismo.

Ora, o testemunho dado por Polier foi ignorado e negligenciado. As grandes bibliotecas indianistas, lembra Georges Dumézil, não possuem essa obra. Pior: ele foi desprezado. O erudito alemão Adolf Holtsman Jr. descreve, em 1895, esse volume inteiro como um documento de algumas páginas! Mesmo o belo livro de Raymond Schwab, *La Renaissance orientale* (1950), que reconstitui a história das descobertas da filologia européia, reproduz os mesmos preconceitos. Ora, são trezentas páginas, no cômputo geral exatas e perfeitamente legíveis, que nos são restituídas. Por trás dessa contribuição importante para o conhecimento da Índia na Europa, que surpreendente personagem podemos adivinhar! Nascido em Lausanne de uma família de huguenotes franceses expulsos pela revogação do edito de Nantes, Polier embarca para a Índia em 1757. Chega no ano seguinte, para festejar seus 17 anos, e ficará três décadas, servindo aos ingleses depois aos rajás, passando várias vezes do luxo à ruína. Entre duas expedições militares, esse espírito curioso procura instruir-se nas melhores fontes sobre as crenças indianas. Faz chegar ao British Museum o texto dos *Vedas*. Esse amor pelos textos não o impede de manter um harém e viver à larga, rodeado de escravos. Ao voltar para a Europa, compra uma propriedade perto de Lausanne para nela instalar os filhos das suas favoritas e sua prima cônega, que cultiva o orientalismo. Apaixonado por uma jovem, Polier se converte à monogamia, com mais de 50 anos, e se estabelece em 1792 numa propriedade próxima de Avignon. São tempos difíceis. Ele mantém casa aberta, sua fortuna é ostensiva. É assassinado a golpes de sabre e de fuzil por um bando de celerados.

Múmias, iaques e carneiros

Essas gerações tiveram de misturar vida erudita com vida arriscada. Com um dicionário numa mão e uma pistola na outra, participaram dos primeiros desbravamentos. Veio depois, com os grandes colecionadores, os criadores de museus e os amantes de arquivos, um longo tempo de razias só um pouco mais pacíficas. "Um dia, comprei uma múmia, que alegria!" Essa confissão de Émile Guimet, fundador do museu parisiense que leva seu nome, não é indício de uma esquisitice individual. Sua bulimia de aquisições, acompanhada de um discernimento excepcional, esteve a serviço de um projeto: fazer do seu museu uma "fábrica de ciências filosóficas" (sic!) na qual as obras reunidas – "coleções de idéias" e não de objetos – serviriam de matéria-prima. Não é certo que a fábrica tenha sempre funcionado como seu criador sonhava. No entanto, das suas peregrinações orientais, Guimet não trouxe apenas a enorme quantidade de obras que conhecemos. Em seus diários de viagem, as páginas provenientes de um breve périplo, do Ceilão a Madras via Madura, valem a pena ser lidas. De fato, elas possuem um encanto que vai muito além do seu valor informativo. Para compor mais de cento e cinqüenta páginas com o título de *Oito dias na Índia*, o autor tem de costurar longas digressões de conferencista em seus esboços de viagem. A esses, em compensação, não falta sabor, como aquela estátua do Buda que encontrou refúgio numa delegacia de polícia, enquanto aguarda um museu para paraíso: nem hindus nem cristãos a queriam. Acrescente a essas coisas vistas, incongruentes com a realidade, uma estação ferroviária, dois jesuítas e três dançarinas, e terá o tom da obra.

Quem ainda sabe que Gustave Le Bon esteve no Nepal? O autor da *Psicologia das multidões* (1895) é um curioso pensador. Sua influência múltipla se exerceu sobre Freud, mas também sobre Hitler, Mussolini e Raymond Queneau, que não hesita em compará-lo com Leibniz e Leonardo da Vinci. Em 1884, foi o primeiro francês autorizado a penetrar no reino do Nepal. Seu relato está mil palmos abaixo do maravilhoso texto que trará do mesmo país, alguns anos depois, o grande orientalista Sylvain Lévi. Apesar disso, é lido com interesse, e suas considerações sobre a fusão do bramanismo com o budismo no Nepal, discutíveis embora, figuram entre as primeiras indicações desse estilo. Gustave Le Bon, por outro lado, tem um talento verdadeiro de retratista e esboça algumas silhuetas de ingleses que valem o peso deles em *porridge*. Enfim, na linhagem sombria de Gobineau e Vacher de Lapouge, não lhe falta um humor frio: "No Nepal como na Europa, o melhor meio de obter a popularidade e a atenção respeitosa dos historiadores ainda é matar o maior número possível de pessoas."

Ainda eram tempos em que se considerava uma ameaça que o budismo pudesse fazer parte do nosso futuro. Já hoje procuramos compreender se pode haver uma complementaridade entre o mundo moderno e o antiqüíssimo caminho da libertação do Buda. A velha doutrina, nascida na Índia, de onde passou à China, ao Japão, ao Tibete, a todo o Sudeste asiático, poderá conquistar hoje os mundos ocidentais? Essa questão está recheada de ardis. No entusiasmo, marginal mas tenaz, que tomou conta de numerosos ocidentais desde a descoberta dos textos e das doutrinas budistas no século XIX, encontramos de fato muitos componentes díspares. A atração pelo exotismo, o desconhecimento ou o esquecimento das tradições espirituais ocidentais, a vertigem tenaz da irracionalidade muitas vezes estão presentes. Mas esses equívocos não devem mascarar a contribuição real das práticas psicossomáticas de meditação nem a sutileza das especulações sobre a vacuidade. Nem o fato de que os filhos das tecnociências e do cristianismo podem legítima e tardiamente tornar-se atentos a uma mística provida de lógica e desprovida de deus.

De um bom século e meio para cá, muitos pensadores sonharam, com êxito diverso, casamentos de todos os tipos entre o Oriente e o Ocidente. Schopenhauer profetizava um feliz cataclismo: "A sabedoria indiana ainda refluirá para a Europa e transformará de fio a pavio nosso saber e nosso pensamento", escreve ele em 1818, no fim do parágrafo 63 de *O mundo como vontade e como representação*. Nietzsche, por sua vez, diagnostica que o budismo "progride em silêncio por toda a Europa". Mas não vê mais que decadência e niilismo nesse futuro enfraquecido: "Talvez uma espécie de China européia..., com uma doce crença búdico-cristã e, na prática, um *savoir-vivre* epicuriano..."

O questionamento da representação tradicional de Deus e, sobretudo, os temas da aniquilação e da despersonalização deram a Schopenhauer a idéia de que Mestre Eckhart e o Buda "ensinam a mesma coisa". Esse paralelismo foi freqüentemente retomado desde então. Apesar de tudo, seria um erro pensar que essas paralelas se encontram no infinito. Num encontro de 1994, lembrando um provérbio tibetano, o dalai-lama pede, rindo, que não se confundam iaques com carneiros. De fato, na medida em que o budismo não reconhece nem deus criador nem salvador pessoal, pretender-se "budista-cristão" é tentar, como ele diz, "enxertar uma cabeça de iaque no corpo de um carneiro". Enquanto em meados do século XIX Renan e seus colegas orientalistas podiam dissertar sobre o budismo sem ouvir os mestres deste, é difícil hoje, no Ocidente, continuar por muito tempo fingindo ignorar o que o Ocidente sabe muito bem.

Ernest e Henriette

Uma das principais figuras do orientalismo francês foi Ernest Renan. Outros, como Eugène Burnouf, foram mais eruditos e mais realmente inovadores. Mas Renan tornou-se emblemático. É raro que um homem resuma um século. É seu caso. Renan quase condensa todos os traços da cultura francesa do século XIX. Ele encarna suas virtudes, suas contradições, seus limites também. Mascarando um grande saber sob uma prosa à Fénelon e uma verdadeira fineza de espírito debaixo de uma espécie de candura obstinada, sua obra é ambígua, dividida entre pacifismo e romantismo, secura crítica e sensibilidade profusa. Suas posições políticas não são menos equívocas: por muito tempo partidário da monarquia constitucional, converteu-se no fim da vida à república, que vai celebrá-lo como um santo laico. Dele poderiam ser feitos numerosíssimos retratos. Por exemplo, um retrato geográfico e social. Este descreveria o caminho percorrido desde Tréguier, onde Ernest Renan nasce em 1823 numa modesta família bretã, de pai navegador que morre no aniversário de cinco anos do filho, até o funeral em Paris do acadêmico francês, administrador do Collège de France, autor de obras eruditas e de imensos sucessos de livraria, transformado, com razão ou sem, em símbolo do livre-pensamento. Da obscuridade à glória, o itinerário de Renan passa pela Itália (1849), pela Fenícia (1860), pelo Oriente Próximo (1864-1865). Rapaz talentoso, dotado ao mesmo tempo de uma viva inteligência e de uma capacidade de trabalho incomum, Ernest abocanhava todos os prêmios no colégio. Aluno do seminário menor, julga seus professores assim que assimila o saber deles, isto é, depressa. Decide não mais ser padre, e ei-lo primeiro colocado no concurso de professor de filosofia, ei-lo no Instituto aos 34 anos e aos 39 eleito para a cátedra de hebraico do Collège de France! Filólogo hebraizante, também aprende árabe (sua tese de 1855 tem por objeto *Averróis e o averroísmo*), sânscrito com Eugène Burnouf e colabora a vida toda para o *Journal asiatique.* Tendo compreendido a força dos métodos desenvolvidos pela erudição alemã, esforça-se para aclimatá-los à França, país cuja frivolidade ignara ele desprezava. Junto com livros de grande tiragem, levou adiante a publicação de trabalhos de fundo, como o *Corpus inscriptionum semiticarum.*

A silhueta de Renan poderia interessar aos psicanalistas. O órfãozinho dedica à irmã um amor notável. Henriette é sua confidente, sua conselheira, a "querida amiga" da sua correspondência nos anos decisivos em que escolhe o saber à fé. Ernest renuncia a desposar a filha de Eugène Burnouf: sua irmã é ciumenta demais. Espera fazer 33 anos para se casar... Henriette morre pouco depois, na Galiléia, aonde o acompanhou enquanto ele escrevia sua *Vida de Jesus.* Enfim, impõe-se o retrato de Renan crente. Ele perdeu a fé, mas precisa crer. "Tudo o que fiz não passa de uma brilhante sepultura da minha fé perdida", anota num de seus "cadernos". Salta aos olhos, no âmago da sua existência, do seu longo trabalho de orientação, dos mal-entendidos que ele suscitou tanto nos católicos iracundos como nos ateus militantes, essa crise de juventude em que o ardor de uma fé bretã cede diante do estudo crítico dos textos, tendo ao fundo o apoio da irmã, o aprendizado da filosofia e também a paixão de um caráter íntegro: "Não achei respeitoso para com a fé trapacear com ela."

Não faltam a Renan nem honestidade nem coragem. Eleito em 1861 para o Collège de France, apesar da opinião do clã católico, é suspenso ao pronunciar, na sua aula inaugural, esta frase a propósito de Jesus: "Um homem incomparável, tão grande que não gostaria de contradizer os que, impressionados com o caráter excepcional da sua obra, chamam-no Deus." Não mais acreditar no milagre, escorraçar o sobrenatural, amar Jesus atendo-se aos Evangelhos e o cristianismo atacando a Igreja, era o que bastava, na França do Segundo Império, para causar escândalo. Publicando a *Vida de Jesus* em 1863, Renan tornou-se um homem público, odiado por uns, anexado por outros, mas no fim das contas sempre só.

Espera ficar célebre e honrado para publicar em 1890 *O futuro da ciência*, redigido em 1848. Esse manifesto proclama sua adesão ao progresso científico e social. A despeito de seus toques positivistas, pode ser lido como a exposição de uma nova crença que substitui a antiga. "Saber é iniciar-se a Deus": a ciência tem, para Renan, as características de uma religião. Mas não todas elas: ele tende, ao envelhecer, para um elitismo cético e diletante. Num mundo cujo sentido se torna cada vez mais incerto, só conta a seriedade do trabalho, mesmo se este não tem outra justificação senão o trabalho mesmo: "O que importa é ter pensado e amado muito..." Em certo sentido, ele sem dúvida o conseguiu. Torcendo a fórmula que forjara para falar de Cristo, poderíamos dizer que Renan é um "homem incomparável". Não por causa do seu gênio, mas porque nosso século XIX, de que ele encarna em grande parte as esperanças e as tensões, ainda está distante de nós.

Lanterna mágica

Crer que o Renascimento oriental está terminado seria um erro. Talvez se trate menos de um episódio delimitado da história das idéias do que de um processo contínuo, que se desenrola em longo prazo e volta do "Extremo" ao "Próximo" Oriente, pois que essas denominações são equívocas. "A verdade de uma significação não se mede pela extensão de seus dados materiais, mas pela altura de horizonte que indica." Essa frase, pronunciada por Henry Corbin em 1948, em Teerã, autoriza que nos preocupemos menos com uma cronologia estreita do que com uma história do espírito e com os itinerários dos que se tornam pontes entre as culturas. "Filósofo que prossegue sua busca aonde quer que o espírito o guie" – assim ele próprio se definia –, Henry Corbin foi notadamente editor e tradutor de Sohravardi e de vários textos árabes, primeiro tradutor de Heidegger em francês, descobridor dos tesouros do islã iraniano, que misturam indissociavelmente conhecimento filosófico com experiência espiritual. Esse "homem da lanterna mágica" – apelido que o filósofo iraniano Daryush Shayegan forjou um dia para seu mestre e amigo – não parou de iluminar pensamentos obscurecidos pelo tempo.

Mais de oito séculos transcorreram antes de chegar à língua francesa, graças a Corbin, a obra magna de um grande filósofo do islã iraniano. Nascido em 1155 em Sohravardi, cidade do noroeste do Irã, hoje apagada do mapa, aquele que conhecemos pelo nome de Sohravardi foi místico e filósofo. Asceta solitário instruído com os mestres sufis, tem familiaridade com o legado de Platão e de Aristóteles. Autor de umas cinqüenta obras, nunca deixará a região; foi declarado infiel como Sócrates e não procurou escapar de uma morte injusta. É executado no dia 29 de julho de 1191, aos 36 anos. Sua obra tenta conjugar o monoteísmo islâmico com o dualismo gnóstico. Henry Corbin cuidou, em particular, da edição crítica dos seus textos e traduziu um bom número deles. Mas não conseguiu terminar, antes de morrer em 1978, a tradução do texto maior de Sohravardi, que praticamente torna os outros inúteis, o *Livro da sabedoria oriental*. Retomando todos os materiais acumulados desde 1940, notadamente as notas redigidas por Corbin para suas aulas de 1956 a 1961, na École Pratique des Hautes Études, Christian Jambet reconstrói linha a linha a tradução sobre a qual Henry Corbin não parou de meditar ao longo de toda a sua vida. O texto que ele nos dá, acompanhado da tradução de dois comentadores de Sohravardi, Qotboddin Shirazi e Molla Shirazi, é de uma rara força filosófica.

Seria um equívoco não considerá-lo mais que uma curiosa antiguidade. Ler assim Sohravardi seria não captá-lo. Seu pensamento, é claro, está a mil léguas de Galileu e Descartes. É elaborado no antípoda do já moderno Averróis. Mas nem por isso se deve querer comparar o que não guarda nenhuma relação: a gnose sohravardiana nada tem em comum com o procedimento científico. A esse título, não entra de forma alguma em concorrência com ele. Ao contrário, podemos entrever nela um mundo totalmente diferente do nosso: em Sohravardi, o infinito não pára de transparecer – ele surge em toda parte. O que dá alcance ao seu pensamento é a subversão que ele introduz nos esquemas da ontologia. Sohravardi chama de "Luz" a origem interior do ato de presença no mundo. A luz se situa além da essência e da existência: ela gera uma e outra. Ela é, em certo sentido, o ser. Mas também está além do ser, como o Uno inefável dos neoplatônicos. Além do mais, não há uma luz mas uma infinidade de luzes, cada uma é fonte, ao mesmo tempo que reflexo, dependendo mais ou menos diretamente da "luz das luzes".

O problema de Sohravardi, no fim das contas, é explicar as Trevas – matéria, corpo ou "Ocidente". Sua fidelidade tanto ao platonismo como ao islã lhe impõe evitar qualquer solução de continuidade e manter a coesão de um mundo desenvolvido a partir de um único princípio. Mas sua intuição gnóstica incita-o a privilegiar a ruptura, o compartilhamento da dualidade. Essa dupla exigência explica a tensão única da sua obra. "Anunciam-se os dias em que leremos Sohravardi como lemos Hegel", proclama Christian Jambet. Ninguém sabe se tal profecia se realizará, mesmo se já se comece aqui e ali a perceber que o encerramento da filosofia apenas em sua tradição greco-romana não é eterno. O Renascimento oriental, apesar dos eclipses, se prolonga de um século a outro.

XV

Um mau rapaz

Nietzsche irrita, provoca, dá vertigem. Há quem goste dele, há quem o deteste, sempre excessivamente.

*Há muito mais risco
na compra de conhecimentos
do que na compra de alimentos.*
PLATÃO, *Protágoras*

Nietzsche dá para abrir em qualquer página. Não há uma só sem raiva, uma só em que não bafeje uma liberdade às vezes ainda assustada com sua própria existência, inquieta por não discernir seus limites. Qualquer que seja o ano, qualquer que seja o livro, sempre há o que ruminar. Pouco importa o contexto, o momento, a arquitetura do todo. Esse filósofo não é um fazedor de sistema. É antes um revelador de instantes. É melhor lê-lo ao acaso, do jeito que as páginas vêm. E aceitar o que surge: "Qualquer recusa e qualquer negação atestam uma falta de fecundidade." Passeando assim, cruzaremos com todos os tipos de Nietzsche. Misantropo: "É duvidoso que algum grande viajante tenha encontrado em algum ponto do mundo sítios mais feios que os da face humana." Provocador: "Quanto é atormentado um autor por esses bons leitores de alma espessa e canhestra que, cada vez que se chocam em algo, não deixam de cair e de se machucar." Misógino e lúcido: "Contra a doença dos homens que consiste em se desprezar, o remédio mais seguro é serem amados por uma mulher habilidosa." Modesto, recusando-se a fazer pose ao pegar da pena: "O melhor autor será o que tem vergonha de virar homem de letras."

Terapeuta também. Poder-se-ia aprender de cor as sentenças mais curtas, por exemplo: "Toda virtude tem privilégios, por exemplo o de levar à fogueira de um condenado sua acha pessoal." Também é possível não se preocupar com sempre reter suas lições: "A vantagem da má memória é que a gente goza várias vezes as mesmas coisas pela primeira vez." O resultado principal de uma leitura assídua de Nietzsche é melhorar a resistência à "moralina", termo que ele inventa para designar a substância tóxica que produz preocupações morais e suas conseqüências "debilitadoras". Como age o antídoto? O olhar nietzscheano afirma diagnosticar o que produz os valores. Ele crê penetrar o segredo das combinações de forças que atuam na religião, na escrita, na civilização, nas relações entre os sexos, no Estado, etc. Sua questão é sempre, afinal de contas, saber por que cremos, que motivos nos fazem adotar determinado credo em vez de outro. Se Nietzsche irrita ou revolta tanto quanto esclarece, é por que ele não trapaceia. Às vezes se engana, é claro, exagera, defende pontos de vista insustentáveis. Mas não finge.

É por isso que não pode deixar indiferente. Numa centena de anos, Nietzsche passou, no pensamento francês, de um lugar obscuro e marginal para um papel de referência central. Muito embora seus primeiros leitores, como Jules de Gaultier e Henri Albert, ainda sejam homens do século XIX, a entrada de Nietzsche na cultura das elites foi tardia. Georges Bataille, Pierre Klossowski e, na seqüência deles, Michel Foucault e principalmente Gilles Deleuze vão instalar esse energúmeno entre as referências indispensáveis do pensamento e das perspectivas maiores da sua história. Seria ingênuo e falso deduzir daí que Nietzsche é um filósofo "inventado", principalmente por Deleuze, que teria transformado em pensador de grande estilo um literatelho incoerente e irracional. Uma vez decretada a legitimação, todo o mundo ter-se-ia inclinado: "Já que Nietzsche é definido como pensador essencial, suas insuficiências filosóficas, até então consideradas patentes pelos profissionais, são ou neutralizadas, ou transfiguradas", escreve Louis Pinto.

Nietzsche suscitou bem cedo esse gênero de mal-entendidos. Julga-se que ele diz coisas sem pé nem cabeça, que delira, que sua obra não tem alcance, porque não se percebe o movimento que ele segue nem os deslocamentos que ele opera. Desde seu primeiro livro, *O nascimento da tragédia*, publicado em 1872, estoura uma querela. A batalha em torno do texto resume de antemão vários conflitos por vir. Os filólogos "científicos", pregados no detalhe das epígrafes e dos manuscritos, acham chocantes "o tom e a perspectiva" do ensaio de Nietzsche. Este tenta compreender o que foram os gregos e o que nós nos tornamos, à luz do drama wagneriano e do pensamento de Schopenhauer. Repreendê-lo por não ser um filólogo de verdade, por dar provas não mais que de um "genial delírio", como diz seu velho mestre Ritschl, é a mesma besteira que acreditar que Nietzsche não é um "filósofo de verdade", pretextando que ele não pensa como seus predecessores metafísicos. Em outras palavras, é ter certeza de possuir, sozinho, os critérios corretos que permitem reconhecer a verdadeira ciência, a verdadeira filosofia, etc., e julgar que o que está além deles é inaceitável.

Fazer-se ouvir

O problema é que Nietzsche afirma mais do que demonstra. Importa-lhe antes de mais nada fazer-se ouvir, no sentido mais literal do termo: como um músico, não como um matemático. "Quem pensaria em refutar um som?", escreve. Na relação de Nietzsche com a criação artística, há em primeiro lugar a sensação de que as palavras nunca conseguem dizer o que queremos. No fim das contas, somente a música corresponde a uma forma de pensamento que se oferece imediatamente, singular e carnal. Desde *O nascimento da tragédia*, Nietzsche previne: "Eu me dirigirei unicamente aos que têm um parentesco imediato com a música." Cumpriu a palavra, não cessou de meditar sobre esse enigma que dá sentido à existência: "Sem a música, a vida seria um erro." Essa fórmula capital pode ser interpretada de duas maneiras: ou a música permite esquecer a vida, escamoteá-la, fugir dela negando-a, ou a música é, ao contrário, a afirmação imediata e irrefutável da própria vida. Os dois sentidos, em Nietzsche, não param de se opor e de se justapor.

Criança, não teve um Natal sem partituras, freqüentou mais músicos do que qualquer outro, foi compositor sem gênio mas não sem talento. A música sempre esteve no centro das "excentricidades" desse grande improvisador. "A música é, de longe, o que há de melhor", dizia. Mas esse melhor evolui, nem sempre significa a mesma coisa: em vinte anos, Nietzsche passa de Wagner a Bizet, do Norte ao Sul, da Alemanha à França. Ele próprio nota quanto a música resume tudo: "Quando se esclarece tudo o que há de bom e tudo o que há de ruim em Wagner, quase se estabelece um balanço definitivo dos valores modernos." Não se está longe da filosofia, aqui, ao contrário! A mudança de perspectiva criada pela obra de Nietzsche prende-se notadamente a esta máxima: "Um se torna filósofo à medida que se torna músico."

Objetarão que, apesar dos pesares, a metáfora musical tem seus limites. Aqueles que o pensamento de Nietzsche desconcerta ou até nauseia persistem em pensar que esse filósofo é um mau rapaz. Malicioso, esperto, sutil, claro. Mas decididamente incoerente: sob a sua pena, encontra-se tudo e seu contrário. Como fazer se, a cada citação de Nietzsche, pode-se justapor outra, igualmente assinada por Nietzsche, dizendo sobre o mesmíssimo tema exatamente o oposto da primeira? Esse autor é aberrante, inapreensível, irracional, monstruoso. Ele também encerra, aos olhos de leitores que lhe são hostis, perigos ainda mais graves. Não só a razão está exposta: a República está em perigo, a virtude é ameaçada. Cidadãos, desconfiemos! Esse agitado fantástico, destrambelhado, megalômano, irascível, não é apenas ilógico. Ele é aristocrático até a raiz dos cabelos, visceralmente antidemocrata. É simples: ele é um re-a-cio-ná-rio consumado! E imoral ainda por cima. E violento para completar. Não gosta dos fracos, nem da piedade, nem das pequenas covardias do conforto. Sem dúvida não sabe amar. Elogia os bárbaros e anuncia a guerra. Flerta com o desumano e sonha com o sobre-humano. Sai dos eixos, não há como negar. Decididamente, esse grosseirão é um indivíduo extremamente perigoso. Anticristão, anti-socialista, anticientífico. Suspeito além disso de vários delitos. Racismo, fascismo, anti-semitismo; gosto imoderado pela hierarquia; predileção pela mentira, a ilusão, a aparência; atração pela força bruta, a crueldade, a dominação. Se Hitler oferece a Mussolini uma edição de Nietzsche encadernada em couro, será por acaso?

Claro, você pode não gostar desse louco filósofo, ter uma espécie de alergia para com suas maneiras de ser, de escrever, de pensar, de dançar. Mas para tanto você tem de apreender suficientemente o essencial dele e de evitar pelo menos os três erros de perspectiva mais grosseiros. Primeiro a incoerência. Esse autor seria absurdo, inconsistente, difícil de combater e fácil de citar porque enuncia, de uma página à outra afirmações contrárias? Nietzsche deve ser lido como um multiplicador de pontos de vista. A questão correta não é: o que ele diz aqui (do cristianismo, da moral, do pessimismo, etc.) está certo ou errado? Não se trata tampouco de indagar: será que ele pensava isso mesmo? Será, sobre esse ponto, seu juízo último, definitivo, absoluto? A única interrogação é: de que lugar, em que perspectiva, a partir de que ponto de vista este enunciado é pertinente? Do fundo do vale, ninguém considera o rio que por lá serpenteia com o mesmo olhar do cume. Do alto da montanha, ninguém tem a mesma perspectiva – nem sobre os fundos enevoados, nem sobre os próprios cumes. Essas mudanças de óptica, esse "perspectivismo" podem dar vertigem. Mas não tem nada a ver com contradições propriamente ditas, ainda menos com um pensamento desconjuntado, capaz – ou culpado – de qualquer coisa.

O perigo, depois. Sim, Nietzsche é perigoso, como são o álcool, a asa-delta ou o mergulho submarino. Ou ainda os deuses e os diabos. Não é sem motivo que ele mesmo se compara à dinamite – todos sabem que ela pode mover montanhas ou aterrorizar inocentes. Sua dinamite? A provocação. O exagero é sua maneira de ser sério, o excesso é seu comedimento, o descomedimento, seu método. É por isso que a pior das leituras de Nietzsche consiste em levá-lo ao pé da letra, em roer-lhe as metáforas e concluir daí que, decididamente, ele não é nem compreensível nem freqüentável. Esse modo de fazer é o pior, porque vai totalmente de encontro ao gesto do filósofo artista, mas também porque é precisamente levando certas frases de Nietzsche ao pé da letra que os nazistas acreditaram poder anexá-lo.

O devir, por fim. Nunca considerar Nietzsche como um bloco, uma unidade, um corpo, ou um *corpus*, petrificados. A evolução interna de Nietzsche, sua relação íntima com o niilismo e com a superação do niilismo devem ser levadas em conta, quer se trate das suas relações com a racionalidade, com a ilusão ou com a idéia de decadência.

Por causa dessa incessante fuga para fora de si mesmo, Nietzsche ainda é um mistério. Um século de comentários, várias edições das obras completas, diversas biografias não dissiparam esse enigma, não diminuíram sua potência subversiva. Esse pensamento indefinidamente múltiplo, contraditório sem incoerência, cabe dificilmente nas nossas bibliotecas. É um corpo vivo.

O gosto pelos aniversários

As crianças raramente redigem suas Memórias. Mas o jovem Nietzsche não pára de fazê-lo. Aos doze anos, anota: "Tomei finalmente a decisão de escrever um diário." Aos treze, começa a recapitular: "Mal passei o fim da infância, e no entanto as coisas já escapam da minha lembrança e o pouco que ainda sei só se conservou, ao que tudo indica, graças ao que me contaram." Dos 15 aos 22 anos, escreve sete relatos intitulados *Minha vida*. Os mesmos acontecimentos são repetidos, em particular a morte do pai (Fritz tinha quase cinco anos) e a partida de Naumberg, cidade da infância, para o internato de Pforta. Em intervalos regulares, faz de maneira compulsiva a lista datada das obras lidas, das leituras projetadas, das partituras decifradas ou das melodias compostas. Nesses textos de adolescência, descobrimos principalmente um rapaz de um conformismo extraordinário, cheio de admiração diante de burgueses protestantes de uma mediocridade lamentável, petrificado de emoção ao menor relento de religiosidade, fazendo sem parar o elogio das virtudes cristãs. Em toda parte ele canta a glória de Deus. O órfão modelo que chora o desaparecimento do pai pastor é o antípoda daquele que escreverá *O anti-Cristo*. É aos gregos, à sua simplicidade e à sua profundidade que ele deve o fato de ter conseguido superar sua educação cristã e ter podido descobrir "novas terras". Voltaremos ao ponto.

Dezembro de 1864, vinte anos, em Pforta, Nietzsche escreve à mãe e à irmã: "Amo as noites de São Silvestre e os aniversários de nascimento." Amor insistente: numerosas cartas, ao longo da sua vida, falam de aniversário, de presente, da bênção desses dias. Nada a ver com um fraco pelas convenções. Nenhuma propensão à platitude. Nietzsche aprecia essas passagens em que o tempo se volta sobre si mesmo, quase se suspende, em que um observa seu próprio desenvolvimento e deseja consigo mesmo vê-lo ir mais além. O aniversário, como o último dia do ano, é uma articulação importante do tempo, um ponto de suspensão e de visão panorâmica. Balanço e votos, entre o que foi e o que deve advir. "É o momento em que as pessoas garantem e autentificam seu passado e em que encontram coragem e resolução para avançar em seu caminho", nota Sarah Kofman.

15 de outubro de 1888, 44 anos, Turim. "Para meu aniversário, comecei uma coisa nova que deveria funcionar e que já está bem adiantada", escreve Nietzsche a Koselitz no fim do mês. O presente que ele se dá, na virada desse ano sem igual em que são compostos *O caso Wagner, O crepúsculo dos ídolos, O anti-Cristo*, é *Ecce Homo*. Neste livro Nietzsche apresenta a si mesmo. A forma evoca uma autobiografia. Mas não é propriamente uma. Seu excesso fez muitas vezes acharem esse texto insuportável. Quem ousa escrever que "põe o mundo inteiro em perigo"? Quem delira bastante para crer que seu livro "cinde literalmente a história da humanidade em dois"? Quem? Um homem exangue, dizem, que aliás desaparece semanas mais tarde num labirinto sem Ariadne, numa noite de onze anos sem obra.

Sarah Kofman sustentou que aquele que escreveu *Ecce Homo* não é, ou já não é, um sujeito. Sua "autobiografia" faz ir pelos ares a ilusão de um si mesmo, a miragem de uma vida encerrada numa existência individual. Nietzsche seria único, no sentido de uma exceção absoluta, por ser múltiplo. Pensamento, história, escrita, metafísica não poderiam, nele, reduzir-se à unidade. Heidegger, que tenta em seu curso de 1936 demarcar Nietzsche do biologismo racial que os nazistas lhe atribuem, perde-o por outro caminho. De fato, para Heidegger, Nietzsche, dando-se explicitamente como objetivo superar a metafísica, apenas a consuma. Ele inverte as primazias de Platão, fundamento de todos os edifícios metafísicos: superioridade das idéias sobre as coisas, do imutável sobre o devir, da alma sobre o corpo, do pensamento sobre a sensação, do divino sobre o humano, do idêntico sobre o diverso, da razão sobre as paixões, etc. No entanto, nesse combate contra Platão, Nietzsche permanece segundo Heidegger prisioneiro das perspectivas que inverte. Ele poria fim à metafísica, a transformaria numa possibilidade doravante esgotada (inverta Nietzsche, e encontrará Platão), mas não abandonaria o domínio dela.

O pensamento de Nietzsche "não se reduz a um contraplatonismo". O corpo ("grande razão", "guerra e paz", diz Zaratustra) e suas flutuações, as forças pulsionais que produzem os valores não podem ver desvelada sua origem última, derradeiro plano de fundo ou começo absoluto. Nietzsche, de acordo com Michel Haar, "não quer tanto reabilitar a aparência contra os sentidos, o múltiplo contra o uno, quanto reparar o esquecimento das verdades discretas, restaurar o valor dos pensamentos e dos gestos cotidianos, mínimos, leves, desprovidos de fins transcendentes, colhido no claro-escuro das diferenças simples e ordinárias" – as mesmas da nossa vida mais elementar: vigília ou sono, fome ou saciedade, dor ou prazer, doença ou saúde, castidade ou gozo sexual, etc. Pode-se então objetar que Nietzsche elabora por sua vez novas ficções, como a Vontade de Potência ou o Eterno Retorno, que ele forja novos ideais, como o Super-homem, e prorroga assim o que pretende destruir. Não é assim. Nenhuma dessas noções constitui um princípio primeiro ou um horizonte ideal capaz de gerar de novo algum trasmundo. Nietzsche abre sem parar para o insondável.

E para a alegria. Não é essa serenidade ingênua e comodista que sonha com um paraíso perfeito, mas uma estranha e forte "alegria trágica". Esta diz sim à vida tão totalmente quanto também diz sim, necessariamente e de antemão, a qualquer sofrimento, a qualquer imperfeição, a qualquer negativo, ainda que nada nem ninguém jamais viesse resgatá-los ou lhes dar um sentido. "A alegria quer a eternidade de todas as coisas, quer uma profunda, profunda eternidade", a do instante..., o instante efêmero, aliança paradoxal do ritmo e do caos, desejado com intensidade bastante para aceitar que possa sempre voltar.

A invenção dos gregos

"De repente respiras o cheiro do estábulo. À luz fraca das lanternas aparecem formas. Em torno de ti, é só patadas, relinchos, ruídos de almofaça e escovadelas. E no meio do quadro, vestido de cavalariço [...], minha própria forma." Nietzsche de cavalariço: é preciso um esforço de imaginação para vê-lo assim. No outono de 1867, está com exatos 23 anos. Em Naumburg, é canhoneiro do segundo esquadrão montado do quarto regimento de artilharia de campanha. Bem antes da aurora com seus dedos rosados, ele "escova o cavalo", enquanto aguarda suar sangue e água em exercícios de marcha, empilhamento de obus e cavalgadas. Felizmente, de noite lê Schopenhauer. Também toma notas para um estudo sobre Demócrito. Momento decisivo, decididamente, essa virada dos vinte anos. De Bonn a Leipzig, seguiu Friedrich Ritschl, grande mestre dos estudos gregos. O impossível rapaz lhe deve o fato de ter abandonado seus projetos teológicos em benefício da filologia. Erudito, artista, domador também, o velho Ritschl farejou o gênio em Nietzsche. Treina-o para a paciência, para as minúcias do arquivo, para as tarefas longas e precisas. O canhoneiro febril lhe dirige respeitosas missivas. Mas pensa cada vez mais num mestre mais exigente, mais exaltante também, a despeito da sua melancolia. É sonhando com Schopenhauer que ele se dá coragem de pensar. O filósofo desperta o filólogo. O jugo das nótulas eruditas, as contribuições infinitesimais para o conhecimento científico da Antiguidade, as penitências e macerações da vida estudiosa... não, na verdade, isso não é para ele.

"Tenho uma vontade furiosa [...] de dizer aos filólogos umas quantas verdades amargas." Começa a formulá-las naquele inverno, de noite, depois dos cavalos e dos canhões. "Aprendemos demais, pensamos de menos", "a filologia carece de grandes pensamentos". Para que tantos esforços no sentido de reconstituir monumentos perdidos, se não sabemos o que procuramos neles? A Antiguidade não é um campo de ruínas a serem etiquetadas uma a uma, para o orgulho burocrático de fazer seu inventário. Aos trabalhadores servis que colecionam poeira, o soldadinho vai dar algumas lições de criação. "Dos blocos que são os fatos históricos, é necessário extrair primeiro estátuas." Ele disse "primeiro". Está aí sua audácia. Em outras palavras: não se encontra uma tradição, é preciso inventá-la, decidi-la, talhar na massa indistinta dos materiais, dar-se modelos para saber o que buscar. Existe uma "Antiguidade latente": escolhamos primeiro o que nela é importante para nós. Entre um cavalo e outro, são os historiadores que Nietzsche escova, evacuando descaradamente a sacrossanta objetividade. Agindo assim, abre ele a porta para a arbitrariedade de qualquer fantasmagoria? Não. O *corpus*, as doxografias, as edições críticas estão sempre aí. Mas não são nem mais nem menos coercitivas do que a forma sonata para um músico, ou o mármore para o escultor.

Nietzsche talha seu material para esboçar a estátua de Demócrito. Ele faz existir um pensador de antes da metafísica, o primeiro que acreditou no valor absoluto dos métodos racionais e que limpou a imagem do mundo dos mais ínfimos vestígios de finalidade. Um asceta errante, queimado pelo fogo da busca do verdadeiro, e também um poeta, não porque o atomismo seja poético, mas porque a fé que nele deposita é dessa ordem. Esse sério apreciador de uma boa risada é mesmo o verdadeiro Demócrito? Se o modo de filosofar de Nietzsche tem um sentido, esta questão já não o tem. Só importa a atração da figura, a maneira como ela nos fala, as divisões que ela efetua e as perturbações que ela prepara para nosso futuro. Essa arte tão fecunda, tão arriscada também, que consiste em "tornar a filosofia pensante", Nietzsche não cessou de praticá-la. Foi, em certo sentido, sua primeira definição da filosofia. Muito embora tenha formulado outras, foi sem dúvida fiel a esta até este novo enigma, que é o seu colapso.

Governar o universo

No dia 3 de janeiro de 1889, um homem sai de um quartinho, de teto alto, na Via Carlo Alberto, em Turim. É curiosamente elegante, menos pelo cuidado da sua roupa, de boa qualidade, mas afinal comum, do que pelo porte da sua cabeça, pelo seu modo de andar, uma espécie de gravidade ligeira de todo o corpo. Alguns diriam que tem em si algo de aéreo e de principesco, um modo aventureiro e conquistador de enfrentar os frescos problemas da manhã. Seus olhos, como que retirados entre densas sobrancelhas e um bigode basto, têm por instantes a insustentável rapidez do relâmpago. Um olhar exercitado discerne, nesse gênero de indícios, uma incomparável acuidade de sofrimento superado. Mas nenhum dos seus contemporâneos é suficientemente grande para ser capaz de enxergá-la. Nietzsche, sempre, está só. Como os deuses, os gênios e os loucos. Aliás, ainda está só? Ainda é "alguém"? Dali a dois dias escreverá: "Cada nome da história sou eu." Por enquanto, vai tomar ar... Na rua, alguém bate num cavalo. Nietzsche agarra-o pelo colarinho, e desaba. David Fino, seu senhorio, manda levarem-no para o quarto. Ele dorme quase quarenta e oito horas de enfiada.

No dia 5 de janeiro, Nietzsche escreve aquela longa carta a Jakob Buckhardt que assinala seu "colapso". "Agora que o antigo Deus foi abolido", diz, "estou pronto para governar o universo." Ele afirma ser Prado, assassino de uma prostituta que julgam em Paris, e também Chambige, matador da sua amante, que comparece diante do tribunal de Constantina. Sustenta ter assistido duas vezes às próprias exéquias, ter nascido ao lado de Vítor Emanuel... Corre ao correio vizinho para mandar a Peter Gast, Franz Overbeck, Cosima Wagner e outros uns bilhetes assinados "anti-Cristo", "Nietzsche-César" ou "Dioniso". A caminho, diz aos passantes: "Estamos contentes? Sou Deus. Fiz esta caricatura." Leva adiante seu projeto de pôr em prática uma "grande política", convoca a Roma os representantes das cortes européias para travar uma guerra de morte contra os Hohenzollern, e fuzilar o jovem kaiser...

Foi assim que soçobrou o espírito talvez mais agudo, mais penetrante, mais ágil que a Europa já engendrou. O ano de 1888 foi para ele o ano de todas as colheitas. Estabeleceu as linhas mestras, e os fragmentos essenciais, de seu ensaio sobre a transvalorização de todos os valores. Redigiu em agosto *O caso Wagner*, em setembro *O crepúsculo dos ídolos* e terminou em outubro *O anti-Cristo*. De 15 de outubro a 4 de novembro, escreveu *Ecce Homo*, depois reuniu os *Ditirambos de Dioniso*, antes de concluir *Nietzsche contra Wagner*. Esse outono turinense é de uma força insensata. Por que veremos suceder brutalmente a essa força prodigiosa, no início de janeiro, um silêncio noturno que vai durar mais de onze anos? Onze anos de silêncio e de prostração, apenas interrompidos por algumas frases. Hospedado por sua mãe, o grande viajante permanece imóvel. O músico do pensamento está mudo. Mal reconhece os amigos. Às vezes toca piano, como outrora. Nenhuma explicação é satisfatória, como se ele tivesse passado além de nossos horizontes.

Levado para Basiléia pelo fiel Overbeck em 9 de janeiro de 1889, o corpo de Nietzsche terminará de morrer em Weimar no dia 25 de agosto de 1900, ao meio-dia. Ainda se sabe muito pouca coisa dessa longa década presa a uma cadeira, olhar vazio, memória perdida. Aquele que acreditava estar quebrando em dois a história da humanidade parece estilhaçado em mil fragmentos, dispersado, desaparecido, dissolvido. Estará louco, aniquilado, demente, paralisado? Não é cem por cento seguro. A maioria dos comentadores admite a hipótese, verossímil mas no fim das contas muito tosca, de uma deterioração biológica. Último ato de uma velha sífilis ou ponto final de um grande desgaste nervoso acentuado pela errância e pelo haxixe, a morte espiritual de Nietzsche afinal não teria nada a ver com sua filosofia. Essa explicação quadra mal com a palavra do próprio Nietzsche. Sua correspondência, para nos atermos às últimas semanas, está recheada de fórmulas que indicam nitidamente que nada, no "tempo *fortissimo*" de 1888, se assemelha a alguma desordem. "Minha vida atinge seu apogeu", escreve a Paul Deussen no dia 26 de novembro. Relendo suas obras, ele confia a Peter Gast, em 9 de dezembro: "Pela primeira vez, estou à minha altura", e em 22 de dezembro, ao mesmo, exprime sua "convicção absoluta de que tudo deu certo". Esse sentimento de conclusão triunfal e de absoluto domínio é acompanhado do pressentimento de um acontecimento decisivo: "Minha vida se aproxima agora de um brilho preparado de longa data", lê-se no rascunho de uma carta a Helen Zimmern, sem dúvida de 8 de dezembro. Uma carta de 27 de dezembro, a Carl Fuchs, precisa: "É possível que no correr dos próximos anos as circunstâncias exteriores da minha vida conheçam uma mutação tão radical que afete até os menores detalhes." Essas fórmulas são ambíguas, e nossa leitura retrospectiva lhes empresta um sentido que, talvez, elas não tivessem. Mas se nos voltamos para as obras, publicadas em vida de Nietzsche, outros indícios são perturbadores. Várias passagens atestam que o pensamento, e até mesmo a sabedoria, estão a seu ver ligados à loucura. "Afastai-vos, diz Zaratustra, temendo que vos ensinem que um sábio também é um louco." E já *Aurora* consagra um longo fragmento à significação da loucura. Pode-se ler notadamente: "A todos esses homens superiores levados irresistivelmente a quebrar o jugo de uma moralidade qualquer e a proclamar novas leis, não restou outra coisa a fazer, *quando não eram verdadeiramente loucos* (grifos de Nietzsche), senão ficar loucos ou simular a loucura."

Donde estas interrogações evidentemente sem resposta, que alguns poderão julgar insensatas: seu longo embrutecimento seria sua mais divina travessura? Não a morte, mas sua transfiguração? Teria ele alcançado, sob a aparência para nós de um destroço abismando-se num precipício, uma inconcebível apoteose? Sua demência não passa de um triste caso neurológico? Ou de uma derradeira máscara? Ou uma conseqüência inelutável da sua filosofia? Um acidente sem sentido? Ou o indício do seu fracasso? Ou ainda alguma transmutação impensável? Sem dúvida, não podemos saber.

Os abusos de Elisabeth

Uma só coisa é certa: durante seus anos de embrutecimento, Nietzsche viu-se entregue a todas as manobras da irmã. Quando o filósofo soçobrou no silêncio, Elisabeth convenceu a mãe a confiar-lhe todo o poder sobre os manuscritos e as edições. Ela compõe sob o título de *A vontade de potência* uma montagem, tendenciosa e deformadora, dos rascunhos de Nietzsche. As manipulações de Elisabeth Förster-Nietzsche e sua empreitada de adulteração levam à anexação do filósofo pelo regime hitlerista. Quando ela morre, no dia 10 de novembro de 1935, Hitler e os principais dignitários nazistas vêm cobrir de flores o caixão dessa "guardiã intrépida, determinada e entusiasta do grande gênio alemão". Ela havia composto uma biografia do filósofo à qual faltavam certo número de elementos. Por exemplo, esta carta dirigida ao marido, Bernhard Förster, que o *Times* chamava de "o caçador de judeus mais representativo da Alemanha", em que ela escreve, depois de ter lido a primeira parte de *Assim falou Zaratustra*: "Os objetivos do meu irmão não são os meus, toda a sua filosofia vai de encontro às minhas convicções." Ela deve ter extraviado as cartas e os rascunhos em que Nietzsche lhe escrevia por exemplo: "Antes de mais nada, nossos desejos e nossos interesses não têm nada em comum, na medida em que teu projeto é anti-semita."

Os ensaios de Karl Schlechta e de H. F. Peters sublinharam os malefícios daquele que Franz Overbeck, fiel amigo de Nietzsche, chamava de "exemplo típico das irmãs abusivas". Contudo, costuma-se esquecer que em 1886 Bernhard Förster e Elisabeth Nietzsche partiram para o Paraguai a fim de fundar uma nova colônia. Convencido de que a única maneira de salvar o povo alemão era "deixar o mais lamentável dos produtos da natureza, o *Homo sapiens judeo progrediens communis*, morrer em seu próprio vômito", Förster, que entregara em vão a Bismarck uma petição reclamando medidas contra os judeus, decidiu refazer ao longe uma Alemanha "pura" – ariana, vegetariana e luterana. A expedição em alguns anos redundou em desastre. Diante de miséria dos colonos e do fracasso dessa tentativa absurda, Elisabeth mentiu descaradamente, publicou descrições da vida idílica em *Nueva Germania*. A morte intelectual do irmão lhe deu a oportunidade de se vingar desse fracasso que levou seu marido ao suicídio. A dependência do filósofo "paralisado" permitiu-lhe praticar uma nova forma de colonização. Elisabeth desejava tanto ver Friedrich compartilhar as "idéias" de seu marido, que pôs tudo em prática para que esse sonho adquirisse a aparência de uma realidade.

XVI

No entremeio

Difíceis de classificar, colhidos entre dois séculos, entre razão e fé, entre ciência e mística, entre política e espiritualidade, são filósofos sem escola.

> *Os esforços sem trégua para banir o sofrimento não têm outro resultado senão mudar a sua forma.*
> SCHOPENHAUER, *O mundo como vontade e como representação*

A intervenção de Nietzsche tem um efeito retardado. Somente décadas depois da sua morte é que começam a perceber as conseqüências dela. Mesmo hoje talvez não sejam todas visíveis. Na passagem entre os séculos XIX e XX, outros caminhos foram explorados. Os filósofos que entrevemos aqui têm em comum estar "no entremeio": entre as vertigens do século industrial e os massacres das guerras mundiais, entre a metafísica e as ciências, entre filosofia e política. Embora muito diferentes, suas silhuetas têm como que um ar de família. Ele é difícil de circunscrever, como todos os ares de família, e só deveria aparecer pouco a pouco. Indiquemos apenas que a busca do Absoluto toma, nesses pensadores, o caminho de um recomeço da filosofia ou da política, sem que tenham meios de tornar radical essa nova fundação.

Fazer coisas novas

Coisas novas e frescas, tal foi a impressão causada pela obra de Bergson em seus contemporâneos. De fato, como todos os mestres, ele redescobre a difícil simplicidade das evidências. Seu filosofar começa por remover os sedimentos das interpretações mortas. Charles Péguy saúda-o como "o homem que reintroduziu a vida espiritual no mundo". William James proclama: "É da realidade que nos falam aqui [...]. Em Bergson, não há nada que recenda a lojinha antiga ou a bricabraque." Tudo começa – pura coincidência – alguns meses depois do colapso de Nietzsche, quando, em 27 de dezembro de 1889, um jovem de 30 anos defende sua tese de filosofia na Sorbonne. Formado pela École Normale Supérieure, professor, leciona faz pouco tempo em Paris, nos liceus Louis-le-Grand e Henri-IV. De 1883 a 1888, ensinou no liceu Blaise-Pascal de Clermont-Ferrand. Com o *Ensaio sobre os dados imediatos da consciência*, nestes últimos dias de 1889, Bergson entra para a história. Muitos não hesitam em considerar essa data um marco histórico.

Foi uma ruptura, efetivamente. Contra uma filosofia que julga ressecada, Bergson se volta para o vivido, para a fluidez da experiência íntima. Busca uma forma de encontro direto com o real, um encontro livre de intermediários enganadores. Seu pensamento coloca o acento no que nossa vida psíquica tem de continuamente móvel. Enfim, e sobretudo, Bergson toma como regra o rigor do procedimento científico, a fim de restituir ao espírito seus direitos contra o cientificismo.

Esse filósofo não constrói um sistema. Vê os sistemas como uma doença do pensamento filosófico, como a diminuição pura e simples do pensamento. Pretende tratar, em cada livro, um novo tema. Cada questão necessita de uma investigação longa e minuciosa, que acaba gerando seu próprio método. Da pesquisa sobre a relação entre o corpo e o espírito (*Matéria e memória*, 1896) à última grande obra (*As duas fontes da moral e da religião*, 1932) passando por *A evolução criadora* (1907), cada um dos livros de Bergson pretende ser como que independente dos outros. Não há acúmulo, não há retorno, nem remissões possíveis de uma obra a outra. Mas, se de fato assim fosse, haveria um bergsonismo?

A questão parece simples, mas na verdade é de grande complexidade. Bergson, no conjunto, é de uma facilidade enganadora. Sua escrita aveludada torna à primeira vista seus textos aparentemente fáceis, mas ela é cheia de dificuldades. Nela, o pensamento parece se ocultar ali mesmo onde se oferece. Na maneira como ele se exibe e se esconde, permanece um enigma. A obscura clareza de Bergson continua desconcertando. O homem conheceu todas as honrarias, do Collège de France ao prêmio Nobel, sem esquecer a Academia Francesa, mas não teve propriamente continuadores ou discípulos. Atraiu um grande número de admiradores solitários, e alguns inimigos encarniçados, como Politzer e, principalmente, Julien Benda, mas não houve escola bergsoniana.

Quanto mais seus textos se tornaram célebres e celebrados, mais se petrificaram em páginas clássicas, freqüentemente citadas, raramente compreendidas, afinal de contas pouco estudadas. Podia-se constatar, na década de 1970, que o pensamento de Bergson havia sido como que deixado de lado pelas correntes filosóficas do pós-guerra, à parte Deleuze. Ao contrário, hoje em dia ele suscita novamente um vivo interesse. A publicação do texto das aulas de Bergson por Henri Hude renovou em parte a leitura da obra, fornecendo cerca de duas mil páginas inéditas. O testamento de Bergson, datado de 8 de fevereiro de 1937, redigido quatro anos antes da sua morte, se opõe da maneira mais firme e mais explícita a qualquer empreendimento do gênero: "Declaro ter publicado tudo o que eu queria dar a conhecer ao público. Logo proíbo taxativamente a publicação de qualquer manuscrito, ou de qualquer porção de manuscrito meu que possa ser encontrado entre os meus papéis ou em qualquer outro lugar. Proíbo a publicação de qualquer curso, qualquer conferência de que se possa ter tomado nota, ou de que eu próprio tenha tomado nota." Essas disposições, mais do que claras, já haviam sido infringidas ou contornadas várias vezes. Hoje estão anuladas, com o pleno acordo dos legatários do filósofo. Em nome das exigências da história: Bergson hoje pertence mais a todos do que a ele mesmo. Tal decisão pode parecer legítima. Há também quem a ache eticamente incômoda. Discussão evidentemente sem fim.

O que esses cursos trazem de novo? O que, de início, chama a atenção é a extraordinária qualidade pedagógica dessas lições. É preciso lê-las para constatar o que pode ter sido a idade de ouro do ensino filosófico francês. Temos diante dos olhos a imagem que um inspetor-geral deve ter do paraíso: um professor genial trata, na ordem, todo o programa, falando como um livro. Essas lições notáveis, que Bergson confessava preparar "simplesmente dez minutos antes da aula", têm algum outro interesse que não seja sociológico? Devem ser incluídas na obra? Henri Hude empreendeu reler as obras à luz das aulas, e vice-versa. A despeito da engenhosidade do comentador, o leitor não fica totalmente persuadido de que "a obra de Bergson é composta de duas metades: os livros e as aulas, e que nenhuma dessas metades é verdadeiramente inteligível sem a outra". Sustentar que essas "aulas nos revelam o segredo das obras" é difícil. Tal posição tem algo de exagerado, para empregar um termo corrente em Bergson.

"A rude vida do camponês"

A França é uma terra de contrastes. Ela, que gerou tantos espíritos fortes, livres-pensadores e ateus anticlericais, guarda viva a tradição dos filósofos católicos. No curso deste século, obras como as de Louis Lavelle, Étienne Gilson, Jacques Maritain ou Henri Gouhier atestam, quaisquer que sejam suas diferenças, essa continuidade. Nota-se, nestes últimos anos, em certos círculos universitários, um reavivamento do interesse por esses autores. Novo sinal dessa recrudescência, relativa mais nítida: a publicação, em nove volumes, das *Obras completas* de Maurice Blondel. Lembremos de passagem que uma edição de Schopenhauer continua nos faltando, e que Voltaire é publicado em Oxford. E lemos esses textos de 1893.

O autor tem 32 anos. Faz quatro que abandonou temporariamente suas funções de professor do liceu de Aix para redigir seu trabalho no campo, numa propriedade da família. Já faz tempo que o jovem Maurice renunciou a ser padre. Tampouco seguiu o caminho habitual nessa família de burgueses de Dijon, em que o costume é ser jurista. A filosofia, esta é a sua vocação. Normalista aos 20 anos, em 1881, começa pouco depois a meditar a obra que será, uma década depois, a tese que logo chama atenção para si.

Em 1893, as Éditions Félix Alcan publicam *L'action. Essai d'une critique de la vie et d'une science de la pratique*. Essa análise sustenta todo o pensamento de Blondel. Ponto de partida: o conflito entre as exigências da razão e as exigências da fé. Blondel se recusa a dissociar revelação, objeto de fé, e reflexão, ferramenta de análise e de crítica. Ao contrário, está intimamente convencido de que, tentando aprofundar esse antagonismo, vemo-lo desaparecer como efeito enganador de uma perspectiva parcial e falseada. Não existe, a seu ver, uma experiência religiosa, com o que ela comporta de irracional ou de inapreensível pelo pensamento, e por outro lado estruturas intelectuais que atuem no sentido de esclarecer os vínculos lógicos e de elaborar conhecimentos positivos. Seu esforço mais constante tende, ao contrário, a mostrar que nossos atos, no domínio teórico como na prática, são marcados por um inacabamento essencial, à espera de um sentido por vir que no entanto já os habita sem que saibam.

É essa a intuição de Blondel: a ação contém em si mesma a chave da sua existência. Decidimos sem cessar, sem saber claramente nossas razões. A prática resolve: ela opta, na urgência, por esta ou aquela solução. Mas permanece incapaz, na maioria das vezes, de dizer em nome de que efetua sua escolha. O próprio sentido das nossas ações permanece obscuro para nós: não fazemos necessariamente o que queremos, não queremos necessariamente o que fazemos. Qualquer coisa, sempre, nos escapa em nossos atos, como em suas conseqüências. No entanto agimos. E essa ação, se prestarmos bem atenção, requer postulados fundamentais, empenha uma metafísica. "Não é preciso ter resolvido nenhuma questão metafísica para viver, se assim podemos dizer, metafisicamente."

É por isso que o jovem filósofo não pretende acrescentar o que quer que seja à realidade. Sua "ciência da prática" não fornece interpretação exterior ao que é e ao que se faz. Seu método: constatar apenas, "desenvolver simplesmente o conteúdo de nossos atos". O conjunto do seu proceder consiste em mostrar como o mundo da natureza é permanentemente trabalhado do interior pelo sobrenatural. Este não constitui um universo fechado, exterior ou inacessível. É no âmbito das nossas vontades e das nossas atividades que, para Maurice Blondel, se situa esse absoluto que as move e as faz se superarem a si mesmas. "Do mais ínfimo dos nossos atos, do mais ínfimo dos fatos, basta tirar o que nele existe para encontrar a inevitável presença, não apenas de uma abstrata causa primeira, mas do único autor e do verdadeiro consumidor de toda realidade concreta." Blondel, que não cessa de mostrar a transcendência no seio da imanência, teve de se bater tanto contra os racionalistas, que viram em sua filosofia uma limitação da razão pela fé, como contra os teólogos, que o criticaram por fazer do sobrenatural uma exigência da natureza ou um prolongamento das aspirações humanas. Talvez não se tenha assinalado suficientemente que esse pensamento da ação, muitas vezes forte e esclarecedor, também poderia ser puxado para o lado do ativismo. Seria um contra-senso. Mas acaso Maurice Blondel não se expõe a ele quando escreve: "Mesmo sem estar acompanhada de nenhuma justificação teórica, a ação traz em si uma certeza suficiente"?

Esse ativismo seria um antiintelectualismo. Outro contra-senso. Mas que se arraiga no próprio texto: "A lógica da ação busca unicamente descobrir um itinerário que permita que a inteligência dos doutos atinja lenta e seguramente as alturas dos humildes e dos pequenos." Sem dúvida convém desconfiar das leituras retrospectivas e das associações de idéias demasiado simples. Mas passagens como esta dão que pensar: "A rude vida do camponês é menos útil para a manutenção da nação pelos alimentos que lhe proporciona do que pela forte seiva do temperamento e do caráter que o contato com a terra dá ao homem; e se devemos venerar esses membros ativos que se dedicam corajosamente às tarefas necessárias, é porque, na força, na beleza e na salubridade do labor corporal, eles exprimem e operam ao mesmo tempo o saneamento moral, a pacificação interior, o vigor da vontade." Essas linhas têm um século. No entanto foram escritas depois de Marx, depois de Proudhon, depois de Bakunin, no momento em que Jaurès luta ao lado dos mineiros de Carmaux.

Um Rimbaud metafísico

Carlo Michelstaedter, na véspera, dera os últimos retoques a seu texto. Faltava terminar uns apêndices. Estava feito. E depois, conta-se, ia ao concerto. Uma sinfonia de Beethoven, músico que, dizia ele, figurava entre os que repetiram o essencial, de Parmênides a Leopardi. Terá dormido depois? Não se sabe. Em todo caso, nesse dia, deu um tiro na cabeça. Era 17 de outubro de 1910. Na Itália, em Gorizia, sua cidade natal, ao norte de Trieste, na fronteira. Tinha pegado a arma emprestada com um amigo havia um ano. No dia 10 de setembro, escrevia à mãe: "O fim está próximo, como também está próxima a aurora da minha vida." Carlo Michelstaedter tinha 23 anos. Não procurem seu nome nos dicionários. À parte alguns italianos, todo o mundo o ignora.

Há gênios fulgurantes entre os poetas, os músicos ou os místicos. Entre os matemáticos também, vide Évariste Galois. Mas e entre os filósofos? Estes raramente morrem jovens: a reflexão é um fruto de lenta maturação. Seria necessário indagar-se em que medida e em que sentido esse exigente rapaz pode ou não ser denominado filósofo. Debate inútil: os meteoros não se prestam muito bem às classificações. Adaptar-se não é o forte deles, e não têm nenhum fraco pelo academicismo. Ao entrar na atmosfera terrestre, inflamam-se e desagregam-se.

O estudante Carlo Michelstaedter inscreveu como epígrafe em seu trabalho estas palavras que Sófocles faz Eletra dizer: "Concebo que meus modos não correspondem nem à minha idade nem à minha posição." O livro desse filósofo, traduzido pela primeira vez em francês, devia não passar de uma *tesi di laurea*, o que equivale aproximadamente a um memorial de licenciatura. Tema previsto: os conceitos de persuasão e de retórica em Platão e Aristóteles. Resultado: uma obra-prima, inclassificável e inconveniente. É verdade que o título não atrai. Mas, no pensamento de Michelstaedter, "persuasão" e "retórica" não têm mais grande coisa a ver com as noções convencionais. Sua prosa distende a significação desses termos, até fazer deles um par de opostos, que podem servir de emblemas ao trágico da condição humana. Seu uso inabitual desses vocábulos correntes não é uma afetação nem uma insuficiência. "A língua não existe", escreve, "você tem de criá-la."

A "persuasão", na sua pena, não tem nada a ver portanto com um encaminhar-se para uma convicção. Não é tampouco a segurança ou a "boa-fé" proporcionadas por uma crença. Estar "persuadido" significa aqui estar de posse total de si mesmo. Michelstaedter chama de "persuasão" um estado-limite de perfeição absoluta. Nele, o homem escapa da dependência em relação a toda necessidade, do sofrimento de qualquer carência, de toda espera. Está "persuadido" aquele que alcança esse presente puro e integral, por definição fora do tempo, a que chamamos eternidade. Não escapando mais de si mesmo, quem está "persuadido" se confunde com o mundo. Objetarão que essa fusão na paz não passa de uma quimera, de uma fantasmagoria tão velha quanto o humano. Para ser passavelmente feliz, seria melhor livrar-se desse sonho impossível. Michelstaedter replica, em substância, que só o impossível merece ser exigido. "Que lhe importa viver, por preocupação com o possível, se você renuncia à vida no seio de cada presente." A morte é menos temível do que uma existência perpetuamente diferida, trocada pela moeda miúda dos pequenos prazeres e das pequenas expectativas, revestida de carapaças protetoras contra a vertiginosa angústia de estar vivo. Michelstaedter rejeita a segurança "razoável" e essas visões curtas que se dizem "realistas". Nisso consiste sua grandeza – que dirão louca.

Tanto mais que Michelstaedter sabe perfeitamente que não há nenhuma continuidade entre a beatitude da "persuasão" e o mundo dos organismos vivos, já que estes são sempre dependentes das suas necessidades, nunca saciados, perpetuamente em via de se adaptar, arrastados pelo costume de viver. Para quem, "sozinho no deserto", consegue "permanecer estável" e assim "detém o tempo", só há uma saída: "fazer de si mesmo um archote". A "retórica", que "passeia o Absoluto pelas ruas da cidade", é apenas uma vela para tranqüilizar as mariposas na noite. Ela confecciona "um bálsamo de palavras contra a dor". Ela multiplica artifícios e seduções para dar aos humanos a ilusão de saber e dominar algo. Assim, esse termo já não designa apenas a organização do discurso ou as regras da argumentação. A "retórica" engloba o universo das convenções de signos, o conjunto dos conhecimentos ditos objetivos e até a obrigação de trabalhar metodicamente no sentido da acumulação dos saberes, como trabalhador disciplinado, livre de toda e qualquer inquietude. "Todas as palavras serão termos técnicos quando a obscuridade for velada para todos do mesmo modo, estando todos os homens educados da mesma maneira."

O universo da "retórica" é o universo em que todo o mundo se entende para que os gritos da carne sejam um objeto de estudo tão neutro quanto qualquer outro. As aflições do espírito nele se tornam um gênero literário. Os temas de dissertação ou de diversão nele substituem o perigoso acorde da vida com o pensamento. Toda pesquisa é legítima, contanto que modos eruditos, ou estetizantes, mantenham cuidadosamente à distância, para a segurança de todos, o sentido efetivo das obras estudadas. Em poucas palavras, despojando o indivíduo de si mesmo, constrangendo-o a uma "afirmação inautêntica" de si, a "retórica" é evidentemente o inverso e a inimiga da "persuasão".

Esse pequeno volume surpreende. Michelstaedter, querendo "sangrar até a última gota as palavras", toca em vários registros, mistura escritas habitualmente distintas. Análises viram panfletos, enquanto relatos passam ao especulativo. Assim, começa-se lendo uma fábula sobre... um peso. Uma necessidade infinita de descer habita-o, necessidade que lugar nenhum saciará, senão ele já não seria... um peso. Assistimos às bodas suicidas do cloro com o hidrogênio. Segue-se uma descrição extraordinária da lassitude de Platão, envelhecendo no aeróstato que construiu, e da artimanha de Aristóteles para fazer descer novamente à terra aquela infernal máquina de paraíso. Um diálogo leva à cena a prepotência do burguês moderno, segurado contra tudo: roubo, incêndio, morte, existência... e sua própria impotência.

Nem tudo é continuamente de um engenho admirável. Esse texto não estava destinado à publicação, como tampouco a uma finalidade universitária. Mas quase todas as suas páginas são habitadas por uma luz. Um só exemplo: para falar da angústia que brota dos sonhos e vem perturbar a superfície das aparências tranqüilizadoras: "O homem está de novo sem nome, sem sobrenome, sem esposa e sem pais, desconcertado, sem roupas, sozinho, nu, olhos abertos olhando a escuridão." Sem dúvida é possível, e legítimo, estudar em que filiação se inscreve Michelstaedter, que com toda evidência pertence à posteridade de Leopardi e de Nietzsche, entre outros – e mais ainda de Schopenhauer. Aliás, em 1907, ele propusera a Benedetto Croce traduzir Schopenhauer para a coleção *Classici della filosofia moderna*, que estava sendo elaborada pela editora Laterza. O essencial não está aí. O que perturba, nesse texto impossível, é a incandescência de uma exigência mística fora de lugar na época da morte de Deus. "O absoluto eu nunca encontrei, mas conheço-o como quem sofre de insônia conhece o sono, como quem olha para a escuridão conhece a luz."

Cada um de nós, leitor por profissão ou por amor, conhece alguns volumes de que não saiu incólume. Eles marcam obscuramente nossas fibras, a tal ponto que a voz soa falso quando queremos falar deles de uma maneira apenas douta. Tais livros, que temos certeza nunca iremos esquecer, podemos contar nos dedos de uma mão, raramente de duas. Este é um deles, para o autor destas linhas.

O Deus de Jaurès

Jean Jaurès morreu assassinado quando combatia com todas as suas forças a chegada da guerra, recusando-se a crê-la inelutável. Foi na noite do dia 31 de julho de 1914. Fazia um calorão. Uma simples cortina separava da Rue Montmartre as mesas do café *Le Croissant*. Nem parede nem vidraça. Jaurès havia passado o dia inteiro no ministério das Relações Exteriores. Por todos os meios, levava adiante seu esforço no sentido de evitar a carnificina. Um táxi o levara depois disso à sede do *L'Humanité*, jornal que fundara em 1904. Depois de dar uma olhada nos despachos telegráficos, resolveu jantar antes de redigir um artigo que já estimava "decisivo". Seu projeto: rejeitar qualquer responsabilidade do partido socialista pelos horrores em preparo. Comia uma torta de morangos. Dolié, jornalista do *Bonnet rouge*, falou-lhe da sua filhinha. Ele acabava de tirar umas fotos coloridas dela. Jaurès pediu para vê-las. A bala de Raoul Villain acertou-o naquele momento e matou-o instantaneamente. Morreu assim o homem que encarnava, mais que qualquer outro na época, o combate generoso pela justiça. E a inteligência política. De fato, ele soube não se deixar cegar pela força dos ideais, mesmo a risco de passar por oportunista. Também soube nunca perder de vista os valores essenciais, a risco de parecer idealista ou irrealista. Sua tese de filosofia, *Da realidade do mundo sensível*, defendida em 1892, e que desde 1937 não era reeditada, está novamente disponível. É uma boa oportunidade para descobrir a fonte da sua reflexão espiritual e metafísica, que sua conduta política não desabonou.

Segundo Jean Rabaut, um dos seus biógrafos, essa tese teria sido ditada por seu autor, que teve de terminá-la às pressas. Tudo anda depressa na vida de Jaurès. É o primeiro, o mais moço, quase em toda parte. No colégio de Castres, depois no curso preparatório para a École Normale Supérieure do colégio Sainte-Barbe, ganha os prêmios de eloqüência e de dissertação, antes de ganhar o de francês no Concurso Geral. Quando se forma, em primeiro lugar, claro, na École Normale Supérieure, em 1878, tem apenas 19 anos. O diretor é o historiador Fustel de Coulanges. O bibliotecário é Lucien Herr, socialista convicto, que exerceu sobre várias gerações uma influência discreta mas profunda. Fato notável: os normalistas dessa época ficavam dois anos sem escolher uma especialidade, recebendo uma formação em que a literatura, a história e a filosofia se equilibravam. No momento de escolher uma disciplina para o concurso do magistério, Jaurès se orienta enfim para a filosofia. Prepara-se para o concurso sob a direção do espiritualista Émile Boutroux e do não menos espiritualista Léon Ollé-Laprune. O rapaz tem um grande rival: seu colega Henri Bergson. No entanto, em 1881, nenhum dos dois é primeiro colocado no concurso de filosofia. As classificações universitárias não correspondem necessariamente à história intelectual e política. Uma vez na vida, Jaurès é terceiro colocado. Bergson chega em segundo lugar. O "cacique" se chama Lesbazeilles e seu nome só ficou conhecido por essa façanha obscura.

No início do ano escolar de 1881, o jovem professor (está com apenas 22 anos) é nomeado para o liceu de Albi. Começa a redigir fragmentos da sua tese. Mal a enfrenta a sério, a política o interrompe: é eleito, em 1885, deputado do Tarn. É o mais jovem deputado da Câmara. Nesse momento, sua ruptura com a educação religiosa que ele recebeu parece consumada: a Igreja "tornou-se o centro de todas as resistências à democracia e ao progresso humano". Apesar de acusar a instituição de ter feito causa comum com os poderosos e seus privilégios, parece profundamente marcado pelo cristianismo. Um sentimento religioso intenso e vivaz anima-o. Ele o transpõe para novos registros, mas nunca o abandona.

O deputado não é reeleito. O professor volta a dar aulas em 1889, na faculdade de letras de Toulouse. No ano seguinte, ei-lo no conselho municipal* da cidade. Esse vaivém entre o mundo universitário e o mundo político logo vai cessar: Jaurès adere ao socialismo, e consagra toda a sua vida à luta política, da greve dos mineiros de Carmaux à véspera da Grande Guerra, passando pelo caso Dreyfus e pelos meandros da unidade do movimento socialista. O ano de 1891 é sem dúvida aquele em que ele reúne os elementos essenciais das suas meditações. De fato, paralelamente à sua tese de filosofia, ele redige um estudo que permaneceu inédito até 1959. Michel Launay, que o encontrou e publicou pelas Éditions de Minuit, deu-lhe como título *A questão religiosa e o socialismo*. Esse manuscrito e a tese se iluminam mutuamente.

No manuscrito, Jaurès insiste na idéia de que "o socialismo seria uma verdadeira revolução religiosa. Fora daí, o cristianismo morre". Paremos pois de opor o reino dos céus ao reino terrestre: "Os verdadeiros crentes", escreve ele, "são os que querem abolir a exploração do homem pelo homem e, em conseqüência, os ódios entre homem e homem; também os ódios entre raça e raça, nação e nação, todos os ódios, e

---

* Equivalente à Câmara de Vereadores. (N. do T.)

criar verdadeiramente a humanidade que ainda não existe. Mas criar a humanidade é criar a razão, a doçura, o amor, e quem sabe Deus não está no fundo dessas coisas?" A mesma idéia é desenvolvida em *Da realidade do mundo sensível,* em que Jaurès sustenta notadamente que Deus "está envolvido em todos os combates e em todas as dores". É por isso que "o mundo é, em certo sentido, o Cristo eterno e universal". A convicção de que o absoluto está encarnado em toda parte – no "céu grandioso e estrelado" e no "pão de cada dia" – funda todas as análises desse livro em que referências a Plotino ombreiam com uma anedota relativa a Gambetta. Insistindo na essência espiritual da natureza e dos corpos, Jaurès ataca o idealismo subjetivo. Ao longo dos capítulos, entra em liça contra Bergson, contra Renan e contra Schopenhauer.

Dois temas chamam a atenção: o fim almejado das clausuras individuais e a reflexão sobre a luz. Ambos estão ligados: "É possível que um dia as almas, como os brotos, se abram em plena claridade." A subjetividade, fechada em si mesma, seu caráter cerrado, seu segredo talvez não passem de enfermidades provisórias. Jaurès sonha com a transparência universal de todas as formas de vida, com sua abertura na "consciência absoluta e divina". Essa idéia, herdada notadamente dos gnósticos neoplatônicos, vai ao encontro da efervescência do tempo em torno do magnetismo e da hipnose. Jaurès chega ao ponto de dizer: "No dia em que o homem normal tivesse assimilado as forças do estado magnético e hipnótico, vejam como na vida humana o organismo individual se tornaria acessório." A metafísica da luz elaborada nesse trabalho também lembra os neoplatônicos e suas diversas posteridades místicas. Bem longe dos materialistas ou dos positivistas de seu tempo, Jaurès escreve por exemplo: "A luz é o esforço do infinito para se apreender e se afirmar em sua unidade, para fazer amizade consigo mesmo por meio da irradiação e da transparência. Criando a luz, o infinito quis tomar posse de si mesmo; ele não quis ser visto de fora, mas se ver." É por isso que a edificação de uma humanidade sem ódio, desfazendo o enclausuramento dos indivíduos no segredo das suas trevas, poderia permitir o aparecimento, à luz do sol, da claridade de Deus – o que Jaurès também chama de "a doce lâmpada de Jesus".

Em memória de Palante

Georges Palante não tinha em casa nenhum dos livros que escrevera. Para virar personagem de romance, ele era bem dotado: um corpo disforme, engrossado e torcido por uma doença hormonal (seus pés de gigante quase não o deixam andar), uma arte consumada de fracassar em tudo na vida (casamento, tese, carreira, amizades), uma casinha entupida de cachorros, uma inclinação excessiva para o vinho *muscadet*, compartilhada por sua companheira, uma iletrada sebenta. Acrescente a isso uma paixão solitária por Schopenhauer e por Nietzsche. E trinta anos de professorado de filosofia em Saint-Brieuc, uma obstinação em se lavar raramente, um duelo abortado de maneira humilhante num caso tolo, um suicídio bem-sucedido pouco depois, em 1925, a alguns dias da aposentadoria. É o bastante para fazer de Georges Palante uma bela silhueta de ficção.

Alguns escritores que foram seus alunos não fizeram por menos. Em 1935, Louis Guilloux dá a Cripure, o herói desamparado de *Sang noir*, vários traços de Palante, que fora seu professor de moral no colégio, antes de se tornar, por algum tempo, seu amigo. Guilloux não foi o único a nos deixar vestígios do destino, irrisório e magnífico, desse Sócrates naufragado na costa bretã. Jean Grenier, que o teve como professor de filosofia, esboçou seu retrato em *Les grèves*, em 1957: "Parecia ser um orangotango saído da floresta e apavorado com a presença dos homens." Assim, nacos de lenda, imagens pias de um homem ímpio, mantiveram acesa, bem ou mal, a chama minúscula de uma memória. Mas esses reflexos literários também são engodos. Que fim levara a obra? O pensamento desse individualista sem esperança estava quase perdido. Seus livros dormiam nos arquivos. Saíram deles. Após uma seleta de textos publicada por Yannick Pelletier, Michel Onfray lhe consagrou um estudo.

Por trás do sujeito esquisito, começa-se a entrever um filósofo. Não poderia figurar entre os grandes, mas não carece de interesse. Um pensador do indivíduo, é o que é, antes de mais nada, Georges Palante. A fonte de toda criação (estética, intelectual, moral...) reside a seu ver na singularidade absoluta de cada um de nós, combinação sem igual de uma herança e de uma história afetiva únicas. Esse primado do indivíduo, que o aproxima de Max Stirner e dos pensadores libertários, leva Palante a uma série de análises, não raro cáusticas e pertinentes, dos dispositivos de normatização, de vigilância, de disciplinamento, ou de sufocamento, da espontaneidade individual. O que mais detesta: o rebanho. Seu combate: desmontar as engrenagens das ortodoxias, conformismos e dogmatismos, desmascarar as múltiplas formas do gregário. Corporações, cidadezinhas, famílias, administrações... esses lugares fechados de que emana "um cheiro asfixiante de moralina". Tais redes de sujeição social perturbam ou destroem a "gravitação em torno de si" do indivíduo. Festeja-se aí a baixeza, fazendo da nulidade virtude. Muitas vezes os louros vão para o mais frouxo. A independência sempre é assassinada... Palante excele na descrição dessas miudezas implacáveis que constituem os mecanismos da aniquilação.

O filósofo de Saint-Brieuc tem uma maneira singular de enxertar sua leitura de Nietzsche num material amplamente autobiográfico. Quando Palante descreve o microcosmo dos funcionários públicos do interior, os códigos e os ritos da pequena burguesia ou ainda o "espírito de padre leigo", ele sabe do que está falando. No entanto seria demasiado simples pensar que um professor amargurado se vinga denunciando a ignomínia do seu cotidiano. Porque a vingança, aqui, não tem vitória, e a denúncia é desprovida de esperança. Para Palante, entre indivíduo e sociedade o conflito é irremediável, mas o resultado do combate não tem surpresa: ilusões e mentiras, necessárias à vida dos grupos, sempre dão a última palavra. Individualista, na esteira de Nietzsche, Palante também é pessimista, à maneira de Schopenhauer. A vida social, essa "mixórdia obscura de apetites", é apenas uma forma do querer-viver: ela tende, cegamente, a se perpetuar. Inútil sonhar com um futuro radioso, ou com fins da história de cores paradisíacas: Palante professa um "ateísmo social".

Não é essa sua única particularidade. Seu pensamento político, embora desiludido, não soçobra na indiferença nem na resignação. Percebendo no marxismo um "capitalismo de Estado" (em... 1903!), pressentindo que o socialismo pode se tornar um "fantástico irmão mais moço do despotismo", preconiza um reformismo gestionário inspirado em Proudhon, principalmente centrado na economia. Outra raridade, para a época: sua concepção da irracionalidade da vida social e a posição central que atribui aos atos individuais o fazem entrar em conflito com a escola de sociologia racionalista e objetiva de Durkheim. Para o anedotário, notaremos que Séailles e Bouglé recusarão, pura e simplesmente, que ele defenda sua tese, sem lhe pedir para melhorá-la – procedimento no mínimo incomum. É verdade que em *Les antinomies entre l'individu et la société*, publicado apesar de tudo pela Alcan em 1912, Palante debocha duramente da sociologia reinante na Sorbonne, em particular os trabalhos de Bouglé... seu orientador!

Esse sujeito curioso cultivou o xadrez com tanto esmero quanto outros, em seu tempo, as orquídeas. Tal perfeição explica talvez que se tenha perdido a memória do seu lugar na história intelectual francesa do início do século. No entanto, ele não é desprezível. Palante é sem dúvida uma das derradeiras testemunhas da enorme influência exercida, após 1870, pelo pessimismo de Schopenhauer. Também é um dos primeiros, na França, a reivindicar Nietzsche, que lê de maneira seletiva, amputando seu profetismo e seu antidemocratismo. Em sua crônica no *Mercure de France*, ressalta já em 1916 a importância de Freud e ainda se espanta, em 1922, com a relativa malevolência que se tem pela psicanálise na França, prevendo o entusiasmo futuro por ela. Se fosse preciso classificar em algum lugar esse artista rebelde, seria sem dúvida na longa tradição dos moralistas franceses que ele se sentiria menos deslocado. Palante não tem nada de um grande especulativo. Pertence antes a essa linhagem de prosadores econômicos que preferem as nuances da sensibilidade aos rigores do conceito, e a nitidez de estilo ao "amor alemão pela complicação". Deixar-lhe apenas um túmulo perdido num cemitério rural é uma indignidade.

TERCEIRA PARTE

DEPOIS DAS GUERRAS

XVII

O idiota da tribo

Wittgenstein se faz de selvagem e tira disso ensinamentos inesperados.

> – *Que estais lendo, Senhor?*
> – *Palavras, palavras, palavras.*
> SHAKESPEARE, *Hamlet*, II, 2

A Europa desapareceu. Ela morreu nas valas comuns da Grande Guerra. Sem dúvida subsistiram nações e Estados, economias e povos. Mas a comunidade de vida intelectual que, havia séculos, o próprio nome de Europa designava explodiu sob as bombas e na lama. Mal se constatava esse desaparecimento, o próprio humano se via negado pelos campos de morte. Não obstante o que pensemos, doravante é sobre esse fundo que as idéias se recortam. Sempre no plano de fundo permanecem amontoados cadáveres, corpos desfeitos que não souberam nem por que viveram nem o que os fez agonizar. O que disseram os filósofos, após as guerras, está marcado por esse horror reinante. Mesmo que nem todos tenham refletido sobre ele de maneira explícita, mesmo que não tenham tomado por tema de reflexão as questões diretamente levantadas por esses tempos de fogo e gelo, seu pensamento trouxe ineluctavelmente as marcas do cataclismo e sofreu os contragolpes deste. Vendo os filósofos esperar novos marcos de pensamento, buscar um sistema último, esforçar-se por dissolver as questões antigas, proclamar que a filosofia está morta, empenhar-se por fazê-la renascer sob formas ainda imprevisíveis, não se poderia afastar a sombra das guerras.

Aviões e gramática

É raro que crianças construam máquinas de costura. Mas Wittgenstein o fez bem jovem. Uma bela foto do fim do século mostra-o, com uns dez anos apenas, atrás do metal rutilante a que ele deu forma. O objeto parece funcionar: a mecânica foi sua primeira paixão, e foi por causa dos motores de avião que ele se interessou inicialmente pela matemática. Em sua estranha família austríaca do ramo da fundição, riquíssimos, músicos e neuróticos, o jovem Ludwig foi um dos mais inventivos.

Nascido em Viena em 1889, construiu para si uma vida de eremita nômade. Seu pai, grande industrial, era um "amigo das artes", conhecido de Brahms e de vários artistas. Após três anos no colégio de Linz, onde leu Schopenhauer, o rapaz, aos 17 anos, partiu para Berlim, a fim de estudar engenharia. Em 1908, matriculou-se na universidade de Manchester para fazer pesquisas de aeronáutica. Os problemas levantados por esses trabalhos levaram-no para a matemática pura, depois para a questão de seus fundamentos filosóficos, já abordada por Russell e por Frege. A conselho deste último, que visitou em Iena em 1911, o rapaz inscreveu-se no curso de Russell no Trinity College. "Ao fim do seu primeiro trimestre em Cambridge", conta Russell, em seus *Portraits of Memory*, "veio me ver e me perguntou: 'O senhor poderia me dizer, por favor, se sou completamente idiota ou não? Porque, se sou completamente idiota, vou ser aeronauta; mas se não for, então serei filósofo.' No início do trimestre seguinte, ele me trouxe um texto que havia escrito; depois de ler apenas a primeira frase, disse-lhe: 'Não, você não deve ser aeronauta.'"

Em 1913, Wittgenstein foi viver, por mais de um ano, numa cabana que construiu com as próprias mãos, em Skoldjen, na Noruega. Alistando-se como voluntário no exército austríaco, escreveu durante a guerra o *Tractatus logico-philosophicus*, a partir de uns caderninhos que acumulava em sua mochila.

Publicada em 1921, foi a única obra editada em sua vida. Depois da guerra, abandonou a filosofia, julgando não ter mais nada a dizer a seu respeito. Distribuiu a fortuna herdada do pai e se tornou, de 1920 a 1926, mestre-escola em aldeias isoladas da Baixa Áustria. Vamos encontrá-lo mais tarde jardineiro num mosteiro, em Hütteldorf. Construiu depois, em dois anos, uma casa em Viena para uma das suas irmãs.

Vários encontros estimularam-no a retomar seus trabalhos filosóficos. Autor já mundialmente conhecido, matriculou-se em Cambridge como simples estudante. Tornando-se pesquisador no Trinity College, escreveu entre 1930 e 1935 as *Pesquisas filosóficas* e a *Gramática filosófica*, que não publicou. Apostilas mimeografadas dos seus "cursos" – meditações feitas em seu apartamento, diante de alguns estudantes – circulavam com o nome de *Caderno azul* e de *Caderno marrom*. Após uma visita à URSS, voltou à sua cabana norueguesa, antes de retornar a Cambridge, onde foi nomeado professor em 1939. Demitiu-se da sua cátedra depois da Segunda Guerra Mundial, em que foi padioleiro, para ir viver, em 1948, numa cabana de pescador em Galway, na costa irlandesa. Viagens aos Estados Unidos, a Viena, à Noruega assinalaram os últimos momentos da sua vida. Morreu de câncer em 29 de abril de 1951, em Cambridge.

Nem tudo isso dá uma carreira segura nem uma obra normal. Apesar de tudo, parecendo perpetuamente mais ou menos ocioso, Wittgenstein levou a cabo certo número de coisas. Um livro revolucionário no seu gênero, o *Tractatus logico-philosophicus*, um vocabulário para crianças quando foi mestre-escola na Baixa Áustria, legumes e rosas quando foi jardineiro num mosteiro, inúmeros jogos de linguagem para seus alunos de Cambridge, grupo minúsculo que ele reunia uma vez por semana em seu quarto para que anotassem, ditadas por ele, algumas afirmações desconcertantes. Para ser na universidade um colega freqüentável, ele tinha algumas desvantagens: 1. era genial; 2. preferia os filmes de aventuras às conversas de professores; 3. gostava mais de ler romances policiais do que revistas de epistemologia; 4. reinventava pura e simplesmente a filosofia. Seus colegas não se metiam em seus assuntos.

Desfazer as cãibras mentais

O que ele propõe? Não propõe um conhecimento. Chama de "filosofia" uma prática que não detém um saber, que não desvenda nada de oculto, que em si mesma não constrói nada. Antes desfaz. Desprender, dissolver, desatar... eis suas funções. Não no vago, nem em geral: para Wittgenstein, a filosofia tem por tarefa dissipar, um a um, caso por caso, os problemas sem conteúdo que nascem das ilusões que entretemos a partir da linguagem. Ela trava "um combate contra o fascínio que certas formas de expressão exercem sobre nós", diz no *Caderno azul*. Paremos de acreditar que o sentido está amoitado em algum lugar, escondido, mascarado, encelado e selado, e que é requerido um longo e acidentado caminho para contornar as proteções e as barreiras e capturá-lo enfim, como um tesouro mítico ou um bicho assustado. Na verdade, não há enigma. Nenhum mistério envolve o sentido, salvo os embaraços que nós mesmos criamos ao acreditar que existe um segredo a elucidar. Esse *Caderno azul* não tem título, apenas uma cor, a de um "objeto" ditado por Wittgenstein em 1935 e destinado ao exame da questão do sentido. Ao contrário do que acreditam muitos filósofos, hermeneutas e exegetas, "uma palavra não tem um sentido que lhe seja conferido, digamos assim, por uma potência independente de nós; de sorte que poderia existir desse modo uma espécie de pesquisa científica sobre o que a palavra quer realmente dizer. Uma palavra tem o sentido que alguém lhe deu". Simplesmente. Pouco importa que seja incompleto, imperfeito, temporário, aleatório. "Nesse sentido, muitas palavras não têm sentido estrito. Mas não se trata de um defeito. Pensar o contrário seria como dizer que a luz do meu abajur de trabalho não tem nada de uma verdadeira luz, por não ter fronteira nítida."

Assim, o sentido de uma palavra nada mais é que as maneiras que temos de empregá-la, de defini-la se pudermos (e não tem importância, se não pudermos). Melhor, não há nada por trás: as palavras não são uma cortina a levantar, nem um minério a tratar. Não há por que formular a questão de uma verdade que elas detenham, mascarem ou revelem ao mesmo tempo que a ocultam. Um pouco de Wittgenstein, muitos esforços inúteis a menos. É exatamente o que ele chama, aliás, de "cãibras mentais": todas essas questões sem realidade com as quais as pessoas se preocupam, quebram a cabeça, se esgotam em sutilezas privadas de conteúdo. Já pensaram na quantidade impressionante de seminários, colóquios, discursos, artigos e argumentações que seriam poupados, se nos dispuséssemos a seguir efetivamente esse energúmeno? O sentido, justamente: em todo tipo de lugares procurou-se muito o sentido, deplorou-se sua perda, lembrou-se sua necessidade, desejou-se seu retorno, buscou-se sua elaboração. E se isso tudo fosse vazio?

Quer se trate do sentido das palavras, da natureza do tempo ou da existência do espírito, a clarificação operada por Wittgenstein consiste em, cada vez, dissipar a ilusão de um interior, de um núcleo íntimo que se furtaria ao nosso olhar e que, para conhecê-lo, deveríamos poder escrutar por novas vias de acesso ou entrever adotando uma nova postura. Deixemos isso tudo se dissipar: tudo nos é dado, nada é separado ou posto de lado num lugar distinto. As palavras não têm subsolo. Nem porão nem sótão. Somente nós fabricamos as errâncias em que acreditamos ver questões profundas e temas vastos. As palavras também não estão "na nossa cabeça", como está o solitário em sua cabana na Noruega. E não estamos na linguagem ou no tempo como numa morada que poderia ser vista de fora, de que se poderia sair no aguardo de uma possível volta. Para fazer compreender isso, Wittgenstein não se contenta com afirmá-lo, explicá-lo, conduzir novas análises. Ele inventa os "jogos de linguagem".

São *sketches*, exercícios, problemas curtos, situações perturbadoras, uns "imaginemos que...", "o que aconteceria se...?", "nesse caso, diríamos sempre que...?". Trata-se, cada vez, de imaginar linguagens restritas, submetidas a condições particulares, em uso em tribos, mundos ou situações cuja relativa estranheza esclareça de repente nossas maneiras de falar. Assim começa uma dessas experimentações mentais, extraída do *Caderno marrom*: "Em certa tribo, fazem-se concursos de corrida, de lançamento de pesos, etc. [perguntemos de passagem, plagiando Wittgenstein: como compreendemos o que esse 'etc.' significa? Por que achamos, se não sabemos nada dessa tribo, que 'biriba', 'dar laço nos sapatos' ou 'travessia do Atlântico' não devem figurar na lista desses concursos?], e os espectadores apostam bens nos concorrentes. Os retratos dos concorrentes são alinhados e, quando digo que o espectador apostava um bem num dos concorrentes, isso consistia em depositar esse bem (moedas de ouro) debaixo de um dos retratos. Se alguém pôs seu ouro sob o retrato do vencedor da competição, ganha o dobro da aposta. Senão, perde-a. Chamaríamos sem dúvida tal costume de apostar, ainda que o observemos numa sociedade cuja linguagem não possui nenhum esquema para enunciar 'graus de probabilidade', 'riscos' e outras coisas semelhantes."

Deixemos a tribo dos apostadores e os problemas que ela coloca, ou resolve, ou dissolve. Retenhamos apenas o gesto. Os jogos de linguagem não constroem nenhum conhecimento. Eles também não propõem sei lá que ponto de vista sobre o estilo das nossas frases, que permitiria vê-las de fora e, portanto, julgá-las de outro modo. Isso também seria pura ilusão. Se tentássemos compará-los, talvez devêssemos dizer que esses jogos sacodem levemente, do interior, a cabana de palavras em que vivemos. O bastante para percebermos, em algum estalo do madeiramento, aqui e ali, a maneira como ela é construída. Uma vez adulto, o menino mecânico inventou a máquina de descosturar a metafísica.

Maçãs e selvagens

Ele também não hesitou em desfazer a segurança costumeira dos matemáticos. Imaginemos uma mesa, diz. Ponho duas maçãs em cima dela, depois mais duas, e conto-as. Acho "três" na primeira tentativa e "cinco" na segunda. Concluo que essas maçãs têm algum truque, que elas somem ou aparecem por razões que me escapam, que estão me pregando alguma peça. Mas nunca direi: dois mais dois nem sempre fazem quatro, depende do caso, estas maçãs são prova disso. Porque estou absolutamente convencido de que esta verdade é universal, imperativa, inscrita na natureza mesma das coisas: dois e dois têm de fazer quatro, do mesmo modo que dez vezes dez devem fazer cem, na Inglaterra e no Japão, sob César e daqui a mil anos. Saber calcular e ter essa convicção são um só e mesmo ato. A prova da verdade aritmética não está nas maçãs, mas no próprio cálculo. A geometria me confirma: demonstrando uma propriedade deste triângulo (o que está no quadro-negro ou na página), estou convencido de enunciar um resultado válido, em toda parte e sempre, para todos os triângulos idênticos. Senão, o que faço não seria geometria.

É aqui que Wittgenstein intervém, com a ingenuidade que faz sua força: donde pode nos vir tal convicção? A que se deve nossa certeza? A experiência apenas não basta para fundar essa certeza, que é de outra ordem. Sei que 2.002 mais 2.003 fazem 4.005, que é isso mesmo, sem nunca ter feito um cálculo unidade por unidade. Confio. Mas em quê? Em quem? Nos meus professores, no hábito, nas receitas de cálculo? Logo se vê que tais respostas não bastam. Todos diremos, na esteira de toda uma tradição filosófica: sigo as regras da lógica (leis de inferência, princípio de não-contradição) que presidem todo pensamento racional possível. E Wittgenstein insistirá: em que se fundam? em que medida são universais? Pouco a pouco ele vai mostrar que essas regras não são "absolutas". Nem verdadeiras, nem falsas, elas ordenam o lugar da nossa linguagem, revelam a maneira como pensamos, mas não constituem de maneira nenhuma um saber sobre a "realidade". Com todo rigor, eu deveria dizer que duas maçãs acrescentadas a outras duas fazem, para nós, quase sempre, quatro. E precisar: ignoro o que acontece em outro espaço, em outro tempo, ou mesmo no caso de uma outra forma de vida diferente da nossa.

O império glorioso das certezas matemáticas cede lugar aos costumes de um povoado chamado humanidade. O choque é considerável. Outra leitura, mais erudita, decerto é possível e fecunda. Ela salientaria a dívida de Wittgenstein para com Frege, suas críticas a Russell, suas análises do transfinito de Cantor, do teorema de Gödel ou da teoria dos números de Dedekind. Estando todos os lógicos de envergadura do século XX reunidos aqui, belos trabalhos se oferecem aos leitores especialistas. No entanto seria um equívoco acreditar complicadas as *Observações sobre os fundamentos das matemáticas*. Se a obra é desconcertante e leva seu leitor a uma bizarra aventura intelectual, seria antes à força de chamar a atenção ao rés das palavras e das atitudes: "Quando filosofamos, somos como selvagens, homens primitivos que entendem as formas de expressão de homens civilizados, interpretam-nas mal e tiram em seguida estranhas conclusões da sua interpretação." Tese logo ilustrada: "Imagine que alguém não compreenda nossa conjugação no passado: [ele veio aqui]; ele diz [ele é], é o presente, logo a proposição diz que em certo sentido o passado é o presente."

E se fosse assim? E se nossa construção do tempo, por exemplo, com tudo o que ela comporta de questões insolúveis e de montagens infinitas, não passasse de uma maneira de ser prisioneiro das palavras? E se nossas perplexidades, nossas intermináveis interrogações, toda a nossa filosofia não passassem no fim das contas de conseqüências das nossas ilusões verbais, miragens lingüísticas que tomamos por realidades metafísicas? Levar a sério tais interrogações basta para provocar um espanto particular. Devemos a Wittgenstein exatamente essa qualidade de estupor.

XVIII

Nazista sem querer?

Martin Heidegger era tido na França, na década de 1970, como o maior. A lembrança do seu passado sob o nazismo causou alguma confusão e levantou questões difíceis de resolver.

> *E as bobagens começam outra vez.*
> Circo Olímpico, *espetáculo parisiense,*
> *fevereiro de 1839*

"Não há filosofia heideggeriana", dizia Heidegger em 1955, no colóquio de Cerisy. Ele nunca teve a preocupação de construir um sistema, mas, ao contrário, de revelar o eixo esquecido da metafísica ocidental: a questão do ser. Desde a primeira manhã grega dos pré-socráticos até Nietzsche, a história do ser – do seu chamado, do seu esquecimento – constituiria o fio diretor da aventura européia – filosofia, ciência e técnica misturadas. Como a filosofia termina, segundo Heidegger, com o reinado da técnica planetária, só nos restaria tentar um *Schritt zurück* – passo atrás –, movimento de retorno ao que, desde o mais remoto passado grego, ainda nos esperaria como reserva de um possível futuro. Os constrangimentos impostos pelo pensar heideggeriano são singulares pois: reler a tradição filosófica sem poder nela se incluir verdadeiramente nem pular fora dela; desconstruir, em vez de fundar, construir ou edificar; pôr-se à escuta da língua em vez de fazer dela um uso instrumental; tentar encontrar, sob o império da tecnologia, uma luz mais original. Essas perspectivas influenciaram o olhar e o modo de leitura de boa parte dos nossos contemporâneos. Heidegger, na França, entre os anos 1960 e 1980, acabou substituindo Marx como novo "horizonte insuperável de nosso tempo".

Esse favor e esse fervor haviam deixado de lado a questão multiforme dos vínculos entre Heidegger e o nazismo. Quais foram os compromissos efetivos do homem com o regime hitlerista? Existe algum vínculo entre temas constantes da sua obra e a ideologia nacional-socialista? Por que, depois da guerra, ele nunca renegou claramente o passado e não diz praticamente uma só palavra sobre o genocídio dos judeus? Entre os discípulos franceses do pensador foi elaborada uma resposta "oficial". Jean Beaufret, numa entrevista publicada pelo jornal *Le Monde* em 1974, sustentava que Heidegger tivera com o nazismo uma relação apenas acidental, temporária e totalmente exterior. Animado unicamente pelo desejo de regenerar a Universidade alemã, teria acreditado, fugitivamente, que a revolução nacional em andamento podia possibilitar tal renascimento. Eleito por seus colegas reitor da universidade de Friburgo em 21 de abril de 1933, pediu demissão em 23 de abril de 1934. Durante esses doze meses de cooperação puramente "administrativa" com um poder recente, Heidegger ter-se-ia limitado a pronunciar alguns discursos, sem dúvida infelizes, mas apenas de circunstância. Após sua demissão, ao longo de cerca de dez anos de silêncio político, teria vivido às voltas com a vigilância das autoridades, com a censura de suas publicações e com as dores de cabeça causadas por um poder que o mantinha numa desgraça crescente. Foi essa a versão que seus discípulos sustentaram a partir das indicações fornecidas pelo próprio Heidegger em 1945 e 1976.

A pesquisa de Victor Farias, *Heidegger e o nazismo*, publicada em 1987, mostrou que já não dava para defender essa versão. Uma viva e longa polêmica se seguiu. Muitas das questões levantadas permanecem sem resposta, apesar dos trabalhos biográficos empreendidos por Hugo Ott e Rüdiger Safranski, e as incontáveis discussões em que se fizeram ouvir, entre outras, as vozes de Pierre Aubenque, Jacques Derrida, François Fédier, Luc Ferry e Alain Renaut, Philippe Lacoue-Labarthe, Jean-François Lyotard. De acordo com Farias, Heidegger teria sido por todas as suas fibras – seus atos, seus textos, seu pensamento – um militante resoluto do partido nazista, cujas convicções fundamentais ele afinal nunca teria abandonado. Tese excessiva e simplista, contrária a um bom número de fatos, ainda que as informações coligidas por Farias constituam um conjunto arrasador.

Mas arrasador para quem? Para o homem Heidegger, na parte política da sua existência? Indiscutivelmente. Para o pensador Heidegger, no alcance filosófico de toda a sua obra? É aí que não convém se precipitar. Querer jogar no lixo as obras completas do pensador junto com as sujeiras do militante seria ridículo e absurdo. Não dá para dispensar suas meditações sobre a existência, a história ou o devir da técnica, por causa dos seus compromissos políticos. Queira-se pensar com ou contra Heidegger, suas posições políticas não são, como tais, fundadoras de argumentos filosoficamente pertinentes. Por outro lado, é impossível fazer como se essa lama não existisse, como se ela permanecesse absolutamente externa ao seu pensamento. O curso da história não flui sobre os filósofos como a água sobre os patos. Desde quando seria possível filosofar de um lado e agir do outro, sem que nunca a pura abstração e a atividade infame se aproximem? Como seria possível ler o Heidegger/dr. Jekyll desembaraçando-se totalmente do Heidegger/mr. Hyde?

Dupla face

Aos 21 anos, quando estudava teologia no seminário de Friburgo, Heidegger publica, em 1910, um artigo na *Allgemeine Rundschau*, revista caracterizada por tendências antiliberais e anti-semitas. O rapaz nele celebra a figura de um pregador agostiniano do fim do século XVIII, Abraham a Sancta Clara, por ocasião da inauguração de um monumento à sua memória. Esse monge fanático é conhecido por seu nacionalismo virulento e sua intransigência. Escritor prolixo e grande apreciador de *pogroms*, ele escrevia por exemplo (e Heidegger não diz uma palavra a esse respeito): "Fora Satanás, os homens não têm inimigo maior que o judeu [...]. Por suas crenças, eles merecem não apenas a forca, mas também a fogueira." Texto do jovem Heidegger: "A saúde do povo, em sua alma e em seu corpo, eis o que esse pregador verdadeiramente apostólico buscou." Quem sabe o jovem seminarista ignorava as zonas de sombra dessa "cabeça genial", como ele diz. Quem sabe fingia não saber. Erro de juventude? Não é tão certo assim. No dia 2 de maio de 1964, aos 75 anos, em sua cidade natal de Messkirch, o pensador celebérrimo consagra uma conferência ao padre Abraham a Sancta Clara. Desta vez ele cita: "Um chefe militar acertou em cheio a cabeça dos turcos; cabeças e cabeleiras rolaram como caçarolas." O velho Heidegger continua vendo, no homem que escreveu isso, "um mestre para nossa vida e um mestre para nossa língua".

Em 1923, ensinando teologia em Marburgo, a associação estudantil Akademische Vereinigung – que se proclamava "apolítica", mas não aceitava como membro nenhum "elemento judeu ou de cor" – recomenda calorosamente seu curso. Em 1930, é numa festa da "Pátria badenense" que Heidegger pronuncia a primeira versão (não publicada) da conferência intitulada *A essência da verdade*. O presidente de honra é Eugen Fischer, fundador e dirigente, desde 1927, do Instituto de Higiene Racial. O papel bem conhecido desse organismo a favor das experiências feitas pelas SS nos campos de concentração não impedirá Heidegger de enviar, em 1960, um de seus livros a Eugen Fischer, com suas "cordiais saudações de Natal e votos de Ano Novo".

Na primavera de 1933, a região de Baden é enquadrada: os social-democratas estão internados nos campos, os sindicatos estão amordaçados, os judeus são molestados. No dia 1º de maio, Heidegger adere ao partido nazista. Os arquivos revelam que permaneceu no partido até o fim da guerra, pagando pontualmente suas mensalidades. O discurso do reitorado, pronunciado em 27 de maio de 1933, tornou-se uma espécie de clássico do nazismo, apreciadíssimo pelas organizações estudantis. Foi reeditado três vezes, a última vez com uma tiragem de cinco mil exemplares, em 1937, numa época em que a censura era assaz exigente. Durante seu mandato, Heidegger empenha-se a fundo em medidas destinadas a revolucionar a Universidade, a mudar a vida dos estudantes no sentido da concepção nacional-socialista do mundo. Se pede demissão de forma tão brusca, não é por ter sido tomado por um súbito arrependimento, mas despeitado porque sua facção foi derrotada. Sua desilusão, de acordo com Victor Farias, foi ver Rudolf Hess substituir Röhm, isto é, uma linha SS de gestão do poder e de compromisso levar a melhor sobre a corrente populista e radical das SA. Assim, posteriormente, os dirigentes nazistas teriam desconfiado, não de um possível adversário, mas de um militante populista demasiado impetuoso. Desconfiança totalmente relativa. Em 1945, Heidegger dirá que depois de 30 de junho de 1934 (a "Noite dos longos punhais", a eliminação das SA), os que aceitavam funções oficiais na universidade sabiam com que poder trabalhavam. Ora, ele próprio participa, em setembro de 1934, da elaboração de um projeto de "Academia dos professores do Reich", espécie de instituto de elite destinado a formar os professores do futuro. A pedido do secretário de Estado Wilhelm Stukart (um dos autores das leis raciais de 1935, que participará da conferência de Wannsee em que foi planejada a "solução final" e que será julgado em Nuremberg como criminoso de guerra), Heidegger apresenta um projeto detalhado. Nele, fala-se de "repensar a ciência tradicional a partir das interrogações e das forças do nacional-socialismo".

O regime nunca reduziu ao silêncio nem realmente maltratou Heidegger. Artigos do filósofo apareciam em coletâneas controladíssimas ou eram objeto de notas elogiosas. O poder admite que Kurt Schelling, nomeado para uma cátedra na Praga ocupada, faça, em março de 1940, referências acentuadas aos conceitos heideggerianos – num momento em que a guerra ideológica não tolera falhas. Em janeiro de 1944, em plena penúria de papel, o ministério concede uma cota à editora Klostermann para publicar as obras de Heidegger. Claro, o filósofo não tinha apenas amigos nas SS. Rosenberg, por exemplo, lhe era abertamente hostil. Mas para transformar algumas rasteiras em perseguição é necessário um orgulho desmedido – e certa indecência, se pensarmos no que "perseguição" queria dizer, sob o controle da Gestapo, para os que salvaram a honra do povo alemão.

Pode-se objetar que tudo isso não passa de indícios exteriores: o olhar dos outros, as redes de publicações, as proximidades institucionais. Não se sabe "exatamente" – e nunca se saberá – o que Heidegger pensava, em seu foro interior, sobre o nazismo. Dá até para imaginar, se alguém fizer absoluta questão, que Heidegger não foi de maneira nenhuma nazista, que suas palavras e seus compromissos tenham sempre tido para ele outro sentido. Mas isso não anularia o fato de que toda uma série de responsáveis nacional-socialistas, bastante minuciosos na seleção, o tenham considerado por algum tempo um aliado do nazismo, o tenham julgado "seguro" e solicitado sua colaboração. Ele próprio não disse uma palavra, não fez um só gesto para dissipar de maneira categórica esse mal-entendido.

Mãos admiráveis

Em junho de 1933, o filósofo Karl Jaspers visita, pela última vez, seu colega Martin Heidegger. Jaspers: "Como um homem tão inculto como Hitler poderá governar a Alemanha?" Heidegger: "A cultura não conta [...]. Olhe as mãos admiráveis dele!" Um homem de pensamento, se não estiver brincando, pode falar assim? Admita-se de bom grado um grande número de evidências apontadas ao longo dos anos pelos discípulos de Heidegger, desde que a polêmica sobre seu compromisso com o nazismo se reabriu. Que ele tenha imaginado Hitler de acordo com seus desejos, e não com a realidade. Que ele não tinha, nem um pouco, uma cabeça política. Que apesar dos pesares acabou reconhecendo seu erro – mais ou menos tarde, mais ou menos nitidamente, conforme as versões. Que os nazistas de 1933 não são os de 1944, etc.

"Mãos admiráveis" continua sendo uma fórmula obscena. Ela assinala a demissão do juízo, a irresponsabilidade, o estetismo barato. Admirar as mãos de Hitler: o irracionalismo e o desumano temporariamente triunfam. Esse fascínio repete uma atitude que encontramos em Heidegger em outros assuntos. Rüdiger Safranski permitiu apreender melhor a disposição geral do pensador diante da vida, a forma singular de piedade que o habitava. Esta não é cômodo definir, por ser desprovida de um objeto claramente determinado. Não se inscreve no âmbito de uma religião instituída, não se dirige a ninguém, não venera nada, mas se revela insistente, lancinante, onipresente, como se temesse sempre ser insuficiente, não soar bem, deixar escapulir o que espera, sem ser capaz de dizer o quê.

Aí está, dirão os que pretendem saber, um pensamento incomensurável reduzido a uma psicologia barata! Será que, para melhor honrar a pureza do pensamento, seria necessário desviar-se totalmente da vida do pensador? Seria, nesse caso, contentar-se, para todo filósofo, com o que o próprio Heidegger disse certo dia a propósito de Aristóteles: "Nasceu, trabalhou e morreu." Se, ao contrário, aceitamos que a biografia tem seu sentido, forçoso é admitir os meandros da infância e dos afetos. Forçoso é aceitar que a desmontagem dos conceitos tenha vínculos – na maioria das vezes obscuros, incertos, indemonstráveis – com rivalidades imaginárias, fantasias, histórias de sexo. Como separar, na piedade heideggeriana, a parte que cabe à Igreja? O padre sacristão, o pequeno Martin coroinha em Messkirch, o burgo natal em que foi enterrado e em que assistiu à missa, sempre que lá voltou, o padre que lhe permite iniciar seus estudos, o jovem seminarista que deve à generosidade das instituições católicas a possibilidade de empreender suas pesquisas num país protestante... Isso soma longos anos.

Que fim levou essa piedade, até então religiosa, durante a crise de 1911? Afinal de contas, sabe-se bem pouca coisa desse episódio, salvo que ele levou o rapaz de 22 anos a renunciar tanto ao sacerdócio como à teologia. O abandono do catolicismo por Heidegger, em 1919, ainda não foi elucidado. Trata-se sem dúvida de uma ruptura, de uma escolha definitiva da filosofia por ela mesma. Mas como a piedade foi então trabalhada, transposta? Terá sido apenas por ironia que o jovem professor disse um dia a seus alunos, para explicar seu mutismo sobre o alcance religioso das questões abordadas: "Honramos a teologia guardando silêncio a seu respeito"? A partir do seu primeiro período de ensino, em Friburgo depois em Marburgo, podemos acompanhar seu debate com a lógica de Aristóteles, seu distanciamento de Husserl, sua reapropriação dos gregos. Esse caminho coincidiu com a gênese de *Ser e tempo*, o livro de 1927 que tornou conhecido no mundo inteiro o nome do professor. Sem dúvida esses anos cruciais também viram ligar-se, cada vez mais, a questão do ser com a questão do nada.

O homem é "sentinela do nada", "o nada é originariamente a mesma coisa que o ser", diz esse pensador que quis superar o niilismo e se mostrou fascinado pela retirada, pela ausência, pela espera, pelo nada, pela promessa de uma palavra por vir. É possível que, aprofundando a análise do niilismo para melhor escapar dele, Heidegger o tenha apenas fortalecido. Que relação com as mãos de Hitler? Com o engajamento de Heidegger, por um tempo, do lado dos nazistas? Com seu silêncio obstinado depois da guerra, tanto sobre sua conduta como sobre o horror do século? Como é que isso tudo se combinou com a vida conjugal com Elfride, cujo anti-semitismo é patente, e a paixão da vida inteira por Hannah Arendt? Questões que não se resolvem. Querer encontrar que elemento do seu pensamento levou Heidegger para o lado dos nazistas é sem dúvida um impasse.

Mais importante é sublinhar que sua filosofia não foi capaz de impedir sua adesão. O fato é que nada, filosoficamente, o dissuadiu de apoiar Hitler em 1933. Claro, ele não participou das violências anti-semitas, não as aprovou publicamente, mas parece ter sabido acomodar-se a elas e fechar os olhos, aparentemente sem muita dificuldade. Nenhuma exigência ética tampouco lhe impôs levar em conta, depois da guerra, a responsabilidade alemã: continuou a julgar que somente o reinado planetário da técnica era radicalmente detestável, e que o nazismo nada mais era que um avatar desse reinado, deplorável por certo, mas no fundo nem totalmente singular nem realmente evitável. Faltou a seu horizonte – curiosamente fechado sobre a celebração do aberto e a preparação indefinida de um êxtase por vir – uma apreciação lúcida das respectivas posições do pensamento e da história política.

O curso do mundo, quando acompanhamos Heidegger, parece suspenso a algum acontecimento oculto, dependente de mutações subterrâneas cuja chave somente raros espíritos conheceriam. Esses gigantes se saudariam de longe em longe por cima dos séculos. A multidão, a história, as guerras, as ciências, a diversidade das culturas, seus encontros, as mudanças econômicas, sociais, intelectuais não passariam de poeira nos olhos. O olhar do pensador não se deixaria enganar por essas cintilações ilusórias: "O público mundial e sua organização não são o lugar em que se decide o destino do ser humano." Essa frase, "admirável" em seu gênero, figura numa carta endereçada por Heidegger a Karl Jaspers em junho de 1949. Numa nota redigida por este último no fim da vida, o velho filósofo, que tinha se esforçado para empreender a reflexão sobre a culpa alemã, escreveu simplesmente: "Quando eu buscava em vão homens que dariam alguma importância às especulações eternas, pensei ter encontrado um. O único. Esse homem era meu inimigo, com toda civilidade. Porque as forças a que servíamos eram inconciliáveis. Logo ficou claro que não mais podíamos nos falar." E no entanto, eles tinham gostado muito um do outro.

A criança que sonha

Imaginamos que deveria se travar um combate entre Heidegger e Jaspers desde o primeiro dia. De fato, tudo parece opô-los: temperamento individual, concepção do pensamento, orientações filosóficas fundamentais, maneira de encarar a relação entre teoria e realidade histórica, atitude dos intelectuais no combate político. Em 1920, quando Heidegger e ele começam a escrever, Karl Jaspers tem 37 anos. Tendo chegado à filosofia vindo da medicina e da psicologia, possui um modelo enciclopedista de espírito, que o leva por exemplo a estudar a diversidade das concepções do mundo. Sua filosofia pretende ser fiel tanto ao racionalismo como à contribuição da mística, conforme atestam indiretamente seu apego conjunto a Kant e a Nietzsche. Por fim, Jaspers nunca romperá com a ética do protestantismo e não renunciará à idéia de uma universalidade dos valores morais. Já Heidegger, seis anos mais moço que Jaspers, constrói sua trajetória a partir de uma ruptura com o catolicismo. Desconfiando do reinado da razão, anunciando no pensamento e na história grandes mudanças com conteúdos difíceis de definir, Heidegger é o antípoda de Jaspers. Portanto era de esperar um conflito possível desde o primeiro encontro entre ambos. Nada disso.

Tudo os opõe unicamente a nossos olhos, retrospectivamente. Por conhecermos a continuação da história dos dois, inclinamo-nos a modificar o início dela. Sabemos que Heidegger se comprometeu, enquanto Jaspers foi suspenso do ensino pelas autoridades nazistas, que preferiu depois da guerra ir ensinar na Suíça e que escreveu em 1947 este texto admirável intitulado *A culpa alemã*. Um simboliza a nossos olhos uma derrota vergonhosa do pensamento, o outro, sua dignidade preservada. *A posteriori*, um encarna a irresponsabilidade e o erro políticos, o outro, a consciência desperta. Na década de 1920, todavia, os dois pensadores estão longe desse antagonismo. A correspondência entre eles revela ao contrário sua íntima proximidade durante um bom número de anos. Cada um logo percebeu a estatura do outro. Na mediocridade que crêem perceber a seu redor e com que sofrem tanto, tal encontro, promessa de um possível diálogo, é fonte de alegria. As cartas dos primeiros anos fazem eco a seus vários encontros. Nunca saberemos o que disseram então, mas podemos adivinhar, pelos indícios que subsistem, um ardor comovente. "No deserto filosófico da nossa época, é uma linda coisa viver a possibilidade de ter confiança", escreve Jaspers a seu novo amigo em novembro de 1922. Na mesma carta, ele imagina uma revista de periodicidade caprichosa, em que somente eles escreveriam. Seria simplesmente "A filosofia da nossa época. Cadernos críticos", por Martin Heidegger e Karl Jaspers! "A amizade é a mais elevada eventualidade que outrem pode me oferecer", escreve de seu lado Heidegger, em abril de 1924. Uma febre amorosa – como chamá-la, senão? – percorre essas páginas. Longe acima dos "contemporâneos de fôlego curto", longe dos estudantes e dos colégios, eles se saúdam e se buscam com fervor. O que os aproxima: o desejo de fazer a filosofia renascer, tornar suas evidências novamente vivas, isto é, enigmáticas e fortes.

A correspondência se interrompe em 1936. Recomeça, com dificuldade, apenas em 1949. Jaspers precisa de bastante tempo para compreender a que ponto a história os separa. Em agosto de 1933, agradecendo a Heidegger o envio do texto do seu *Discurso do reitorado*, escreve-lhe: "A confiança que deposito em sua maneira de filosofar não é perturbada por

particularidades deste discurso, que são de circunstância..."
Sem dúvida Jaspers nunca quis tolher seu velho amigo da oportunidade de se explicar de verdade. Talvez ele próprio não tenha podido se privar dessa esperança. Quando a correspondência é reatada, ela não faz jus a seu nome: nada corresponde no espírito de um ao que o outro crê. De ambas as partes, a escrita é pesada, a expressão incômoda, saudosa da velha confiança e consciente da sua incapacidade de superar o abismo. "Vivemos em mundos diferentes", diz sobriamente Jaspers, magnânimo. Apesar de tudo, ele ainda deseja ver elaborada uma autêntica correspondência filosófica em que eles se explicariam o mais fundo possível sobre seus postulados recíprocos. Mas, para que tal eventualidade se apresente, a guinada de Heidegger para junto dos nazistas precisa pelo menos ser evocada. As cartas de março e abril de 1950 são particularmente interessantes: "O senhor me perdoe", diz Jaspers, "se digo o que cheguei a pensar: que o senhor parecia ter-se conduzido, acerca dos fenômenos do nacional-socialismo, como uma criança que sonha, não sabe o que faz, embarca como que às cegas e como que sem pensar numa empreitada que se lhe apresenta, assim, diferente do que é na realidade, depois fica desconcertado diante de um monte de ruínas e se deixa levar mais longe." Ao que Heidegger responde: "O senhor acertou em cheio, com a imagem da criança que sonha."

No entanto, apesar de Heidegger salientar – é um fato raro – a vergonha crescente por ter contribuído para o reinado "malfazejo" do nazismo, apesar de reconhecer sua ignorância de então e sua culpa presente, não é certo que a criança tenha acabado totalmente de sonhar. De fato, ele afirma que, contra Stálin, "cada palavra, cada escrito é, em si, um contra-ataque, mesmo se tudo isso não se joga na esfera do político, que ela própria faz tempo foi posta fora de jogo por outras relações de ser e leva uma vida ilusória". Talvez tenhamos aqui uma das fórmulas mais claras da atitude encarnada por Heidegger: a política é declarada vazia de toda realidade.

As reviravoltas decisivas se produzem em outra parte – no pensamento, nas maneiras de responder ao "chamado do ser" –, não nos conflitos de soberania, nas campanhas militares, nas lutas sociais ou nos embates ideológicos. A própria idéia de uma opinião pública e de uma discussão coletiva deveria ser dissipada como um sonho vão. O essencial sempre será jogado em outro campo, numa cena secreta em que o pensador, quase desprovido de qualquer poder sobre esse teatro caótico a que chamamos História, teria desta feita um papel determinante, que comprometeria de modo imprevisível o destino da humanidade em cada parágrafo, pela atenção piedosa que tem pelo aberto e pelo silêncio oculto sob as coisas. Enquanto as multidões e o rumor fazem um barulho enorme a propósito dessa "vida ilusória" que os ignorantes, ingenuamente, ainda chamam de liberdade ou servidão, o pensador retirado conta, por séculos ou milênios, com o olhar perdido na distância, os golpes de um destino sem rosto. Isso poderia explicar por que ele cai, sem compreender, no abismo do presente.

XIX

Combate

Clandestinidade, prisão, exílio, resistência também fazem parte do trabalho deles. São combatentes e pensadores que recusam a volta do desumano.

Os afogados nem sempre afundam.
MAX JACOB, *O copo de dados*

Estes filósofos não são apenas marcados pela guerra, como todos os desse século, por diversos motivos. Eles a vivem e a suportam. Uns combatem, resistem, sofrem na carne as conseqüências da sua luta. Outros têm de se exilar, de se esconder, calar-se. Os que sobrevivem não saem ilesos. Mas retomarão a luta, com o que têm à mão, como podem. A essa pequena companhia sem exército convém render homenagem. Sem muita pompa nem símbolos. De maneira simplesmente fiel e séria, como dizia Jankélévitch, a fim de contribuir para que seus nomes não se percam.

O que a razão exige

Jean Cavaillès, nos três últimos anos da sua vida, os da Resistência e da ação clandestina, foi um "filósofo matemático carregado de explosivos". A fórmula é de Georges Canguilhem, seu colega de estudos na Rue d'Ulm, seu colega de ensino na universidade e seu amigo. Essas poucas palavras exprimem o essencial dessa trajetória em que se mesclam abstrações diurnas e combates noturnos. Como é que esse solitário, primeiro colocado no exame de ingresso da École Normale Supérieure aos vinte anos, em 1923, que se tornou em alguns anos um dos raros a empreender uma reflexão de fundo sobre o estatuto da matemática, se vê, à beira dos quarenta, não apenas engajado na luta contra os nazistas, mas, subitamente, operador de rádio, executor de atentados a bomba, chefe de rede*? O "grande Cavaillès" – como dizia um entendido, o general De Gaulle – não é apenas admirável, teórica e praticamente. É difícil de ser compreendido.

Numa face da moeda, o perfil do guerreiro. Ele não fingiu resistir ao nazismo, nem achou que protestar bastava: a guerra real não é travada com palavras. Conceber e dirigir ações de comando ainda não era suficiente. Jean Cavaillès fez, simplesmente, o que tinha de fazer. Nitidamente, e bem. Depois de ter criado a rede Libération e publicado com Emmanuel d'Astier de la Vigerie os primeiros números do jornal de mesmo nome (de que é tipógrafo, compositor, gerente, jornalista, entregador...), funda a rede de ação direta Cohors. Com uma dezena de nomes diferentes, realiza múltiplas tarefas, desde missões de informação a sabotagens militares, com transporte de explosivos e dinamitação de vias férreas. De macacão, ele entra na base secreta dos submarinos alemães em Lorient. A continuação cabe em poucas datas e muitas horas. Detenção pela polícia francesa (agosto de 1942), prisão em Montpellier, depois em Saint-Paul d'Eyjeaux, fuga (dezembro de 1942), estada em Londres, volta à França, detenção pela contra-espionagem alemã (agosto de 1943), exoneração pelo governo de Vichy, torturas, deportação (21 de janeiro de 1944), volta alguns dias depois para completar o inquérito. Cavaillès é condenado à morte pelos nazistas e fuzilado, no fim de janeiro ou início de fevereiro de 1944. Até julho de 1945, não se sabia direito qual tinha sido sua sorte. De Gaulle mandara inutilmente um avião buscá-lo em Mauthausen. Por fim, sua irmã,

---

* Organização clandestina local, integrava a Resistência, organização nacional de luta contra o ocupante nazista e o governo pró-alemão de Vichy. De Gaulle foi um dos líderes da Resistência. (N. do T.)

Gabrielle Ferrières, identifica seu corpo: o desconhecido nº 5 da fossa comum do cemitério de Arras. Feito Companheiro da Libertação a título póstumo, repousa na cripta da capela da Sorbonne.

Na outra face da moeda, o filósofo. Escreveu relativamente pouco: dois livros e alguns artigos, vários deles póstumos. A totalidade de seus trabalhos de filosofia das ciências, que Bruno Huisman reuniu para a editora Hermann, cabe num só volume grosso. O estilo é denso, conciso, elíptico às vezes, de tanto querer ser simples. "Para ler Cavaillès, é preciso trabalhar", dizia Gaston Bachelard. De fato, para acompanhá-lo, é necessário informar-se sobre a matemática, sua evolução, a crise por que passou nos séculos XIX e XX com o nascimento da axiomática e da teoria dos conjuntos. Sem conhecer Bolzano, Hilbert, Cantor ou Dedekind, é difícil medir a pertinência das análises de Cavaillès.

Isso não nos impede de perceber sua originalidade. Porque o alcance filosófico das suas pesquisas, altamente especializadas, excede largamente o domínio em que nascem. Devemos a Hourya Sinaceur ter mostrado como esse filósofo trabalha para reproduzir, do interior, o movimento próprio da matemática. Nada é mais estranho a Cavaillès que as generalidades. Os comentários "de fora" lhe desagradam. Ele se esforça por se fazer matemático, por compreender a dinâmica interna dos conceitos, por entrar na dialética efetiva da evolução deles. Sem floreios literários, sem adjutório psicológico ou histórico, Cavaillès escruta a autonomia da matemática em processo.

"A atividade matemática", escreve, "é objeto de análise e possui uma essência: mas, como um cheiro ou como um som, ela é ela mesma." Os "gestos" específicos dos matemáticos se organizam, pois, numa "experiência" original que se trata de descrever e de compreender, sem querer recuperá-la ou coroá-la. Esses termos que Cavaillès emprega ("gesto" e "experiência" matemáticos) não devem dar ensejo a confusão: seu pensamento recusa toda ancoragem da matemática numa realidade sensível qualquer, que a consciência de um sujeito viria a elaborar. Contra Husserl, que ele encontra em 1931, e que ele é um dos primeiros na França a ler com atenção, Cavaillès não pensa que uma filosofia do sujeito possa dar conta da constituição e do progresso das ciências. Uns vinte anos antes do deslanche do estruturalismo, ele mostra o caminho de um pensamento do conceito e da estrutura, sustentando que o progresso do saber não é nem um processo de acumulação nem uma modificação da consciência, mas sim uma "revisão perpétua dos conteúdos por aprofundamento e rasura". Autônoma, essa evolução pode ser compreendida sem se recorrer à intervenção determinante de um sujeito. Doravante, como Deus anteriormente, ela é uma "hipótese inútil". No momento em que se tenta, de diversas partes, ressuscitar o sujeito, a atitude radical de Cavaillès, opondo-se a todos os partidários da subjetividade, deve ser lembrada.

Onde encontrar a unidade das duas faces? Elas não são sucessivas nem simplesmente justapostas. Cavaillès continuou a escrever *Sobre a lógica e a teoria da ciência* entre um atentado e outro, e depois na prisão. "O guerreiro continuava sendo filósofo", afirma seu colega de faculdade Raymond Aron em *Le Monde* de 12 de julho de 1945, após a identificação dos seus restos mortais. Será possível ir mais longe, aproximar o que, nele, liga pensamentos e atos, achar coerente que filosofia do conceito e resistência armada formam um todo, compreender que uma só necessidade, indissociavelmente lógica e moral, anima Cavaillès? Um homem que dedicou a vida à razão não pode deixar de combater, por todos os meios e sem se preocupar consigo mesmo, os que contribuem, como os nazistas, para a destruição da razão e de qualquer possibilidade de exercê-la. Não é uma questão de opção, de "engajamento", nem de livre vontade. Ao contrário, é uma questão de necessidade – imperiosa e absoluta. Cavaillès disse isso, várias testemunhas atestam-no. Em Londres, antes do seu último retorno, confia a Raymond Aron, falando dessa necessidade que o obriga ao combate, que ela pertence "ao mesmo gênero das verdades matemáticas".

A chave da coerência de Jean Cavaillès é, afinal de contas, Spinoza. Não parou de meditar sobre ele. "Sou spinozista. É preciso resistir, combater, enfrentar a morte. Assim requerem a verdade, a razão." A ação de Cavaillès é una. Sob a conduta da razão, sua força desenvolveu-se tão necessariamente em seus escritos teóricos como em seus atos de resistência. "A Vontade e o Entendimento", dizia Spinoza, "são uma só e mesma coisa."

"Poucas e boas"

Papel timbrado da universidade de Toulouse. Carta datada de 20 de dezembro de 1940: "Caro amigo, ainda não irei este ano a Limoges. Fui, alguns dias atrás, suspenso das minhas funções, e não é hora de fazer turismo. Descobriram dois avós impuros meus, porque sou, por parte de mãe, meio judeu; mas essa circunstância não teria bastado se eu não fosse, ainda por cima, gringo por parte de pai. É impureza demais para um só homem." As leis raciais promulgadas por Vichy afastavam os judeus da função pública. Vladimir Jankélévitch, ferido em Mantes como soldado francês algumas semanas antes, foi exonerado. Ele escrevia a seu amigo Louis Beauduc. Essa correspondência já durava havia quase vinte anos. Os dois filósofos tinham entrado juntos para a Rue d'Ulm, em 1922. No concurso para o magistério, em 1926, Jankélévitch foi primeiro colocado, Beauduc segundo. Sempre foi assim. Um escreveu, o outro não. Um fez carreira, sem ser carreirista, chegando à Sorbonne, *"la grande boutique"*, como diz. O outro passou a vida toda em Limoges, professor do liceu Gay-Lussac. Mas foram fiéis, durante quase sessenta anos, à sua cumplicidade postal. Todas as cartas do primeiro foram conservadas, piedosamente, pelo segundo.

As da guerra são, evidentemente, as mais comoventes. Jankélévitch vive em Toulouse com documentação falsa, em diversos esconderijos. Atravessa "uma época em que mais nada é evidente". Chega a usar códigos nas cartas ao velho amigo. "Meu cunhado teve de se ausentar" significa: Jean Cassou foi preso com os membros da rede Bertaux. Outras vezes anota apenas: "Continuo a existir, apesar das aparências." Em Paris, a família tenta sobreviver. O pai, Samuel – médico e humanista que traduz em francês Hegel, Schelling, Simmel, Freud –, "se alimenta de rutabaga e de esperança". Sem convicção, Vladimir sugere a Louis que venha visitá-lo: "Tente, só para ver. A gente conta algumas histórias. Há poucas e boas neste momento."

11 de setembro de 1944: "Troquei o subterrâneo pela vida ao ar livre e ainda esfrego os olhos e os ouvidos." As "poucas e boas" histórias não paravam de atormentá-lo: "Já não sei andar no meio da calçada. Desacostumei-me de meu próprio nome." Dá para entrever por que, na série dos "m" que organizam sua vida e sua obra, a memória ocupa um lugar de destaque. Jankélévitch teve como ponto de honra recusar o esquecimento. Ele soube não ceder à covardia do tempo que passa. Em 1965, insurge-se contra o projeto de uma prescrição dos crimes nazistas ao cabo de vinte anos. *O imprescritível*, texto inicialmente publicado por *Le Monde*, diz simplesmente, a propósito do extermínio dos judeus: "Não se trata de ser sublime, basta ser fiel e sério."

A partir de novembro de 1944, Jankélévitch utiliza o papel timbrado da Radiodifusão. Dirige momentaneamente os programas musicais da Rádio Toulouse. A música, que "torna precários os ruídos humanos", não parou de lhe inspirar livros etéreos. Em 1938, fora publicado *Gabriel Fauré et ses melodies*, em 1939, *Ravel*. Em 1942, seus ex-alunos de Lyon publicam *Le nocturne* numa edição muito bem cuidada – um dos raros instantes de felicidade. Ele continua a vida toda a tocar piano e a escrever sobre o instante que foge, o silêncio roçado, quase alcançado. Depois da guerra, pára apenas de tocar música alemã, assim como renuncia a ler autores alemães – até Schelling, a quem no entanto havia consagrado sua tese. O que apaixonava o rapaz era a última filosofia de Schelling. As cartas de antes da guerra deixam entrever um espírito fascinado por Plotino e Bergson, mas também pelo idealismo alemão, as teorias românticas e a "filosofia da vida". Na época da École Normale e do concurso para o magistério, polemizava com o amigo Beauduc, racionalista, "conceitualista". Esse Vladimir tenebroso, diletante e entusiasta tornou-se leitor da universidade de Praga em 1927 (com previsão de um ano, essa "piada amável" durará até 1932). Nessa época, leu autores mais próximos do maravilhoso do que do materialismo, como Saint-Martin, Franz von Baader, Ballanche.

A moral permitiu-lhe escapar dessas miragens. De quarto em quarto durante a guerra, transportou o manuscrito do seu *Tratado das virtudes*, que apareceu finalmente em 1949. 1.200 folhas datilografadas que deram 735 impressas. "O peso total do volume, inclusive as idéias originais e os esboços engenhosos, será de 7.000 toneladas. Serão necessários 35 homens para carregá-lo", diz uma carta endereçada a Limoges, como sempre, por um autor que acaba de voltar para seu apartamento em Paris, no Quai aux Fleurs. Nessa obra monumental se precisa a contribuição de Jankélévitch à análise moral: tudo está sempre por fazer, por decidir continuamente, por querer de novo. A vontade não tem direitos adquiridos. Em dezembro de 1977, num fim de ano de fim de vida, Beauduc lembra, numa das suas raras cartas que foram conservadas: "Você me escreveu não faz muito, em data idêntica, um lema que me repeti com freqüência: 'Ai! Logo, em frente!'" Poderia ser esta, em quatro palavras, a cifra desta moral sempre recomeçada.

Faltam os casamentos, a família e a morte. Jankélévitch deixa ver muito pouca coisa da sua vida íntima. Jovem, ele se permite às vezes uma fórmula decididamente misógina. Em

1932, quando vai se mudar de Praga para Caen, casa-se com uma tcheca "professora de foxtrote e de tango". Divorcia-se em 1933. Beauduc mal teve tempo de lhes dar de presente um serviço de chá. Em 1947, em Alger, Vladimir se casa com Lucienne, que será sua companheira pelo resto da vida. Têm uma filha, Sophie, em 1953. A morte? O filósofo lhe consagra umas meditações que se tornaram quase clássicas. Resumo lapidar para Beauduc: "A gente a nega, e morre. É isso." Nos últimos tempos, só se escrevem no Ano Novo. Uma carta ritual, cujo conteúdo se petrifica cada vez mais, de um janeiro a outro. Votos de saúde, comemorações, balanços, evocação dos que já se foram, angústia do tempo que resta, incerto e limitado. Jovem, escrevia: "Faço como todos os homens: tento usar em meu benefício um sentimento doloroso e às vezes acho que consigo." Com a idade, isso já não dá certo.

Voltemos a agosto de 1946. Jankélévitch, mais uma vez, não irá visitar Beauduc. Procura um editor. Entre ironia e sinceridade, com fundo de jazz e de sucesso de Sartre, ele envia ao eremita do Limousin uma nota sincopada: "A França está por baixo, mas tem o Café de Flore, que o universo nos inveja. É linda a metafísica, gosto dela. Até breve, não é?"

"Agarrar-se ao céu"

Com Boris Vildé, descobre-se que os heróis não têm necessariamente espírito exaltado. É um erro prestar sistematicamente a eles um entusiasmo fanfarrão e uma vontade tensa. Na França ocupada pelos nazistas, entre os resistentes que assumiram sem hesitação o risco de sacrificar sua existência para que a liberdade fosse preservada e pudesse renascer, a maioria não era feita nem de façanhosos nem de desmiolados. A idéia de ser herói nem lhes passava pela cabeça. Não teriam sabido o que fazer dela, ela os haveria impedido de agir. Arranjar esconderijos, encaminhar as palavras de ordem, efetuar pontualmente os trajetos necessários, apagar os vestígios... Isso bastava. Ninguém tinha a preocupação de fazer pose a fim de entrar para a história. Às vezes, nos últimos dias, na prisão, antes do pelotão de execução, eles pensam em seu nome nos monumentos, nos futuros discursos que outros fariam à juventude. Então deixam algumas folhas sóbrias, para que saibam que foram conscientes e calmos, que morriam sem rancor mas não sem orgulho. Vejam Jacques Decour ou Jean Cavaillès. Vejam também Boris Vildé, cujo diário de prisão e cujas últimas cartas foram reeditados.

Vildé finge não ter emoções, preferindo os papéis sóbrios aos feitos chamativos. Na verdade é uma torrente sob o gelo. Um malabarista místico se mascara sob uma aparência quieta. Sua trajetória deixa-nos adivinhar: nascimento em São Petersburgo em 1908, a Estônia depois de 1917, liceu em Tartu, juventude de poeta, trabalho numa fábrica, estripulias e cartas, exílio na Letônia, a Alemanha em 1930, depois Paris em 1932. Boris Vildé aprende francês, casa-se com uma mulher que fala francês, estuda para o Musée de l'Homme as civilizações árticas, inicia-se no finês, continua o aprendizado do japonês, pensa em atacar o chinês. As línguas, é evidente, o maravilham. Na sua cela de Fresnes, em oito semanas ele domina os primeiros rudimentos do grego antigo. É fuzilado quando começava a mergulhar no sânscrito. Por amor à Índia, decerto, mas também por prazer. Para saber antes de morrer, simplesmente. Sócrates tinha dado essa resposta, já, quando lhe perguntaram por que, tão pouco tempo antes de beber a cicuta, ele havia iniciado o aprendizado da lira. Em Boris Vildé, existe essa grandeza, que considera o fato de morrer uma evidência próxima, a ser encarada sem pestanejar.

Se lêssemos seu diário sem saber quem é seu autor, não adivinharíamos que ele fugiu em junho de 1940 de um campo de prisioneiros no Jura, caminhou trezentos quilômetros a pé com o joelho ferido e imprimiu, já em agosto, um primeiro panfleto antinazista. Algumas semanas após a *débâcle*, Vildé funda com Anatole Lewitzky, antropólogo, e Yvonne Oddon, bibliotecária, a rede do Musée de l'Homme. Juntar-se-ão a eles, entre outros, o cunhado de Jankélévitch, Jean Cassou, redator do jornal *Résistance*, que eles editam a partir de 15 de dezembro de 1940, Pierre Brossolette, que assumirá o comando da rede depois da prisão de Vildé, assim como Germaine Tillion, que continua hoje a dar o exemplo. No dia 26 de março de 1941, Vildé é detido pela Gestapo na Place Pigalle, quando Simone Martin-Chauffier ia lhe entregar documentos falsos. Transferido para Fresnes no dia 16 de junho do mesmo ano, é fuzilado no monte Valérien em 23 de fevereiro de 1942, com seis outros, entre os quais Maurice-Léon Nordmann. Entre essas duas datas, numas sessenta folhas, transcreve seus pensamentos. Nada de anedótico, nenhuma relação explícita com os acontecimentos da hora, nem mesmo com a dominação nazista e a luta dos resistentes. O texto não cita a guerra: delimita-o o caos desta. No cerne do tumulto, ele tenta dizer com palavras reduzidas que morrer livre pode acontecer em qualquer lugar, mesmo posto a ferros.

Porque seu autor abre caminho em direção à luz, estes meses, quase sem ver o dia. "É na cela solitária que o homem revela toda a sua medida", escreve no início. E ele mostra isso, fazendo dessa "câmara escura" um instrumento de transformação de si. Porque, uma vez só, cortado de quase tudo, sabendo claramente que não há outra saída além da morte, Vildé se sente cada vez melhor. Não lamenta nada. Vê sua vida, compreende como tinha se blindado contra as emoções, se tornado um monstro de indiferença, um jogador arriscado e um sábio frio, e como Irène, seu novo amor, mudou tudo. "Um belo dia, o magnífico edifício de tua indiferença ruiu. A coisa começou com tua mulher. De início, não te davas conta do perigo, depois quiseste voltar atrás, mas era tarde demais, a brecha era demasiado larga. No entanto ainda lutaste anos a fio antes de aceitar a derrota. E foi só recentemente que compreendeste que essa derrota era uma vitória." A escrita de Vildé, perfeitamente sóbria, contém algumas imagens fulgurantes. As sociedades são "associações temporárias de lobos", as experiências místicas são tentativas de "agarrar-se ao céu". Porém, salta aos olhos, o mais importante é essa descoberta sem frases da morte próxima, em que ele sabe doravante estar só e ao mesmo tempo já não estar só.

Os combates continuam, ainda matarão por muito tempo. Mas, para Vildé, a guerra quase já se acabou. Só restam os sonhos, numerosos cada noite. Mas eles são leves. Felizmente, tem papel. Essas palavras serenas traçadas por dedos dormentes não evocam a coragem das armas e a dura frieza das lutas, mas outros conflitos, na alma, que não são menos terríveis e grandes. Sem medalha, sem monumento, sem verdadeiro herói, essas guerras entre vida e morte, para superar o medo e superar a si mesmo talvez sejam mais essenciais. Têm estranhos refinamentos, antes de ceder lugar ao sabor áspero de uma felicidade sem nome.

Ética do semblante

A filosofia ainda é possível? Um século que "passou por duas guerras mundiais, os totalitarismos de direita e de esquerda, hitlerismo e stalinismo, Hiroshima, o *gulag*, os genocídios de Auschwitz e do Camboja", um século que termina, acrescenta Emmanuel Levinas, "no medo da volta de tudo o que esses nomes bárbaros significam", será ele um tempo em que o pensamento possa construir? Ainda deixa ele espaço para a busca de um sentido? Permite ainda a elaboração paciente e fiel de uma paz que não seja nem sonho vão nem pio desejo?

Sim. Justamente. Toda a obra de Emmanuel Levinas constitui uma resposta afirmativa a essas perguntas, onde tantos outros só apresentam a irrisão ou o desconcerto como réplica. Seu procedimento filosófico repousa numa dupla exigência. De um lado, não abandonar a filosofia, não ceder aos que a proclamam morta, impossível ou paralisada. De outro lado, escrutar o insondável: o horror inútil e múltiplo, o sofrimento insensato dos mártires em massa, a absoluta fraqueza da nudez dos homens, o semblante dos outros, sejam eles vítimas ou carrascos. Manter juntas a paciência inatual da meditação e a atenção no pior presente levou-o a fundar a filosofia na moral, a moral na prioridade de outrem, e a situar a palavra de Deus na confrontação entre os humanos. Seu sumo desejo é praticar a "indiscrição em relação ao indizível".

O caminho de Emmanuel Levinas atravessa o século. Nascido em 1906 na Lituânia, cresceu na livraria da família, leu a Bíblia primeiro em hebraico, depois em russo, Púchkin, Dostoiévski e Tolstói. A partir de 1923, começou a estudar filosofia em Estrasburgo aprendendo francês, admirou Bergson e ligou-se por uma amizade indefectível a Maurice Blanchot. Aos 24 anos, redigiu uma tese sobre *A teoria da intencionalidade na fenomenologia de Husserl*, que orientou Sartre. Depois, em 1928-1929, em Friburgo, assistiu às aulas de Heidegger, dando lições de francês à sra. Husserl, viu da França a ascensão do hitlerismo, foi prisioneiro num campo de oficiais, dirigiu depois da guerra a Escola Normal Israelita Oriental, deu aulas de Talmude, foi professor da universidade de Poitiers, depois em Nanterre, na Sorbonne enfim, três anos antes da aposentadoria. Essas poucas referências sugerem direções de conjunto. Levinas é fiel tanto à fenomenologia como ao judaísmo. Se leva em conta a questão do ser que Heidegger atribuiu de novo como tarefa ao pensamento, foi para mostrar seus limites e levá-lo além dele mesmo, do lado do humano em que, na sociedade dos homens, o divino se mantém.

A primazia do saber que caracteriza toda a metafísica, Levinas substitui pelo primado do ético. A condição do pensamento é, a seu ver, a consciência moral, que não é, ela mesma, nem o simples resultado de uma educação nem a imposição de uma norma a uma selvageria pré-humana. A exigência ética mais absoluta se dá, universalmente, na confrontação dos humanos entre eles. Esta abre uma dimensão que não é nem a do mundo das coisas nem a do mundo dos conceitos. O outro homem não é uma coisa. Possuo as coisas, mas nunca vou querer matá-las. Elas estão diante de mim, nunca "em face" de mim: elas não têm fisionomia. O semblante de outrem é, para o humano, esse enigma que lhe faz face, em que uma identidade impossível de possuir se oferece sem conceito. É aí que se inscreve, para Levinas, o fundamento da ética. O semblante, se não me desvio dele, diz: "Não matarás." Mas essa ética não é feita apenas de proibição, nem tampouco de igualdade ou reciprocidade. Ao contrário. A assimetria é a regra aqui. O outro antes de mim, como prioridade absoluta, sem reciprocidade nem cálculo. Se a relação entre o humano e o humano faz advir no ser uma conturbação inaudita, é porque cada um é virtualmente suscetível de ser assim "ordenado" pelo outro, sob o risco de nunca mais ser o mesmo... Cada um de nós responde por outrem e se vê intimado a ser totalmente responsável por ele.

Aos que achassem irrealista essa visão da ética, que responderia o filósofo? É bem provável que ele saiba muito bem que os homens não são uns santos, mas que lhe basta ser a santidade possível, e reconhecida, para ter a esperança de que se abra outro século. Essa obsessão pelo outro não é o amor, "palavra gasta e adulterada". Amar é um assunto entre dois seres apenas, uma sociedade fechada. Isso não basta. É por isso que Levinas insiste no fato de que o outro nunca está só, de que sempre há um próximo do próximo, um terceiro, uma sociedade.

O inumano banal

"Havia nela uma intensidade, uma direção interior, uma busca instintiva da qualidade, uma procura tateante da essência, uma maneira de ir no fundo das coisas, que difundiam uma aura mágica em torno dela. Sentia-se uma absoluta determinação a ser ela mesma, que não tinha igual a não ser em sua grande sensibilidade." Assim se exprime o filósofo Hans Jonas no dia das exéquias de Hannah Arendt em Nova York, 8 de dezembro de 1975. Ele descreve nesse dia uma Arendt jovem, estudante judia genial, que fazia com ele, meio século antes, o curso de Heidegger em Marburgo. Essas frases convêm igualmente a toda a trajetória, vida e obras confundidas, dessa mulher, que assumiu o risco de pensar as obscuridades do século para que um pouco de luz se tornasse novamente possível.

Hannah Arendt nunca parou de querer compreender. Para aquela que foi, desde os catorze anos, leitora de Kant em Königsberg mesmo, esse desejo obstinado e feroz tomou de início um aspecto puramente filosófico. Pouco dotada para a mediocridade ou as meias medidas, ela se forma, na Alemanha dos anos 1920, sob o ensino de Heidegger, Bultmann e Jaspers. Primeira ruptura em 1933. Enquanto Heidegger celebra as virtudes do Führer, ela é detida e foge para a França. "Deixei a Alemanha sob o império desta idéia, naturalmente um tanto exagerada: nunca mais! Nunca mais nenhuma história de intelectuais me tocará: não quero mais saber desta sociedade." Ver Heidegger, o grande amor da sua vida, aliar-se ao nazismo, como tantos universitários, lhe abriu outros caminhos fora da teoria pura.

Na França, ela trabalha para organizar a partida de crianças judias para a Palestina até 1941, quando tem de se exilar de novo, nos Estados Unidos desta vez. É lá que fica sabendo, pouco depois, da existência dos campos de extermínio. Esforça-se desde então para compreender o nascimento do totalitarismo. Como a vida política perdeu seu sentido e a linguagem, seu alcance? Como o inumano se tornou possível, não entre uns monstros, mas entre homens perfeitamente comuns? Por que caminhos podemos reinventar um mundo que supere esse desconcerto? Sem romper com os filósofos, cujas obras não cessará de interrogar, Arendt empreende a elaboração de um pensamento do espaço próprio do político, capaz de apreender a história deste, sua fragilidade, sua contingência, sua opacidade. Ao céu imóvel das idéias, ela prefere os enigmas moventes da Cidade, hoje perdida.

O conceito de amor em Agostinho, seu primeiro livro, publicado na Alemanha em 1929, não atesta apenas uma busca apaixonada de si. Essa tese abrupta e fragmentada, que se prende ao estatuto do desejo, ao lugar do próximo e ao lugar de Deus, enfim à função do amor na vida social, poderia suscitar bom número de estudos bem diferentes. De fato, seria preciso medir sua contribuição aos estudos agostinianos e compará-la notadamente com a tese de Hans Jonas, cinco anos anterior à dela, centrada na liberdade em Agostinho. Seria possível indagar-se como Hannah Arendt inicia aí o luto de sua relação amorosa com Heidegger, ou como certas análises esboçam caminhos que serão mais tarde os de Levinas. Ou ainda em que medida a obra por vir guarda vestígios desse trabalho pré-político consagrado a um pensador cristão.

Sob o título *Auschwitz e Jerusalém*, foram agrupados artigos publicados entre 1941 e 1960, a maioria dos quais saiu nos anos de guerra em *Aufbau*, jornal de língua alemã publicado em Nova York. Neles Arendt defende notadamente a necessidade de um exército judeu e o caráter indispensável para a paz mundial de um "acordo definitivo entre judeus e árabes". Se alguns aspectos envelheceram, é interessante constatar como ela soube enxergar longe e justo tão cedo, a propósito de problemas que ainda se colocam, trate-se do Oriente Próximo ou da história da noite nazista. É também o que nos dizemos ao reler *Eichmann em Jerusalém*. Os comentários de Hannah Arendt, enviada especial do *New Yorker*, suscitaram uma controvérsia internacional, que se prolongou na França quando da primeira tradução do livro em 1966. Foi muitas vezes considerado intolerável que ela tenha ressaltado a colaboração de dirigentes de organizações judaicas com os nazistas. À Gershom Scholem, que a acusou de faltar com amor a seu povo, Arendt respondeu: "Vocês têm toda razão. Não 'gosto' dos judeus e não 'acredito' neles: apenas pertenço ao povo deles, é claro, além de qualquer controvérsia ou discussão." Essas polêmicas acabaram mascarando as contribuições mais notáveis desse livro. A começar pela questão da "banalidade do mal". Contrariamente a erros repetidos com demasiada freqüência, Arendt não procura um só segundo "banalizar" a abominação dos campos da morte. Ela não parou de escrever que esse acontecimento não tinha precedente nem equivalente na história. Mas quer compreender como esse mal radical pôde ser produto de gente para lá de média, bobamente medíocre. A banal normalidade de Eichmann é aterrorizante: o sr. Homem Comum pode se tornar inumano. Mas como? "A linguagem administrativa é a única que conheço", diz Eichmann. Eis um começo de resposta. Quando o pensamento já não encontra lugar algum sob o clichê, quando as palavras se submetem à neutralização totalitária, quando se diz "agrupamento" em vez de "deportação" e "tratamento especial" em vez de "matança", o mundo começa a ficar de cabeça para baixo. Essa reportagem pensante também nos ensina muita coisa sobre a própria Arendt. Sem dúvida não lhe perdoaram rebentar de rir com freqüência diante da estupidez do "palhaço" Eichmann. Sua liberdade de tom e de pensamento escandalizou. É isso que nos é mais precioso.

Hannah Arendt sempre exigiu compreender "o que de fato aconteceu". Já em 1946, querendo ver claro, escreveu a Karl Jaspers, que tinha orientado sua tese sobre santo Agostinho vinte anos antes: "Indivíduos não são assassinados por outros indivíduos por razões humanas, mas tenta-se de maneira organizada exterminar a noção de ser humano." Durante duas décadas, em seus livros como em suas cartas, Arendt e Jaspers se interrogaram sobre as causas e as repercussões do cataclismo nazista. Eles se perguntaram de que maneira abordar o caos, por que caminhos iluminá-lo. O que é ser judeu? E ser alemão? Juntos, procuraram descobrir como, "depois", construir novamente um mundo, um pensamento, uma ação. Com quem? E a partir de quê? Tais questões eram vitais, todos os recursos do espírito deviam aplicar-se em respondê-las – foi essa a convicção comum deles. Sabiam ser impossível esquecer que toda filosofia tem conseqüências políticas. É por isso que, quando falaram a esse respeito aqui e ali, nunca foram condescendentes com Heidegger, que julgaram de uma "desonestidade barroca e infantil", desprovido de caráter e "capaz de vilezas".

Seria um erro reter desses juízos unicamente o lado anedótico. A questão está em saber se a filosofia deve ser abandonada em benefício de um pensamento político em ruptura com a tradição metafísica. Para os 80 anos de Heidegger, Arendt escreveu notadamente: "Não podemos nos impedir de achar surpreendente e talvez escandaloso que tanto Platão como Heidegger, quando se imiscuíam nos negócios humanos, tenham recorrido aos tiranos e aos ditadores. Talvez a causa disso não esteja apenas, cada vez, nas circunstâncias da época, ainda menos numa pré-formação do caráter, mas antes no que os franceses chamam de uma deformação profissional." A essa condenação da autoridade filosófica, se não da conivência antiga entre despotismo e metafísica, responde a seu modo o gesto de Jaspers, tentando abrir a filosofia européia, conceber uma perspectiva realmente universal, incluindo a Índia e a China ao lado da herança dos gregos, esforçando-se igualmente em aplicar sua reflexão ao presente, trate-se da culpa alemã ou da bomba atômica. "A filosofia deve se tornar concreta e prática, sem esquecer um instante suas origens", escreve a Hannah. O que eles chamam de política ainda está para ser reinventado. O engajamento, as tomadas de posição públicas, as petições e agitações militantes não bastam. O que eles esperam é de outra natureza. Eles tateiam para que uma Cidade se torne de novo efetivamente possível, que não seja apenas fachada ou ficção, mas realidade pensada. Para que existam um depois do totalitarismo e, de novo, cidadãos.

XX

O lugar vazio

Onde estão a filosofia, a moral, a razão,
a época, a própria vida?

> *Um grande princípio de violência
> comandava nossos costumes.*
> Saint John Perse, *Anábase*.

Estes autores só têm em comum, aparentemente, o fato de terem escrito nos últimos anos da década de 1940. Nada mais parece aproximá-los. Suas preocupações e seus estilos são distintos, assim como suas trajetórias. No entanto não podemos deixar de notar que todos eles parecem tentar recomeçar, sem conseguir. Naquele momento em que a guerra parou sem ter verdadeiramente terminado, o que se chama paz ainda não passa de um lugar vazio.

Filósofos, ainda?

Certos autores se instalam no centro da cena e não saem mais de lá. Bem assentados, alinham os parágrafos das suas obras completas. A posteridade vai encadernar suas obras, e às vezes relê-las. Outros intelectuais, ao contrário, permanecem recolhidos. Eles se agitam nos bastidores, parecem aceitar apenas papéis secundários. Escrevem, mas sem que se saiba que unidade reúne esses textos de uma mesma pena. A silhueta deles acaba se esfumando ou desaparecendo. Seu nome permanece inscrito em algum lugar, conhecido apenas de alguns. Poucos leitores sabem exatamente o que eles fizeram. A maioria deles, quando conhecem sua existência, se perguntam que verdadeiro trabalho pode lhes ser atribuído. Para que tais autores saiam do esquecimento, um historiador tem de vir escrutar o fundo da cena, modificar a iluminação, tirar a poeira. Às vezes, então, tem-se a surpresa de descobrir um grande homem, em filigrana nas páginas do seu tempo.

É o caso de Bernard Groethuysen. Ele sempre viveu entre dois mundos. Primeiro, a Alemanha e a França. Nascido em 1880 em Berlim, fez aí o essencial de seus estudos. Seus mestres são Dilthey e Wölfflin. Ensina filosofia na universidade de Berlim. Paris não demora a se tornar sua segunda pátria: desde os 25 anos, passa uma temporada lá todo ano. No início do século, seus amigos são alemães, como o filósofo e sociólogo Georg Simmel, e franceses, como Charles du Bos. Divulga a filosofia alemã na França, consagrando-lhe por exemplo, a partir de 1910, um curso na École des Hautes Études. Ao mesmo tempo, em Berlim, centra seu ensino inicialmente em Montesquieu. Em 1914, internado no campo de prisioneiros de Châteauroux, Henri Bergson responsabiliza-se por ele.

Difícil de delimitar, sua presença é multiforme. Ela surpreende por sua amplitude e sua diversidade. Gide, em 1931, dedica-lhe *Édipo*. Max Scheler é seu amigo, assim como Roger Martin du Gard. Gramsci o admira e cita-o várias vezes. Na editora Gallimard, Paulhan funda com ele, em 1927, a "Bibliothèque des idées". Musil e Kafka lhe devem terem se tornado conhecidos na França (ele prefacia notadamente a primeira tradução do *Processo*). Malraux visita Heidegger em sua companhia. Sartre reconhece que foi por sugestão dele que acrescentou a *O imaginário* um capítulo sobre a arte. À sua morte, o poeta Pierre Jean Jouve escreve: "Um homem extraordinário se vai." Foi em 1946. Groethuysen, que um halo de fumaça envolvera permanentemente, morria em Luxemburgo de um câncer no pulmão. Ele acabava de fundar nas Éditions des Trois Collines, em Genebra, dirigida por François Lachenal, a coleção "Clássicos da Liberdade", em que é publicado em 1947 seu *Montesquieu*.

Em 1932, resolvera deixar a Alemanha. Acolhido pelo comitê de leitura da Gallimard, adquire em 1937 a nacionalidade francesa. Também é, evidentemente, autor de alguns livros, publicados de ambos os lados do Reno, e de grande número de artigos. Malraux, que reconheceu ter dado os traços dele a Gisors em *A condição humana*, dizia: "Groethuysen escreveu uma obra relativamente importante. Mas é certo que seus livros em absoluto não o representam, não dão a menor idéia do papel que ele teve independentemente da sua escrita." Temos portanto de nos contentar com imaginar um homem influente e conversado, identificável por suas marcas na história, em vez de por sua busca da verdade? Não. Claro, o homem não construiu sistema. À primeira vista, é a dispersão que parece caracterizar suas intervenções. De fato, que relação há entre uma "Introdução ao pensamento filosófico alemão" (Nietzsche, Dilthey, Simmel, Husserl), a "dialética da democracia", a filosofia da arte, "As origens sociais da incredulidade burguesa na França", a questão da temporalidade do relato, a silhueta de Sócrates e o pensamento de Diderot? Devemos renunciar a compreender o que animava o procedimento filosófico desse eclético? "Não componho, não sou autor. Leio ou converso, interrogo ou respondo." Essas frases de Diderot a seu amigo Naigeon se aplicam a Groethuysen? Claro. Mas com a mesma dose de ironia. De fato, basta ler esse belo conjunto para perceber que, na falta de um sistema, uma interrogação maior anima-o: ser filósofo será que ainda é viável? Em que sentido, em que condições?

Obstinadamente, Groethuysen volta a essas questões. Ele traz à luz um paradoxo central. Ou a filosofia é inteiramente histórica, e nesse caso não passa de uma coleção de opiniões, transitórias e relativas a seu tempo. Elas só seriam estudadas por seu interesse documentário. As pessoas as leriam sem discuti-las. Ou a busca da verdade constitui e justifica, em profundidade, todo cometimento filosófico. Nesse caso, não adianta quase nada procurar saber em que circunstâncias históricas nasceu este ou aquele pensamento. Perguntar se ele é verdadeiro ou falso basta. Em outras palavras, ou a filosofia é negada pela história, ou nega a história. Sem dúvida ainda não saímos dessa contradição. Groethuysen, que ao contrário do que diz Jean Paulhan, não era um "marxista de observância estrita", situou essa dificuldade no cerne do seu trabalho. Não é seu único mérito. Ele também delimitou a zona intermediária, entre realidade e ficção, em que se desenvolve a atividade filosófica. Ela não fica do lado dos fatos: o que a preocupa não pode ser o simples objeto de uma constatação. É por isso que a filosofia não pode se tornar, ela própria, uma ciência, como sonhou ser por tanto tempo, nem ser substituída pelo desenvolvimento dos conhecimentos científicos. Nem por isso ela se reduz a uma obra de ficção, uma espécie de criação poética que a relegaria unicamente à esfera psíquica. Nem poeta nem acadêmico, o filósofo, segundo Groethuysen, "abraça esse vasto conjunto de fenômenos que, não sendo imaginários e podendo perfeitamente ser discutidos, não têm entretanto existência própria e não podem simplesmente ser constatados". Nietzsche afirma: "Não posso ter estima por um filósofo, a não ser que ele possa servir de exemplo." Pela segurança do olhar historiador, a firmeza política sem alarde, a respiração do espírito, aquele que seus amigos chamavam de "Groth" continua sendo exemplar.

A errância do sobrevivente

Frankfurt, 1949. O homem que volta tem 54 anos. Essa cidade, em que viveu seu mestre Schopenhauer, é a do primeiro desenvolvimento intelectual de Max Horkheimer. A partir de 1922 aí fez seus estudos, depois de ter estudado, em Munique, com Max Weber e, em Friburgo, com Husserl e Heidegger. Foi lá também que defendeu, em 1925, sua tese sobre Kant, lá que se tornou, em 1930, professor da universidade e diretor do Instituto de Pesquisa Social, onde nasceu o movimento de idéias conhecido pelo nome de Escola de Frankfurt. Em 1933, os nazistas fecharam o Instituto, que retomava as análises de Marx, criticando porém o totalitarismo stalinista. Judeu, Horkheimer refugiou-se então na Suíça, indo em 1934 para os Estados Unidos. Aí ficou quinze anos, em Nova York depois na Califórnia, presidindo em 1943-1944 o Comitê Judaico Americano e publicando seus trabalhos principais: *Eclipse da razão*, em 1947, e, no mesmo ano, *Dialética da razão*, em colaboração com Theodor Adorno. A volta de Horkheimer a Frankfurt, onde ensinaria até sua aposentadoria em 1959, não é pois simplesmente o retorno de um universitário após o exílio. É o retorno de um filósofo judeu alemão à Alemanha, após o genocídio. Essa situação não pode, sem dúvida, explicar todos os aspectos das *Notas críticas para o tempo presente*. Mas lança sobre elas uma luz muito particular.

De fato, desde sua chegada, Horkheimer inicia a redação dessas páginas, e a continua ao longo de vinte anos. Morre em 1973. O livro é publicado em 1974. É um livro, aliás? O leitor se pergunta o que tem nas mãos. Não há uma exposição contínua, apenas fragmentos, à primeira vista díspares. A princípio, nada parece uni-los. Do gosto dos legumes aos erros de Marx, de Spinoza ao cinema de Hollywood, do processo do nazista Eichmann às mulheres de calças, a enumeração dos temas evoca um bricabraque. Essa justaposição não teria nada de desconcertante, se a unidade de um sistema lhe desse imediatamente sua coerência. Ora, essa unidade se furta. As análises parecem resvalar uma sobre a outra, sem construir uma visão coerente. O leitor, alternadamente surpreso e decepcionado, perplexo e desejoso de conhecer a continuação, pode ter a sensação de ter se perdido num labirinto sem fio de Ariadne.

Mas pouco a pouco discernem-se os traços de uma atitude filosófica singular, feita de desespero lúcido e de esperança muda. Horkheimer diagnostica, nas maneiras de viver próprias do nosso século, o desaparecimento do que antes caracterizava o humano: "Ao mesmo tempo que a fome e o trabalho, o amor foi restrito [...], insosso e deserotizado, estaria maduro para ser programado." Já não temos, verdadeiramente, palavra ("as pessoas estão mudas, apesar de não pararem de discorrer"), nem comida ("o gosto de um aspargo se parece com o de uma ervilha"), nem aventura estética ("quanto mais se diversificam as possibilidades do tempo livre, museu, futebol ou cruzeiro no Adriático, mais os participantes são normatizados"). Nessa vida administrada, em que as diferenças se apagam e em que a realidade não passa de uma lembrança utilitária, a filosofia "produz um som meio bobo". Consumida em livro de bolso, ela faz o papel de simples distração – uma "ilusão simpática".

O pessimismo de Horkheimer é ainda mais profundo na medida em que ele recusa, contra Marx, que a História tenha um sentido. Nada é menos garantido que o progresso da humanidade. O pior sempre é possível, para não dizer provável. Aleatório é o sucesso das revoluções, sempre incerto seu triunfo. E o próprio Schopenhauer pecaria por otimismo ao acreditar que, no ascetismo, a negação da vontade pode livrar da infelicidade. Mais uma ilusão: "O sofrimento é eterno", nota o filósofo. Todavia, esse pessimismo não pode se decidir a deixar o pensamento entregue à sua agonia, nem os indivíduos a seu declínio silencioso. De maneira cientemente impotente, Horkheimer mantém o lugar, doravante vazio, da utopia. Ele sabe quanto as esperanças tagarelas e os sonhos libertadores podem ser mortíferos. Mas nunca essa constatação o leva ao sarcasmo. Ele deseja um "pessimismo produtivo", que, sem se contentar com as palavras, não seja apenas desiludido. No entanto, não pode dar um conteúdo à felicidade, desejada e supostamente possível, que constituiria o resultado do seu proceder. Sem dúvida está aí a principal ambigüidade da sua atitude: julgando que todo pensamento autêntico é subversivo, ele constata que tal subversão é hoje impossível, fadada ao fracasso e vencida de antemão. Apesar de todos os pesares, ele mantém sua necessidade e sua exigência.

Nessas *Notas* redigidas ao longo de vinte anos, que se seguiram ao seu retorno a Frankfurt, Horkheimer fala pouco do genocídio. As poucas linhas perturbadoras em que grita sua "vergonha de estar presente", sua culpa por ainda viver, por acaso, sua incapacidade de sentir prazer com a vida, constituem provavelmente uma chave. Assim, poderíamos interpretar suas afirmações em dois registros diferentes, que não se excluem. De um lado, o olhar desencantado que ele dirige à situação contemporânea, à posição irrisória ocupada pela filosofia, pode descrever nosso mundo como ele é. De outro, a tonalidade geral das suas análises talvez exprima a maneira como Horkheimer viveu sua culpa de "sobrevivente", como ele próprio escreve, dos campos de extermínio em que pereceram os seus. "A morte deles é a verdade da nossa vida", escreve.

Céu mudo, ausência divina

A questão da moral habita toda a obra de Sartre. De *A náusea* à *Crítica da razão dialética*, do *São Genet* ao *Flaubert*, em toda parte, sob múltiplas formas, um só problema se coloca: como uma liberdade pode agir no mundo? Como ela pode agir no seio da história e se perder sob o olhar dos outros sem com isso renunciar a si mesma? Os engajamentos políticos de Sartre, seus romances, seu teatro gravitam em torno da mesma interrogação. Essa questão crucial não foi no entanto objeto de nenhum texto maior publicado em sua vida. Como se o tema, demasiado central, fosse para ser perpetuamente evitado, para ser ilustrado em variações sem fim, em vez de ser encarado frontalmente. *O ser e o nada*, publicado em 1943, termina com o anúncio de uma próxima obra. Uma moral devia se seguir à ontologia. Esse texto nunca veio a lume. Os rascunhos, redigidos em 1947 e 1948, e afinal abandonados, formam seiscentas páginas inéditas.

Esses cadernos são de uma leitura árdua. Os temas se encavalam sem plano nem capítulo. Como acontece com todo pensamento em trabalho, a perspectiva global só é entrevista no fim, e na incerteza. É necessário um sólido equipamento para se aventurar nessa excursão. Quem não for um ás na ginástica conceitual de Hegel, de Marx e do próprio Sartre, se aventurará em vão nesse terreno. Domínio reservado? Não, porque a cada um de nós, cada dia, se colocam os problemas sobre os quais se debate aqui: que fazer? Em minha situação concreta, única, com base em que guiar meus atos? Há, em algum lugar, uma bússola? A quem faz essas perguntas vai ser preciso responder: "Vá à biblioteca, e daqui a dez anos voltamos a falar no assunto"? Seria um absurdo: a decisão não aguarda. Seria iníquo, porque equivaleria a dizer: "Alguém detém a verdade, e você, pobre ignorante, não pode compreender sua própria vida. O sentido dela é decifrável em algum lugar, mas você não sabe ler." Aqui se instauraria a cilada da opressão pelo saber, que Sartre denuncia. O melhor seria sem dúvida responder: "Você é livre e, por isso mesmo, sabe o suficiente para agir. Não há outra bússola além de você próprio, e somente seus atos lhe indicarão o norte. Procurar onde estão o bem e o mal é, no limite, uma questão sem sentido." Se nosso interlocutor insistir ou protestar, será necessário, correndo o risco da pressa e da aproximação, oferecer-lhe um resumo dos *Cadernos para uma moral*, válido para todo o mundo e qualquer um, uma breve história em quatro quadros.

Primeiro quadro: o céu está mudo, a terra deserta de signos que falariam por eles mesmos. Nenhuma existência divina me prescreve sua lei. Minha liberdade está por ser criada, sem outra justificação além do seu querer. Segundo quadro: sou sempre Deus, mas encarnado neste mundo, que me faz ser, ao mesmo tempo que eu o levo à existência. Não sou nem infinito nem indefinido, mas saudável ou enfermo, magistrado ou criminoso, ex-combatente ou adolescente. É por meio dos possíveis esboçados por minha situação que minha liberdade se exerce e se descobre. Terceiro quadro: uma multidão de outras liberdades me rodeiam. Somos uma multidão de deuses, nenhum dos quais pode ler na consciência do outro. Somente meus atos falam por mim. Mas os outros vão encontrar seu sentido neles, não necessariamente o que eu queria. Aqui começa o Inferno, porque eu deveria chamar a mim essa imagem de mim que me escapa e a mim volta petrificada. No fim das contas é pelo outro que sou revelado a mim mesmo, agravado por toda uma história que eu não quis e que no entanto é minha. Último quadro: morri, e de mim só subsistem minhas criações. A nova geração lhes dá um sentido que eu não terei podido compreender nem prever. E a história continua como uma espiral de mal-entendidos em que os projetos vêem seu sentido traído e suas conseqüências modificadas, sem que nenhum observador possa contemplar do exterior o movimento de conjunto.

Sub-repticiamente, todos os fundamentos das morais instituídas foram minados. "Se Deus não existisse, tudo seria permitido", dizia Dostoiévski. É daí que Sartre parte para se perguntar: tendo Deus morrido, que fazer dessa liberdade? Se tudo é permitido, não nos resta ainda um valor, que seria a própria liberdade? Não haverá pelo menos uma moral possível? Nenhuma das bússolas antigas ainda está em condição de funcionar. Nem Platão nem o *Decálogo*, nem Epicteto nem Spinoza, a partir do momento em que vai abaixo a ordem divina do mundo que, sob diversas formas, era o fundamento comum de todos eles. Mas tampouco Holbach, Rousseau ou Stuart Mill, se nenhuma natureza constitui a essência do homem. Fora de jogo também o formalismo de Kant: se minha ação deve pautar-se por uma máxima universal, a história é esquecida e minha liberdade vira pura abstração. "Só há moral em situação."

A que nos agarrar então? Precisamente a esse nada – nada definido, nada condicionado – que é a liberdade. Fórmula estranha, à primeira vista. Para esclarecê-la, cumpre analisar como podem se situar, uma em relação à outra, minha liberdade e a liberdade do outro. Sartre descreve os encontros malogrados entre elas em alguns casos hipotéticos. Ou minha liberdade é infinita e a do outro reduzida a zero: é a violência pura, em que o mundo e os outros devem ser atacados ou destruídos. Ou, simetria invertida, minha liberdade é quase nula e a do outro, infinita: a prece assinala minha impotência (diante de Deus, diante do soberano). Ao mesmo tempo desejo dobrá-lo, aceito de antemão submeter-me à sua lei absoluta. Não posso exigir nada. Porque a exigência supõe outra posição, em que o amo que ordena reconhece no escravo uma liberdade que vai aceitar a ordem. Mas essa relativa conivência no próprio seio da opressão implica sempre que uma das liberdades se transforme em lei petrificada pela qual o outro se pauta e se aliena.

Há uma saída possível? Ela se encontra no que Sartre chama de "apelo". Se proponho ao outro empreender comigo uma ação precisa (impedir essa guerra iminente), reconheço implicitamente nossa contingência, nossa fragilidade e nossa finitude comuns. Assumo o risco da sua recusa, e a ação eventual será nossa e não minha, numa reciprocidade concreta. Enceta-se aqui essa "conversão" a que Sartre consagra o fim dos *Cadernos*, que responde às primeiras páginas de *O ser e o nada* e define sua moral da época. Trata-se, no fim das contas, de querer o mundo, e não os valores. Se subordino meu ato a um fim necessário (fazer o bem, não mentir, ser corajoso), eu me reduzo a não ser mais que o meio que realiza uma ordem preexistente, e já estou na alienação. A liberdade, ao contrário, só existe fazendo-se, descobrindo-se a si mesma através das suas obras e assumindo o mundo, mesmo (e sobretudo) quando ele lhe escapa sem cessar. Faço tudo para evitar a guerra, mas "se ela estoura, devo vivê-la como se fosse eu que a tivesse decidido", e considerá-la (mesmo se continuo a lutar contra, mesmo arriscando-me a morrer) como "uma oportunidade de desvendamento do mundo".

Assim, essa conversão é atravessada pela alegria, como todo pensamento de envergadura. Essa aceitação total é o antípoda da resignação, pois que é por mim que o mundo vem a ser e, "na humildade da finitude", encontro "o êxtase da criação divina". A ausência de Deus, no fim do percurso, se revela pois maior e mais divina que seu reino. Perdendo-me sem reservas na ação e nos outros, amando essa doação, tenho certa chance de receber de volta, mais ainda que minha identidade retrospectiva, um ponto de vista singular que me descobre o absoluto.

Essa visão mística (você não teria se encontrado se já não estivesse perdido), Sartre mais tarde considerará que é "mistificada". É certo, em todo caso, que ela se articula dificilmente à questão da história e que Sartre fracassa em pensá-las juntas. Descobre-se, nesses *Cadernos para uma moral*, um Sartre sobremodo crítico em relação ao marxismo, questionando sem rodeios o postulado do determinismo econômico ou o primado da luta de classes e afirmando serenamente: "Convém que a história tenha sua crise, como a física, e se desprenda do absoluto hegeliano e marxista." As obras posteriores representam uma regressão em relação a esse programa. O elã de Sartre vai bater contra a parede do marxismo, "filosofia insuperável de nosso tempo". Moral e história nunca mais se encontrarão diretamente confrontadas – salvo, talvez, nas notas inéditas de 1965 sobre "uma outra moral", de que o filósofo fala no filme *Sartre por ele mesmo* rodado em 1972 por Alexandre Astruc e Michel Contat.

Não obstante o que se pense do seu êxito, esses manuscritos podem e devem ser lidos também como uma enorme lição de filosofia. O termo de "gênio" teria irritado o homem. Azar.

Dialética e ouriços-do-mar

Uma das raras fotos conhecidas de Maurice Merleau-Ponty mostra-o acendendo um cigarro, bem na hora em que a chama do fósforo cresce antes de decair. A mão é precisa, o olhar atento. Em certo sentido, a imagem é banal: o sentido do gesto é imediato. Apesar disso ela tem algo de insólito. Seria porque uma atitude familiar, congelada em seu desenrolar fugidio, é mostrada em sua espessura, em sua densidade inabitual? Não só por isso. A estranheza vem de um halo de luz que clareia uma parte do rosto. O visível, aqui, é como que inteiramente organizado em direção ao que não se mostra. No segundo seguinte, não será mais que um fumante. No momento em que o sentido ainda está no estado nascente, podemos quase nos perguntar quem observa quem, o olho ou o fogo. Ambigüidade.

O "gosto da evidência" e o "senso da ambigüidade" – era assim que Maurice Merleau-Ponty definia a filosofia na aula inaugural do seu curso no Collège de France, em 15 de janeiro de 1953. Essas duas fórmulas podem de fato descrever o pensamento dele. Ancorar as análises no vivido aparentemente mais simples e mais imediato (consciência, percepção, comportamento) era o modo de filosofar de Husserl. Merleau-Ponty compreendeu a lição desde a década de 30, assim como Sartre. Ambos foram, na França, uns dos primeiros leitores dos trabalhos do filósofo alemão, antes de fundarem juntos a revista *Les temps modernes*, de que Merleau-Ponty saiu em 1953, por discordância com Sartre, que apoiava o marxismo soviético. "Será trapaça pedir que se verifiquem os dados?", indagava ele em *As aventuras da dialética*.

Merleau-Ponty tinha se distinguido por sua atenção ao corpo, à consciência situada e concreta, a esse misto de claro e escuro de que a vida é feita, em sua dupla face fisiológica e psicológica. Já se pode constatá-lo em 1942, em sua tese sobre *A estrutura do comportamento*, depois, em 1945, com

Fenomenologia da percepção. Diferentemente de Sartre, ele nunca acreditou numa transparência da consciência a si mesma. Ele se interessava, ao contrário, pela inclusão do homem na natureza, pela encarnação do espírito, pela carne do pensamento. Sua intenção não era dissolver a vida mental num jogo de mecanismos físico-químicos. Mas ele se recusava a dissociar a alma do corpo. O esforço de Merleau-Ponty, até sua morte súbita em 1961, aos 53 anos, foi explorar a pertinência paradoxal do ser humano falante e pensante a este solo terrestre de que ele decola sem se desprender. A dificuldade? Conseguir entender o seguinte: não somos simplesmente coisas entre as coisas, mas tampouco somos exteriores a essa esfera em que somente a matéria reina. Não há meio de ser esse "espectador imparcial" com que Husserl sonhava. "É no interior do mundo que percebo o mundo", escreve Merleau-Ponty.

Ele desapareceu bruscamente quando trabalhava, havia anos, numa nova análise dessa abertura interna do mundo. "Não é o olho que vê. Mas não é a alma. É o corpo como totalidade aberta", escreve em 1959, no dossiê preparatório de um dos seus últimos cursos. Entre os pontos mais interessantes figura a análise das relações entre ciência e filosofia: nem oposição nem indiferença, mas crítica e complementaridade. A crítica vai se exercer primeiro sobre o que, nos físicos ou nos biólogos, assinala um resto de pertinência ao universo do mito. "Seu conceito de Natureza", diz Merleau-Ponty, "muitas vezes não passa de um ídolo que o cientista venera muito mais em razão de motivos afetivos do que de dados científicos." A crítica do filósofo também tem por objeto essa "superstição dos meios que dão certo", de que os cientistas sofrem, a ponto de terem às vezes a vista demasiado curta. Portanto é preciso tentar "enxergar atrás das costas do físico". Mas essa preocupação em ver, em lugar de intervir, não garante ao filósofo nenhum privilégio. Seria perigoso lhe "deixar toda liberdade. Fiando-se depressa demais na linguagem, ele seria vítima da ilusão de um tesouro incondicionado de sabedoria absoluta contida na linguagem e que só se possuiria praticando-a. Donde as falsas etimologias de Heidegger, sua Gnose". Preocupado em não cair nesse ardil, Merleau-Ponty informou-se sobre os trabalhos científicos com uma acuidade e um rigor raros. A extensão e a variedade das suas leituras surpreendem. Da psicologia experimental à biologia celular, da física quântica à cibernética, ele apóia sua reflexão em múltiplas referências emprestadas das ciências exatas.

Portanto, sua análise não se limita a comentar magnificamente as variações do conceito de natureza, de Aristóteles a Husserl e a Whitehead, passando por Descartes, Kant, Schelling, Bergson e alguns outros. Ela se interessa tanto pelas manchas das rãs como pelas tartarugas artificiais, tanto pelos nêreis como pelos blastômeros do ovo do ouriço-do-mar. O procedimento é sempre o mesmo: nunca aquiescer a uma só possibilidade – o que Merleau-Ponty chamava de "claudicação" do filósofo –, jogar as questões das ciências contra as respostas dos filósofos, e vice-versa. Aonde isso leva? À idéia de que a natureza é a outra face do corpo, superada pela linguagem mas, ao mesmo tempo, sempre presente, na forma do "ser selvagem", presença invisível e constante, e não o começo distante de que estaríamos separados de longa data.

Merleau-Ponty sempre tenta pensar juntos, e em sua reciprocidade, elementos tidos, erroneamente, como separáveis ou disjuntos. Corpo-alma, natureza-linguagem, ciência-filosofia, coisa-idéia, neurônio-pensamento... nunca foram, para Merleau-Ponty, termos radicalmente opostos. Querendo "descrever o homem como um canteiro de obras", esforçou-se por pensar o encontro, os intercâmbios, quando não a fusão instável desses termos.

Não se esqueçam de Cassirer

Entre as grandes obras da filosofia européia, algumas parecem ter na França um eco tardio, fraco ou nulo. Para explicar os motivos que fazem da França filosófica aqui uma grande potência, ali uma pequena província, seria necessário sem dúvida dispor de uma verdadeira arqueologia do pensamento francês. Ela faz falta, supondo-se seja possível. Portanto vamos nos contentar com um exemplo único, mas privilegiado, entre nossos desconhecimentos obstinados: a obra de Ernst Cassirer. Está aí uma das grandes figuras do pensamento do século XX. Nos últimos vinte anos, muitas de suas obras foram traduzidas, graças, em particular, à inteligente lucidez de Pierre Bourdieu e à fidelidade de alguns tradutores, como Pierre Quillet e Jean Lacoste. Apesar de tudo, se nos referirmos aos cerca de quatrocentos títulos dos trabalhos que lhe foram consagrados, constataremos que é em inglês, alemão ou italiano que esse filósofo é objeto de estudos e comentários, muito pouco em francês.

Cassirer é antes de mais nada um extraordinário enciclopedista, um pensador de saberes inesgotáveis. Com a mesma exatidão erudita, luminosa, magistral, ele consagra trabalhos a Descartes, a Rousseau, mas também a Goethe, a Hölderlin, a Nicolau de Cusa, aos platônicos de Cambridge ou ao idealismo alemão. Longe de limitar sua reflexão à história da filosofia, ele também se interessa pelas línguas, numa perspectiva herdada de Humboldt, reúne a propósito do mito uma documentação antropológica considerável, consagra aos trabalhos de Einstein e de Niels Bohr centenas de páginas, não ignora nada, em matemática, do formalismo de Hilbert... Entre outros e por exemplo. Raríssimos são os pensadores contemporâneos a par de tantos saberes diversos e que se movem com tamanha mestria em todos os registros da cultura. Essas proezas teriam um interesse tão-somente anedótico, se não estivessem a serviço de um grande projeto filosófico, em que a herança do pensamento das Luzes – e antes de mais nada de Kant – se acha ao mesmo tempo prolongada, ampliada e remanejada. Cassirer pretende fundar uma filosofia da cultura, destinada a compreender como o homem, animal forjador de símbolos, constrói essa morada de signos, que lhe é comum em toda parte. A linguagem, o mito, a arte, o conhecimento científico apresentam-se a ele como formas simbólicas através das quais o espírito humano elabora seu mundo e sua história, construindo sentido onde não havia.

Nessa multiplicidade aparentemente infinita de fenômenos, e em suas incontáveis variações, o idealismo crítico de Cassirer visa identificar "uma espécie de gramática e de sintaxe do espírito humano, um levantamento das suas diversas formas e funções, assim como uma síntese das regras gerais que as governam". Rejeitando a possibilidade hegeliana de alcançar a compreensão do desígnio da história universal, sustenta firmemente, apesar dos pesares, que o universo das formas da cultura possui uma unidade real, acessível à razão. Percebe-se sem dúvida como o rótulo de "neokantiano" cai mal em Cassirer. De fato, por mais fiel que ele seja aos procedimentos do kantismo, ele os transpõe para um horizonte bem diferente: a crítica da razão pura cede lugar a uma crítica da cultura em sua diversidade concreta, e o sujeito transcendental se apaga em benefício do homem criador de línguas, de mitos, de obras de arte, de conceitos científicos.

Fiel ao espírito da *Aufklärung*, Cassirer pensa que a filosofia trai sua missão profetizando, com Spengler, o declínio inelutável do Ocidente ou renunciando, com Heidegger, à universalidade da razão. Numa das suas últimas conferências, intitulada *Filosofia e política*, Cassirer, em 1944, julga Heidegger com grande severidade. É verdade que tudo opõe essas duas figuras oriundas da mesma formação universitária alemã. O embate filosófico dos dois, em 1929, no colóquio de Davos, a propósito do kantismo, constitui um momento crucial da história intelectual contemporânea. A história e suas tormentas acabaram cavando entre eles um abismo. Cassirer, que publica *A filosofia das Luzes* em 1932, quando as SA tomam conta das ruas, pede demissão da sua cadeira na universidade de Hamburgo assim que Hitler vira chanceler. Ensina em Oxford, em Göttingen, em Yale, em Columbia. Durante seus últimos meses, sua filha Anne, membro do Jewish Committe de Nova York, o mantém a par de tudo o que se podia saber sobre o genocídio. Cassirer morre em 1945, cidadão sueco.

XXI

O jacaré e o espetáculo

Que podem ter em comum Louis Althusser, teórico do marxismo, e Guy Debord, fundador da Internacional Situacionista?

> *Nada se parece mais com o pensamento mítico do que a ideologia política.*
> CLAUDE LÉVI-STRAUSS, *Antropologia estrutural*

Aparentemente, tudo os opõe. Althusser é professor, funcionário do Estado, membro do Partido Comunista. Seu pensamento se apóia nos conceitos fundadores das análises de Marx, esforçando-se para reinventar seu gume. Debord vive na sombra, sem profissão fixa, sem filiação partidária. Tenta forjar as ferramentas para compreender as mutações ocorridas depois da guerra na relação de cada um consigo mesmo e com os outros. Procura apreender as transformações silenciosas sobrevindas nas definições mesmas da "realidade", da "vida cotidiana" ou da "vida política". Aproximar esses dois pensadores não é, porém, nem incongruente nem privado de ensinamentos. Ambos transbordam de cultura clássica, ainda crêem possível uma teoria global, exigem uma revolução a preparar. Ambos beiram abismos e, em sua vida íntima, mantêm-se como que à beira da existência. Quanto ao resto, não se parecem nem um pouco.

A Escola e a demência

Um dia de 1986, dizem, um homem alto apresenta-se na Rue d'Ulm. Os freqüentadores do lugar reconheceram a silhueta de Louis Althusser. Ele pergunta várias vezes onde era a sua sala de aula. Um silêncio incomodado responde a esse momento de desvario. O homem não insiste. Acaba indo embora, tão bruscamente quanto chegara. Fazia seis anos que não o viam na Escola. Exatamente desde a manhã do dia 16 de novembro de 1980, em que dissera ao médico residente Pierre Étienne: "Pierre, venha ver, acho que matei Hélène." O médico da École Normale Supérieure cuidava de Althusser havia mais de trinta anos. Tomou a decisão de hospitalizar imediatamente o filósofo louco, assassino da esposa. Alguns maus-caracteres acreditaram tratar-se de um favorecimento, destinado a evitar que um pensador célebre – e marxista – enfrentasse o veredito de um júri. O estado de demência, que levou a declarar irresponsável um homicida, teria sido um diagnóstico oportuno. A imprensa de direita acusou a rede dos normalistas de ter agido na sombra para proteger o homem e a instituição que ele encarnava.

É verdade que a École Normale e Louis Althusser, no decorrer de meio século, tinham se tornado como que inseparáveis. Não por causa da notoriedade do autor de *Para Marx* e do coletivo *Ler O capital*. Nem mesmo por causa da presença física do filósofo, que morou na Escola de outubro de 1945 a novembro de 1980 – dormindo, comendo, trabalhando, vivendo lá. A identificação é mais profunda. A vida e o pensamento de Althusser não podem ser radicalmente dissociados das suas funções de repetidor – "*caïman*" [jacaré] na gíria da Escola –, encarregado de preparar os alunos para o concurso de professor de filosofia, a que logo se somou a tarefa, de contornos mal definidos, de "secretário-geral" da Escola. Moldado pelo estilo da instituição, Althusser, em troca, contribuiu – e muito – para manter as realidades e as lendas da Rue d'Ulm. A Escola é antes de tudo um aprendizado das formas. A nitidez da escrita de Althusser, ao mesmo tempo sóbria e densa, está evidentemente relacionada à sua compleição pessoal, à dificuldade que ele tinha para publicar, deixando finalmente uma prosa depurada de toda escória. Mas como não encontrar nela também o reflexo da clareza pedagógica de que o filósofo dava mostra na preparação para o concurso do magistério? Dezenas de turmas se exercitaram, graças a ele, nas exposições límpidas e nas análises nitidamente articuladas. Costuma-se esquecer que nesse domínio Althusser fez muito bem seu trabalho. Em meio aos episódios depressivos, às querelas políticas, às intrigas sentimentais, não parou de ensinar a várias gerações de alunos, com uma atenção irônica e sem falha, o que todo candidato ao concurso do magistério tem de saber fazer: redigir uma dissertação tão fortemente estruturada quanto privada de idéias novas.

Poderíamos nos perguntar que influência exerceram o microcosmo fechado e irreal da Escola, suas disputas e suas ilusões, sobre a maneira que teve Althusser de transportar a luta das classes para a teoria, de transformar enfrentamentos políticos em controvérsias filosóficas, de acreditar que suas análises poderiam modificar o Partido Comunista do interior. A inefável mescla de vazio e absoluto que faz o charme da Normal Sup, havia, a seu modo, marcado profundamente o filósofo. Ele, em troca, dava a essa tradição uma nova juventude, propondo a revolução proletária como horizonte à garotada estudiosa. Os que quiseram tentar realizá-la "realmente" tomaram na cabeça, é claro. Contestar o conformismo da Universidade ou o da direção do partido é uma coisa. Mas também faz parte desse jogo antigo e convencional saber sempre até onde se pode ir. Na Escola, ninguém nunca vai além dos limites implícitos que separam a provocação de bom gosto da rebeldia excessiva e vulgar. Jacaré perfeito, Louis Althusser não foi exceção à regra. Ele foi, e ensinou a ser, razoavelmente subversivo – que é o que de melhor se pode requerer de uma elite.

Não é o único aspecto importante da história de Louis Althusser. Talvez não seja o mais interessante. Nessa vida trágica também se inscreve uma velhíssima luta entre razão e demência. Nenhuma, sem dúvida, é mais antiga na história das culturas nem na dos indivíduos. Para tomar forma humana, para falar, para escapar do reinado da violência desenfreada – o que constitui uma só coisa, claro – cada um de nós caminha longamente entre o sensato e o insensato. Todos nós somos ex-combatentes dessa guerra inevitável. Trazemos cicatrizes que às vezes se abrem de repente, como se fossem comemorações mudas de não sei que terrível luta. Alguns soçobram nesses momentos. A esses afogados chamam "loucos". Mas podem os filósofos sofrer o mesmo destino? Não são eles soldados da razão, heróis das luzes? Não superaram definitivamente as trevas, venceram caos e precipícios, triunfaram da desordem animal, alcançaram a paz de uma palavra em regra e de um pensamento em ordem? É o que gostaríamos de crer. Admitimos que um pintor, um músico, um poeta beire a loucura ou nela se perca. É mais difícil tolerarmos que um fiel do conceito esteja sujeito a eclipses de consciência e recaídas na infância. É isso que tanto incomoda e interessa nos textos "autobiográficos" de Louis Althusser: eles levam a considerar o vínculo de uma obra teórica com a mais secreta evolução psíquica de seu autor.

O próprio Louis Althusser se esforçou em relacionar o estilo do seu procedimento teórico com a paisagem dos seus fantasmas. Nessa óptica, ser filósofo corresponderia ao desejo de sua mãe de que fosse um espírito puro. Ser filósofo marxista afirmaria o desejo, dele próprio, de ser um corpo autônomo, em contato com a "realidade nua". Romper com a ortodoxia stalinista satisfaria seu sonho de transformar o mundo permanecendo na solidão e na abstração, assim como sua necessidade de submissão e de provocação em relação à autoridade paterna. É verdade que a posição sobremaneira singular de Althusser na vida intelectual e política do seu tempo se ajusta a esse esquema: só e influente, recluso na École Normale como Descartes em seu quarto ou Wittgenstein em sua cabana na Noruega, ele está ao mesmo tempo dentro e fora do partido. Sua concepção da história como "processo sem sujeito nem fim", sua análise dos "aparelhos ideológicos do Estado" (família, escola, etc.), seu anti-humanismo teórico, condição a seu ver de um humanismo real, podem ser postos em ressonância com a configuração das suas estruturas psíquicas. Seu fantasma central – o desaparecimento no anonimato – deveria, assim, ser aproximado tanto do conteúdo da sua obra como "do silêncio e da morte pública" em que seu homicídio o encerrou.

Os relatos de Althusser constituem um dos raríssimos casos em que um filósofo se interroga explicitamente sobre o vínculo entre suas construções racionais e os desafios obscuros dessa outra cena que escapa do seu domínio consciente. Na história do pensamento posterior a Freud, é sem dúvida a única vez em que o problema é abordado com tamanha acuidade. Mas não está resolvido.

Talvez essas montagens também sejam engodos, novas e contorcidas maneiras, para Althusser, de desaparecer nesse estranho anonimato que tanto barulho fez em torno do seu nome. Talvez seja isso, no fim das contas, o que fascina e retém: o enigma. Diante dessa vida transtornada que surge da sombra, temos esta sensação que o real muitas vezes provoca: a impressão de não conseguir compreender, de ver sempre uma face das coisas se furtar a nosso olhar e ficar contemplando essa estranheza, simplesmente porque assim é. A filosofia sempre parte daí, em todos os sentidos: ela começa com esse espanto, tenta escapar do seu caráter ininteligível. No caso de Althusser, "tudo sucede como se" quanto mais se sabia, menos se entendia.

Viva a luta das classes!

Podemos recordar, apesar de tudo, alguns pontos do percurso. Louis Althusser foi, a princípio, uma surpresa. Na mesmice dogmática do início da década de 1960, nascia um filósofo. E não um filósofo qualquer: um filósofo "marxista". Que não se contentava com citar as escrituras para se dispensar do trabalho teórico. Que empreendia a leitura do *Capital*, não para encontrar slogans ou justificar políticas, mas para evidenciar a emergência de uma "ciência" e lançar luz sobre a sua lógica. O projeto era atraente e convidava a forjar conceitos. Os normalistas que rodeavam o filósofo na Rue d'Ulm não se privaram de fazê-lo. Graças a Louis Althusser, uma geração de intelectuais redescobriu ou reinventou Marx. Uns dez anos depois, num muro da universidade de Nanterre, uma pichação sugeria: "althusseriano". Os discípulos tinham se tornado mais ou menos mandarins novo estilo. A máquina conceitual parecia patinar ou mesmo já não funcionar. A surpresa tinha se congelado. O mestre, que não parava de retificar suas teses, publicava sua "autocrítica" em que reconhecia, no essencial, que havia sido um bom filósofo mas um mau político.

Esse movimento de retificação das suas próprias posições começa cedo no filósofo. Em outubro de 1967, na sala Dussane da École Normale, inicia-se uma série de conferências intitulada *Curso de filosofia para cientistas*, que se estende por mais de um ano. Não, esclarece Althusser, a filosofia não é uma ciência: as afirmações que ela avança, as categorias de que ela faz uso não pedem nem demonstração nem prova, no sentido estritamente científico desses termos. Ela não tem "objeto" real, como têm as ciências. No entanto ela tem uma função maior a cumprir na teoria: traçar linhas de demarcação entre o que é "ideológico", o que é "falso" e o que é "científico". Isso não significa que o filósofo possa legislar nas ciências, intervir nas pesquisas. Se ele tem direito à palavra, é porque os cientistas "fazem" filosofia sem nem sequer perceber. Silenciosa em tempos comuns, sua "filosofia espontânea" é posta em evidência – ou em xeque – pelas crises do desenvolvimento científico (como a crise por que a física passou no fim do século XIX). Crendo descobrir novos temas ou teses inéditas, os cientistas na verdade enveredam por velhos caminhos filosóficos. Materialistas, de fato, são as convicções dos cientistas provenientes da sua atividade "imediata e cotidiana": os homens de ciência crêem "espontaneamente" na existência material dos objetos que estudam, na justeza e na eficácia de seus métodos de conhecimento. No entanto, eles também aprenderam a desconfiar, se assim podemos dizer, de tais convicções. O espiritualismo e certas filosofias da ciência os convenceram, segundo Althusser, de que sua prática não passava de pura atividade ideal, sem relação com o concreto. Em nome dessa falsa evidência cultural, eles recusariam ou "ignorariam" seu materialismo espontâneo. O filósofo materialista pode portanto ajudá-los a se livrar do idealismo que os domina e que sempre quis explorar as ciências em seu benefício.

Em *Elementos de autocrítica*, de 1974, Althusser salienta que "a luta das classes estava praticamente ausente" dessas análises. Tudo, ou quase tudo, se desenrolava na teoria, nos remanejamentos conceituais e nas batalhas de palavras. O filósofo se acusa então de ter pecado por "teoricismo". Renega ele seus trabalhos anteriores? De maneira nenhuma. Ele pretende manter, e firmemente, os principais resultados deles. Em primeiro lugar, o célebre "corte epistemológico" que ele identifica na obra de Marx a partir de 1845: por essa ruptura radical com a ideologia burguesa e com todas as configurações pseudoteóricas passadas, Marx teria feito a história elevar-se ao nível de ciência. O corte ter-se-ia operado pela passagem de um sistema de conceitos a outro: os *Manuscritos de 1844* repousam na essência humana, na alienação, no trabalho alienado; *A ideologia alemã* já anuncia a organização de outros conceitos: modos de produção, relações de produção, forças produtivas.

A *Autocrítica* de Althusser acrescenta que Marx não produziu esse "corte" sozinho. Se temos no advento do marxismo um "acontecimento sem precedentes", sua causa se situa fora do domínio exclusivo da teoria. Mas onde? Althusser, feita essa retificação, permanece no reino do indefinido. Como, por exemplo, Marx se "inspirou" nas vagas "premissas da ideologia proletária" que Althusser apenas menciona? A segunda precisão feita por essa autocrítica embaraçada diz respeito às causas do "desvio" de Althusser. Se fui teoricista, diz ele em substância, é porque interpretei o "corte" surgido em Marx como uma oposição entre ciência e ideologia, como se se tivesse tratado do antagonismo entre a verdade e o erro em geral. Assim, sob "aparências marxistas", esse enfoque, abstrato e redutor, se situava na velha "cena racionalista", a cena da filosofia clássica. Os termos da resposta estavam falseados!

Na primavera de 1972, John Lewis, filósofo comunista inglês, publica dois artigos sobre "o caso Althusser". Seu diagnóstico? Dogmatismo agudo. Em sua resposta, Althusser reivindica esse "dogmatismo", essa defesa da velha "ortodoxia ameaçada", a de Marx. Como Lênin já se esforçava em proceder, desde as primeiras páginas do *Que fazer?* Não para salvaguardar uma "verdade revelada", mas porque o marxismo é, de certo modo, para ser sempre recomeçado, redescoberto, porque é sempre necessário reencontrar e dar seguimento ao que faz a radical especificidade da obra de Marx: o nascimento de uma ciência da história. Mas defendê-la contra que perigos, que obstáculos? O retorno, no âmbito de um pensamento que se crê "marxista", da ideologia burguesa. Retorno do humanismo, primeiro. Entenda-se, não se trata nem dos bons nem dos grandes sentimentos, menos ainda do "socialismo com fisionomia humana", mas de todo discurso sistemático em que a noção de homem desempenha uma função teórica.

Para Louis Althusser, John Lewis, humanista, não é marxista. Porque não há, na teoria marxista, sujeito da história, estando a própria idéia de "sujeito" destinada a mascarar a realidade da história como processo, a saber, luta das classes e as relações de produção. O filósofo francês assim afirma, opondo ponto por ponto as "teses" de John Lewis e as do marxismo-leninismo. Essa refutação da leitura humanista de Marx não é nova: ela retoma, pelo menos parcialmente, certas análises anteriores de *Para Marx* e de *Ler O capital*. As coisas, apesar de tudo, são diferentes. O tom, em primeiro lugar, já não é o mesmo: concreto, familiar às vezes, quase "vulgarizador". "Tentarei falar uma linguagem simples, clara, acessível a todos os nossos camaradas", escreve Althusser em sua apresentação. Essa mudança de tom é um efeito da "autocrítica" por Althusser da sua antiga posição "teoricista". Outro efeito é considerar que a filosofia não tem nem o objeto nem a história de uma ciência. Ela é, "em última instância, luta das classes na teoria". A filosofia não "reflete" a luta das classes, portanto; ela é um terreno específico dessa luta, em que o combate político pode encontrar armas, ou obstáculos. Que o discurso filosófico também está inserido na história, é o que John Lewis aparentemente esquece. Althusser pretende mostrar que esse humanismo "bloqueia" a teoria e o combate revolucionário.

Uma subversão inofensiva?

"A questão essencial é a da filosofia marxista. Continuo a pensar assim", diz ainda Althusser em 1975. Jacques Rancière, nessa data, não mais pensava assim. Normalista, co-autor de *Ler O capital*, quis fazer o balanço político do "althusserismo" e descobrir para que serve, politicamente, o discurso de Althusser. Qual foi sua função na Universidade, no Partido Comunista? Ao ver de Rancière, houve de fato em Althusser um desejo de voltar a Marx, de elaborar uma teoria justa para que a política dos comunistas pudesse, "um dia", ser modificada. Enquanto isso, concretamente, os althusserianos atinham-se a uma "moral provisória": aprovação discreta da linha oficial, enquanto as "verdadeiras questões" não são resolvidas. "Deixamos o partido em paz no que concerne à política e ele nos deixa em paz no que concerne à epistemologia e outras práticas teóricas": assim Rancière descreve essa estranha divisão que ele próprio efetuou. Nenhum cinismo nessa atitude. O sistema althusseriano era construído de tal sorte que os intelectuais, "produzindo conceito", participavam da transformação do mundo. Eles podiam se imaginar, sem mudar, sem se renegar, no próprio coração das lutas.

Por isso a Universidade não demorou a lhes abrir os braços. Acaso eles não atribuíam à filosofia o papel primordial no concerto teórico? E o Partido Comunista compreendeu depressa sua utilidade: uma ala esquerda frondosa em suas análises abstratas, mas muda sobre as lutas concretas, não é apenas inofensiva. Ela pode "recuperar" certa fatia de estudantes e intelectuais. Althusser, diz Jacques Rancière, "escreve para aqueles que seus colegas não convencem". Para jogar esse jogo duplo (esquerdismo na teoria, conformismo na prática), Althusser forjou uma "luta das classes imaginária", em que se enfrentam, sob o olhar do filósofo, teses seculares. *Filosofia e filosofia espontânea dos cientistas* é um exemplo notável disso. As motivações políticas reais da pesquisa científica (modo de seleção dos pesquisadores, fontes de financiamento, hierarquia do saber e das decisões, aplicações das descobertas...) se viam reduzidas a uma luta atemporal entre elementos materialistas e elementos idealistas. A ciência não era explorada por "governos ou patrões", mas pela filosofia espiritualista. Para se defender, os cientistas tinham portanto necessidade dos "especialistas" da questão: a tecnocracia assim exige. A filosofia estava salva. O poder também.

Rancière não denuncia apenas o passe de mágica que coloca os debates de idéias no lugar das revoltas concretas, mas também o papel atribuído aos intelectuais, "heróis solitários da teoria", pelo pensamento de Althusser: detentores da verdade, eles teriam por missão esclarecer as "massas" sobre seu destino. Os oprimidos necessitam da ciência dos filósofos para dissipar suas ilusões? Não sabem o que fazem e como se deve lutar? Poderíamos dizer que são eles que transformam o mundo, não os que o interpretam... Assim o círculo se fecha: Althusser teria querido colocar entre parênteses sua posição de universitário e de membro do partido para sustentar um discurso universal, mas viu-se reduzido a enunciar teses "subversivas" que não provocam nenhuma desordem. Poderia ser também o caso de Guy Debord.

Complô permanente contra a mediocridade mundial

"Vivemos e morremos no ponto de confluência de um enorme número de mistérios." Guy Debord não descreve a sorte geral da humanidade. Essa existência opaca não é tampouco a do próprio escritor, embora fosse um apreciador de segredos. É a "sobrevivência" de todos e cada um, em tempos nos quais as imagens fazem as vezes de realidade e em que a mídia substitui a memória. A sociedade do espetáculo, cuja análise Guy Debord iniciou nos anos 1960, não tem exterior: seu ser é a aparência, e sua verdade, a mentira. Todas as confusões se entretêm aí: o Estado já não se distingue da máfia, a vida é confundida com a mercadoria, o passado é reescrito ao sabor do momento presente. Sendo geral a falsificação, opor ainda o verdadeiro ao falso, ou o real ao semblante, seria doravante um costume antigo, conservado aqui e ali, mas sem influência sobre os mercados ou sobre os estados-maiores. "Essa terra mimada, em que os novos sofrimentos se disfarçam sob o nome dos antigos prazeres e em que as pessoas têm tanto medo, se tornou ingovernável... Elas acordam apavoradas e buscam às apalpadelas a vida."

Foi também seu caso, parece. Sua biografia visível se reduz quase a seus textos e seus filmes. Nascido em 1931, Guy Debord foi um dos fundadores, e o principal animador, da Internacional Situacionista, grupo que reuniu, de 1957 ao início da década de 70, algumas dezenas de membros, repartidos em vários países da Europa, na América e no Norte da África.

Reatando com a vontade de subversão radical que animava os surrealistas nos primeiros tempos, os membros desse movimento queriam criar "situações", indissociavelmente estéticas e políticas, capazes de perturbar a ordem presente – considerada ao mesmo tempo de um ponto de vista mercantil, moral, intelectual e social. O regime capitalista era visado, mas também as sociedades supostamente socialistas. O grupo reivindicava a dialética de Hegel, os escritos do jovem Marx e dos teóricos anarquistas. Editava uma revista, que se tornou célebre por sua canibalização de histórias em quadrinhos (Zorro ou Mandrake, heróis do conceito), assim como por seus textos teóricos. Colaboraram notadamente Raoul Vaneigem, Mustapha Khayati, René Viénet. Debord era diretor. Entre as questões que importavam aos situacionistas: "Quem é cúmplice da mediocridade presente, quem se opõe a ela, quem tenta uma conciliação?" (nº 8, janeiro de 1963). Nesse "boletim central" tomaram forma as análises de Guy Debord que se prolongam em *A sociedade do espetáculo*, seu primeiro livro, publicado em fins de 1967.

Essa breve obra é perfeita em seu gênero. Mas que gênero? Nela se combinam a ausência total de concessão e a vontade, que se tornou raríssima, de propor uma análise global. *A sociedade do espetáculo* se apresenta, de fato, como "uma crítica total do mundo existente, isto é, de todos os aspectos do capitalismo moderno e de seu sistema geral de ilusões". Não foi por acaso que esse desmonte da sociedade de consumo fez sentir alguns dos seus efeitos, na primavera de 1968, do Quartier Latin a Berkeley. Os situacionistas eram, de um modo geral, mais bem armados para compreender o que acontecia do que os marxistas-leninistas. No entanto esse livro é outra coisa além de um manual efêmero da contestação global. Sua feitura é a de um clássico.

Decorreria sua perfeição, em seu gênero, do fato de que ele enxergou uma característica essencial de seu tempo com bastante lucidez para antecipar o desenvolvimento de toda a época? Debord percebeu, com a idéia do espetáculo, uma dimensão essencial da nossa civilização. Tendo se tornado maciça hoje em dia, essa "desrealização" do mundo ainda era relativamente discreta em 1967. Consumir imagens, não mais distinguir a cópia do modelo, ver a reprodução valer mais que o original ainda eram comportamentos esparsos quando o livro apareceu. Com o tempo, a teoria não foi desmentida pelos fatos. Ao contrário: a doce tirania das imagens e a sujeição voluntária progrediram. É verdade, dirão as más línguas, que tais constatações são tão gerais que nenhuma contradição vinda da experiência as ameaça. O rigor exibido pelas afirmações de Debord não passaria de um efeito de superfície?

O entusiasmo com suas teses não se deve apenas à pertinência histórica delas. Sua escrita contribuiu amplamente para essa sensação de perfeição que elas produziam. Debord também era, e talvez fosse antes de tudo, um estilista do pessimismo. A obra de 1967, seu prolongamento em 1988 (*Comentários sobre a sociedade do espetáculo*), o fragmento "autobiográfico" intitulado *Panegírico* (1989) têm em comum uma prosa de drapeado clássico, que evoca Pascal ou o cardeal de Retz. Esse fino lustro de frases frias evidentemente seduz. Também pode provocar uma enganosa impressão de clareza. Assim, a frase: "Todas as revoluções entram para a História, e a História não transborda delas; os rios das revoluções voltam lá de onde saíram, para correr de novo" é perfeitamente límpida em sua sintaxe e em seu vocabulário, mas é duvidoso que seu sentido seja facilmente estabelecido.

Denunciando o "desastroso naufrágio" de nosso mundo, incitando com constância à desilusão, Guy Debord, tanto com seus livros como com seus filmes, tentou manter o sentido da revolta neste fim de século. Ele sabia muito bem que era um gesto de desdobramento incerto. Que vissem nele um herói de guerras por vir ou um pretensioso mistificador, era coisa que a seus olhos não tinha a menor importância. Um dos seus filmes se intitula *Refutação de todos os juízos, tanto elogiosos como hostis*.

"Muito pouco claro"

Sem dúvida não devemos nos deixar impressionar por suas imprecações e não entregar os pontos diante dessa recusa sistemática de todo juízo sobre sua obra que também é, para Debord, uma fuga inútil. A seu ativo (ah! a pavorosa palavra dos balanços comerciais!), saliente-se mais uma vez que o diagnóstico que lhe deu fama e assegurou sua influência parece largamente confirmado pelos fatos: o espetáculo continuou a se fortalecer. "Espetáculo" significa, para Debord, o reinado da economia mercantil, que se tornou ao mesmo tempo absolutamente soberana e totalmente irresponsável. As imagens fazem as vezes da vida e a mídia, da linguagem. Os corpos desapareceram, e as palavras também. O mundo está falsificado: o espetáculo tomou o lugar do real, reconstruiu-o por inteiro discorrendo a seu bel-prazer sobre ele. No planeta plástico, as rádios e televisões emitem continuamente suas ordens solitárias. Elas gerem o imaginário das pessoas que já não se falam, e não que já agem, já que não devem ser mais que espectadoras. Debord pinta assim o retrato de uma sobrevivência sem fisionomia. Ele mapeia um tempo falseado, em que a imitação barata triunfa a tal ponto, que a memória do verdadeiro se perdeu: mentira e impostura reinariam incontestes. Aliás, a bem da verdade, já não seria nem sequer um tempo ou uma época: o que antigamente se chamava história já não tem sentido. O presente perpétuo se instala. Enquanto a humanidade está anestesiada, a energia nuclear devasta em silêncio, a camada de ozônio se desagrega: a economia já não se contenta com explorar a vida, doravante está em guerra contra ela, hipoteca sua possibilidade. A "ciência prostituída" cauciona essa destruição com os derradeiros restos da sua honra perdida. O Estado, a economia, a máfia agem em simbiose... Como se vê, nada é cor-de-rosa.

Quanto mais se fala de transparência, menos se sabe quem dirige o quê, quem manipula o quê, e com que objetivo. Os "bem informados" são em geral os mais tapeados. O homem da recusa também tem razão ao lembrar que essa pseudo-época "não quer ser censurada". A sociedade do espetáculo educou a seu modo a geração nascida depois de maio de 1968: a integração domina e a dominação integra. "Acabaram com essa inquietante concepção, que predominara por mais de duzentos anos, segundo a qual uma sociedade podia ser criticável e transformável, reformada ou revolucionada." Que essa sociedade asséptica é essencialmente tirânica e radicalmente ruim, Debord é quase o único a persistir em dizer. Ele coloca nessa afirmação a violência necessária, e aquela insolência soberana cujo gosto se perdeu.

Mas onde fica a saída? Debord não diz. O que podem designar expressões como "a continuação do conflito", "o retorno da história", "o desenlace que não se pode excluir" permanece totalmente impreciso. Apesar de o autor dar a impressão de escrever sistematicamente menos do que sabe, e de sempre pensar mais do que diz, o leitor corre o risco de julgar que o espetáculo não comporta nenhuma saída de emergência. O diagnóstico é tão sombrio que a gente se pergunta em que se baseia quem o enuncia para ainda se dizer revolucionário. Falta a resposta. É verdade que o autor avisa de saída: "Certos elementos serão voluntariamente omitidos; e o projeto deverá ficar muito pouco claro." O mistério, sempre. Será preciso "intercalar aqui e ali algumas páginas" para não se perder. Essas evasivas e essas afirmações codificadas podem irritar ou fazer rir. À força de ver espiões em toda parte, será que Debord, em vez de desmontar a máquina tipo Kafka que mói o humano, não acabou soçobrando num nevoeiro tipo John Le Carré? Parece. Essa grande força não desemboca em nenhuma tática e se perde na bruma.

No fim das contas, é bem possível que Althusser e Debord estejam próximos, na medida em que urdem grandes esperanças sem muito resultado e produzem pouca mudança na história falando muito nelas.

XXII

Amanhã a Ásia?

Ignorar a China, omitir as invenções culturais da Índia em breve não deveria mais ser possível.

Faz-se crer aos jovens (e a outros) que existem pêssegos e maçãs, estrelas de cinema de seios proeminentes e luar grátis, oxigênio à vontade e espaço sem passaporte, mas não é verdade.

RAYMOND QUENEAU, *Bâtons, Chiffres et Lettres*

Pode-se ir para o leste de várias maneiras. Alguns viajantes tomam apenas o caminho das idéias, outros enveredam inteiramente, corpo e alma, por itinerários espirituais. Todos, qualquer que seja o traçado da sua peregrinação, voltam com o olhar mudado. Os filósofos, amanhã, não poderão agir como se a Ásia não existisse, como se ela pertencesse apenas a um passado imemorial, ao mundo estático da "tradição". Assim como não há realmente uma unidade do Oriente, tampouco poderia existir uma identidade atemporal do espírito asiático. A China e a Índia são múltiplas e moventes. Elas encerram elementos essenciais do universo por vir.

Destruição indireta

Não encontramos na China o que os gregos, e a Europa após eles, elaboraram: especulações metafísicas, construções de conceitos, arcabouços de sistemas teóricos. Mesmo as evidências que são as nossas (as oposições entre o estático e o dinâmico, o fim e o meio, a causa e o efeito) se apagam ou se ausentam. Ora, é uma civilização letrada. Ela abunda em reflexões diversas sobre a estratégia, o poder político, a estética, a sabedoria, o curso da história ou o funcionamento da realidade. Como é que esses pensamentos se organizam, fora do âmbito das nossas referências? Se conseguíssemos lhes restituir suas intuições centrais e sua coerência interna, não seria possível reler nossa filosofia de fora, perceber por contraste os *partis pris* do pensamento ocidental? Deixaríamos de ser óbvios, então, para nos tornar estranhos aos nossos próprios olhos...

François Jullien se dedica a essa tarefa filosófica, cujas motivações vão muito além da sinologia. Esse normalista, professor de letras clássicas, depois de estudar em Pequim e Xangai, de temporadas em Hong Kong e em Tóquio, ensina língua e literatura da China clássica na universidade de Paris VII e preside o Colégio Internacional de Filosofia. Empenhando-se em compreender a mentalidade chinesa para melhor interrogar a nossa, ele tem um olho além e outro em nós, o que permite enxergar mais. Seja, por exemplo, um termo chinês corrente, quase banal, *che*, embaraçoso pela diversidade de seus sentidos. Essa palavra pode ser traduzida, conforme o contexto, por "posição", "circunstâncias", "poder" ou "potencial". A coerência dessa noção polimorfa é, em si, um problema. O filósofo sinólogo parte dessa dificuldade microscópica para pintar, em toques sucessivos, o quadro de uma intuição fundamental que embasa todo o pensamento chinês. Os sentidos e usos do *che* nos tratados de estratégia, nas teorias do despotismo, da pintura, da poesia, etc., giram em torno de uma concepção central: um movimento interno anima incessantemente as situações. Em cada um dos processos naturais e humanos, uma "tendência" age espontaneamente. Portanto a realidade evolui por si mesma, automaticamente, pelo jogo do dispositivo móvel que a constitui, sem deixar espaço para uma livre escolha ou para uma ação autônoma. Com isso, a concepção da eficácia, em todos os domínios, fica muito distante da nossa. Julgamos eficaz a ação que alcança o objetivo que tinha fixado para si, que produz o resultado esperado impondo-se à realidade por meios adequados. Ser eficaz, na China, não consiste em impor sua vontade às coisas mas em amoldar-se à sua propensão, em se insinuar no seu curso contínuo, oscilante e fluido. O essencial já não é o projeto e sua realização, mas o discernimento do momento propício, a utilização "passiva" dos processos inelutáveis cujo desenrolar faz o mundo.

Seja a estratégia. Se há um domínio em que a eficácia atua, é este; mas, na China, ela não tem nada a ver com o encontro direto, frontal, breve, fulgurante, decisivo de um só golpe, de que os gregos haviam feito seu ideal trágico e guerreiro. O estrategista chinês faz tudo para evitar o confronto armado. Ele prefere a destruição indireta, precoce, em que sua intervenção, no limite, não aparecerá. Nem esforço nem proeza: quanto mais cedo e mais exatamente o estrategista souber discernir o *che*, o "potencial nascido da disposição das coisas", em melhor situação estará para, com o mínimo possível de ações, obter o máximo possível de resultados. Apagam-se o indivíduo e suas virtudes heróicas: não são a coragem e o ardor que decidem a sorte das batalhas. A dinâmica interna e mutável das circunstâncias age sozinha e produz até as virtudes. A vitória cabe àquele que percebe antes de todos os outros essas flutuações, de início ínfimas, e que passa facilmente, como sem vontade, de uma tática a seu contrário.

Outros registros existem. O *che*, na análise do poder político, designa a posição hierárquica, ao mesmo tempo lugar e potência, que gera e mantém a ordem social. Na caligrafia ou no poema, o termo evoca a fineza do jogo, das tensões internas, das oscilações por alternância que formam a trama da estética. As sutilezas do *che* entre os teóricos da História evocam o papel de uma tendência subterrânea de longa duração, de uma forma de racionalidade mascarada pela superfície dos acontecimentos. Essa concepção, que poderia lembrar a de Hegel, é muito distante dela, porém. Porque a China não pensa nem o progresso nem a consumação da história: a soma de civilização e barbárie é constante. Crises e transformações se sucedem, mas nenhuma revolução pode vir a quebrar em dois a história do mundo.

O que descobrimos na China é finalmente um pensamento em que a realidade se basta a si mesma. Não há preocupação nem com o começo nem com o desenlace. Não há a menor necessidade de forjar mitos a esse respeito. O espírito chinês permanece alheio à oposição entre a teoria e a prática, à distinção entre o mundo das idéias e o mundo sensível, ao antagonismo entre estático e dinâmico, à interrogação sem fim sobre as causas, ao fascínio do eterno e dos aléns imóveis. O que faz a trama da nossa história filosófica não o preocupa. Concebendo a realidade como um devir perpétuo, uma transformação contínua, uma incessante transição, ele a vê sem drama. Porque o movimento das coisas possui sua ordem interna. Inútil ir buscá-lo em outra parte, no seio de processos auto-regulados, numa imanência total e sem resto. Tudo o que existe em potencial passa inelutavelmente ao ato, sem carência nem desejo.

É por isso que o sábio, na China, não precisa ser "senhor de si", mas folha ao sabor do vento ou palha levada pela água. Ele pertence integralmente ao curso das coisas. Sua moral nada mais é que o real. Seu distanciamento não é nem recusa nem atenuação, mas auge de eficácia, abertura inesgotável a qualquer disposição espontânea. A mesma palavra (*dan*) significa ao mesmo tempo distanciamento e insipidez. No centro do que devém sem cessar, a China coloca o que não pode sentir nem gerar lassidão: o insípido, o neutro sem sabor, em que se conjugam paradoxalmente o aqui mesmo e o além. Decididamente, estamos bem longe do nosso mundo.

Na Grécia, a guerra frente a frente não opõe apenas soldados. Ela serve de modelo para as liças oratórias, para os debates políticos, para os diálogos filosóficos. Cada vez, dois adversários se engalfinham até um deles vencer. Ao vencedor pertence, conforme os casos, a terra, o poder ou a verdade. Na China, não há choque frontal. Ao contrário, privilegia-se a obliqüidade, a esquiva, o indireto. A batalha não decide nada: quando ela se trava, os dados já estão jogados. A vitória não depende do combate, mas das estratégias desenvolvidas anteriormente. O mesmo ocorre na ordem do discurso: jogo de citações, alusões tênues, juízos a serem lidos nas entrelinhas são mais importantes do que a explicitação de argumentos opostos. Em vez de acercar o mais possível uma verdade, procura-se multiplicar as frases em torno de um tema. A palavra que evita dizer é considerada preferível à que designa e delimita. A variação prevalece sobre o conceito. A estratégia do sutil domina, muito diferente do modelo grego da luta entre rivais iguais. A oposição entre uma China "indireta", que multiplica as distâncias, os desvios, os subentendidos, e uma Grécia "frontal", que aprecia os choques e os duelos, ainda não passa de uma primeira aproximação. De fato, os gregos não ignoram os procedimentos sinuosos: Apolo se chama "o oblíquo", as formas tortuosas da "inteligência da astúcia" estão presentes, por exemplo, em Ulisses, como mostraram Jean-Pierre Vernant e Marcel Detienne. O importante não é esse tipo de levantamento, mas a compreensão das atitudes valorizadas por cada cultura.

O intelectual e a piedade

Em vez de opor um "espírito grego" a um "espírito chinês", trata-se de avaliar a opção cultural presente no que pensávamos universalmente dado. Exemplo: tendemos a achar "natural" a própria idéia de verdade. Seria normal, para o pensamento como para a expressão, ter espontaneamente a exigência de se aproximar o máximo possível do seu objeto. Essa convicção confunde nossos hábitos mentais e a natureza das coisas. No hábito chinês, o sentido não deve ser buscado de maneira voluntarista. Não se persegue o sentido. Uma escrita "flutuante" deixa-o se organizar, por si mesmo, como um processo autônomo. O discurso não é submetido, como em Platão, à norma exterior de um mundo das idéias verdadeiras. Ele está, ao contrário, perpetuamente exposto às variações constantes das situações. O que, evidentemente, não é desprovido de conseqüências políticas. Em último lugar, o poder decide do sentido.

Sem dúvida, poder-se-ia relacionar o modelo herdado da Antiguidade grega, a guerra dos homens e dos discursos, com a possibilidade, na Europa contemporânea, da existência do "intelectual". Sua dissidência em relação ao poder é explícita, e fundada no recurso a idéias que, em certo sentido, são eternas: Zola escreve "J'accuse" em nome da "verdade" e da "justiça". A distância crítica tomada pelo letrado chinês em relação aos que governam é, ao contrário, tão avara de clareza que ele se acha como que amarrado por um dispositivo em que não reina mais que a alusão. A ausência, na China, de uma figura equivalente à do intelectual prende-se a essa cultura do indireto: "Por não poder se apoiar num plano do ideal e das essências", precisa François Jullien, "o letrado chinês fica prisioneiro das relações de força. Não dispondo de um mundo ideal exterior ao processo da realidade, ele não pode se colocar diante do poder de uma maneira autônoma. O idealismo ocidental, que não é decerto privado de incidências custosas, tornou possível a liberdade política."

Devemos concluir que não há nada de universal, que tudo traz a marca de uma cultura que o relativiza? A piedade não é um sentimento experimentado por todo ser humano, espontaneamente, independentemente de qualquer âmbito cultural? Um dos mais célebres tratados de Mêncio, discípulo de Confúcio, redigido no século IV a.C., se abre por uma cena exemplar. Uma criança vai cair no poço. Você não a conhece. Mas o terror que toma conta de você não tem nada a ver com um apego particular. Ele o deixa fora de si, sem lhe dar tempo nem escolha. Você se precipita para socorrê-la. Sem cálculo, sem deliberação: ver a criança em perigo basta. Não há objetivo secundário: seu gesto, é claro, não procura "agradar" aos pais nem a você mesmo. Saber, globalmente, que seres humanos sofrem e morrem constitui um conhecimento pálido. Fácil de suportar, ele não impele à ação. É preciso que um olhar, uma palavra tornem essas desgraças próximas, agudas, insuportáveis. O verdadeiro móvel é este: uma emoção súbita, inevitável e singular faz sentir como intolerável o sofrimento dos vivos, exige que os socorramos. Isso se chama piedade. Essa conivência imediata com as existências ameaçadas é, antes de mais nada, um enigma. Constatar sua existência é uma coisa, compreender seu processo, outra. Por que sentimos como intolerável um sofrimento que não experimentamos diretamente? Como se dá essa súbita saída de si, que nos torna solidários dos outros?

Na perspectiva chinesa, o enigma da piedade desaparece. Porque o indivíduo não é concebido como um conjunto fechado, um eu encerrado. Ele é pensado, de saída, como parte integrante de uma relação, elemento de uma interação, peça de um processo. De onde vem o impulso chamado piedade? De nossa participação comum na vida. Ameaçada na criança, ela reage em mim. Esse dado irrefletido pode fundar a moral? Sim, se a consideramos como emergência, efêmera e ocasional, de uma lógica que convém estender à totalidade de nossa ação. A piedade, do ponto de vista de Mêncio, é um ponto de partida, um início da virtude de humanidade. Temos, de certo modo, a amostra. Ela está sempre à disposição. Mas cabe a nós produzir um tecido uniforme com o conjunto da nossa atividade. Todavia, nada é mais estranho ao pensamento chinês que um sujeito dotado de uma vontade livre, escutando a voz da consciência, agindo para impor sua decisão às coisas, deplorando que sua má natureza possa prevalecer. A China ignora essas oposições entre mundo e consciência, ou entre desejo e ação, que nos parecem naturais.

Pode-se fundar a moral, quando não se dispõe das noções de liberdade ou de consciência autônoma? O exemplo chinês mostra que sim. A consciência moral, para Mêncio, não é de maneira nenhuma separada do curso do mundo e suas regulações. Pode-se perder a humanidade, tal como perdida está uma vereda invadida pelo mato. Mas não há fatalidade alguma nesse declínio: nenhuma natureza especificamente má do humano está em causa. É por isso que não há, na verdade, nenhuma dificuldade em ser sábio. Cremos que tudo deve ser árduo e laborioso. Equívoco: a verdadeira conquista é compreender como é simples o que há a fazer. O crescimento vegetal fornece o modelo: não adianta puxar a planta para que ela cresça mais depressa. Tampouco convém abandoná-la às ervas daninhas. Basta capinar – tarefa modesta, que se contenta com arejar a terra em volta.

No país dos gurus

1959. Depois de fazer a HEC* e a Escola de Línguas Orientais, um rapaz de 23 anos parte de Paris, de carona. Destino: Nova Delhi e a serenidade. Meio: encontrar na Índia um mestre que lhe convenha. Não estava na moda, nada o preparava para isso. Com um endereço no bolso e tanta temeridade quanta resolução na cabeça, Daniel Roumanoff se encontra pois num *ashram*** e descobre que não é simples discernir entre sabedoria e impostura. Como diferenciar um homem comum de um mestre espiritual? Nenhuma resposta se impõe de saída. Só a experiência pessoal é capaz de decidir. Esse

---

* École des Hautes Études Commerciales [Escola de Altos Estudos Comerciais], uma das chamadas "grandes escolas" que formam a elite francesa. (N. do T.)
** Mosteiro indiano, onde os discípulos se agrupam em torno de um guru. (N. do T.)

Cândido no país dos gurus se transforma em cobaia atenta, pragmática e disposta a tudo. Ele convive com mestres célebres e guias obscuros, verdadeiros místicos e verdadeiros mistificadores, europeus destrambelhados e desenraizados de todos os países. Em Benares, o arrebatamento: tem certeza de ter encontrado, na pessoa de uma mulher singular, Ma Ananda Mayee (1896-1982), a mais célebre mística indiana do século XX, o que veio procurar tão longe. Mas é afinal seguindo um sábio que de início lhe causou má impressão e que, *a priori*, não o atraía nem um pouco, que Daniel Roumanoff fará seu caminho. Ele descobre Swami Prajnanpad à medida que, graças a esse verdadeiro mestre, descobre a si mesmo. Essa trajetória confirma que uma evolução verdadeira segue trilhas escarpadas e veredas inesperadas.

A existência de Swami Prajnanpad nos faz pensar que o sábio talvez não seja apenas um ideal, uma figura de lenda ou de sonho. Seres que se desfizeram do sofrimento e dos tormentos, limites do eu, recintos do desejo, tudo isso existe? Quem afirma viver doravante num presente pleno, sem apego ao homem que outrora foi, sem preocupação com a hora seguinte, podemos achar que mente ou delira. Pode não ser assim. A vida e o ensinamento de Swami Prajnanpad, nascido em 1891 não longe de Calcutá, falecido em 1974, permitem de fato pensar que o impossível ainda acontece neste século que no impossível não crê. Daniel Roumanoff reconstituiu o que se pode saber da existência desse mestre. Criado numa família de brâmanes pobres, aquele que se chamava no começo Yogeshvar Chatterjee se destaca já na infância por uma extrema sensibilidade e pela exigência radical, que ela provoca, de tirar todas as conseqüências das suas experiências. Ele gosta de sal. Sua cunhada prega-lhe uma peça: substitui um dia o sal por farinha. Ele nem percebe. Quando descobre seu engano, resolve nunca mais utilizar sal. O sal ficara inútil, como ele vira. Não se trata de uma anedota. Ver, nem que uma só vez, mas inteiramente, é de fato a chave da vida desse homem.

Uma só experiência, por mais banal que seja, pode bastar para transformar tudo numa existência, se for vista e apreendida em sua integridade.

Estuda engenharia, seu irmão mais velho, Sedja, o financia, sacrifica-se por ele. Yogeshvar ama-o mais que tudo. Quando seu irmão o convence a se casar, apesar das suas reticências, o rapaz lhe pede para escolher sua esposa numa família pobre. E o pai da moça cobre-o de presentes, como tem de ser. Yogeshvar protesta: ele não queria aquilo. O irmão protetor se irrita, até o acusa de gostar mais do sogro do que dele. "O mundo inteiro tornou-se vazio e escuro: já não posso acreditar em nada", escreve o rapaz. A única pessoa em quem ele tinha uma confiança absoluta não compreendeu nada da sua atitude nem dos seus motivos. Vai tentar resolver esse enigma dos erros humanos, dos mal-entendidos e dos desesperos sem verdadeiro objeto. Mas não de um dia para o outro. Casando-se em 1919, quase imediatamente depois ele se engaja no movimento de não-cooperação e no trabalho social. Depois de ter ensinado em diversos colégios, encontrado um mestre espiritual, levado uma vida de mortificações, feito por "loucura" sua esposa passar por toda sorte de provações, tomado o hábito dos renunciantes, voltado à vida, soube por fim combinar a leitura dos *Upanixades* e do *Ioga-Vaisista* com a de Freud, que começa apenas a ser conhecido na Índia.

De fato, a grande originalidade de Swami Prajnanpad está em insistir na expressão individual das emoções e das cenas fundadoras da personalidade de cada um, no âmbito da aplicação da doutrina da não-dualidade do *Vedanta*. É por isso que, instalado a partir de 1930 em Chenna, num *ashram* rudimentar, intransitável durante a estação das águas, sempre se recusou a dar conferências públicas assim como a escrever livros. É sempre a alguém em particular que ele se dirige, adaptando suas palavras, como fazia o Buda, à situação singular daquele ou daquela que está diante dele. A partir da década de 1960, esse guru sem ritual, que diz não ter método (inventa um método para cada um, a cada hora), vê vir a si vários discípulos franceses. Entre eles: Arnaud e Denise Desjardins, Frédérick Leboyer, Daniel e Colette Roumanoff.

O que é ser indiano?

Tentar definir uma maneira indiana de ser no mundo pode parecer uma aposta ousada. As posições na hierarquia social, as dessemelhanças regionais, as diferenças religiosas, as variáveis individuais acaso não formam conjuntos tão díspares que qualquer análise global fica de antemão fadada ao fracasso, ou reduzida a generalidades inconsistentes? O trabalho de Sudhir Kakar sobre a infância e a sociedade na Índia mostra que uma análise da paisagem mental própria dos hindus é não só possível como instrutiva. Indiano em todas as suas fibras, não pretende renegar nada da cultura a que pertence. Mas sua formação intelectual, que o exercitou nas técnicas do pensamento ocidental, lhe deu vontade de compreender. Tendo estudado engenharia na Índia, depois economia em Harvard, obtém um doutorado em filosofia em Viena, em 1968, fazendo depois uma formação psicanalítica no Instituto Sigmund Freud de Frankfurt. Membro do Institute for Advanced Studies de Princeton, é psicanalista em Nova Delhi e professor do Centro de Estudos das Sociedades em Desenvolvimento.

"O que me interessa", diz Sudhir Kakar, "não são os grandes textos filosóficos acessíveis apenas aos eruditos e desconhecidos da imensa maioria da população. É antes a compreensão popular dos mitos e a representação difusa dos papéis sociais, do destino humano, etc., que eles veiculam sem que se tenha verdadeiramente consciência disso. Os temas lendários a que me apeguei estão presentes em todos os meandros da vida cotidiana. Desde a mais tenra infância, todo hindu ouviu contar uma lenda como a de Sita, esposa modelo de Rama, no *Ramayana*. As festas laicas ou sagradas, as canções, e até os quadrinhos de hoje em dia fazem que as principais personagens desse poema épico, assim como as do *Mahabharata*, sejam mais familiares à imaginação dos indivíduos do que as da Grécia ou da cristandade para o homem ocidental."

É em torno dessas três noções-chave que se ordena, segundo Sudhir Kakar, a concepção hindu do mundo, que imprime sua marca nos gestos cotidianos da educação e, por conseguinte, no psiquismo individual. *Moksha* é ao mesmo tempo a noção mais importante e a que temos maior dificuldade de compreender. Esse termo sânscrito significa literalmente "emancipação, libertação" e designa o estado de fusão, de união do "si" com o mundo, que o asceta que se liberta do ciclo dos renascimentos alcança. O importante aqui não são as inúmeras especulações intelectuais e técnicas psicocorporais iogues que gravitaram séculos a fio em torno dessa perspectiva. Muitos podem ignorá-las – pelo menos em seu detalhe e em sua complexidade. Ainda assim resta uma "atmosfera" em que cada um está imerso desde sempre. Resulta daí que para cada hindu o "mundo interior" será mais importante do que o êxito social visível. Ganhar a vida será, evidentemente, a finalidade do seu trabalho – mas essa vida social é como que inseparável da sua correspondente espiritual. A coroação disso tudo é essa dissolução e essa expansão do eu que são o oposto da idéia ocidental de autonomia e de indivíduo separado.

Dharma, a lei, a ordem – ao mesmo tempo cósmica e social –, é a segunda grande noção. Que cada um aja em seu devido lugar, de acordo com a ordem das coisas, que faça com conhecimento de causa o que cada etapa da vida dele requer, que represente seu papel na família, no grupo, na corporação de que é membro... Aí está em linhas bastante gerais o que essa noção cristaliza. Como a precedente, ela vai ao encontro de uma personalidade autônoma e criadora das suas opções. Estar cortado da rede de que é membro, estar isolado, reduzido a inventar sua conduta ou a assumir sozinho decisões imprevistas seria, de acordo com Kakar, uma situação mais angustiante para o homem hindu do que para o ocidental. Enfim, a não menos célebre noção de *carma* influi sobre o mundo psicológico indiano. A criança é menos "por construir" do que "já construída" pela ordem do seu destino. Não é uma *tabula rasa*, mas um ser já composto. "Não existe portanto na Índia esse sentido de uma urgência, de uma luta a travar contra o mundo exterior, como tampouco a perspectiva ou a esperança de súbitas metamorfoses ou grandes realizações, enquanto essas considerações estimulam a vida do ocidental."

Não se deveria reduzir essa concepção a um fatalismo medíocre. O *carma* também é uma promessa de esperança. Dada a tendência inata a caminhar para a luz que, na Índia, é atribuída ao "inconsciente", à qual se somam os esforços do indivíduo (*dharma*), o *carma* certifica que temos certeza de atingir a finalidade da existência (*moksha*) mesmo se puderem se produzir fracassos no decorrer desse processo, que pode requerer um grande número de renascimentos e ciclos de vida. "Para o hindu médio, não se coloca a questão de saber se essa doutrina é um mito necessário ou se é aceitável e compatível com o conhecimento científico. Tais idéias não são fundadas no raciocínio, mas são integradas desde o início da vida como uma espécie de papel e de orientação intuitiva."

A originalidade da pesquisa desse sociopsicanalista é mostrar a interação entre essa visão do mundo, herdada por mil caminhos da tradição, e o modo de vida da família indiana. "Que o nascimento de uma filha seja concedido em qualquer outro lugar, aqui concedei-nos um filho...", esta é uma das velhas preces, maliciosa e sexista, do Atharva-Veda. A filha, em geral, não é nem esperada nem desejada. Seu nascimento é festejado discretamente, enquanto o de um filho é motivo de ruidosas manifestações de alegria. A filha é, quase por definição, destinada a ir embora. É criada na idéia de no futuro pertencer exclusivamente ao marido. Sita, esposa exemplar de Rama, exprime qual é seu *dharma*: "Para uma mulher, não é seu pai, nem seu filho, nem sua mãe, nem seus amigos, nem ela mesma, mas seu marido que, neste mundo e no outro, será para sempre sua única salvação. Na verdade, seja num palácio, numa carroça ou no céu, qualquer que seja o lugar em que se projete a sombra de seu marido, ela tem de segui-la."

Bem mocinha, entre doze e dezoito anos, mesmo se continuar morando na casa dos pais, a adolescente é prometida a um homem que evidentemente não escolheu. Quando se casa, deixa os seus para ir viver às vezes muito longe, numa nova família em que se achará, antes de tudo, sob a autoridade da sogra. "A natureza estranha, muitas vezes ameaçadora, às vezes humilhante, do contexto em que uma jovem indiana se debate para estabelecer sua identidade e seu estatuto de adulta nunca será suficientemente ressaltada." Assim que fica grávida, tudo muda. Ela poderá voltar para junto da mãe para dar à luz. Será representada, reconhecida. Dando-lhe sua identidade social, sua maternidade justifica sua existência a seus olhos e resolve, pelo menos em parte, os conflitos emocionais a que se via confrontada. "É melhor ser lama do que mulher estéril", reza um velho provérbio. Em poucas palavras, a mãe vai perceber seu neném como um salvador. Isso explica, para Sudhir Kakar, sua capacidade de investimento emocional quase ilimitada em relação aos seus filhos. Acarinhada, acariciada, mimada, a criança indiana vive uma longa relação afetiva e corporal com a mãe, uma duradoura simbiose de que o pai é quase ausente. "É comum uma criança de cinco, seis anos, levantar de forma autoritária a camisa da mãe para mamar, enquanto esta conversa com amigos, e ninguém vê nada de mais nisso."

Criado com o sentimento de que amparo e proteção lhe estão garantidos, o menino indiano transportará mais tarde essa atitude para suas relações sociais. Essa intensa relação com a mãe deve, é claro, ser relacionada com o *moksha*, o ideal de fusão com o cosmos, sem com isso reduzir mecanicamente um ao outro. Mas a imagem da "boa mãe", protetora e nutriz, tem evidentemente seu outro lado. Nas fantasias e nos mitos, ela ombreia com a da mãe devoradora, sedutora, insaciável e, por isso, destruidora. Sudhir Kakar mostra sua presença no *Mahabharata* e em diversos *purana*.

Por volta dos cinco anos, o menino é bruscamente apartado dos cuidados quase exclusivos da mãe. Esse "segundo" nascimento vai fazê-lo entrar sem transição no mundo dos homens e das obrigações sociais. Ora, nessa passagem o pai não tem um papel de modelo e de guia. "Ele é mais um espectador que um aliado." Esses diferentes fatores psicológicos explicariam as características marcantes do psiquismo indiano. O "ego" não seria constituído de um modo tão separado, tão autônomo quanto o dos ocidentais, mais precocemente cortados da mãe, confrontados mais depressa com seus limites e sua ausência. O "superego" indiano não seria tão severo nem, sobretudo, tão interiorizado: o grupo – a família ampliada, em que várias gerações vivem juntas, depois a *jati*, a casta e suas ramificações complexas – proporcionaria um controle mais exterior. Tratar-se-ia ainda de uma Índia demasiado tradicional? Ter-se-ia deixado de lado sua face moderna, industrializada e mutante? Sem dúvida a educação e a infância formam grandes estratos subterrâneos e pouco móveis, que a fumaça das fábricas e as concentrações urbanas deixam praticamente intactos. Mas não se pode esquecer que a Índia muda, inventa mestiçagens constantes entre sua herança e as mutações modernas.

XXIII

Foucault não é ele mesmo

Sob um mesmo nome, uma série de propósitos, pesquisas e semblantes.

A um semblante, podem-se fazer dois tipos de perguntas, conforme as circunstâncias: em que está pensando? Ou então: o que há com você, o que você tem, o que está sentindo?

GILLES DELEUZE, *A imagem-movimento*

"Meu nome é Ninguém", já dizia Ulisses. O herói viajante é chamado por Homero de *polytropos*. Sempre se traduz, de forma aproximativa, esse adjetivo puramente grego por "hábil", "rico em expedientes", "de mil artimanhas", etc. Ulisses é "cheio de truques". Sua inteligência não é teórica, contemplativa, voltada para o eterno como a dos geômetras e dos filósofos. Ela é pragmática, tática, móvel, guerreira. Nômade e zombeteiro, Ulisses despista multiplicando as pistas. Nunca conseguimos agarrá-lo onde imaginamos poder pegá-lo. Ele é livre, sempre. Libertador também, e desconcertante. Michel Foucault idem.

Eis um filósofo que escruta o plano das penitenciárias em vez de meditar sobre o esquecimento do Ser. Que prefere os relatórios do marechalado* às provas da existência de Deus. Pensador astuto, não pára de mudar, de desfazer sua identidade, de multiplicar as silhuetas emboscadas. Quando são necessárias referências, ele escolhe Arnauld, Linné, Quesnay, em vez de Descartes, Spinoza, Leibniz. É um historiador? Basta lê-lo: sua tarefa não se reduz a estabelecer fatos, a reconstituir

---

* Gendarmaria. (N. do T.)

mentalidades, a desnudar mutações não percebidas, mas sim a pôr em ação outra maneira de pensar, em que estão em jogo os estatutos da linguagem e da verdade, da razão e do inconsciente, da história e do sujeito... Só isso.

Mas explicações, nenhuma. Ou tão poucas, e tão densas, e aos pedacinhos, que não é fácil se orientar no meio delas. Foucault gostava mais de fazer do que de dizer o que fazia – ao contrário de muitos. Sua morte prematura, em 1984, deixou suspenso um bom número de interrogações e de mal-entendidos. Qual o sentido, nem verdadeiramente oculto nem totalmente visível, do seu projeto? Tratar-se-ia de compreender como se relacionam todos os seus livros – aparentemente díspares, em todo caso situados em registros diferentes. Isso permitiria se desfazer de alguns erros (erros "tenazes, coordenados e solidários", como dizia Bachelard). Mas para início de conversa seria preciso aceitar essa multidão fragmentada que não coincide com ela mesma para formar um indivíduo identificável, identificado, rotulado de uma vez por todas.

"Não me perguntem quem sou e não me digam para permanecer o mesmo." Assim termina a primeira parte da *Arqueologia do saber*. Será de fato necessário vincular a uma fonte única, estável e homogênea "esse imenso formigamento de vestígios verbais que um indivíduo deixa ao seu redor no momento de morrer"? Será necessário crer – não passa de uma crença – que uma só e mesma pessoa, da infância à morte, reúne os atos, os segredos, as palavras, os textos? Ou será que não se deve deixar disjuntos, simplesmente justapostos, esses semblantes díspares ataviados de um mesmo nome? Fazer nada mais que uma primeira lista deles não é coisa fácil. De começo, não passam de uma coleção lacunar, heteróclita, aparentemente descabida, como essas imagens de lanterna mágica que não conseguem formar uma história contínua.

Entre as duas guerras um garoto frágil se aborrece, em Poitiers, com a vida de notáveis abastados que levam os seus, em particular seu pai, cirurgião e professor de anatomia da Escola de Medicina. Um colegial talentoso entra para o liceu Henri-IV, a fim de se preparar para a École Normale Supérieure. Em 1948, um normalista, homossexual e membro do PCF, tenta se suicidar e parece beirar a loucura. Um filósofo apaixonado por psicologia troca a Fondation Thiers pela Universidade de Lille. Na Suécia, um adido cultural que anda de Jaguar espanta a sossegada cidade de Uppsala. Voltando de Hamburgo, via Varsóvia, um jovem doutor, dândi feliz e provocador, ensina em Clermont-Ferrand. Um anticomunista trava uma guerra de desgaste contra Roger Garaudy. Um membro do júri da ENA* participa da elaboração da reforma Fouchet.

Todos se fazem chamar Michel Foucault.

Não são os únicos. O mesmo nome designa ainda toda sorte de seres sucessivos ou combinados: um estruturalista temporário, que ficou célebre com *As palavras e as coisas* e que leciona em Túnis apesar de morar em Sidi-Bou-Saïd, o primeiro responsável pelo departamento de filosofia do centro experimental de Vincennes, o titular no Collège de France da cátedra de história dos sistemas de pensamento, o militante ativo do Grupo de Informação sobre as Prisões, o signatário de incontáveis petições e o jornalista do *Corriere della Sera* que escrevia em 1977: "Há mais idéias na terra do que os intelectuais imaginam." Também se chamam Michel Foucault, entre outros: um viajante num templo zen, um conferencista em Berkeley, um experimentador de alucinógenos, um homem que morre de aids no hospital de La Salpêtrière, o mesmo hospital cujo nascimento o autor da *História da loucura* descrevera.

Várias biografias, a primeira das quais redigida por Didier Éribon, tentaram reunir os fragmentos dessa vida fulgurante, tentaram evocar as relações de Foucault com os que foram im-

---

* École Nationale d'Administration, outra das "grandes escolas" francesas. (N. do T.)

portantes para ele. Temporariamente: Louis Althusser, Jacques Lacan. Tardiamente: Claude Mauriac, Paul Veyne. Continuamente: Jean Hyppolite, seu primeiro mestre a quem sucedeu no Collège de France, Georges Canguilhem e, principalmente, Georges Dumézil, seu amigo bem mais velho que lhe prodigalizou amizade e apoio a vida toda. Ao que convém acrescentar as polêmicas com Sartre, a cumplicidade com Deleuze e mil outros encontros em que se entrevê a silhueta, desconcertante e fugaz, de um homem alternadamente fiel e autoritário, afável e difícil, temível e frágil.

A cada frase um semblante

Não façamos psicologia. Não se poderia reduzir a diversidade de Foucault a uma questão de caráter, aos efeitos de um temperamento. É de funções na palavra que se trata, e elas são numerosas, para entrever o funcionamento de tal multiplicidade. Lê-se por exemplo na *Arqueologia do saber*: "Não é a mesma relação que existe entre o nome de Nietzsche, de um lado, e, de outro, as autobiografias de juventude, as dissertações escolares, os artigos filológicos, *Zaratustra, Ecce Homo*, as cartas, os últimos cartões postais assinados por 'Dionysos' ou 'Kaiser Nietzsche', os incontáveis cadernos em que se emaranham as contas de tinturaria com os projetos de aforismos." Se fosse necessário classificar os semblantes de Foucault, fazer o levantamento deles para um impossível catálogo, poderíamos designá-los pela data em que a foto foi tirada.

Por exemplo, o semblante de 1961. Jovem, careca, ar reservado. Um quê, apesar de tudo, no sorriso, de secretamente triunfante. Acaba de publicar seu primeiro livro: *Loucura e desrazão. História da loucura na idade clássica*. Tese de doutorado bem diferente das outras, a obra é saudada notadamente por Canguilhem, Braudel, Blanchot. "Assistimos com prazer a esse choque da Universidade com a desrazão", escreve

Maurice Blanchot em *La Nouvelle Revue française*. O prefácio dessa primeira edição (editora Plon, numa coleção dirigida por Philippe Ariès) desaparecerá das reedições posteriores. Esse texto-programa é no entanto um dos mais belos de Michel Foucault. Não descreve um método aí. Exprime uma intuição que comanda seus trabalhos futuros: "Poder-se-ia fazer uma história dos limites – desses gestos obscuros, necessariamente esquecidos mal são consumados, pelos quais uma cultura rejeita algo que para ela será o Exterior; e ao longo da sua história esse vazio escavado, esse espaço em branco por meio do qual ela se isola, a designa tanto quanto seus valores."

A divisão faz existir os elementos que ela mesma opõe. Esses opostos – que ele chama primeiro de razão e loucura, Ocidente e Oriente, normalidade e perversão sexuais – não preexistem à partição que os define. O próprio movimento que os distingue é que os faz ser. Esse processo é impessoal. Não requer nem sujeito nem desígnio voluntário. No entanto é gerador de lutas, atravessado por tensões, ritmado por rupturas. O último Foucault sustenta que essas relações de força geram o próprio sujeito.

Semblante de 1984. UTI da Salpêtrière. Um agonizante recebe o primeiro exemplar de seu último livro, *O cuidado de si*, tomo III da sua *História da sexualidade*. Cinco dias depois, morre de aids.

Também poderíamos ordenar esses instantâneos de outra maneira, em vez de por ano de origem. Essa ordem teria a precisão arbitrária e gelada dos arquivos antropométricos. Poderíamos atribuir a eles, por exemplo, de 1 a 364, o número do texto dos *Ditos e escritos* de Michel Foucault em que são entrevistos. Depois disso, agruparíamos seus perfis por séries, cada uma delas classificada numa pasta.

Uma delas se intitularia: um filósofo literário. De fato, é em torno da experiência da escrita, concebida como uma espécie de manifestação impessoal da atividade autônoma da linguagem, que se organiza um bom número dos seus pensamentos. O semblante 21, por exemplo, declara na NRF em 1964: "Klossowski reata com uma experiência perdida há muito tempo" – a da similitude perfeita entre Deus e o Diabo. A figura de Klossowski, "em ressonância enigmática" com a de Deleuze, ocupa então uma posição central. Em torno delas se dispõem os semblantes de Foucault voltados para obras literárias que mostram, mais abertamente que outras, o trabalho da linguagem sobre ela mesma: Blanchot, Bataille, Artaud, mas também Roussel ou Brisset. Esses perfis dão a impressão de que seus traços pertencem a uma época já distante. Quando falam do vazio, do branco, do abismo, dos vaivéns incessantes e casuais entre linguagem e pensamento, não é seguro que ainda sejam totalmente audíveis. Apenas as vozes militantes se multiplicam quando Foucault, ao entrar para o Collège de France (dezembro de 1970), afirma querer sair da escrita. O semblante 132 afirma, na televisão holandesa, em novembro de 1971, num debate com Noam Chomsky: "Quando o proletariado tomar o poder, pode ser que exerça com respeito às classes sobre as quais acaba de triunfar um poder violento, ditatorial e até sangrento. Não vejo que objeção se pode fazer a isso."

Agrupar por gênero, classificar com os rótulos "semblantes literários", "militantes" (ou então "historiador", "filósofo", até mesmo "jornalista" ou "professor") é também condenar-se a tomar o bonde errado, a não aceitar plenamente que Foucault não pára de evoluir, de se tornar outro, de dissociar sua identidade. Um texto de outubro de 1982, publicado apenas em 1988, exprime isso simplesmente: "O que constitui o interesse principal da vida e do trabalho é que eles lhe permitem tornar-se uma pessoa diferente da que você era." Os semblantes de Foucault não podem coincidir portanto nem com anos nem com textos. Uma simples entrevista pode gerar vários semblantes, ou fazer passar de um a outro. Eles não correspondem apenas às facetas de um caráter ou de uma época. Esses semblantes exprimem relações de força. Resultam sempre de uma espécie de guerra, que opõe uns aos outros enunciados, formas de saberes e de poderes, dispositivos de discurso e de ação. A linha de frente não é fixa. É por isso que Foucault se recusa a ser o responsável perpétuo por um sentido imóvel dos seus trabalhos: "Cumpre salientar que não subscrevo sem restrições o que disse em meus livros." O caleidoscópio constituído por suas obras, publicadas ou não, permite captar a diversidade dos registros em que Foucault trava seus combates.

Nem sempre é fácil se orientar aqui. Por exemplo, ele é "pró" ou "contra" o ensino da filosofia? O militante que prefere a ação à escrita é duro com a filosofia tal como se pratica, efetivamente, na Universidade: "Ela não passa de uma vaga disciplinazinha universitária, na qual certas pessoas falam da totalidade da entidade, da 'escritura', da 'materialidade do significante' e de outras coisas parecidas." Essa declaração não anula as do professor de filosofia da universidade de Vincennes, que defende a prática da filosofia como exercício da liberdade ou que a define como um "diagnóstico do presente". Nos últimos anos da sua vida, Foucault se aproxima da concepção antiga da filosofia como "exercício espiritual", tal como ela teve sua existência reconstituída por Pierre Hadot, seu colega no Collège de France. Como Nietzsche, ele se situa cada vez numa luta determinada, e não no céu das verdades eternas.

O combatente tem o senso da fórmula. O humanismo? "A prostituta de todo o pensamento, de toda a cultura, de toda a moral, de toda a política dos últimos vinte anos" (entrevista publicada em italiano em 1967). O estruturalismo de Foucault, uma invenção de Piaget? "Não creio, ele não é capaz de uma coisa dessas, coitado. Nunca inventou nada." O humor também – que não foi suficientemente notado em seus livros – faz parte da sua parafernália. No nº 1 do jornal homossexual *Le Gai Pied*, de 1º de abril de 1979, o ironista adverte: "Não se deve deixar o suicídio entregue aos pobres coitados que podem estragá-lo e transformá-lo numa desgraça." Essa voz que fala da morte como "um prazer tão simples" tem a gravidade das grandes risadas. No fim das contas, Foucault teve semblantes demais. Deveríamos acrescentar aos já entrevistos: adversário da psicologia, aliando-se temporariamente com os freudianos; inimigo da psicanálise; defensor entusiasta das primeiras horas da república islâmica de Khomeini; defensor das liberdades; crítico sarcástico do ensino; grande professor... Os mal-entendidos eram inevitáveis.

Visto por Deleuze

Sobre sua obra, os contra-sensos abundam. Velhos ou recentes, de boa ou má-fé, referem-se principalmente ao problema do internamento (hospício, hospitais, prisões, etc.), ao vínculo entre a "morte do homem" e a ação militante, ao retorno ao sujeito e à moral quando sua pesquisa troca a Idade Clássica pela aurora grega. Gilles Deleuze desnuda o pensamento de Foucault em sua coerência e em sua maior amplitude. Três eixos: o saber, o poder, o si. O saber não é a ciência, nem o conjunto dos conhecimentos no sentido usual do termo. Com essa velha palavra, o filósofo designa um "novo conceito": a organização do que uma época pode dizer (seus enunciados) e ver (suas evidências). Foucault, sublinha Deleuze, "nunca teve problema no que concerne às relações entre a ciência e a literatura, ou entre o imaginário e o científico, ou entre o sabido e o vivido, porque a concepção do saber impregnava e mobilizava todos os limiares". Essa concepção é puramente positivista ou pragmática: não há nada "antes" do saber (por ele se distribui tanto o que se diz como o que se vê). Nada de virtual, de latente, de anterior, de oculto. Não há segredo: "Cada formação histórica vê e dá a ver tudo o que pode, em função das condições de visibilidade, assim como diz tudo o que pode, em função dessas condições de enunciado."

Se "existe" saber, é a partir de dois elementos puros que, é claro, nunca são acessíveis em sua pureza: um "ser-linguagem", grande murmúrio impessoal em que se recortam os enunciados, um "ser-luz", em que se constituem visibilidades. Os enunciados não são frases, as visibilidades não são objetos. Não são as "palavras" e as "coisas". Deve-se vê-los antes como as "condições de possibilidade" do discurso e da percepção. "Essa pesquisa das condições constitui uma espécie de neokantismo próprio de Foucault." Mas Deleuze precisa logo em seguida que essas condições são sempre históricas, nunca são as "de toda existência possível". Da mesma maneira, essas condições não concernem a um sujeito "universal". Ao contrário, elas lhe atribuem seu lugar. "O sujeito que vê é ele próprio um lugar de visibilidade... (é o caso do lugar do rei na representação clássica, ou do observador qualquer no regime das prisões)." Dissipa-se assim o contra-senso que faz de Foucault um pensador do internamento. O hospital, a prisão são lugares de distribuição do visível antes de serem dispositivos de enclausuramento.

Essas decupagens ópticas são acompanhadas por um discurso (médico, psiquiátrico, jurídico...) inseparável delas mas que não é da mesma ordem. Com efeito, falar e ver são de natureza diferente. O objeto do discurso e o objeto do olhar são disjuntos. Apesar da sua dependência recíproca, nunca coincidem. Aqui também, *mutatis mutandis*, lembrem-se de Kant: a espontaneidade do entendimento é diferente da receptividade da intuição. Resta um enigma. Se o visível e o enunciável são como dois estratos paralelos, como se adaptam um ao outro? Qual é, em Foucault, o análogo do esquema da imaginação de Kant? É o poder, diz Deleuze, que faz as vezes desse esquema.

Rompendo com os postulados habituais, Foucault mostra que o poder é mais exercido que detido (só se pode detê-lo exercendo-o). É mais criativo do que repressivo: ele incita, suscita, tanto quanto proíbe. É enfim coextensivo ao social: o poder não está localizado em determinado lugar. Presente em toda relação de forças, ele passa tanto pelos dominados quanto pelos dominantes. Irredutíveis um ao outro, saber e poder estão indissoluvelmente ligados. O jogo de forças do poder – aleatório, turbulento, flexível – gera as mutações na distribuição do dizível e do visível, cuja articulação também regulariza. O poder é como que um exterior, sem forma estável, uma zona de tempestades que somente uma "microfísica" permite apreender.

O essencial, no pensamento de Foucault mapeado por Deleuze, é a relação com o exterior. Um mundo sem interioridade. Como, pois, pensar o sujeito, a existência de um si que projeta se governar a si mesmo? Uma dobra, e nada mais. A interioridade não seria mais que uma dobra do exterior: o tema perseguiu Foucault ao longo da sua obra. Ele culmina em seus dois últimos livros, *O uso dos prazeres* e *O cuidado de si*. Que fizeram os gregos, segundo Foucault-Deleuze? Revelar o Ser? Não. Os gregos fizeram muito menos, ou muito mais: exercendo-se em governar os outros sob a condição de se governar a si mesmos, eles "dobraram a força". Ora, "o homem não dobra as forças que o compõem sem que o exterior se dobre por si mesmo e abra um si no homem". Os gregos formaram a primeira dobra. Mas eles nada têm de universal. O saber, o poder e o si variam com a história.

Essas observações permitem afastar uma inquietude inútil. De fato, alguns se alarmaram, perguntando-se: se o homem morreu, como Foucault o entrevê em *As palavras e as coisas*, em que fundar as lutas? Como articular anti-humanismo e resistência? "Não há a menor necessidade de reivindicar o homem para resistir", afirma Deleuze. De fato, o que significa a "morte do homem"? Uma mudança na configuração saber-poder. O horizonte da Idade Clássica é Deus, o indefinido, e não o homem, o qual é concebido unicamente a partir das suas limitações, da sua decadência, etc. O saber do século XVII se organiza em "generalidades": séries capazes, pelo menos de direito, de uma extensão infinita. No século XIX surgem forças de finitude: a vida (submetida à pena e à fadiga, aos limites da produção), a linguagem (submetida à flexão). Deixando Deus, o saber se organiza em torno do homem. Mas não se trata de uma tomada de consciência do caráter finito da condição humana universal. A figura do homem como força do saber nasce do encontro com as forças do exterior, as do poder.

Se essa figura do homem já se apaga, como Deus se apagou, é porque o humano se vê desde já confrontado e combinado com outras forças de fora. A vida se abre para o código genético, o trabalho para a informática, a linguagem para os arranjos da literatura moderna, em toda parte o finito produz o ilimitado. Assim, essa morte do homem não é triste. "Contenhamos nossas lágrimas", dizia Foucault. E não há contradição com o engajamento político: a morte do homem liberta no humano forças de vida que estavam aprisionadas nele pela figura transitória do homem. Falando do "super-homem", Nietzsche nunca disse outra coisa. Foucault também não.

O riso do pensador

Característica essencial: Foucault não renuncia a certo riso e continua não tendo complacência para com a tristeza. Seu desaparecimento suscitou a justo título uma sensação de injustiça e de absurdo, mas não de incentivo à melancolia. Porque Foucault sabe rir do trágico. Sua voz de papel permanece. Seus livros continuam produzindo efeitos imprevisíveis, encontrando leitores inesperados e múltiplos, dando o que falar (inclusive de outra coisa), abortando as classificações em que gostariam de encerrá-lo, incluindo-o em lutas com que ele nem tinha sonhado. Um destino tão pouco previsível não surpreende nesse filósofo que sempre recusou a "monarquia do autor" e suas "declarações de tirania". Michel Foucault conseguiu não ser o dono de seus próprios livros, o guardião da mão única da sua obra, aquele que dita sua lei aos leitores dizendo-lhes: "O que eu quis dizer foi isto, e vocês não têm o direito de entender de outro modo." Ele concebeu, ao contrário, livros dessacralizados, independentes de seu produtor, "caixas de ferramentas" em que cada um pega, conforme sua necessidade, uma análise ou um conceito, para lutar, pensar, falar – essas três ações que, a seu ver, são uma só.

Ele queria apenas ocupar um "espaço em branco", tornar-se enfim sem identidade. O que, afinal de contas, também é uma maneira de rir. Encontramos, de um outro ângulo, a mesma frase, com que já cruzamos: "Não me perguntem quem sou e não me digam para continuar igual; essa é uma moral de registro civil; ela rege nossos documentos. Que ela nos deixe livres quando se trata de escrever." Essa vontade de não ser rotulável prevaleceu: continua não sendo fácil, anos após a sua morte, dizer em que categoria ele atuou. Poderíamos crer, lendo apenas os títulos das suas obras, que estamos diante de um historiador dos costumes de uma espécie bem particular – um filho de Lucien Febvre, de Fernand Braudel, da escola dos Anais, esses historiadores da "longa duração" que substituíram a "história agitada dos governos, das guerras e dos surtos de fome" pelo estudo de fenômenos "de fraca inclinação" (demografia, agricultura, transportes, etc.)... Mas esse filho não é disciplinado. Na história das idéias, descobre rupturas, mutações bruscas, reviravoltas despercebidas. Pior: o objetivo do seu trabalho não é a reconstituição do passado. É por isso que, tendo-o lido mais ou menos bem, certos historiadores resmungam ou se zangam. Decididamente, não é dos deles. "Faço a história do presente", diz.

Será mesmo? Ele trata do internamento dos "loucos" inventado no limiar da Idade Clássica, do novo semblante do homem que aparece no fim do século XVIII, da emergência no século XIX de um olhar diferente para o corpo do doente ou da constituição, na Grécia antiga, da moral sexual do Ocidente. Em suma, do passado. Sem dúvida replicarão que são nossas evidências atuais que o interessam, que ele se empenha em redescobrir os ancestrais delas e restabelecer sua genealogia. Reconstituindo a geração das nossas idéias atuais sobre a loucura, a doença, o homem ou o sexo, Foucault mostra que elas não têm nada de evidente, nada de eterno. Não se trata de uma crítica vulgar de nossos preconceitos, que deixaria intacta a própria idéia de verdade.

A força de Foucault está em fazer compreender que mesmo nossos saberes mais exatos são transitórios e mortais. Eles resultam de uma ordenação temporária do discurso, de um sistema de representações cuja origem e cujo fim as pesquisas históricas revelaram. A verdade não existe... – só o que existe são os discursos historicamente identificáveis. Eles, por certo, produzem "efeitos de verdade", delimitando para uma época o que é pensável e o que não é. Mas, em si mesmos, não valem nada. Estamos diante de um relativismo absoluto. O que temos não é história, mas filosofia – a filosofia de Nietzsche. Foucault tentou, de mil maneiras, responder a esta pergunta: que fazer depois de Nietzsche? Isto é, depois da destruição sem volta da própria idéia de verdade. Somente uma perspectiva histórica ainda é praticável. Releia-se o capítulo VII da *Gaia ciência*: "Onde é que já se empreendeu", escreve Nietzsche, "uma história do amor, da cupidez, da inveja, da consciência, da piedade, da crueldade? Falta até uma história comparada do direito ou simplesmente das penas..." Todo Foucault encontra aqui seu impulso. Se Nietzsche matou a verdade, seu leitor iniciou a interminável redação do atestado de óbito dela. Como historiador e filósofo – ou escrevendo de um lugar em que essa distinção não tem mais sentido.

Isso faz pensar em Marx: ele também trocou o ponto de vista da filosofia eterna pela perspectiva histórica. O que melhor os distingue não é apenas que Marx ainda acredita no verdadeiro e na ciência, é principalmente que Foucault inventa uma nova concepção do poder. Compreende-se melhor o modo de ação desse poder ramificado, disperso, escrutando o plano de uma penitenciária ou do horário de um pensionato, do que lendo os debates parlamentares. Tecnologia maior da educação dos corpos, dispositivo em ação em toda parte, tal poder em rede não opõe duas classes (uma que o deteria, outra que gostaria de se apoderar dele), mas exerce esses efeitos tanto sobre a opressão como sobre a resistência, em lutas múltiplas, locais, disseminadas, nas quais os discursos também são apostas e armas. Ele incita tanto quanto reprime. Resumindo, o poder concebido por Foucault já não é esse objeto enigmático das lutas políticas, mas um dispositivo complexo que se estende por todo o corpo social e por suas produções.

A reviravolta, nesse ponto, é evidentemente *Vigiar e punir*, de 1975. Antes de ser "inventado" o sistema penitenciário, supliciava-se com aplicação, segundo um código preciso das torturas. Ferreteavam-se, amputavam-se, desconjuntavam-se os corpos. Da fogueira à forca, do pelourinho ao cadafalso, o sofrimento físico era encenado com um fausto exemplar. Para que ninguém ignorasse... Tudo isso, mostra Foucault, acaba de maneira brusca na segunda metade do século XVIII. O ruído monótono das fechaduras e a sombra das celas tomam a vez do grande cerimonial da carne e do sangue. Já não exibem o corpo do condenado: escondem-no. Já não querem mortificá-lo: amestram-no. É a "alma" que reeducam.

A mudança se produziu em menos de um século, no conjunto da cultura ocidental. Claro, a Idade Média não ignorava nem as masmorras nem os calabouços. Mas desconhecia esse sistema rígido de detenção sistemática, regulamentada, minuciosa, que se instaura entre 1780 e 1830, quando a Europa e o Novo Mundo se cobrem de penitenciárias... Bastará dizer, com os "reformadores" do século XVIII, que a "humanização" e os "progressos do gênero humano" explicam e justificam esse "nascimento da prisão" que revolucionou o sistema punitivo? Por trás dos álibis dos ideólogos é preciso esquadrinhar o jogo dos poderes. O estardalhaço dos suplícios e o silêncio da reclusão não se opõem como dois elementos isolados, dois fenômenos superficiais. Eles indicam a passagem de uma justiça a outra, uma mudança profunda na própria organização do poder. O criminoso, sob a monarquia absoluta, desafia o poder do rei, e esse poder o esmaga, lembrando aparatosamente a todos sua força infinita. Para os teóricos das Luzes, ao contrário, o homem que comete um crime rompe o contrato que o liga a todos os seus semelhantes: a sociedade o marginaliza e o reeduca, regulando com precisão cada fato, cada gesto e cada momento da vida carcerária.

É por isso que a prisão é uma regulamentação do espaço (o olhar do vigia pode e deve enxergar tudo), uma regulamentação do tempo (estabelecida hora a hora), uma regulamentação dos gestos, das atitudes, dos menores movimentos do corpo. Essa disciplina não foi inventada pela prisão. Foucault indica como, ao longo da Idade Clássica, as técnicas de amestramento do corpo se aperfeiçoaram, se unificaram, se sistematizaram. Elas já existiam, esparsas, isoladas. Não formavam essa rede de procedimentos aperfeiçoados que, da escola ao exército, pôs-se a controlar o corpo e suas forças. A prisão não é única portanto: ela toma lugar no conjunto da sociedade disciplinar, essa sociedade da vigilância generalizada que ainda é a nossa. "O que há de espantoso", escreve Foucault, "no fato de a prisão se parecer com as fábricas, com as escolas, com os quartéis, com os hospitais, que se parecem, todos, com as prisões?"

Essa nova concepção do poder deve se aplicar ao próprio Foucault. É melhor isso do que tentar ler sua obra com uma contracifra biográfica deficiente. Alguns pobres de espírito, como o biógrafo James Miller, se empenham em interpretar o trabalho de Michel Foucault a partir de seus supostos pendores mórbidos. De sua infância à sua agonia, um mesmo fascínio pela morte teria habitado o autor de *Vigiar e punir*. Ele teria sido incessantemente atormentado pela proximidade do prazer e da aniquilação, teria cultivado constantemente a crueldade, teria vivido dilacerado entre a atração e a repulsa que ela lhe inspirava. Uma cumplicidade fatal com a destruição o teria arrastado sem cessar, em seus livros como em suas experiências pessoais, para o pior. Em poucas palavras, sua vida e sua obra estariam situadas sob o signo único do sadismo. Dá para ouvir Foucault se rindo, e qualquer leitor sensato.

Para compreender alguma coisa nisso tudo, é melhor manter na cabeça o itinerário que, de 1970 a 1984, levou Foucault do problema geral da "vontade de saber" – o que esse mecanismo motor do Ocidente designa exatamente? como ele se ordenou, se modificou, se dobrou a diferentes regimes? – à questão da constituição do sujeito individual, por intermédio do "governo de si" e dos exercícios espirituais praticados pelos filósofos gregos e latinos. O fio condutor desse percurso é, finalmente, a idéia de que a verdade é sempre o produto de um jogo de forças, o resultado de uma ordenação – complexa, singular, móvel – de poderes em luta, e não alguma realidade incorruptível ou eterna. Isso pode ajudar a apreender em que sentido, em seus dois últimos livros, interrogando-se sobre a emergência do sujeito sexual, voltando, pelos caminhos da Antiguidade e também da ética, a uma visão estética da existência, Foucault afirma procurar "desprender-se de si mesmo".

Nessa obstinação em não ser si mesmo, nesse trabalho assíduo para escapar da sua própria pessoa, para se tornar enfim "ninguém"*, Foucault acreditou ver a tarefa do intelectual. Ser aquele que não se repete, que não profetiza nem legisla, que não dá lição de moral em ninguém e não toma assento no tribunal da história... "Sonho com o intelectual destruidor das evidências e das universalidades, aquele que identifica nas inércias e nas injunções do presente os pontos de fraqueza, as aberturas, as linhas de força, aquele que, sem parar, se move, não sabe direito onde estará nem o que pensará amanhã, porque é demasiado atento ao presente..."

---

* Pessoa e ninguém dizem-se, em francês, com a mesma palavra: *personne*. (N. do T.)

O nome de Michel Foucault não é, portanto, simplesmente sinônimo de historiador nem de filósofo. Não é nem sequer sinônimo de "Michel Foucault". Nunca idêntico a si. Sinal de contradição, como indica à sua maneira esta citação de René Char que serve, por si só, de orelha para os tomos II e III da *História da sexualidade*: "A história dos homens é a longa sucessão dos sinônimos de um mesmo vocábulo. Contradizê-la é um dever." Pensador incitativo num tempo em que a inteligência, na França, não era um gênero excedente, Foucault não foi um mestre de pensar, no sentido usual do termo, mas uma espécie particular de mestre de viver. Ouçam como, na página 28 de *Archéologie du savoir* [Arqueologia do saber], ele mesmo sugere isso: "... Não, não... Não estou onde vocês me espiam mas aqui, de onde olho rindo para vocês."

XXIV

São Deleuze

Viaja pouco, nunca aderiu ao partido comunista, nunca foi fenomenólogo nem heideggeriano, não renunciou a Marx, não repudiou Maio de 68.

Eu me interesso pelo que Deleuze faz.
MICHEL FOUCAULT, *Entretien*, 1975

Rebelde às classificações, móvel, múltiplo, Gilles Deleuze esteve constantemente fora dos grupos e das escolas, entre as correntes, em liberdade perpétua. Pensador com o pé no mundo, sempre surgia em algum outro lugar. Mal lhe pespegavam um rótulo, e já era ouvido rindo noutro lugar. Sua obra insólita, desconcertante, é díspar? Sim, mas não é dispersa. Deleuze empenhou-se em tornar-se múltiplo permanecendo único, sempre repetido e sempre diferente.

De máscara em máscara, de livro em livro, seu pensamento não parou de dar seguimento, com uma resistência e uma força incomuns, a algumas questões chaves: como inventar os meios de pensar movimentos e acontecimentos? Como apreender o que se move, gera, foge, devém, inventa, resvala, surge..., em vez de procurar contemplar o que se supõe fixo, imóvel, eterno, estável, imóvel? Como compreender que se fala de um mundo, de um tempo, de uma língua, de um corpo, de um espírito, quando há uma infinidade movediça de emoções, humores, frases, instantes, inúmeras posturas evanescentes dos órgãos e das palavras, cada uma das quais por si só define um universo? Como dizer o que só ocorre uma vez e que, no entanto, se insere numa série?

Essas interrogações se prendem, todas, a uma fonte comum: como ser filósofo depois de Nietzsche? Gilles Deleuze foi um dos raríssimos, com Michel Foucault, a tentar aceitar este desafio: inventar de novo a filosofia, quando verdade, sujeito, soberania da razão e outras armas julgadas indispensáveis desde Platão até Hegel estavam inutilizáveis, destrambelhadas ou ridículas. Muitos evitaram o problema. Deleuze quis ser filósofo, apesar dos pesares. Com júbilo e com gênio. Não sem tenteios nem sem riscos. Donde três retratos possíveis, tão arbitrários e enganadores quanto qualquer clichê da vida.

Primeiro semblante: Deleuze como professor. Aparência clássica. O autor assina obras eruditas. Estas parecem, e como!, trabalhos de história da filosofia. Do seu primeiro livro, consagrado a Hume em 1953, ao livro sobre Leibniz de 1988, ele explora sistemas, expõe a coerência deles, ressalta suas linhas de força e suas articulações. Trate-se de Spinoza, de Nietzsche, de Bergson ou até de Kant, a quem consagrou um pequeno compêndio, o essencial é sempre esclarecido. Conceitos maiores, obras fundadoras, textos menores, glosas de especialistas, tudo se encontra reunido em algumas centenas, às vezes em algumas dezenas de páginas. Deleuze, mestre de leitura? Claro. Historiador da filosofia, na melhor tradição universitária? Não é tão simples assim.

Porque nunca, com Deleuze, uma silhueta se oferece sem um plano de fundo. Na história da filosofia, ele se infiltra para semear desordens. As obras que estuda, o filósofo manipula à sua maneira. O jogo de Deleuze consiste em arrumá-las de tal modo que se apresentem sob um aspecto inesperado, ao mesmo tempo fiel e monstruoso. Com peças autênticas compõe uma máquina inédita. Expõe essas filosofias a aventuras estranhas, montando em função delas como que um *Lego* que a deforma com minúcia. A escolha das obras estudadas fala dele. A despeito das suas dessemelhanças, Hume, Spinoza, Nietzsche e Bergson têm em comum serem inclassificáveis importunos na história da metafísica. Por variadas razões, permanecem em falso, fora das normas.

Segundo retrato: o filósofo como criador. Inventar conceitos, construir noções, forjar idéias, eis a tarefa que o define. Trata-se sempre de tirar a lição de Nietzsche. A verdade não espera em lugar nenhum para ser descoberta. Ela depende do nosso desejo de inventá-la. Não é uma plenitude ou uma totalidade, mas o jogo imprevisto permitido pela existência de casas vazias, de faltas, de imperfeições no âmbito da identidade. Não vamos imaginar um criador de verdade decidindo soberanamente o que vai fazer. São movimentos obscuros. Trata-se de acompanhá-los, não de fazê-los existir, de segui-los, não de representá-los. Com *Diferença e repetição* (1969), que sem dúvida continuará sendo seu livro maior, Deleuze mina boa parte do edifício da tradição. De fato, ele tenta liquidar o princípio de identidade, elaborando porém uma nova concepção do sujeito e do tempo, um "empirismo transcendental" em ruptura com quase toda a herança filosófica. Resultado global: as noções de objeto e de sujeito se vêem decompostas. Não há senão coisas singulares, diferenciadas por sua posição no espaço, mesmo quando as declaramos idênticas. O sujeito não preexiste, não produz as representações que constituem o mundo. Ao contrário, é produzido pelos jogos múltiplos do real e da imanência. É engendrado por séries de "sínteses passivas" das quais emerge como uma espécie de conglomerado. "O que é ou volta não tem nenhuma identidade prévia e constituída." Só existem ordenações, processos e alterações.

Resta compreender como podem se produzir as estabilidades da linguagem, como se estabelecem os universos de significação nos quais estamos imersos. De fato, a existência de umas e outros suscita fortes objeções a um pensamento inteiramente centrado na singularidade dos acontecimentos. Deleuze ataca essa questão com a *Lógica do sentido*, também publicado em 1969. Desenvolve nessa obra uma análise dos paradoxos, da sua relação com os acontecimentos e o corpo, esboçando uma topologia do sentido e do não-sentido. Complementares, esses dois livros se opõem pelo estilo. *Diferença e repetição* é uma tese. Sua feitura é clássica, ainda que o conteúdo não seja. *Lógica do sentido* se compõe de trinta e quatro séries e de cinco apêndices, como se o pensamento já não progredisse de etapa em etapa numa linha única, mas se oferecesse em rede, por trajetórias convergentes ou por torrentes autônomas. As referências já não são as que a filosofia reconhece habitualmente como suas. Lado a lado com os estóicos, Deleuze leva a sério Lewis Carroll. Meninas e esquizofrênicos cruzam com Platão e Lucrécio. A linha de demarcação entre teoria e ficção, ou entre filosofia e literatura, é deslocada, esfumada, se não anulada. Gombrowicz, Fitzgerald, Joyce, mas também Klossowski, Tournier, Zola são considerados experimentadores de pensamento.

Deleuze já havia pedido a Proust uma teoria do signo, a Sacher Masoch uma teoria do contrato. Esse movimento irá se amplificando. Seria inútil tentar distinguir nitidamente o que Deleuze acha num autor, ou dele toma emprestado, e o que traz a ele. Ele embarca numa obra e parece deixar-se levar. Na verdade ele é o único a poder seguir as correntes que seu percurso revela nessas obras. No pintor Francis Bacon, ele segue uma *Lógica da sensação*, nos cineastas, um pensamento da imagem-movimento, depois da imagem-tempo. Em compensação, é no filósofo Michel Foucault que ele experimenta uma teoria do visível e do invisível.

Deleuze como experimentador. É assim que ele pensava. Não aplicando seus esquemas, estabelecidos de antemão, num material inerte, mas deixando-se alterar pelas correntes externas, aceitando a deriva destas. O pensamento, com Deleuze, é portanto muito mais experiência de vida do que de razão. É uma aventura carnal e afetiva, um caso de sensibilidade antes de ser uma operação intelectual. É por isso que, embora cultive a solidão, nunca pensou sozinho, mas sempre a partir de amigos, de cúmplices, de próximos, vivos ou mortos.

É por isso que ele se lançou, com Félix Guattari, nessa experiência pouco comum de um pensamento a dois, de que saíram *O anti-Édipo* (1972), *Kafka. Por uma literatura menor* (1975), *Rizoma* (1976), *Mil platôs* (1980) e *O que é a filosofia?* (1991). Deleuze-Guattari experimentam novas maneiras de escrever e de pensar a política, o fora de norma, o espaço, o inconsciente, o poder, o Estado, as línguas e os povos, as definições da arte, da ciência e da filosofia. Já não se trata de falar do múltiplo, mas de praticá-lo. Eles se empenham em inventar conceitos indeterminados, de utilização aleatória e proliferante.

O anti-Édipo, a despeito do seu título, não é um livro contra a psicanálise, uma denúncia de seu caráter redutor que resume a inesgotável inventividade do inconsciente ao argumento medíocre do "a portas fechadas" com papai-mamãe. Melhor é lê-lo como uma defesa e ilustração da positividade do desejo, da riqueza criadora de seus mecanismos produtivos, da sua abertura aos acontecimentos políticos e aos movimentos sociais. O barulho que esse livro fez, as polêmicas que provocou, os efeitos de moda que se engastaram nele, também algumas das suas próprias errâncias talvez tenham impedido que todo o seu alcance fosse percebido. *Mil platôs* não teve a mesma sorte. Deleuze e Guattari tentam aí, porém, experimentos surpreendentes, elaborando de novo muito mais uma abordagem do acontecimento do que do ser, muito mais dos atos singulares ou dos processos concretos do que da atividade em geral. *O que é a filosofia?*, obra tardia, redigida "quando chega a velhice e a hora de falar concretamente", ficará sem dúvida como um dos clássicos deste fim de século.

Muitos outros retratos de Deleuze são possíveis e desejáveis: esquerdista, gaiato, santo, nuvem, amigo fiel, enigma, meteoro. Todos são enganadores e verossímeis. De fato, com ele as linhas divisórias são tanto lugares de intercâmbio como traçados de demarcação, ele não parou de voltar de entre os mortos para abrir, escrevendo, um pouco mais de vida.

Última silhueta: Deleuze como sábio. Sem mármore nem toga, à antiga. Sábio para tempos futuros: místico ateu, mágico da imanência, experimentador de vidas, desbravador de liberdades, grande incitador, multidão solitária. Em seu túmulo, duas frases de Nietzsche, deturpadas. Uma fala de Leibniz: "Temerário e em si misterioso ao extremo." A outra, dos gregos: "Superficiais... por profundidade."

Primeiro a literatura

Kafka: o desespero, o absurdo, a obsessão. E também: a lei implacável, a culpa onipresente, o terror... E ainda: a impotência, a neurose, o refúgio na escrita. A torre de marfim... Seu nome faz surgir esses clichês que um adjetivo resume: "kafkiano". Deleuze e Guattari dizem não: "Nunca houve autor mais cômico e alegre do ponto de vista do enunciado. Tudo é riso, a começar por *O processo*. Tudo é político, a começar pelas *Cartas a Felice*." Essa é para deixar qualquer um perplexo! Mas atento também. Não é uma provocação gratuita. É o resultado de um grande "passeio". O ar está vivo. O caminho...

Não há caminho. Não há esquema traçado, não há plano descritível, não há porta principal para penetrar na obra de Kafka. Ao contrário, acessos tão incontáveis como os do hotel América. Essas múltiplas entradas visam cortar de saída uma leitura psicanalítica. Elas supõem que a obra e o desejo não são submetidos a uma estrutura fixa, regidos por um significante mestre, modelados por uma forma que o trabalho de interpretação poderia desnudar. Deleuze e Guattari enunciam claramente o que rejeitam: toda busca dos arquétipos que constituiriam o imaginário de Kafka, todo procedimento tendente a proclamar que "isto quer dizer aquilo".

O que eles fazem? Eles reconstroem uma política de Kafka fazendo sua obra aparecer como uma imensa máquina de escritura, com suas ramificações, suas conexões, suas linhas de fuga: um rizoma, uma toca gigantesca. Essa máquina experimental seria uma arma de guerra diretamente apontada para a economia, a história, os totalitarismos...

No entanto há algumas dificuldades. Por exemplo, a famosa *Carta ao pai* de novembro de 1919, em que Kafka torna este responsável por suas perturbações sexuais, seus fracassos, sua dificuldade de escrever, seu mundo desértico. Não é a melhor caução das interpretações psicanalíticas? De jeito nenhum, respondem Deleuze e Guattari. Kafka "carrega na mão". Por uma ampliação desmedida, um "efeito cômico", ele estoura o esquema edipiano: "Os juízes, comissários, burocratas, etc., não são substitutos do pai, o pai é que é um substituto de todas essas forças."

Para compreender esse emaranhado da família, da política e do mundo, é preciso dar uma espiada em outro lugar. Do lado dessas "máquina de expressão" em que se intercalam letras, novelas e romances. A correspondência é, de fato, a primeira peça essencial do dispositivo – em todo caso o volumoso conjunto das *Cartas a Felice*, somente levado em conta por Deleuze e Guattari. É verdade que o "noivo" submerge com uma torrente de texto quase ininterrupto essa jovem que ele encontrou tão poucas vezes. De 1912 a 1917, não pára de lhe escrever, desmentindo se necessário as linhas que acaba de enviar, impondo-lhe até responder duas vezes por dia. O contrato conjugal ele substituiria por um pacto diabólico: um "vampirismo epistolar" de que necessita para trabalhar. Do seu quarto, imóvel, Kafka-Drácula e suas missivas-morcegos chupam o sangue de Felice. Um só temor: o ardil se voltar contra ele, todas essas saídas levarem a impasses.

Assim, ao mesmo tempo, ele escreve novelas dominadas pelo "devir-animal". Essas metamorfoses são escapatórias absolutas. Não há, precisam Deleuze e Guattari, nem alegoria nem metáfora. Esse "devir-animal" desenha uma linha de fuga, a passagem para um mundo da pura intensidade, um mundo a-significante. Mas essa passagem também está ameaçada: a morte está no fim dela, a queda de volta no humano, a família. Para escapar definitivamente deles, Kafka deve recorrer a arranjos mais complexos que permitam obter "efeitos inumanos" a partir de engrenagens humanas. Uma proliferação de personagens, de lugares contíguos ou distantes constitui a armadura dos grandes romances (*A América, O processo, O castelo*). O procedimento que descrevem é, dessa vez, interminável. A única saída do processo é, para K..., a "dilação ilimitada": tudo acontece sempre na sala ao lado.

Porque a justiça funciona indefinidamente, sem lei exterior, sem culpa interna. Só há desejos (juízes, acusados, testemunhas...), que se arranjam, se deslocam, se combinam num jogo incessante de poderes. Kafka não encontra "a liberdade", mas designa, enfim, uma saída que já não pode ser abolida. É nesse sentido que é "político". Claro, ele nunca militou nem tomou partido abertamente. Mas descreve, em sua forma, as "potências diabólicas" que emergem: tecnocracia americana, burocracia soviética, ditaduras fascistas. Ele as desmonta, peça por peça. E esse trabalho é feito através da lógica. À força de pobreza absoluta, de secura extrema, Kafka arrebata imperceptivelmente a língua ao sentido, à representação – ao poder.

Essa linguagem "menor", esse alemão desértico, corresponde a uma situação histórica. Para os judeus de Praga do começo do século, era ao mesmo tempo "impossível não escrever, impossível escrever em alemão, impossível escrever de outro modo", como diz Kafka a Max Brod numa carta de junho de 1921. E Deleuze e Guattari ressaltam quanto, na literatura de uma minoria, tudo é de saída político. Todo enunciado adquire um valor coletivo. Mesmo se nenhuma comunidade existe concretamente, a obra forja em si mesma uma comunidade potencial. A literatura se torna a intermediária da revolução por vir: uma forma que antecipa o conteúdo.

"Não há linha reta na linguagem"

Deleuze combate os impedimentos. Por exemplo, a tristeza ou a transcendência – o que estorva e obstrui os desdobramentos da vida. Não pensa em destruí-los, nem mesmo em afastá-los definitivamente. Ele ressalta os contornos desses blocos que entravam os fluxos do corpo, da percepção e do pensamento. Os mapas que desenha permitem-nos esgueirar-nos entre as idéias feitas. Ou passar por baixo das frases de conveniência. Ou ainda experimentar outros estados além dos que se dizem possíveis, por serem simplesmente ordinários. Isso supõe derivas e desregramentos sistemáticos. Experimentações também, que são todas elas criações. Maneiras cada vez diferentes de transformar as carapaças – poderes, frases, conceitos, argumentos... – em novos arranjos, capazes de ramificações imprevistas. "Não há linha reta, nem nas coisas nem na linguagem."

De acordo com Deleuze, são os escritores que, na língua de todos, inventam desvios. Nada a ver com o drapeado do belo estilo ou com o ofício de fazedor de livros. Raríssimos, esses aventureiros são solitários atuando nos limites. Nos limites deles mesmos, da gramática e do mundo. Eles deixam de lado ao mesmo tempo as monotonias da sintaxe e esse claustro dos assuntos menores a que chamamos eu. "Escrever não é contar suas lembranças, suas viagens, seus amores e seus lutos, seus sonhos e seus fantasmas. [...] Ninguém escreve com suas neuroses." A literatura só cria se abandona a repetição do "eu... eu...". Ela "só se afirma se descobre sob as aparentes pessoas a potência de um impessoal". Esse impessoal não é uma generalidade. Porque o mais singular, o mais concreto, é desprovido das características habitualmente atribuídas a uma pessoa. O fascínio com o que é "pessoal" é uma ficção que afasta e que congela toda forma de devir – uma vida grimpada. Aproximar-se das coisas, envolver-se em seu jogo de forças, equivale ao contrário a se livrar de si, a entrar em novas combinações com o lado de fora.

Tal devir supõe combates internos e choques múltiplos: "A parte inalienável da alma é quando cessamos de ser um eu: é preciso conquistar essa parte eminentemente fluente, vibrante, lutante." É por isso que o escritor luta, no âmbito da língua, contra a própria língua. Esta não é feita para dizer o que é singular. As palavras, suas significações usuais, o encadeamento regular das suas relações só se referem, por essência, a generalidades. Para dizer com elas outra coisa, é necessário pôr a gramática em desequilíbrio. Travá-la, fazê-la gaguejar. Desregular seus mecanismos comuns. Talhar na língua, por diversos procedimentos, uma nova língua – propriamente inaudita, e de início inaudível. "Um grande escritor é sempre como que um estrangeiro na língua em que se exprime, mesmo se é sua língua natal." O que ele tenta dizer não está no programa do exprimível.

Porque as visões e as audições mais particulares advêm fora das palavras. Essas percepções-limites não são, apesar de tudo, estranhas no horizonte dos seres falantes. Elas não ocorrem num mundo mudo. Sua existência, ao contrário, é possibilitada pela existência da linguagem. Elas advêm nesse exterior constituído pelo fato mesmo de que há uma linguagem. A tarefa do escritor é, então, perfurar dentro das frases, produzir aí fissuras e falhas pelas quais se fazem finalmente ver e ouvir alguns dos matizes ou das melodias exteriores. Nessa escapada sem sair do lugar, a cada um sua tática. Segundo sua singularidade, sua maneira de se desfazer do seu eu, seu devir individual, suas linhas de força e de fuga. Deleuze segue obras muito diferentes, mas os escritores que acompanha adquirem, sob suas disparidades visíveis, como que uma parecença subterrânea. Beckett, Wolfson, Carroll, Melville, Whitman, Kafka, os dois Lawrence (D. H. e T. E.), Artaud, Jarry, Masoch, Roussel, Brisset: o que há de comum? Poucas coisas, à primeira vista. Salvo, cada vez, textos arrumados de acordo com "uma linguagem afetiva, intensiva, e não mais uma afeição de quem fala": "Os livros belos", diz Proust em *Contra Sainte-Beuve*, "são escritos numa espécie de língua estrangeira."

Trata-se apenas de escritores? Não, de filósofos também. Isso tem dois sentidos: os exploradores do lado de fora são, como tais, pensadores – homens de idéias, não apenas homens de letras. Por outro lado, para Deleuze, a filosofia também é questão de estilo, a criação dos conceitos está ligada às experiências singulares, os sistemas põem em relação à sua maneira o lado de fora e o lado de dentro. Ele nunca parou de anular essas fronteiras artificiais.

As dobras de Leibniz

"Leibniz é perigoso como bom alemão que necessita de fachadas e de filosofias de fachada, mas temerário e em si misterioso ao extremo." Assim falava Nietzsche. É verdade que, por trás das fachadas do mestre de Hanôver – perucas de corte, missões diplomáticas, habilidade de polemista, curiosidade enciclopédica –, o sistema do filósofo permanece em parte enigmático. A dispersão da obra em opúsculos, correspondências, escritos de circunstância não é a causa verdadeira disso – como tampouco o uso constante dos modelos matemáticos ou sua função de advogado de Deus.

Leibniz consegue, mais que qualquer outro sem dúvida, pensar juntas a unidade do mundo e sua infinita diversidade, a harmonia do tudo e a singularidade dos indivíduos, a unicidade do real e a incontável multiplicidade dos pontos de vista. A chave da sua filosofia, se fosse preciso dizê-la rapidamente, poderia ser: tudo é sempre a mesma coisa, mas tudo difere pela maneira. Essa clareza, por certo, não passa de um *trompe-l'oeil*. O mistério está em outro lugar.

Por trás da fachada, um quarto escuro, fechado, hermético talvez. "As mônadas não têm janelas pelas quais algo possa entrar ou sair", escreve Leibniz. Elas não têm "orifícios nem portas", diz em outra passagem. As mônadas não são almas nem espíritos tais como era possível concebê-los antes dele.

Elas extraem tudo do seu próprio fundo, que é escuro. Cada uma exprime o mundo inteiro, mas só exprime claramente uma parte dele. Foi nesse claro-escuro leibniziano que Deleuze instalou sua lanterna. O filósofo dos movimentos, das trajetórias, das inflexões se apega ao que pensa por diferencial e integral. Ao mesmo tempo, seu Leibniz é como sempre inesperado. No fim das contas, é o próprio Leibniz, tudo está aí: as mônadas e as pequenas percepções, a harmonia preestabelecida e o melhor dos mundos possíveis, os dois ramos do cálculo infinitesimal. O sistema inteiro se acha dissecado. Ao mesmo tempo, é posto em movimento, investido, acentuado, dobrado e desdobrado de tal modo que... é o próprio Deleuze. Tudo está aí: as séries e os acontecimentos, as máquinas e os regimes de luz, os limiares de intensidade e as linhas de fuga. Para ver as coisas com clareza, devemos considerar pois seu modo de filosofar de várias maneiras. Quatro pelo menos.

Como uma análise do sistema leibniziano, evidentemente, e de seu funcionamento. De engrenagem em engrenagem, Deleuze insiste nos pontos de ruptura com o classicismo – tanto o de Aristóteles como o de Descartes. Ele mostra como o sujeito, o objeto, o conceito, o predicado, a substância mudam profundamente de estatuto em Leibniz. Ele prolonga ou contrasta, de passagem, determinado aspecto dos comentários célebres de Louis Couturat, Bertrand Russell, Martial Gueroult, Yvon Belaval, Michel Serres ou André Robinet. Ele oferece soluções originais a espinhosos problemas "técnicos".

Poderia se tratar também, antes de mais nada, de um trabalho sobre o barroco, de que Leibniz seria o filósofo por excelência. Estranho traço-de-união, o barroco. As certezas do classicismo vão abaixo. O mundo já não tem centro nem figura. Os princípios, em filosofia, se pulverizam ou grimpam. Deus já não é o que era: o ideal teológico vacila. Mas ainda não é tempo de niilismo, da ausência de qualquer princípio, da morte de Deus nem do estilhaçamento do mundo. A idade barroca salva o que ainda pode ser salvo. E o faz de uma maneira curiosa: a partir da carência, ele produz a abundância. Na falta de centro, inúmeras e móveis perspectivas. Na falta de Bem absoluto, a riqueza do que é relativamente melhor. Os princípios são tratados como fachadas ou *trompel'oeil*: Leibniz, o barroco, se diverte multiplicando-os. Ele festeja as divergências e as combina infinitamente. Com dissonâncias crescentes, inventa uma nova harmonia.

Resta saber como ele o faz. Terceira leitura. O verdadeiro objeto dessa reflexão poderia ser a dobra. O mundo de Leibniz é feito de uma infinidade de dobras. A matéria inerte é dobrada sob a pressão de forças exteriores. O organismo é formado de uma dobra endógena e dobra suas próprias partes infinitamente. As idéias são dobradas nas almas e o fundo escuríssimo das mônadas é como um drapeado negro estriado de miríades de pregas, que percorrem as pequenas percepções. Resumindo, o barroco dobra tudo: as linhas, os corpos, os costumes, mas principalmente o exterior sobre o interior, as mônadas sobre a natureza. Como essa dobra vai ao infinito, não há como dela escapar. Desdobrar, "ex-pli-car"*, não é suprimir as dobras, é percorrê-las, ou mesmo formar novas dobras.

De repente, estamos além de Leibniz, assim como do barroco. É necessário então um quarto ponto de vista, como o esboço de uma teoria geral da dobra. Deleuze já a encetava no último capítulo do seu *Foucault*. É verdade que a noção de dobra é bem maleável para ter mil aplicações. Vemo-la contornar, ou englobar, a questão do ser. Podemos fazê-la atravessar na diagonal a herança contemporânea de Leibniz, dos trabalhos de matemáticos como Thom ou Mandelbrot às pesquisas dos biólogos sobre a epigênese. Poderíamos vê-la triunfar enfim nas criações neobarrocas de hoje em dia: as dobraduras de Hantai, a música de Boulez (*Pli selon pli*), a escrita de Borges ou a de Michaux (*Vivre dans les plis*). Entre outras.

---

* *Pli*, dobra. (N. do T.)

"O que é a filosofia?"

Deleuze retifica: a filosofia não é nem contemplação, nem reflexão, nem comunicação. Ela é criação de conceitos – sempre novos, sempre a construir, sempre arraigados no obscuro –, fontes de luzes móveis, afastadas do caos, e sobrevoando-o. Arte e ciência têm gestos bem diferentes. Eles podem se cruzar com os dos filósofos, mas não substituí-los. Arte e ciência mergulham de modo diferente no inconhecível. Suas embarcações, suas redes, suas pescas não são as da filosofia – ainda que o oceano aceite todas, indiferente.

O que é, pois, a filosofia? Uma criação. Uma maneira de traçar uma face do universo, para nela construir um mundo possível e exibir possibilidades de novas vias. A filosofia não trata portanto das verdades eternas. Não há que contemplar nenhum dado já presente. Só acreditamos nisso depois de termos, como Platão, criado o conceito de uma verdade... incriada. O filósofo constrói, ordena, ajusta conceitos. Toma emprestado do caos da vida, dos movimentos impensáveis que atravessam seu corpo, o que precisa para modelar um espaço inédito. Um conceito tenta dar consistência a um movimento infinito, sem com isso perdê-lo.

Paradoxos dos conceitos. Múltiplos, eles sobrevoam seus componentes. Construídos, eles mesmos se afirmam, levando, se assim ousamos dizer, uma existência singular. Absolutos, não podem ser solitários, mas sempre solidários com outros conceitos, evoluindo em parceria. Geradores de problemas, parecem ser as soluções destes. Emergindo absolutamente da noite, parecem eternamente luminosos. Aerólitos, são tomados por estrelas fixas. Confundem esses "centros de vibrações" com formas universais, frases bem feitas ou verdades fechadas. Tudo isso não passa de equívocos sobre o que é a filosofia.

Defini-la como criação de conceitos leva a afastar essas ilusões antigas e modernas. A filosofia combate indefinidamente – primeiro nela mesma – a transcendência, em todas as suas formas. É sua inimiga íntima, seu ardil multiforme, também a força de sua exibição. Deleuze declara alegremente guerra a quase todo o presente. A "morte da metafísica" ou a "superação da filosofia"? "Inúteis, penosas ladainhas." Ou ainda, entre mil outras fórmulas: "Não são filósofos os funcionários que não renovam a imagem do pensamento e nem sequer têm consciência desse problema, na beatitude de um pensamento pronto para o uso que ignora o próprio labor dos que pretende tomar por modelos."

Fazer o que os grandes fizeram: criar conceitos, mais e sempre. E não repetir o discurso deles, ou pior: conservá-lo piedosamente sem entender nada do que dizem. Esta é a lição. Não é a única, longe disso. O pensamento é um modo de existência, e a verdade, sua intensificação: "Um modo de existência é bom ou ruim, nobre ou vulgar, cheio ou vazio, independentemente do Bem e do Mal, e de todo valor transcendental: nunca há outro critério senão o teor de existência, a intensificação da vida." Trata-se do risco e das posturas do pensador: "Se o pensamento busca é menos à maneira de um homem que disporia de um método que de um cachorro de que se diria que dá pulos desordenados..." Personagens animam os conceitos, habitam a vida dos filósofos e falam sob sua assinatura: "Nós, filósofos, é por nossas personagens que sempre nos tornamos outra coisa e que renascemos praça pública ou jardim zoológico." Um "gosto filosófico" rege as relações entre o traçar de um universo subjacente aos conceitos, a invenção das personagens que nele vivem, a coexistência dos conceitos positivos ou repulsivos que o povoam. Planos distinguem filosofia, ciência e arte e permitem que seus elementos respectivos sejam discernidos: forma do conceito, funcionamento do conhecimento, força da sensação. E maneiras como eles se correspondem. E suas relações com o caos. E a junção que o cérebro efetua entre seus três estilos de busca distintos no âmbito do impensável primordial, para além do sábio e do louco.

Guerra contra si

Gilles Deleuze participou ativamente da "guerra das alegrias contra as tristezas". Ele lembrou que os discursos não se limitam a objetos puramente teóricos, que são inteiramente atravessados por experimentações, acontecimentos, aventuras do corpo, fluxos múltiplos. Como voltas de viagens impossíveis que no entanto foram feitas ou como estranhos veículos para novos movimentos de cérebro. Eis como convém lê-lo: como acrobata, como dançarino, como ginasta. Dizer-se: essa postura de pensamento, será que eu já assumi? Posso encontrá-la, pegá-la? Que circuitos ela segue? É um entrave ou uma ajuda?

Deleuze fala com freqüência de respiração. Idéia maluca: uma espécie de ioga? Em seus últimos textos (os de *Conversações*, mas também de *Foucault* ou *A dobra*, em *O esgotado* também), retorna a questão do irrespirável, do vazio em que não mais respiramos. Quem sabe não pedia ele ao pensamento novos caminhos para o fôlego, afastando os que o cortam ou sufocam, privilegiando os que podem ramificá-lo, fazer circular, ajudá-lo a seguir circuitos ainda por desbravar. Sem dúvida é uma interpretação inabitual. Mas ela não parece lhe ser totalmente infiel.

Por trás de tudo, movimentos. Pouco importam finalmente os contextos. Eles multiplicarão indefinidamente as hipóteses. Seu modo de filosofar consistia em possibilitar sempre movimentos, em tentar pensá-los, assumindo o risco de acompanhar seu curso. Modo de filosofar político: "Se as opressões são tão terríveis, é porque impedem os movimentos e não porque ofendem o eterno." Modo de filosofar teórico: um antigo amor à verdade, essência imutável e esclerosada, Deleuze quis substituir pela atenção múltipla às metamorfoses inauditas das línguas, dos corpos, dos povos. Nisso, evidentemente, foi fiel a Nietzsche, o primeiro a rasgar a "deplorável crença na verdade". Mas sem dúvida Deleuze foi mais nítido que Nietzsche, esclarecendo o que este havia apenas sugerido. Por exemplo: a história não é o lugar das mutações decisivas. Melhor: a história seria apenas o nome dos obstáculos que convém afastar para que alguma novidade efetiva advenha. "A história designa apenas o conjunto das condições, recentes que sejam, de que nos desviamos para 'devir', ou seja, para criar algo de novo." Essa novidade é a das experiências de pensamento. A história é como que seu lugar de emergência, ou a condição de aparição. Ela não é nem seu motor nem sua causa: "A experimentação não é histórica, é filosófica." Nisso Deleuze foi fiel a Nietzsche, mas também a Bergson.

Seria um erro crer que os movimentos deleuzianos necessitam de um deslocamento, de uma agitação ou até de algum transporte espacial. Ao contrário, os mais perturbadores ocorrem sem que nada, aparentemente, se mexa. Assim procedem as invenções de fôlego, as criações de sintaxe e as revoluções do pensamento. E, em certo sentido, a filosofia, que se situa entre guerra e paz e "não se separa de uma cólera contra a época, mas também de uma serenidade que ela nos garante". A filosofia não pode lutar contras essas potências que são "as religiões, os Estados, o capitalismo, a ciência, o direito, a opinião, a televisão". Ela só pode fustigá-las, travando "uma guerra sem batalha, uma guerrilha contra elas". Mas tais movimentos de resistência não mobilizam grupos. A "guerrilha" que a filosofia trava não opõe os pensadores ao poder, os marginais aos partidários da ordem ou os criadores aos guardiães de todos os *status quo*. "Como as potências não se contentam com ser exteriores, mas também penetram em cada um de nós, é cada um de nós que se vê incessantemente em conversações e em guerrilha consigo mesmo, graças à filosofia."

Guerra de cada um contra si: bela definição. As formas dessa guerra: o estilo ("os grandes filósofos também são grandes estilistas"). Suas armas: conceitos que não diriam a essência, mas o acontecimento. Seu objetivo: a vida, isto é, uma vida maior ("no ato de escrever, há a tentativa de fazer da vida algo mais pessoal, de libertar a vida do que a aprisiona"). Seus inimigos: as potências? Sim, mas sob as formas que elas assumem dentro de nós mesmos. Exemplo: o trato pesado da língua, que gera as fórmulas massudas da tolice e a falsa seriedade dos conformismos. Entre tais inimigos, não esquecer o eu ("ninguém escreve com seu eu, sua memória e suas doenças"), nem as evidências enganadoras do que se imagina compreender ("fala-se do fundo do que não se sabe").

É preciso agradecer Deleuze, por ter dito tão bem que a filosofia é muito mais um problema de criação do que de história dos textos, por ter lembrado seu papel – construir sistemas, forjar sempre novos conceitos –, por ter ressaltado que esse trabalho ocorre sobre um fundo de obscuridade ("o pensamento não é uma questão de teoria"). Numa época seca, reativa, manipuladora, em que a inflação dos discursos pré-fabricados lamina os cérebros, Deleuze incitou cada um a ousar seguir seus caminhos secretos. Seus livros mostraram a força das solidões. A Universidade fingiu não saber que ele era um dos maiores. Os poderes continuam fingindo ignorá-lo. Melhor assim: é difícil vê-lo cumulado de honras. Basta lê-lo para nos sentirmos menos temerosos. Com Deleuze o riso do filósofo rebentou de novo. É preciso celebrar essas alegrias.

Mais uma palavra

Cada um refará como quiser. Pode voltar sobre seus passos, seguir uma pista apenas indicada, ter uma opinião oposta à indicada na virada de uma página. O percurso seguido não pretende, é claro, nem tudo saber nem tudo mostrar. Uma incitação a encontrar os textos, foi só o que quisemos propor. Se o passante sentiu alguma nova curiosidade, se ele se convenceu de que nem tudo é tão austero nem tão chato quanto se diz ser nos filósofos, se sentiu a vontade de ir por conta própria freqüentar obras, seminários ou simplesmente idéias, então o trabalho não foi em vão.

Restará saber o que são os filósofos e o que poderia ser a filosofia, se resumirmos as indicações catadas em companhia deles. Um filósofo não se define apenas como um indivíduo a quem teria "acontecido alguma coisa" – iluminação, êxtase, luto, intuição, possessão e outras crises que poetas e místicos também conhecem. Não é tampouco uma alma abalada que tomaria por objeto de reflexão o abalo que mexeu com ela, para compreendê-la de fora, dominando-a pela razão. É antes um espírito que decide transformar sua existência pela inteligência continuada e vivida do que acontece com ele, compreensão que ele deve conquistar contando apenas com suas próprias forças. Uma definição mais convencional delimitaria o filósofo mediante o simples trabalho de polimento dos conceitos, sem se preocupar com a proveniência do material nem

com o estranho desejo de moldá-lo, nem tampouco com as
conseqüências dessa singular atividade.

Distintas embora, essas definições não se excluem necessariamente. Quem sabe estamos nos aproximando de um tempo em que elas parecerão complementares e inseparáveis, em que se deixará de opor moralistas e lógicos, tempo das sabedorias antigas e tempo dos sistemas teóricos modernos, para compreender que todo filósofo caminha nos dois registros. Sempre uma moral por baixo dos conceitos, sempre uma lógica em ação na ética. Um sem-número de ênfases diferentes produz evidentemente contrastes. Mas não são diferenças radicais. Há um só trabalho do pensamento. Seria isso uma novidade? Um acontecimento extraordinário? Não seria ao contrário a idéia mais banal que há, mais corrente, mais antigamente recebida? Todo o mundo sempre soube disso, provavelmente.

É necessário redizer o caráter inseparável das duas faces da filosofia: modo de vida e construção de discurso. É um grande erro desembaraçar-se do trabalho dos conceitos, das determinações e dos argumentos, a pretexto de redescobrir o sentido da filosofia vivenciada. Convém, ao contrário, compreender que discurso e modo de vida estão intimamente ligados, remetem um ao outro, não param de se sustentar reciprocamente. Os filósofos são os únicos a se perguntar, obstinadamente, desde sempre, como viver sem apelar para outra crença que não a confiança na razão. Os jogos de idéias dos filósofos intrigam: nunca se sabe se eles fazem isso tudo para rir ou se têm um segredo. Eis o segredo bem conhecido: os filósofos são os guardiães obstinados da ignorância. Eles salientam indefinidamente os limites dos saberes. Isso os diverte e os inquieta, ao mesmo tempo. Se seus jogos infinitos não interessassem mais ninguém, o mundo não passaria de um funcionamento.

Agradecimentos

Minha gratidão vai antes de mais nada aos filósofos, citados ou não neste volume, pelas alegrias compartilhadas.

Vai também aos mestres que me fizeram descobrir a filosofia, em particular Michel Pêcheux, Jean Deprun, Camille Pernot, Bernard Besnier, Martial Gueroult e, de uma outra maneira, aos mestres que se tornaram meus amigos, como Michel Hulin, como Jean-Toussaint Desanti, a quem devo tanto.

Exprimo também meu reconhecimento aos que foram, no correr dos anos, os destinatários destes textos: meus alunos do terceiro colegial, por suas perguntas diretas e por sua avidez; os leitores do *Le Monde*, pelas cartas atentas, calorosas, exigentes.

Envio meus vivos agradecimentos a Jean-Marie Colombani, diretor do *Le Monde*, por ter me autorizado a utilizar livremente os artigos que assinei nesse jornal, a Jacqueline Piatier por ter me ensinado o ofício, a François Bott por ter me confiado uma crônica, a Josyane Savigneau por sua cumplicidade de sempre, e a toda a equipe do *Le Monde des Livres* pelos anos de trabalho que temos em comum.

Agradeço por sua eficiência Didier Rioux, chefe de documentação do *Le Monde*, que me ajudou a reunir os artigos que forneceram o material deste livro.

Murielle Ohnona-Weizman também me deu uma ajuda preciosa para reunir e classificar a documentação.

A COMPANHIA DOS FILÓSOFOS

Este volume não poderia ter sido levado a bom termo sem o concurso de Yvette Gogue, que cuidou com grande competência de vários aspectos técnicos do manuscrito.

Obrigado a Joëlle Proust por sua hospitalidade no verão de 1997, às pastoras por sua alegre companhia e a N.F., minha companheira, por tudo.

Fontes e referências

As obras utilizadas são indicadas aqui, capítulo por capítulo. Como a maioria delas é citada no texto, pelo menos por uma menção ao nome do autor, figuram aqui em sua ordem de aparecimento. Breves comentários as acompanham, para que essa bibliografia possa servir de primeiro guia de leitura. Algumas sugestões complementares são indicadas em seguida. Essas indicações não têm outra pretensão além da de facilitar a pesquisa dos leitores que desejarem consultar os textos de que provém este livro. Salvo exceção assinalada, o lugar de edição é Paris.

PRIMEIRA PARTE

OS QUE ACREDITAVAM NO VERDADEIRO,
OS QUE NÃO ACREDITAVAM

I – MODO DE FALAR, MANEIRA DE VIVER

JANICAUD, Dominique, À nouveau la philosophie, Albin Michel, "Bibliothèque du Collège international de philosophie", 1991, 236 pp.
Coletânea de estudos sobre a situação contemporânea da filosofia e sobre seu possível lugar na sociedade e na cultura de amanhã.

HADOT, Pierre, *Exercices spirituels et philosophie antique*, Études augustiniennes, 2ᵉ édition revue et augmentée, 1987, 254 pp.
Um trabalho ao mesmo tempo fundamental e acessível, cuja leitura contribuiu para modificar a trajetória de Michel Foucault e que, principalmente, renovou a imagem da filosofia na Antiguidade.

DOMANSKI, Juliusz, *La philosophie, théorie ou manière de vivre? Les controverses de l'Antiquité à la Renaissance*, préface de Pierre Hadot, Éditions du Cerf et Éditions universitaires de Fribourg, "Pensée antique et médiévale", 128 pp.
Útil complemento aos trabalhos de Pierre Hadot, para os que já leram as obras básicas.

HADOT, Pierre, *La citadelle intérieure. Introduction aux "Pensées" de Marc Aurèle*, Fayard, 1992, 386 pp.
Uma das melhores introduções à leitura de Marco Aurélio e à compreensão do estoicismo em geral.

JÂMBLICO, *Vie de Pythagore*, introduction, traduction du grec et notes de Luc Brisson et Alain Philippe Segonds. Les Belles Lettres, "La roue à livres", 1996, 244 pp.
Redigido quase oito séculos depois da época em que Pitágoras viveu, uma biografia mais que lendária.

LUCIANO, *Philosophes à vendre*, suivi du *Pécheur ou Les ressuscités*, traduit du grec, présenté et annoté par Odile Zink, Le Livre de poche, "Les classiques d'aujourd'hui", 1996, 128 pp.
Um dos panfletos mais engraçados da Antiguidade.

Ver igualmente sobre os temas abordados:

HADOT, Pierre, *Qu'est-ce que la philosophie antique?*, Gallimard, "Folio Essais", 1995, 464 pp.
Simplesmente luminoso.

CONCHE, Marcel, *Vivre et philosopher. Réponses aux questions de Lucile Laveggi*, PUF, 1992, 232 pp.
Uma tentativa para ir em direção a uma sabedoria contemporânea.

GOULET, Richard, éd., *Dictionnaire des philosophes antiques*, Éditions du Centre national de la recherche scientifique, iniciado em 1990.
Todas as referências relativas a centenas de filósofos apenas conhecidos. Instrumento de trabalho indispensável a qualquer pesquisador.
GOULET-CAZÉ, Marie-Odile, *L'ascèse cynique: un commentaire de Diogène Laërce*, Vrin, "Histoire des doctrines de l'Antiquité classique", 1986, 292 pp.
Para descobrir o que pensaram os cínicos e o sentido das suas provocações.

II – GREGOS SEMPRE RECOMEÇADOS

DUMONT, Jean-Paul, *Les présocratiques*, édition établie par Jean-Paul Dumont, avec la collaboration de Daniel Delattre et de Jean-Louis Poirier, Gallimard, "La Pléiade", 1988, 1.626 pp.
A coletânea mais acessível e mais completa em língua francesa.
CONCHE, Marcel, *Héraclite. Fragments*, texte établi, traduit et commenté par Marcel Conche, PUF, "Épiméthée", 1986, 496 pp.
Edição erudita com texto grego, tradução francesa e comentários.
SALEM, Jean, *Démocrite. Grains de poussière dans un rayon de soleil.* 1996, Vrin, "Histoire de la philosophie", 1996, 416 pp.
SALEM, Jean, *La légende de Démocrite*, Kimé, 1996, 160 pp.
Duas obras complementares que se propõem passar em revista o pensamento de Demócrito e a evolução da sua imagem.
DETIENNE, Marcel et SISSA, Giulia, *La vie quotidienne des dieux grecs*, Hachette Littérature, "La vie quotidienne", 1989.
Do ponto de vista dos fatos e dos gestos, uma análise do universo divino dos gregos.
VERNANT, Jean-Pierre, *L'Individu, l'Amour, la Mort. Soi-même et l'autre en Grèce ancienne*, Gallimard, 1989, 234 pp.

Um livro de referência sobre os paradoxos do homem antigo e sua falta de interioridade.
VERNANT, Jean-Pierre, *Mythe et religion en Grèce ancienne*, Seuil, 1990, 124 pp.
Um verbete de enciclopédia que se tornou a mais exata das introduções à religião dos gregos.
FINLEY, Moses, *Démocratie antique et démocratie moderne*, traduit de l'anglais par Monique Alexandre, précédé de "Tradition de la démocratie grecque" par Pierre Vidal-Naquet, Petite Bibliothèque Payot, 1976, 192 pp.
Um dos clássicos da reflexão contemporânea sobre os gregos.
ROMILLY, Jacqueline de, *Problèmes de la démocratie grecque*, Hermann, 1976, 216 pp.
Esta obra reúne vários extratos de textos ordenados por temas.

Ver também sobre os temas abordados:

NIETZSCHE, Friedrich, *Sur Démocrite, fragments inédits*, traduit de l'allemand et présenté par Philippe Ducat, postface de Jean-Luc Nancy, Métailié, 1990, 150 pp.
Como um filósofo decide "reinventar" uma figura da Antiguidade.
TERRAY, Emmanuel, *La politique dans la caverne*, Seuil, "La librairie du XXe siècle", 1990, 437 pp.
A democracia como regime fundado na incerteza e na decisão coletiva.
BRUNSCHWIG, Jacques et LLOYD, Geoffrey, *Le savoir grec*, dictionnaire critique sous la direction de Jacques Brunschwig et Geoffrey Lloyd, avec la collaboration de Pierre Pellegrin, préface de Michel Serres, Flammarion, 1996, 1.096 pp.
A reflexão característica dos gregos sobre seus próprios saberes posta numa bela perspectiva.

III – SILÊNCIOS E COMENTÁRIOS

MAZEL, Jacques, *Socrate*, Fayard, 1987, 570 pp.
Biografia agradável e exata do mais singular personagem da história filosófica.

PLATÃO, *Lettres*, traduction inédite, introduction et notes de Luc Brisson, "GF"-Flammarion, 1987, 314 pp.

PLATÃO, *Gorgias*, traduction inédite, introduction et notes de Monique Canto, "GF"-Flammarion, 1987, 382 pp.
Além destes dois títulos, ver as novas traduções de Platão em livro de bolso "GF"-Flammarion, todas elas excelentes.

RICHARD, Marie-Dominique, *L'enseignement oral de Platon*, préface de Pierre Hadot, Éd. du Cerf, 1986, 414 pp.
Balanço dos trabalhos da escola de Tübingen, para leitores já informados sobre Platão.

DIXSAUT, Monique, éd., *Contre Platon. Renverser le platonisme*, Vrin, "Tradition de la pensée classique", 1995, 322 pp.
Obra coletiva sobre os adversários do pensamento de Platão através dos séculos.

THOM, René, *Apologie du logos*, préface de Jean Largeault, Hachette Littératures, 1990, 672 pp.
As análises relativas à metafísica de Aristóteles pelo matemático criador da "teoria das catástrofes".

SINACEUR, Mohammed Allal, éd., *Aristote aujourd'hui*, Éd. Erès-Unesco, 1988, 356 pp.

SINACEUR, Mohammed Allal, éd., *Penser avec Aristote*, préface de Federico Mayor, Éd. Erès, 1992, 890 pp.
As múltiplas facetas da herança de Aristóteles, esclarecidas por uma série de especialistas.

HEIDEGGER, Martin, *Interprétations phénoménologiques d'Aristote*, traduit de l'allemand par J.-F. Courtine, préface de H.G. Gadamer, édition bilingue, Éd. TER, 1992, 60 pp.
Documento sobre o modo de pensar de Heidegger e seu debate com o fundador da metafísica.

BRAGUE, Rémi, *Aristote et la question du monde*, PUF, "Épiméthée", 1988, 560 pp.
Aristóteles relido numa perspectiva heideggeriana.
COURTINE, Jean-François, *Suarez et le système de la métaphysique*, PUF, "Épiméthée", 1991, 560 pp.
A série de comentários do texto da "Metafísica" de Aristóteles e sua evolução.
PLOTINO, *Oeuvres*, introduction, commentaires et notes de Pierre Hadot, Éd. du Cerf, 1988, 428 pp.
Nova tradução dos textos de um filósofo incomparável.
PÉPIN, Jean, *La tradition de l'allégorie de Philon d'Alexandrie à Dante*, Études augustiniennes, 1988, 60 pp.
A retomada pelos pensadores cristãos da herança filosófica grega passa notadamente pela questão da alegoria.
DAMASCIUS, *Des premiers principes*, introduction, notes et traduction du grec de Marie-Claire Galpérine, Éd. Verdier, 1988, 814 pp.
Talvez o último dos gregos, em todo caso um dos mais vertiginosos e desconcertantes.

IV – NÃO ESQUECER A ÍNDIA

BUGAULT, Guy, *L'Inde pense-t-elle?*, PUF, "Sciences, modernités, philosophies" 1995, 350 pp.
Por um filósofo que sabe sânscrito, a mais clara introdução às questões levantadas pela existência da filosofia na Índia.
VALLIN, Georges, *La perspective métaphysique*, PUF, Dervy-Livres, 1959, rééd. 1977.
VALLIN, Georges, *Lumières du non-dualisme*, avant-propos de Jean Borella, Presses universitaires de Nancy, 1987, 166 pp.
Um livro e uma coletânea de um dos raros filósofos que se preocupou verdadeiramente com a filosofia comparada na França, nas décadas de 1950 e 1960.
KAPANI, Lakshmi, *La notion de samskâra dans l'Inde brahmanique et bouddhique*, Publications de l'Institut de civilisa-

tion indienne du Collège de France, diffusion de Boccard, vol. I, 1992, 314 pp., vol. II. 1993, 280 pp.
Trabalho fundamental sobre uma noção chave, para um público já informado.
CHENET, François, éd., *Nirvâna*, Cahiers de l'Herne, 1933, 372 pp.
Conjunto de estudos e traduções inéditas relativas a uma noção de sentidos variados e às vezes difíceis de apreender.
BAREAU, André, *La voix de Bouddha*, Éd. Philippe Lebaud, "Les intemporels", 1996, 160 pp.
Uma das introduções mais simples, por um eminente especialista.

V – ESTRELAS CADENTES

RANSON, Patrick, éd., *Saint Augustin. Les dossiers H.*, L'Âge d'Homme, 1988, 494 pp.
A maioria das facetas do filósofo e apologista são estudadas ao longo desse volumoso dossiê.
BOULNOIS, Olivier, éd., *La puissance et son ombre. De Pierre Lombard à Luther*, textes traduits et présentés sous la direction d'Olivier Boulnois, Aubier, "Bibliothèque philosophique", 1994, 416 pp.
Série de artigos de filosofia medieval centrados na questão da potência de Deus e em seus paradoxos.
LIBERA, Alain de, *La philosophie médiévale*, PUF, "Que Sais-je?", 1992, 128 pp.
LIBERA, Alain de, *La philosophie médiévale*, PUF, "Premier cycle", 1993, 512 pp.
Os melhores guias de hoje, por um especialista e pedagogo.
OCKHAM, Guillaume d', *Somme de logique*, première partie, traduction, introduction et notes de Joël Biard, Trans-Europ-Repress, 1989, 244 pp.
O texto principal, notavelmente editado.

ALFIÉRI, Pierre, *Guillaume d'Ockham, le singulier*, Éd. de Minuit, "Philosophie", 1989, 482 pp.
Estudo sobre a contribuição de Ockham à reflexão lógica e da sua atualidade.

CONCHE, Marcel, *Montaigne et la philosophie*, PUF, "Perspectives critiques", 1996, 176 pp.
Uma das mais coerentes abordagens filosóficas de Montaigne.

MIRANDOLA, Pico della, *De la dignité de l'homme (Oratio de hominis dignitate)*, traduit du latin et préfacé par Yves Hersant, Éd. de l'Éclat, "Philosophie imaginaire" 1993, 136 pp.

MIRANDOLA, Pico della, *Oeuvres philosophiques*, texte latin, traduction et notes par Olivier Boulnois et Giuseppe Tognon, PUF, "Épiméthée", 1993, 314 pp.
Vale a pena ser descoberto.

BRUNO, Giordano, *Oeuvres complètes*, texte et traduction sous la direction d'Yves Hersant et Nucio Ordine (em publicação desde 1993), Belles Lettres, 421 pp.
A edição bilíngüe de referência.

VI – RAZÃO CLÁSSICA

MARION, Jean-Luc, *Sur le prisme métaphysique de Descartes*, "Épiméthée", 1986, 388 pp.

MARION, Jean-Luc, *Sur l'ontologie grise de Descartes. Science cartésienne et savoir aristotélicien dans les Regulae*, Vrin, "Bibliothèque d'histoire de la philosophie", 1993, 220 pp.

MARION, Jean-Luc, *Sur la théologie blanche de Descartes*, PUF, "Quadrige", 1991, 496 pp.
Trabalhos de erudição e de análise fenomenológica.

RODIS-LEWIS, Geneviève, *Descartes. Biographie*. Calmann-Lévy, 1995, 372 pp.
A vida do filósofo com alguns erros corrigidos e as lacunas do nosso conhecimento preenchidas.

KAMBOUCHNER, Denis, *L'homme des passions. Commentaires sur Descartes*, t. I, "Analytique", t. II, "Canonique", Albin

Michel, "Bibliothèque du Collège international de philosophie", 1996, chaque volume 504 pp.
A moral de Descartes e sua ética da generosidade são analisadas magistralmente por um especialista, ao longo de uma obra árdua e que marca data.
SPINOZA, *L'éthique*, introduction, traduction, notes et commentaires, index de Robert Misrahi, PUF, "Philosophie d'aujourd'hui", 1990, 500 pp.
SPINOZA, *L'éthique*, texte original et traduction nouvelle du latin par Bernard Pautrat, Seuil, 1988, 542 pp.
Estas duas novas traduções podem ser comparadas com as já antigas de Charles Appuhn, publicada em 1906 e revista em 1934 (GF-Flammarion), e de Roger Caillois, 1954, Gallimard (Bibliothèque de la Pléiade).
MOREAU, Pierre François, *Spinoza. L'expérience et l'éternité*, PUF, "Épiméthée", 1994, 612 pp.
Trabalho de envergadura sobre uma noção geralmente deixada de lado em Spinoza.

Ver também sobre os temas abordados:

DELEUZE, Gilles, *Spinoza. Philosophie pratique*, Éd. de Minuit, 1981, 180 pp.
Primeira leitura indispensável.
DELEUZE, Gilles, *Spinoza et le problème de l'expression*, Éd. de Minuit, 1969, 336 pp.
Um estudo que se tornou clássico.

VII – EXERCÍCIO DE DESILUSÃO

ZARKA, Yves Charles, *La décision métaphysique de Hobbes. Conditions de la politique*, Vrin, "Bibliothèque d'histoire de la philosophie", 1988, 405 pp.
(As Obras completas *de Thomas Hobbes estão em publicação sob a direção de Yves Charles Zarka para a Vrin.)*

BERNIER, François, *Abrégé de la philosophie de Gassendi*, texte revu par Sylvia Murr et Geneviève Stefani, corpus des oeuvres de philosophie en langue française, Fayard, 1992, 7 tomes.
A obra "resumida" em sete volumes de um discípulo que tornou Gassendi conhecido.
ESPRIT, Jacques, *La fausseté des vertus humaines*, précédé de *Traité sur Esprit*, de Pascal Quignard, Aubier, 1996, 564 pp.
Uma prosa negra e em certos momentos magnífica.
POPKIN, Richard H., *Histoire du scepticisme d'Érasme à Spinoza (The History of Scepticism from Erasmus to Spinoza)*, traduit de l'anglais par Christine Hivet, présentation de Catherine Larrère, PUF, "Léviathan", 1995, 342 pp.
Belo exemplo de história das idéias inteligentemente exposta.

VIII – PARADOXAIS LUZES

STERNE, Laurence, *Vie et opinions de Tristram Shandy*, traduit de l'anglais par Charles Mauron, UGE, 1975, 2 vol., 448 pp.
Depois de ler você vai se perguntar como pôde viver sem este livro.
BRYKMAN, Geneviève, éd., *Berkeley. Oeuvres*, PUF, "Épiméthée", 4 volumes parus à partir de 1985.
Uma excelente edição francesa desse inglês por demais desconhecido.
SALA-MOLINS, Louis, *Le code noir, ou le calvaire de Canaan*, PUF, "Pratiques théoriques", 1987, 294 pp.
Um documento sobre a face oculta das Luzes.
CHÂTELET, Madame du, *Discours sur le bonheur,* présentation par Élisabeth Badinter, Rivages-Poche, "Petite bibliothèque", 1997, 74 pp.
Pensamentos para si mesmo de uma mulher inteligente e fina, uma quarentona em plenas Luzes. Maravilha.

ROBINET, André, *Dom Deschamps, Le maître des maîtres du soupçon*, Seghers, "Philosophie", 1974, 360 pp.

D'HONDT, Jacques, éd., *Dom Deschamps et sa métaphysique*, PUF, Bibliothèque de philosophie contemporaine, 1974, 256 pp.

DELHAUME, Bernard, *Oeuvres philosophiques de Léger-Marie Deschamps*, introduction, édition critique et annotation de Bernard Delhaume, avant-propos d'André Robinet, Vrin, "Bibliothèque des textes philosophiques", 1994, 692 pp., 2 volumes.
Três livros para abordar um dos mais singulares e mais desconhecidos pensadores do século XVIII.

DIDIER, Béatrice, *Sade*, Denoël-Gonthier, "Médiations", 1976, 208 pp.

ROGER, Philippe, *Sade, la philosophie dans le pressoir*, Grasset, "Théoriciens", 1976, 232 pp.
Dois olhares contemporâneos sobre o divino marquês.

SEGUNDA PARTE

ALGUNS MORTOS: DEUS, REI, VERDADE...

IX – A OPERAÇÃO DE CATARATA

GOULYGA, Arsenij, *Emmanuel Kant, une vie*, traduit du russe par Jean-Marie Vaysse, Aubier, 1985, 352 pp.
Uma das raras biografias daquele que Nietzsche chamava de "o chinês de Königsberg".

PUECH, Michel, *Kant et la causalité*, Vrin, "Bibliothèque d'histoire de la philosophie", 1990, 526 pp.
Reconstituição minuciosa das leituras de Kant e de seu ambiente histórico.

KANT, Emmanuel, *Critique de la raison pure*, traduit de l'allemand et présenté par Alain Renaut, index analytique établi par Patrick Savidan, Aubier, 1997, 750 pp.
Um dos textos-chave de toda a história da filosofia.

KANT, Emmanuel, *Correspondance*, Gallimard, "Bibliothèque de philosophie", 1991, 910 pp.
Certas cartas esclarecem a gênese e a evolução do pensamento kantiano.

AZOUVI, François et BOUREL, Dominique, *De Königsberg à Paris. La réception de Kant en France (1788-1804)*, Vrin, "Bibliothèque d'histoire de la philosophie", 1991, 290 pp.
Os primeiros anos da difusão de Kant na França.

VOLNEY, *Oeuvres*, textes réunis et revus par Anne et Henry Deneys, Fayard, "Corpus des oeuvres de philosophie en langue française", 1990 t. I: 1788-1795, 694 pp.; t. II: 1796-1820, 504 pp.
Reflexões enciclopédicas de um filósofo na época da Revolução Francesa.

X – A MALA POSTAL E AS MARIONETES

BOURGEOIS, Bernard, *Études hégéliennes. Raison et décision*, PUF, "Questions", 1992, 404 pp.
Por um dos melhores especialistas de Hegel na França.

HEGEL, Georg Wilhelm Friedrich, *Phénoménologie de l'esprit* (édition de 1807), traduction et avant-propos de Jean-Pierre Lefebvre, Aubier, 1991, 570 pp.

HEGEL, Georg Wilhelm Friedrich, *Phénoménologie de l'esprit*, éd. et trad. de l'allemand par Gwendoline Jarczyk et Jean-Pierre Labarrière, Gallimard, "Bibliothèque de philosophie", 1993, 928 pp.
Duas traduções recentes. A comparar com a primeira tradução francesa de Jean Hyppolite.

HEGEL, Georg Wilhelm Friedrich, *Phénoménologie de l'esprit*, éd. et trad. de l'allemand par Jean Hyppolite, Aubier, "Bibliothèque philosophique", 1992 rééd., 2 vol. (720 pp.).

SAFRANSKI, Rüdiger, *Schopenhauer et les années folles de la philosophie*, PUF, "Perspectives critiques", 1990, 456 pp.

Mais que uma biografia, um panorama detalhado da sociedade em que Schopenhauer cresceu e trabalhou.

SCHOPENHAUER, Arthur, *Correspondance complète*, édition critique d'Arthur Hübscher, traduit de l'allemand par Christian Jaedicke, préface de Frédéric Pagès, Éd. Alive, 886 pp.
Quinhentas cartas de todo tipo.

Ver também sobre os temas abordados os trabalhos esclarecedores e precisos de Gwendoline Jarczzyk et Pierre-Jean Barrière, em particular: *Hegeliana*, PUF, "Philosophie d'aujourd'hui", 1987, 368 pp., e *Les premiers combats de la reconnaissance. Maîtrise et servitude dans la "Phénoménologie de l'esprit" de Hegel*, Aubier, "Bibliothèque du Collège international de philosophie", 1987, 148 pp.

BIARD, Jean, BUVAT, D., KERVEGAN, J.-F., KLING, J.-F., LACROIX, LÉCRIVAIN, A., *Introduction à la lecture de la "Science de la logique" de Hegel (t. 3). La doctrine du concept*, Aubier, "Philosophie de l'Esprit", 1987, 550 pp.

XI – BUSCADORES DE ABSOLUTO

FRANK, Manfred, *Le Dieu à venir*, traduit de l'allemand par Florence Vatan et Veronika von Schenck (7 volumes em publicação desde 1989), Éditions Actes Sud, Arles, "Le génie du philosophe", 90 pp.
Um dos melhores estudos contemporâneos sobre os vínculos do idealismo alemão com a experiência religiosa.

SCHELLING, F. W. J., *Philosophie de la Révélation*, traduction collective du groupe de recherche Schellingiana du CNRS, sous la direction de Jean-François Marque et de Jean-François Courtine, PUF, "Épiméthée", 1989, vol. I, 206 pp.; 1991, vol. 2, 400 pp.; 1994, vol. 3, 384 pp.
Uma obra por muito tempo ignorada, hoje redescoberta.

TILLIETTE, Xavier, *L'intuition intellectuelle de Kant à Hegel*, Vrin, "Histoire de la philosophie", 1995, 296 pp.
Um estudo original, documentado com grande precisão.
TILLIETTE, Xavier, *Schelling, une philosophie en devenir*, Vrin, 1960, 2 vol., réédition 1992.
A suma indispensável para qualquer trabalho sério sobre Schelling.
QUILLIEN, Jean, *L'anthropologie philosophique de Guillaume de Humboldt*, Presses universitaires de Lille, 1992, 644 pp.
Para descobrir um pensador injustamente desconhecido.
FEUERBACH, Ludwig, *Pensées sur la mort et l'immortalité*, présentation, traduction et annotations de Christian Berner, préface d'Alexis Philonenko, Éd. du Cerf, "Passages" 1991, 254 pp.
Aforismos nem sempre felizes, mas na maioria das vezes agradáveis.

XII – CIÊNCIA, AMOR E COUVE-FLOR

DAGOGNET, François, *Trois philosophies revisitées: Saint-Simon, Proudhon, Fourier*, Georges Olms Verlag, "Europaea Memoria", 1997, 172 pp.
Para reabilitar filósofos que não são considerados como tais.
COMTE, Auguste, *Cours de philosophie positive*, vol. I: "Philosophie première" (leçons 1 à 45), présentation et notes par Michel Serres, François Dagognet et Mohammed Allal Sinaceur, 896 pp.; vol. II: "Physique sociale" (leçons 46 à 60), présentation et notes par Jean-Paul Enthoven, Hermann, 1975, 808 pp.
O monumento fundador da doutrina positivista.
GRANGE, Juliette, *La philosophie d'Auguste Comte. Science, politique, religion*, PUF, "Philosophie d'aujourd'hui", 1996, 448 pp.
Augusto Comte revisitado e considerado como filósofo na plena acepção do termo.

BRUCKNER, Pascal, *Charles Fourier*, Seuil, "Microcosme: Écrivains de toujours", 1975, 192 pp.
Alegre apresentação de um pensador fora das normas.
DEBOUT, Simone, *Griffe au nez ou donner have ou art*, Anthropos, 1974, 176 pp.
Entre as esquisitices de Fourier, o jogo sistemático de palavras.
FERRARI, Joseph, *Histoire de la raison d'État*, Kimé, "Le sens de l'histoire", 1992, 440 pp.
Uma curiosa análise da história mundial.
HAUBTMANN, Pierre, *Pierre-Joseph Proudhon, sa vie et son oeuvre 1809-1849*, Beauchesne, "Bibliothèque des archives de la philosophie". 1982, 1.104 pp.
Uma biografia de peso.
PROUDHON, *De la justice dans la Révolution et dans l'Église: 1860*, Fayard, "Corpus des oeuvres de philosophie en langue française", 1990, vol. IV.
A obra principal de Proudhon.

XIII – OS MARX E A PLEBE

BENSAÏD, Daniel, *Marx l'intempestif. Grandeurs et misères d'une aventure critique (XIXe-XXe siècles)*, 1995, 415 pp.
Uma tentativa original de reatualizar Marx.
PAPAIOANNOU, Kostas, *De Marx et du marxisme*, Gallimard, 1983, 560 pp.
Um dos principais trabalhos de crítica filosófica e política.
RANCIÈRE, Jacques, *Le philosophe et ses pauvres*, Fayard, 1983, 320 pp.
A invenção da hierarquia intelectual e da exclusão do povo, e a transmissão dessa herança nos filósofos.
ABENSOUR, Miguel, *La démocratie contre l'État. Marx et le moment machiavélien*, PUF, 1997, 128 pp.
Uma reflexão interessante, entre a história das idéias de Marx e a atualidade política das democracias.

GAUNY, Louis-Gabriel, *Le philosophe plébéien*, textes réunis par Jacques Rancière, Maspero et Presses universitaires de Vincennes, 1983, 208 pp.
Escritor e pensador operário de um século XIX esquecido, conjugando busca espiritual e luta social.

Ver também sobre os temas abordados:

CASTORIADIS, Cornelius, *L'institution imaginaire de la société*, Seuil, "Esprit", 1975, 512 pp.
CASTORIADIS, Cornelius, *La société bureaucratique*, Bourgois, 1990, 491 pp.
Fundador do grupo "Socialisme ou barbarie", filósofo, psicanalista, Castoriadis foi um dos primeiros e mais vigorosos críticos das deformações do marxismo antes de se tornar o teórico de uma concepção da sociedade não mais diretamente ligada às teorias de Marx.

XIV – RENASCENÇA ORIENTAL

CTESIAS, *Histoires de l'Orient*, traduit et commenté par Janick Auberger, préface de Charles Malamoud, Les Belles Lettres, 1991.
A Índia vista como terra de prodígios em que vivem seres extraordinários.
DELEURY, Guy, *Les Indes florissantes. Anthologie des voyageurs français (1750-1820)*, préface de S. E. Idris Hasan Latif, Robert Laffont, "Bouquins", 1991, 700 pp.
Observações sobre os usos e costumes, na época em que se escrevia bem francês.
DUMÉZIL, Georges, *Le Mahabarat et le Bhagavat du colonel de Polier*, Gallimard, "Blanche", 1986, 334 pp.
Reabilitação de um pioneiro esquecido.
GUIMET, Émile et LE BON, Gustave, *Mirages indiens. De Ceylan au Népal (1876-1886)*, Phébus, 1992, 320 pp.
Anotações de viagem ao Oriente no fim do século XIX.

BARRET, Philippe, *Ernest Renan. Tout est possible, même Dieu!*, François Bourin, 1992, 188 pp.
Uma biografia ágil e fácil.
SCHWAB, Raymond, *La Renaissance orientale*, Payot, 1950.

XV – UM MAU RAPAZ

PINTO, Louis, *Les neveux de Zarathoustra. La réception de Nietzsche en France*, Seuil, 1995, 208 pp.
Tentativa de leitura sociológica sem maior importância.
LIÉBERT, Georges, *Nietzsche et la musique*, PUF, "Perspectives germaniques", 1995, 266 pp.
Belo estudo, como se diz ao tocar um ao piano.
KOFMAN, Sarah, *Explosion I et II de l'"Ecce Homo" de Nietzsche*, Galilée, 1993 et 1996, 390 pp.
Leitura atenta da autobiografia intelectual de Nietzsche considerada como uma ruptura radical na história do pensamento.
HAAR, Michel, *Nietzsche et le dépassement de la métaphysique*, Gallimard, "Tel", 1993, 294 pp.
Uma das mais pertinentes introduções à leitura de Nietzsche.
BOYER, Alain, COMTE-SPONVILLE, André, DESCOMBES, Vincent, FERRY, Luc, LEGROS, Robert, RAYNAUD, Philippe, RENAUT, Alain, TAGUIEFF, Pierre-André, *Pourquoi nous ne sommes pas nietzschéens*, Grasset, "Le Collège de philosophie", 1991, 308 pp.
Um manifesto malogrado.

Ver também sobre os temas abordados:

NIETZSCHE, Friedrich, *Oeuvres philosophiques complètes*, Gallimard, cerca de 20 volumes.
NIETZSCHE, Friedrich, *Oeuvres,* Laffont, "Bouquins", 1993, vol. I, 1.552 pp.; vol. 2, 1.792 pp.

XVI – NO ENTREMEIO

BERGSON, Henri, *Cours*, édité par Henri Hude, avant-propos d'Henri Gouhier, PUF, "Épiméthée", 3 vol. publicados a partir de 1990.
As notas dos alunos de Bergson, cuja publicação ele proibira expressamente.

BLONDEL, Maurice, *Oeuvres complètes*, tome I, texte établi et présenté par Claude Trois-Fontaines, PUF, 1995, 760 pp. (Obras completas em publicação pela PUF desde 1995).
A filosofia católica francesa fim-de-século.

MICHELSTAEDTER, Carlo, *La persuasion et la rhétorique*, présenté par Sergio Campailla, traduit de l'italien par Marilène Raiola, Éd. de l'Éclat, "Philosophie imaginaire", 1989, 206 pp.
Uma raridade, uma experiência, uma obra-prima.

JAURÉS, Jean, *De la réalité du monde sensible*, introduction de Jacques Cheminade, Ed. Alcuin, 1994, 304 pp.
Curiosidade histórica e filosófica.

PALANTE, Georges, *Combat pour l'individu*, préface et notes de Michel Onfray, Éd. Folle Avoine, 1989, 284 pp.
Um espírito singular e sem concessões.

Ver também sobre os temas abordados:

CARIOU, Marie, *Bergson et le Fait mystique*, Aubier, 1976.
ONFRAY, Michel, *Georges Palante. Essai sur un nietzschéen de gauche*, Éd. Folle Avoine, 1989, 176 pp.

TERCEIRA PARTE

DEPOIS DAS GUERRAS

XVII – O IDIOTA DA TRIBO

WITTGENSTEIN, Ludwig, *Le cahier bleu et le cahier brun*, trad. de l'anglais par Marc Goldberg et Jérôme Sackur, préface de

Claude Imbert, Gallimard, "Bibliothèque de philosophie", 1996, 314 pp.

WITTGENSTEIN, Ludwig, *Le cahier bleu et le cahier brun: études préliminaires aux investigations philosophiques*, trad. de l'anglais par Guy Durand, préface de Jean Wahl, Gallimard, 1988, 434 pp.
Nova tradução francesa de dois documentos fundadores.

WITTGENSTEIN, Ludwig, *Le cours de Cambridge: 1930-1932*, Éd. Desmond Lee, trad. de l'anglais par Élisabeth Rigal, TER bilingue, 1988.

WITTGENSTEIN, Ludwig, *Les cours de Cambridge: 1932-1935*, établis par Alice Ambrose à partir de notes d'Alice Ambrose et de Margaret Mac Donald, trad. de l'anglais par Élisabeth Rigal, TER bilingue, 1992, 268 pp.
Para alguns alunos que assistem aos seus cursos, o filósofo explica com ajuda de numerosos exemplos como se desmontam os "falsos problemas" filosóficos.

WITTGENSTEIN, Ludwig, *Remarques sur les fondements des mathématiques*, Gallimard, "Bibliothèque de la philosophie", 1983, 360 pp.
Ao mesmo tempo difícil e luminoso, como quase tudo de Wittgenstein.

XVIII – NAZISTA SEM QUERER?

FARIAS, Victor, *Heidegger et le nazisme*, trad. de l'espagnol et de l'allemand par Jean-Baptiste Grasset et Myriam Benarroch, Verdier, 1987, 366 pp.
A pesquisa que desencadeou uma longa polêmica.

LACQUE-LABARTHE, Philippe, *La fiction du politique. Heidegger, l'art et la politique*, Bourgois, "Détroits", 1988, 176 pp.
O nazismo como "nacional-estetismo" e a posição de Heidegger nesse contexto.

SAFRANSKI, Rüdiger, *Heidegger et son temps*, trad. de l'allemand par Isabelle Kalinowski, Grasset, 1996, 480 pp.

Uma biografia sem informações propriamente novas, mas bem construída.

HEIDEGGER, Martin, JASPERS, Karl, BLOCHMANN, Élisabeth, *Correspondance avec Karl Jaspers, 1920-1963*, suivi de *Correspondance avec Elisabeth Blochmann, 1918-1969*, Gallimard, "Bibliothèque de philosophie", 1997, 477 pp.
Figurará talvez entre as correspondências mais importantes do século.

XIX – COMBATE

CAVAILLÈS, Jean, *Oeuvres complètes de philosophie des sciences*, éd. par Bruno Huisman, Hermann, 1944, 686 pp.
Fac-símile de todos os textos publicados.

SINACEUR, Hourya, *Jean Cavaillès. Philosophie mathématique*, PUF, "Philosophies", 1994, 128 pp.
A melhor introdução à obra científica de Cavaillès.

JANKÉLÉVITCH, Vladimir, *Une vie en toutes lettres*, Liana Lévi, 1995, 352 pp.
Uma vida de correspondência com Louis Beauduc.

VILDÉ, Boris, *Journal et lettres de prison*, présentation par François Bedarida et Dominique Veillon, Allia, 1997, 176 pp.
Busca da sabedoria no meio da tormenta.

LEVINAS, Emmanuel, *Entre nous. Essais sur le penser-à-l'autre*, Grasset, "Figures", 1991, 268 pp.
O infinito está presente sempre que duas pessoas estão cara a cara.

ARENDT, Hannah, *Le concept d'amour chez Augustin*, trad. de l'allemand par Anne-Sophie Astrup, avant-propos de Guy Petitdemange, Rivages, "Bibliothèques Rivages", 1996, 128 pp.
O primeiro trabalho da filósofa, então aluna de Heidegger.

ARENDT, Hannah, *Eichmann a Jérusalem: rapport sur la banalité du mal*, trad. de l'anglais par Anne Guérin, préface de

Michelle-Irène Brudny de Launay, Gallimard, "Folio", 1991, 484 pp.
Uma "reportagem filosófica" que se tornou um dos textos importantes do século XX.

XX – O LUGAR VAZIO

GROETHUYSEN, Bernard, *Philosophie et Histoire*, Albin Michel, "Bibliothèque Albin Michel des idées", 1995, 359 pp.
Seleta de artigos do filósofo, que propicia uma primeira descoberta da sua contribuição.

HORKHEIMER, Max, *Notes critiques pour les temps présent: 1950-1968*, traduit de l'allemand par Sabine Cornille et Philippe Ivernel, "Critique de la politique", 1993, 264 pp.
Nestes breves esboços, tudo se apresenta como se o tempo, a realidade, o sentido tivessem sumido.

SARTRE, Jean-Paul, *Cahiers pour une morale*, Gallimard, 1983, 612 pp.
O principal manuscrito filosófico a ficar inédito em vida de Sartre.

MERLEAU-PONTY, Maurice, *La nature: notes, cours du Collège de France*, suivi de *Résumés de cours*, correspondants de Merleau-Ponty, Seuil, "Traces écrites", 1995, 380 pp.
Um curso que esclarece e prolonga as últimas obras publicadas pelo filósofo.

CASSIRER, Ernst, *La philosophie des Lumières*, trad. de l'allemand et présentation par Pierre Quillet, Fayard, 1990, 350 pp.
Uma bela lição de história e de inteligência.

XXI – O JACARÉ E O ESPETÁCULO

ALTHUSSER, Louis, *Philosophie et philosophie spontanée des savants*, Maspero, "Théorie", 1975, 160 pp.

ALTHUSSER, Louis, *Éléments d'autocritique*, Hachette-Littérature, "Analyses", 1975, 128 pp.

ALTHUSSER, Louis, *Réponse à John Lewis*, Maspero, "Théorie", 1973, 102 pp.

A volta do filósofo às teses elaboradas em A favor de Marx *(1962) e* Ler O capital *(1965).*

ALTHUSSER, Louis, *L'avenir dure longtemps*, Stock, 1992, réed. Éd. Louis Corpet, Yann Moulier Boutang, nouvelle édition augmentée en 1994, LGF, "Le Livre de poche", 573 pp.

A autobiografia póstuma de um filósofo que tenta contar sua loucura.

DEBORD, Guy, *La société du spectacle*, Gallimard, "Folio", 1996, 224 pp.

Um clássico do fim do século.

DEBORD, Guy, *Commentaires sur la société du spectacle*, Gallimard, "Coll. Blanche", 1992, 120 pp.

Continuação do precedente, menos inspirada.

DEBORD, Guy, *Panégyrique*, Gallimard, "Coll. Blanche", 1993, vol. 1, 85 p.; Fayard, vol. 2, 80 pp.

Autoglorificação, como o nome indica.

XXII – AMANHÃ A ÁSIA?

JULLIEN, François, *La propension des choses. Pour une histoire de l'efficacité en Chine*, Seuil, "Des travaux", 1992, 290 pp.

JULLIEN, François, *Le détour et l'accès. Stratégies du sens en Chine, en Grèce*, Grasset, "Collège de philosophie", 1995, 460 pp.

JULLIEN, François, *Éloge de la fadeur. À partir de la pensée et de l'esthétique de la Chine*, LGF, "Le Livre de poche. Biblio essais", 1993, 160 pp.

JULLIEN, François, *Fonder la morale. Dialogue de Mencius avec un philosophe des Lumières*, Grasset, 1996, 220 pp.

As idas e voltas China-Grécia de um filósofo que tenta compreender pelo jogo das diferenças a lógica própria de cada cultura.
ROUMANOFF, Daniel, *Candide au pays des gourous. Journal de voyage d'un explorateur de l'Inde spirituelle*, Dervy, 1990, 404 pp.
ROUMANOFF, Daniel, *Swâmi Prajnânpad. Biographie*, La Table Ronde, "Les chemins de la sagesse", 1993, 380 pp.
A vida de um sábio no século XX.
KAKAR, Suddhir, *Moksha, Le monde intérieur. Enfance et société en Inde*, trad. de l'anglais par Claude Davenet, préface de Catherine Clément, Les Belles Lettres, "Confluents psychanalytiques", 1985, 310 pp.
Que gênero de personalidade a cultura indiana modela?
BÎRUNÎ, Muhammad Ibn Ahmad, *Le livre de l'Inde*, éd. et trad. de l'arabe par Vincent-Mansour Monteil, Sindbad Unesco, 1996, 400 pp.
Um olhar árabe culto e atento sobre a Índia do século X.

XXIII – FOUCAULT NÃO É ELE MESMO

Os livros de Michel Foucault foram publicados principalmente pela PUF e, depois, pela Gallimard.
FOUCAULT, Michel, *Dits et écrits: 1954-1988*, éd. par Daniel Defert, François Ewald, avec la collaboration de Jacques Lagrange, Gallimard, "Bibliothèque des sciences humaines", 4 vol.
Todas as conversações, artigos e intervenções de Michel Foucault, disseminados ao longo dos anos, reunidos aqui, traduzidos e indexados.
DELEUZE, Gilles, *Foucault*, Éd. de Minuit, "Critique", 1986, 142 pp.
Foucault reinventado por seu leitor mais criativo.

XXIV – SÃO DELEUZE

A maior parte dos livros de Gilles Deleuze foi publicada pela PUF, depois pela Éditions de Minuit.
DELEUZE, Gilles, *Pourparlers: 1972-1990*, Éd. de Minuit, 1990, 249 pp.
Conversações, prefácios, artigos breves. A melhor abordagem de Deleuze por ele mesmo.

Índice onomástico

A

Abensour, Miguel, 223-4
Abhinavagupta, 74
Adorno, Theodor, 318
Albert, Henri, 240
Alberto, o Grande, 94
Alcibíades, 98
Alembert, Jean le Rond d', 152, 162, 173, 202
Alexandre de Afrodísia, 62, 65
Alfiéri, Pierre, 97-8
Algazali, 74
Althusser, Louis, 203, 218-21, **331-41**, 345, 364
Anárcasis, 53
Anaximandro, 40, 42
Andrônico, 62
Apeles, 72
Apollinaire, Guillaume, 156
Apolofanes, 72
Appuhn, Charles, 122
Arcesilau, 72
Arendt, Hannah, 224, 292, **309-13**
Ariès, Philippe, 365
Aristóbulo, 69
Aristófanes, 54, 57
Aristóteles, 26, 29-30, 38, 43, 45, 47, 48, 56, 57, 60, **61-7**, 75, 80, 102, 105, 107, 111, 127-9, 132, 176, 178, 237, 262, 264, 291, 327, 389
Arnauld, Antoine, 361
Aron, Raymond, 220, 300-1.
Arriano, 228
Artaud, Antonin, 366, 387
Astier de la Vigerie, Emmanuel d', 298
Atlan, Henri, 20
Aubenque, Pierre, 285
Agostinho, santo, 28, 63, 68-9, **90-2**, 311-2
Averróis, 63, 107, 238
Avicena, 63, 66
Axelos, Kostas, 43
Axiotéia de Flionte, 72
Azouvi, François, 172

B

Baader, Franz von, 303
Bachelard, Gaston, 139, 299, 362
Bacon, Roger, 109
Badiou, Alain, 20

Bakunin, Mikhail Alexandrovitch, 212, 261
Ballanche, Pierre Simon, 303
Balzac, Honoré de, 90
Bareau, André, **85-9**
Barthes, Roland, 156
Bataille, Georges, 156, 182, 240, 366
Baudelaire, Charles, 157, 208, 212, 214
Baumgarten, Alexandre Gottlieb, 66
Bayle, Pierre, 120
Beauduc, Louis **301-4**
Beaufret, Jean, 20, 285
Beaussire, Émile, 152
Beauvoir, Simone de, 156
Beckett, Samuel, 187, 387
Beeckman, Isaac, 113
Belaval, Yvon, 389
Benda, Julien, 257
Benjamin, Walter, 217
Bensaïd, Daniel, 216-7
Bergson, Henri, 31, 60, 68, 164, 187, **255-8**, 266, 268, 303, 308, 315, 327, 379, 394
Berkeley, George, **143-8**
Bernier, François, 131
Bernoulli, Jean, 149
Biard, Joël, 97
Biardeu, Madeleine, 229
Binet, Léon, 201
Biran, Maine de, 173
Blainville, Henri Ducrotay de, 201
Blanchot, Maurice, 156, 308, 364-6
Blondel, Maurice, **258-61**
Boaventura, são, 94
Bohr, Niels, 328
Bollack, Jean, 43
Bolos, o democritiano, 46
Bolzano, Bernhard, 299

Boole, George, 178
Bopp, Franz, 196
Borel, Pétrus, 157
Borges, Jorge Luis, 390
Bos, Charles du, 315
Bouglé, Célestin, 211, 271
Boulnois, Olivier, 104
Bourdieu, Pierre, 20, 328
Bourel, Dominique, 172
Bourgeois, Bernard, 178
Boutroux, Émile, 266
Brague, Rémi, 64-5
Braudel, Fernand, 364, 372,
Breton, André, 156
Brod, Max, 385
Brook, Peter, 229
Brossolette, Pierre, 306
Broussais, François, 201
Brucker, Jacob, 75
Bruckner, Pascal, 208
Bruno, Giordano, 90, **106-9**
Buckhardt, Jakob, 250
Buda, 73, 76, 85-7, 210, 232, 355
Bugault, Guy, 79, 85
Bultmann, Rudolf, 310
Burnouf, Eugène, 234-5

C

Cabanis, Pierre, 172, 173
Caillois, Roger, 122
Camus, Albert, 187
Canguilhem, Georges, 297, 364
Cantor, Georg, 282, 299
Carroll, Lewis, 200, 381, 387
Cassirer, Ernst, 108, **328-30**
Cassou, Jean, 302-306
Castoriadis, Cornelius, 20, 219
Cavaillès, Jean, **297-301**, 305
Celso, 49, 69

ÍNDICE ONOMÁSTICO

Char, René, 377
Chateaubriand, François-René, visconde de, 157, 175
Châtelet, Madame du, **148-51**
Chaterjee, Yogeshvar, 354-5
Chenet, François, 85
Chomsky, Noam, 366
Clemente de Alexandria, 29, 43
Cluss, Adolph, 215
Colebrooke, Henri Thomas, 75
Colli, Giorgio, 42
Comte, Augusto, 128, 173, **201-5**, 211
Conche, Marcel, 43
Condorcet, madame, 174
Condorcet, marquês de, 173
Confúcio, 74, 351
Constant, Benjamin, 157, 190
Contat, Michel, 324
Copérnico, Nicolau, 107, 190
Corbin, Henry, 80, 236-7
Corneille, Pierre, 127
Coulanges, Fustel de, 266
Cournot, Antoine-Augustin, 173
Courtine, Jean-François, 65
Cousin, Victor, 76, 181, 209, 227
Couturat, Louis, 389
Craven Nussbaum, Martha, 63
Crisipo, 72
Crossman, R. H. S., 61
Crousaz, Jean-Pierre de, 170
Crusius, Christian August, 170
Ctésias de Cnido, 228
Cusa, Nicolau de, 328

D

Dagognet, François, 20, 201
Damáscio, **67-9**
Dante, 61, 69
Debord, Guy, 331, **341-5**
Decour, Jacques, 305
Dedekind, Richard, 282, 299
Deleuze, Gilles, 18-20, 47, 220, 240, 361, 364, 366, **368-71**, **378-95**
Delhaume, Bernard, 152
Demócrito, 38, 42, 45-8, 248, 249
Derrida, Jacques, 20, 285
Desanti, Jean-Toussaint, 20, 220
Descartes, René, 31, 41, 61, 63, 100, 109, **110-19**, 123, 127-30, 134, 136, 143, 162, 238, 327, 328, 334, 361, 389
Deschamps, Léger-Marie, **151-6**
Desjardins, Arnaud, 356
Desjardins, Denise, 356
Destutt de Tracy, Antoine, 172, 173
Detienne, Marcel, 49, 350
Deussen, Paul, 252
Diderot, Denis, 128, 140, 152, 173, 202, 316
Didier, Béatrice, 157
Diels, Hermann, 43
Dilthey, Wilhelm, 315, 316
Diógenes, 47
Diógenes Laércio, 43
Dixsaut, Monique, 60
Domanski, Juliusz, 30
Donne, John, 141
Dortous de Mairan, 149
Dostoiévski, Fiodor Mikhailovitch, 308, 322
Douailler, Stéphane, 209
Dumézil, Georges, 20, 50, 230, 364
Dummett, Michaël, 20
Dumont, Jean-Paul, 41
Duns Scot, John, 66, 94, 97
Durkheim, Émile, 271
Dürrenmatt, Friederich, 187

E

Eckhart, Johannes, 79, 233
Eco, Umberto, 20
Einstein, Albert, 328
Empédocles, 42
Enden, Van den, 120
Engels, Friedrich, 198
Epicarmo, 40
Epicteto, 68, 322
Epicuro, 42, 48, 72, 73, 88, 100, 131
Erasmo, 61, 136
Éribon, Didier, 363
Esprit, Jacques, **132-5**
Esquirol, Jean-Étienne Dominique, 201
Estienne, Henri, 137
Étienne, Pierre, 332
Euler, Leonhard, 149
Eusébio, 43

F

Farias, Victor, 285, 288
Febvre, Lucien, 372
Fédier, François, 285
Ferrari, Joseph, 190, **208-11**
Ferry, Jules, 203
Ferry, Luc, 285
Feuerbach, Ludwig, **197-9**
Fichte, Johan Gottlieb, 68, 164, 172, 182, **191-5**
Ficino, Marsílio, 68, 105
Filolau de Crotona, 42
Fílon de Alexandria, 69
Finley, Moses, 52-3
Fino, David, 250
Fischer, Eugen, 287
Fitzgerald, Scott, 381

Flaubert, Gustave, 157
Fluchère, Henri, 250
Fontenelle, Bernard, 108
Förster, Bernhard, 253
Förster-Nietzsche, Élisabeth, 253, 254
Foucault, Michel, 19, 156, 240, **361-77**, 379, 381
Foucher de Careil, Alexandre, 182
Fourier, Charles, 201, **206-8**, 210, 220
Frege, Gottlob, 276, 282
Freud, Sigmund, 132, 184, 187, 206, 272, 302, 335, 356
Fuchs, Carl, 252

G

Gaiser, K., 59
Galileu, 61, 107, 108, 130-1, 170, 238
Galois, Évariste, 261
Gambetta, Léon, 203, 268
Gandillac, Maurice de, 68
Garaudy, Roger, 363
Gassendi, Pierre, 127, **130-2**, 137
Gast, Peter, 250, 252
Gaultier, Jules de, 240
Gauny, Louis-Gabriel, **225-6**
Gide, André, 315
Gillot, Jean, 114
Gilson, Étienne, 63, 93, 258
Girard, René, 20
Gobineau, Arthur de, 232
Gödel, Kurt, 282
Goethe, 68, 185, 195, 328
Gombrowicz, Witold, 381
Gostynin, Jacques de, 30
Gottsched, Johann Christoph, 170
Gouhier, Henri, 203, 258

ÍNDICE ONOMÁSTICO

Goulet, Richard, 70
Goulyga, Arsenij, 162
Gramsci, Antonio, 217, 315
Grange, Juliette, 204
Granger, Gilles-Gaston, 20
Grenier, Jean, 269
Groethuysen, Bernard, 315-7
Grotius, Hugo de Groot, dito, 153
Guattari, Félix, 382-5
Gueroult, Martial, 389
Guillaume d'Auxerre, 93-4
Guilloux, Louis, 269
Guimet, Émile, 231
Guitton, Jean, 68
Gurvitch, Georges, 211

H

Haar, Michel, 247
Habermas, Jürgen, 20, 191
Hadot, Pierre, 28-9, 68, 89, 367
Hamann, Johann Georg, 172
Hamsun, Knut, 187
Haubtmann, Pierre, 212
Hegel, Georg Wilhelm Friedrich, 26, 39, 43, 47, 59, 75, 107, 111, 152, 156, **177-85**, 191-9, 210, 216, 218, 220, 238, 302, 321, 342, 348, 379
Heidegger, Martin, 39, 43, 47, 67, 75, 111, 191, 237, 246, **284-96**, 308-13, 315, 317, 327, 329
Heine, Heinrich, 190
Heine, Maurice, 156
Helvétius, Claude Adrien, 152
Helvétius, madame d', 174
Henry, Michel, 20, 220
Heráclito, 30, 38, **42-5**, 47
Herder, Johann Gottfried, 190

Herr, Lucien, 266
Hersant, Yves, 104
Herz, Marcus, 171
Hess, Rudolf, 288
Hilbert, David, 299, 328
Hipócrates, 46
Hobbes, Thomas, **127-30**, 153
Holbach, Paul Henri, barão d', 128, 135, 154, 322
Hölderlin, Friedrich, 193-4, 328
Holtsman, Adolf, 230
Homero, 48, 69, 361
Hond, Jacques d', 181
Horkheimer, Max, 184, **317-20**
Hude, Henri, 257, 258
Hugo, Victor, 212
Huisman, Bruno, 299
Humboldt, Alexander de, 196
Humboldt, Wilhelm von, 172, **195-7**, 220, 328
Hume, David, 169, 379
Husserl, Edmund, 75, 111, 291, 300, 316, 317, 325, 327
Huygens, Christiaan, 114, 120-1
Hyppolite, Jean, 182, 364

I

Ibn Gabirol, 74
Irigaray, Luce, 20

J

Jacob, Max, 297
Jacobi, Carl Gustav, 195
Jakobson, Roman, 20
Jambet, Christian, 237-8
Jâmblico, 35-6, 43
James, William, 256
Janicaud, Dominique, 24

Jankélévitch, Vladimir, 191, 297, **301-4**, 306
Jarczyk, Gwendoline, 179
Jarry, Alfred, 387
Jaspers, Karl, 191, **289-96**, 310, 312-3
Jaurès, Jean, 261, **265-69**
Jeannière, Abel, 43
Jerônimo, são, 93
Jonas, Hans, 310-1
Jones, William, 230
Jonson, Benjamin, dito Ben, 141
Jouve, Pierre Jean, 315
Joyce, James, 109, 187, 381
Jullien, François, 347, 351
Jung, Carl Gustav, 187
Justino Mártir, 29-30

K

Kafka, Franz, 187, 315, 345, **383-5**, 387
Kakar, Sudhir, **356-60**
Kambouchner, Denis, 117
Kant, Immanuel, 17, 31, 60, 64, 66, 111, **161-73**, 184, 187, 193-9, 293, 310, 317, 322, 327-9, 369, 379
Kapani, Lakshmi, 81
Kepler, Johannes, 107
Khayati, Mustapha, 342
Kierkegaard, Sören, 56, 187
Klossowski, Pierre, 156, 240, 366, 381
Kofman, Sarah, 245
Kojève, Alexandre, 182
Koyré, Alexandre, 108, 182
Kramer, H. J., 59
Kranz, W., 42
Kropotkin, Piotr Alexeievitch, 203
Kundera, Milan, 139

L

La Mothe Le Vayer, François de, 137
La Rochefoucauld, François, duque de, 133
Labarrière, Pierre-Jean, 179
Lacan, Jacques, 156, 364
Lachenal, François, 315
Laclos, Pierre Choderlos de, 135
Lacoste, Jean, 328
Lacoue-Labarthe, Philippe, 285
Lacroix, Jean, 211
Lactâncio, 45
Lafargue, Paul, 215
Lamarck, Jean-Baptiste, 201
Lamartine, Alphonse de, 157
Lambert, Jean Henri, 171
Lao-tse, 74, 79, 210
Laromiguière, Pierre, 172
Launay, Michel, 267
Lavater, Johann Kaspar, 172
Lavelle, Louis, 258
Lawrence, D. H., 387
Lawrence, T. E., 387
Le Bon, Gustave, 232
Le Carré, John, 345
Leboyer, Frédérick, 356
Lefort, Claude, 224
Leibniz, Gottfried Wilhelm, 26, 59, 108, 111, 121, 127, 162, 169, 232, 361, 379, 383, **388-90**
Lely, Gilbert, 156
Lênin, 338
Leopardi, Giacomo, 261, 264
Leroux, Pierre, 76
Levi, Primo, 151
Lévi, Sylvain, 232
Levinas, Emmanuel, 20, **307-9**, 311
Lévi-Strauss, Claude, 20, 102, 331

ÍNDICE ONOMÁSTICO

Lewis, John, 338
Lewitzky, Anatole, 306
Libera, Alain, de, 95
Lindner, J.-F., 163
Linné, Carl von, 361
Lipsel, Seymour Martin, 53
Littré, Maximilien, 45
Locke, John, 132, 142, 143
Loiola, Inácio de, 31
Lombard, Pierre, 94
Luciano, 38
Lucrécio, 381
Lúlio, Raimundo, 108
Lutero, 61, 136
Luxemburgo, Rosa, 151
Lyotard, Jean-François, 285

M

Mac Intyre, Alasdair, 63
Maquiavel, Nicolau, 224
Magnard, Pierre, 138
Maimon, Salomon, 172
Maimônides, 63
Malraux, André, 315, 316
Mandelbrot, Jacques, 390
Mann, Thomas, 187
Marco Aurélio, **32-4**
Marcuse, Herbert, 203
Marion, Jean-Luc, 111
Maritain, Jacques, 63, 258
Marrou, Henri-Irénée, 91
Martin du Gard, Roger, 315
Martin-Chauffier, Simone, 306
Marx, Karl, 45, 128, 173, 177, 184, 187, 198, 206, 210-3, **214-25**, 261, 284, 319, 321, 331-2, 336-9, 342, 373, 378
Masoch, Sacher, 381, 387
Maupertuis, Pierre Louis Moreau de, 149

Mauriac, Claude, 364
Mauron, Charles, 140
Maurras, Charles, 203
Mayee, Ma Ananda, 354
Mazel, Jacques, 58
Megastenes, 228
Melville, Herman, 387
Mêncio, 74, **351-3**
Mendelssohn, Moses, 172
Merleau-Ponty, Maurice, 177, 182, 220, 224, **325-7**
Mersenne, abade Marin, 130
Michaux, Henri, 390
Michel, Louise, 151
Michelet, Jules, 190
Michelstaedter, Carlo, **261-5**
Mill, Stuart, 322
Miller, James, 375
Mirandola, Pico della, 102-6
Misrahi, Robert, 122
Mistler, Jean, 162
Montaigne, 18, **99-102**, 135, 165
Montesquieu, Charles de, 39, 128, 148, 315
Moreau, Jules, 68
Moreau, Pierre-François, 125
Moritz, Karl Philip, 194
Mounier, Emmanuel, 211
Musil, Robert von, 315

N

Nagarjuna, 79
Natorp, Paul, 64
Naudé, Gabriel, 136, 137
Nausífanes, 42
Newton, sir Isaac, 149, 163, 170, 201
Nietzsche, Friedrich, 18, 31, 39, 43, 45, 47, 60, 76, 92, 101, 111, 132, 165, 177, 184, 187-9, 190, 199, 233, **239-54**, 255-6, 264, 269-72,

284, 293, 316, 317, 364, 367, 371, 373, 378-9, 383, 388, 393-4
Nordmann, Maurice-Léon, 306
Novalis, Friedrich, 76, 193-4

O

Ockham, Guillaume d', 60, 94, **95-9**, 102
Oddon, Yvonne, 306
Ollé-Laprune, Léon, 266
Onfray, Michel, 270
Orígenes, 29, 49, 69
Orléans, duquesa de, 136
Ott, Hugo, 285
Overbeck, Franz, 250, 251, 253

P

Palante, Georges, **269-72**
Papaioannou, Kostas, 219
Parmênides, 42, 45, 261
Pascal, Blaise, 100, 111, 136-8, 165, 343
Patin, Guy, 136
Paul, Jean, 194
Paulhan, Jean, 156, 316-7
Paulo, são, 13
Pautrat, Bernard, 122
Péguy, Charles, 256
Pelletier, Yannick, 270
Pépin, Jean, 68
Péricles, 28, 52
Petrarca, 30
Piaget, Jean, 367
Píndaro, 195
Pintard, René, 131, 136
Pinto, Louis, 240
Platão, 28-9, 38, 42, 44, 47, 48, 52, 56-7, **58-61**, 67, 69, 72, 73, 75, 80, 91, 98, 100, 102, 105, 167,

198, 209, 219, 221-2, 237, 239, 246, 262, 264, 313, 322, 351, 379, 381, 391
Plínio, 228
Plotino, 559, **67-8**, 79, 91, 268, 303
Plutarco, 43, 53
Poe, Edgar Allan, 110
Poinsot, Louis, 201
Polier, Coronel de, **228-31**
Polin, Raymond, 128
Politzer, Georges, 257
Popkin, Richard, **135-7**, 224
Popper, Karl Raymond, 61, 187, 217-8
Porfírio, 29, 48, 63, 69
Prajnanpad, Swami, **353-6**
Proudhon, Pierre Joseph, 128, 207, 208, **211-3**, 220, 261, 271
Proust, Marcel, 187, 381, 387
Púchkin, Alexandre Sergueievitch, 308
Puech, Michel 169
Pitágoras, **34-8**, 40, 100, 210

Q

Queneau, Raymond, 232, 346
Quesnay, François, 361
Quignard, Pascal, 134
Quillet, Pierre, 328
Quillien, Jean, 196
Quinet, Edgar, 76, 208, 227

R

Rabaut, Jean, 266
Rabelais, François, 135, 141-2
Ramnoux, Clémence, 43
Rancière, Jacques, **220-3**, 339, 340
Ravaisson, Félix, 212
Reinhold, Karl Leonhard, 193

ÍNDICE ONOMÁSTICO

Rembrandtzs, Dirck, 114
Renan, Ernest, 76, 208, **234-6**, 268
Renaut, Alain, 165, 285
Renouvier, Charles, 76
Retz, cardeal de, 343
Ricoeur, Paul, 20
Ritschl, Friedrich, 241, 248
Robinet, André, 387
Rodis-Lewis, Geneviève, 114
Roger, Philippe, 158
Röhm, Ernst, 288
Rosenberg, Alfred, 191, 289
Rosenzweig, Franz, 191
Roumanoff, Colette, 356
Roumanoff, Daniel, 353-6
Rousseau, Jean-Jacques, 39, 128, 148, 152-3, 164, 173, 322, 328
Roussel, Raymond, 366, 387
Russell, Bertrand, 178, 276, 282, 389

S

Sablé, Madeleine de Soubré, marquesa de, 133
Sade, D.A.F., marquês de, 128, 135, **156-8**
Safranski, Rüdiger, 285, 290
Saint John Perse, 314
Saint-Cher, Hugues de, 94
Saint-Évremond, Charles de, 121
Saint-Just, 52
Saint-Martin, Louis-Claude de, 303
Saint-Pourçain, Durand de, 94
Saint-Simon, Claude-Henri de, 201
Sala-Molins, Louis, **146-8**
Salem, Jean, 45
Sanches, Francisco, 136
Sancta Clara, Abraham a, 286
Sand, George, 157
Sankara, 74, 79-80

Sartre, Jean-Paul, 105, 220, 304, 308, 315, **320-4**, 325, 364
Scheler, Max, 315
Schelling, Friedrich Wilhelm, 68, 180-2, **190-5**, 196, 220, 302-3, 327
Schelling, Kurt, 288
Schiller, Friedrich von, 172, 195
Schlechta, Karl, 253
Schlegel, Friedrich von, 76, 196, 227
Schleiermacher, Friedrich, 59, 194
Scholem, Gershom, 312
Schönberg, Arnold, 187
Schopenhauer, Arthur, 31, 67, 76, 124, 128, 132, 161, 177, **182-9**, 194, 199, 220, 227, 233, 241, 248-9, 255, 258, 264, 268-71, 276, 317, 319
Schwab, Raymond, 230
Séailles, Gabriel, 271
Séguier, Pierre, 133
Sêneca, 23, 28, 45
Serres, Michel, 20, 389
Sexto Empírico, 137
Shakespeare, William, 275
Shayegan, Daryush, 237
Sieyès, Emmanuel, dito abade, 172
Silhon, Jean de, 136
Simmel, Georg, 302, 315, 316
Simplício, 63, 65, 69
Sinaceur, Hourya, 299
Sinaceur, Mohammed Allal, 63
Sissa, Giulia, 49
Smith, Adam, 128
Sócrates, 29-32, 38, 41, 45, 52, 56, **58-9**, 98, 221, 237, 269, 305, 316
Sófocles, 262
Sohravardi, 74, **236-8**
Sollers, Philippe, 156
Souvarine, Boris, 219

Spengler, Oswald, 329
Spinoza, Baruch, 18, 31, 41, 101, 108, 110, 119, **120-1**, 127, 178, 194, 199, 301, 318, 322, 361, 379
Steiner, George, 20
Stendhal, Henry Beyle, dito, 174
Sterne, Laurence, 139-43
Stirner, Max, 270
Strauss, Léo, 128
Strindberg, August, 187
Stukart, Wilhelm, 288
Suarez, Francisco, 66-7, 112
Swedenborg, Emmanuel, 163
Swift, Jonathan, 128, 141

T

Taine, Hippolyte, 76, 178
Tales de Mileto, 40
Temístio, 72
Tetens, Julius, 170
Thom, René, 20, 62, 390
Tilliette, Xavier, 192-4
Tillion, Germaine, 306
Tognon, Giuseppe, 104
Tolstói, Lev, 308
Tomás de Aquino, santo, 61, 66, 68, 112
Tonnies, F., 128
Tournier, Michel, 381
Traugott, John, 143
Trouillard, Jean, 68

V

Vacher de Lapouge, Georges, 232
Vallès, Jules, 157
Vallin, Georges, **80-1**

Vaneigem, Raoul, 342
Vermeren, Patrice, 209
Vernant, Jean-Pierre, 20, 49, 51, 350
Veyne, Paul, 364
Viau, Théophile, 135
Vico, Giambattista, 209-10
Vidal-Naquet, Pierre, 52
Viénet, René, 342
Vildé, Boris, **304-7**
Villain, Raoul, 265
Villers, Charles de, 173
Volney, Constantin François, conde de, **172-6**
Voltaire, François Marie Arouet, dito, 140, 149-51, 173, 258
Vries, Hugo de, 124

W

Wagner, Richard, 187, 242
Wahl, Jean, 182
Weber, Max, 317
Whitehead, Alfred North, 56, 327
Whitman, Walter, 387
Wilde, Oscar, 177
Witt, Jean de, 121
Wittgenstein, Ludwig, 31, 56, 79, 187, 275-83, 334
Wolff, Christian, 66, 163, 170
Wordsworth, William, 52

X

Xenófanes, 40, 48
Xenofonte, 57

Z

Zarka, Yves Charles, 129
Zimmern, Helen, 252
Zola, Émile, 351, 381

Impressão e acabamento
Cromosete
GRÁFICA E EDITORA LTDA.
Rua Uhland, 307 - Vila Ema
Cep: 03283-000 - São Paulo - SP
Tel/Fax: 011 6104-1176